Demografie Atlas

Deutschland

Land der demografischen Chancen

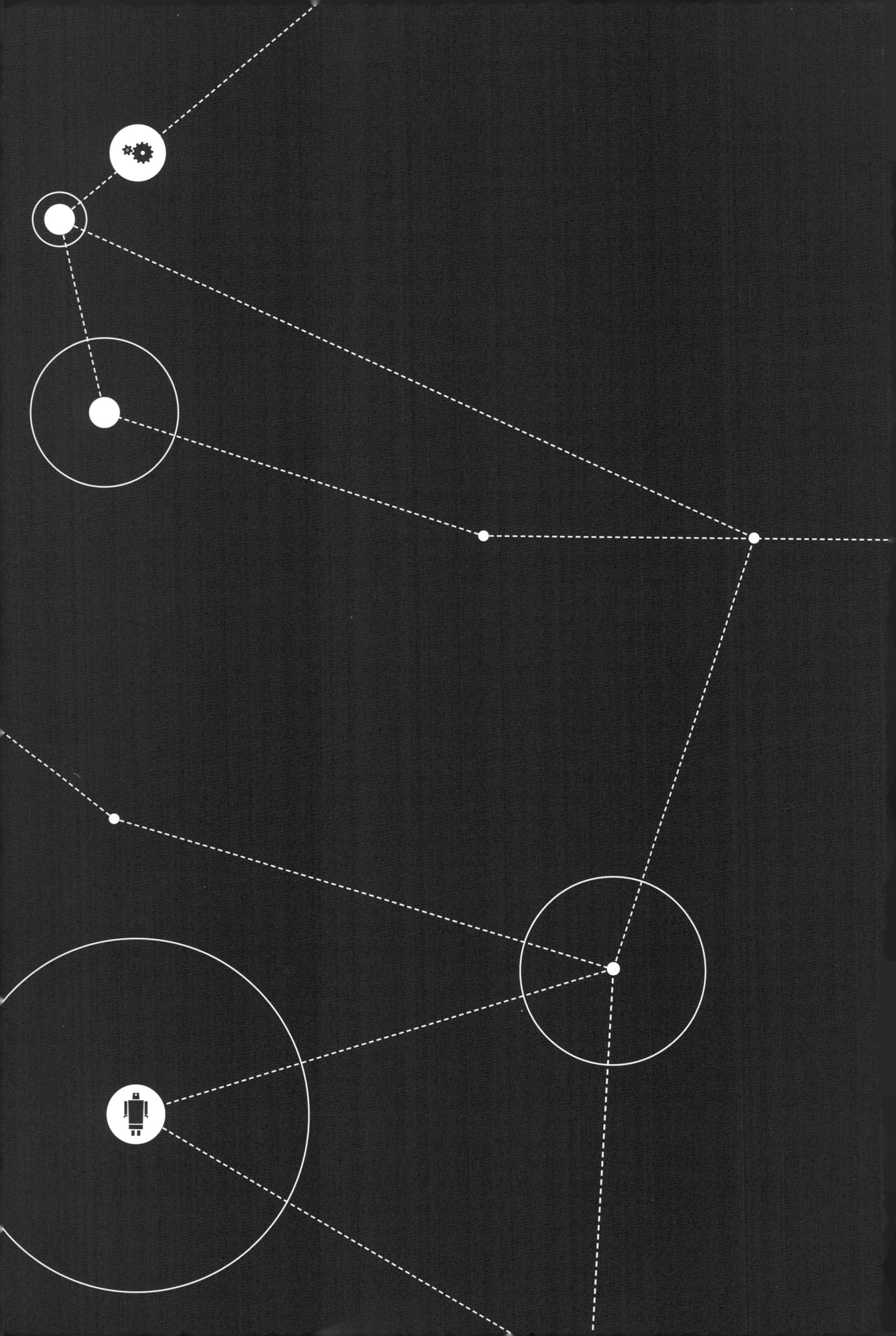

Grußwort

Prof. Dr. Johanna Wanka
Bundesministerin für Bildung und Forschung

Der demografische Wandel stellt unsere Gesellschaft in den kommenden Jahren vor große Herausforderungen. Davon ist auch unsere Wirtschaft betroffen:

Immer weniger jüngere Arbeitnehmerinnen und Arbeitnehmer stehen immer mehr Älteren gegenüber. Und trotz Zuwanderung wird der Anteil der Erwerbstätigen an der Gesamtbevölkerung unseres Landes voraussichtlich drastisch sinken.

Unser Ziel ist, die Innovationskraft und den Wohlstand unseres Landes für die Zukunft zu sichern. Das Wissen und die Fähigkeiten jeder und jedes Einzelnen zu stärken, darauf wird es künftig noch mehr als bisher ankommen. Wissenschaftlerinnen und Wissenschaftler entwickeln gemeinsam mit Fachleuten aus der Wirtschaft und Sozialpartnern neue Ideen und innovative Lösungsansätze zur Gestaltung der zukünftigen Arbeitswelt. Das Bundesministerium für Bildung und Forschung (BMBF) fördert mit seinem Programm „Arbeiten – Lernen – Kompetenzen entwickeln" Forschung zu einer zukunftsfähigen Arbeitsgestaltung. Das Projekt „Kommunikation, Kooperation und Innovationsfähigkeit im demografischen Wandel" der Rheinisch-Westfälischen Technischen Hochschule Aachen (RWTH) zielt darauf, die Akteure zu vernetzen und Forschungsergebnisse zu bündeln.

Im diesjährigen Wissenschaftsjahr „Die demografische Chance" richtete sich die RWTH innerhalb dieses Projekts mit dem Ideenwettbewerb „Land der demografischen Chancen" an Unternehmen, wissenschaftliche Institutionen, Netzwerke, Verbände und Vereine. Gesucht wurden innovative Beiträge zum Umgang mit dem Thema Demografie in der Arbeitswelt.

Der aus den eingereichten Beiträgen zusammengestellte Demografie-Atlas zeigt verschiedene Konzepte beispielsweise zur Gesundheitsprävention, zu technischen Lösungen für den Arbeitsplatz der Zukunft und zu demografieorientiertem Personal- und Organisationsmanagement.

Ich freue mich über die große Ideenvielfalt und wünsche allen Leserinnen und Lesern eine anregende Lektüre sowie allen Unternehmen und Einrichtungen interessante Anregungen und viele Impulse für die Gestaltung des Arbeitsalltags.

Johanna Wanka

Prof. Dr. Johanna Wanka
Bundesministerin für Bildung und Forschung

Land der demografischen Chancen

Der Demografie-Atlas visualisiert auf einen Blick demografierelevante Konzepte, Produkte und Dienstleistungen sowie Forschungsvorhaben und Ideen in Deutschland.

Der demografische Wandel hat in vielen Lebensbereichen unserer Gesellschaft an Bedeutung gewonnen und prägt zunehmend unsere Wirtschafts-, Arbeits- und Sozialwelt. Es entstehen neue Bedarfe und Anforderungen an die Arbeitsbedingungen, Produkte und Dienstleistungen. Gleichzeitig ergibt sich die Chance, den gesellschaftlichen Wandel des 21. Jahrhunderts innovativ, produktiv und demoaktiv (demografiesensibel und aktiv) zu gestalten. Dieser Aufgabe haben sich zahlreiche deutsche Unternehmen, wissenschaftliche Institutionen, Verbände, Netzwerke, Verbünde und Vereine angenommen, um passgenaue, demografiesensible Lösungsansätze zu entwickeln, sodass eine zunehmend vielfältige (Arbeits-)Gesellschaft ein Höchstmaß an Produktivität und Innovationsfähigkeit erreichen kann. Damit die demografierelevanten und anwendungsorientierten Erkenntnisse nicht ergebnislos bleiben, hat das BMBF-geförderte und vom ESF kofinanzierte Metaprojekt „DemoScreen" ein Transfermedium, den Demografie-Atlas initiiert, um bestehende demografie-orientierte Lösungsansätze in ganz Deutschland zu bündeln und systematisch darzustellen. Der Demografie-Atlas visualisiert auf einen Blick demografierelevante Konzepte, Produkte und Dienstleistungen sowie Forschungsvorhaben und Ideen in Deutschland. Er demonstriert die Anpassungsfähigkeit und den Ideenreichtum deutscher Organisationen und zeigt Deutschland als Land der demografischen Chancen.

Die Forschungsschwerpunkte von Univ.-Prof. Dr. rer. nat. Sabina Jeschke erstrecken sich über u. a. komplexe IT-Systeme (z. B. Cloud Computing, Internet of Things, Green IT & ET, Semantic Web Services), Robotik und Automatisierung (z.B. heterogene und kooperative Robotik, kooperierende Agenten, Web Services in der Robotik), Verkehr & Mobilität sowie virtuelle Welten für Forschungskooperationen (z. B. virtuelle & Remote-Labore, intelligente Assistenten, semantische Kodierung von Fachinhalten).

An dieser Stelle möchten wir uns bei unseren Partnerinnen, Partnern, Förderinnen und Förderern im Bundesministerium für Bildung und Forschung (BMBF) bedanken, insbesondere bei Frau Dr. Thomas, Herrn Prof. Dr. Lukas, Herrn Dr. Dressen, die sich von der Idee des Demografie-Atlasses begeistern ließen und das Metaprojekt „DemoScreen" stets gefördert und unterstützt haben.

Ein besonderer Dank gilt Frau Kopp und Herrn Dr. Zettel vom Projektträger im DLR für die hilfreichen Impulse bei der Projektentwicklung und -begleitung, ebenso dem Expertengremium und den Beitragenden, ohne die die anwendungsorientierten Lösungsansätze für die Arbeit der Zukunft in dieser Qualität hier keine Darstellung fänden.

Entdecken Sie nun die vielfältigen Möglichkeiten der demografischen Chancen und lassen Sie sich durch die herausragenden demografischen Beiträge von Organisationen und die vielfältige Demografie-Landschaft Deutschlands im Demografie-Atlas navigieren.

Univ.-Prof. Dr. rer. nat. Sabina Jeschke
Direktorin des Institutsclusters IMA/ZLW & IfU der RWTH Aachen University

Wissenschaftliche Leitung

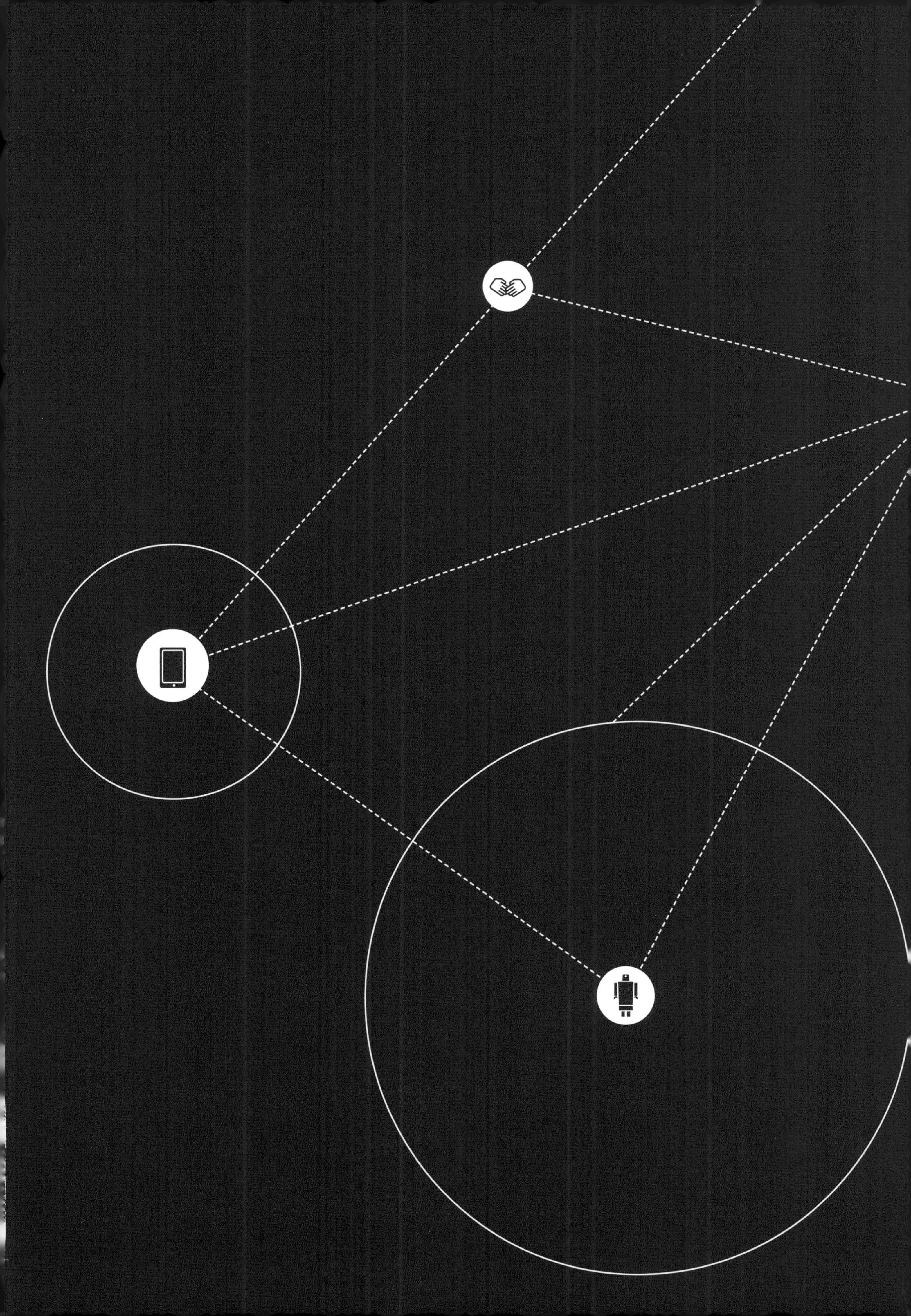

Inhalt

Land der demografischen Chancen

05
Grußwort zum Demografie-Atlas
Prof. Dr. Johanna Wanka
Bundesministerin für Bildung und Forschung

06
Vorwort Land der demografischen Chancen
Univ.-Prof. Dr. rer. nat. Sabina Jeschke
Direktorin des Institutsclusters
IMA/ZLW & IfU der RWTH Aachen University

10
Demoaktive Hotspots auf einen Blick
Ideenwettbewerb
„Land der demografischen Chancen"

12
Das Expertengremium

14
Die demografische Chance nutzen
Innovativ. Produktiv. Demoaktiv.

18
Die Kategorien im Ideenwettbewerb
Orientierungspunkt und Wegweiser:
die sechs Themenschwerpunkte

Kategorien im Ideenwettbewerb

20
Kategorie 01
Demografiesensible Dienstleistungen und Geschäftsmodelle

82
Kategorie 02
Intergenerationelle Kompetenz- und Qualifizierungsprogramme

96
Kategorie 03
Technische Lösungen für den Arbeitsplatz der Zukunft

114
Kategorie 04
Demografieorientiertes Personal- und Organisationsmanagement

172
Kategorie 05
Alternsgerechte Konzepte zu Gesundheit und Arbeitsfähigkeit

194
Kategorie 06
Integration und soziale Partizipation

248
Das Team von DemoScreen

250
Impressum

Demoaktive Hotspots auf einen Blick

Im Rahmen des Wissenschaftsjahres 2013 „Die demografische Chance" wurde vom BMBF der Ideenwettbewerb „Land der demografischen Chancen" initiiert, um demografieorientierte Lösungsansätze und demografierelevante Erkenntnisse verschiedener Organisationen zusammenzutragen und den Transfer in die Gesellschaft zu unterstützen.

Im Demografie-Atlas finden innovative, produktive und demoaktive Unternehmen, wissenschaftliche Institutionen, Netzwerke, Verbünde und Vereine eine Darstellungsplattform. Hier präsentieren sie ihre demografieorientierten Lösungen, Konzepte, Produkte, Dienstleistungen sowie wirtschaftlich und gesellschaftlich relevante Forschungsvorhaben und Ideen für die Arbeitswelt der Zukunft. Der Demografie-Atlas bündelt auf einen Blick aktuelle anwendungsorientierte Konzepte, Produkte und Dienstleistungen, verortet die Wettbewerbsteilnehmerinnen und Wettbewerbsteilnehmer geografisch und navigiert durch die vielfältige Demografie-Landschaft Deutschlands. Die eingereichten Lösungsansätze wurden von einem Expertengremium in zwei Bewertungsphasen beurteilt. Die besten Beiträge stellt der Demografie-Atlas vor. Diese werden bei einer deutschlandweiten Roadshow präsentiert. Die Realisierung des Ideenwettbewerbs obliegt dem Metaprojekt „DemoScreen" – durchgeführt vom Institutscluster IMA/ZLW & IfU der RWTH Aachen University – im Rahmen des BMBF-Förderschwerpunktes „Innovationsfähigkeit im demografischen Wandel". Das Forschungs- und Dienstleistungsprojekt „DemoScreen" übernimmt die Organisation des Demografie-Atlasses und die Vernetzung der beteiligten Akteure. Welche übergeordneten Ziele und Aufgaben das Metaprojekt verfolgt, wird im Folgenden näher erläutert.

Das Metaprojekt „DemoScreen – Kommunikation, Kooperation und Innovationsfähigkeit im demografischen Wandel"

Im BMBF-Förderschwerpunkt „Innovationsfähigkeit im demografischen Wandel" erforschen Akteure aus Wissenschaft, Wirtschaft und Intermediären die produktive Nutzung der demografischen Veränderungen für die Stärkung der wirtschaftlichen Wettbewerbsfähigkeit sowie der gesellschaftlichen Innovationskraft. Sie entwickeln richtungsweisende Ideen und praxistaugliche Lösungen in unterschiedlichen Forschungsverbünden, um nachhaltige Strategien für das Arbeitsleben der Zukunft bereits heute in Wirtschaft und Gesellschaft umzusetzen.

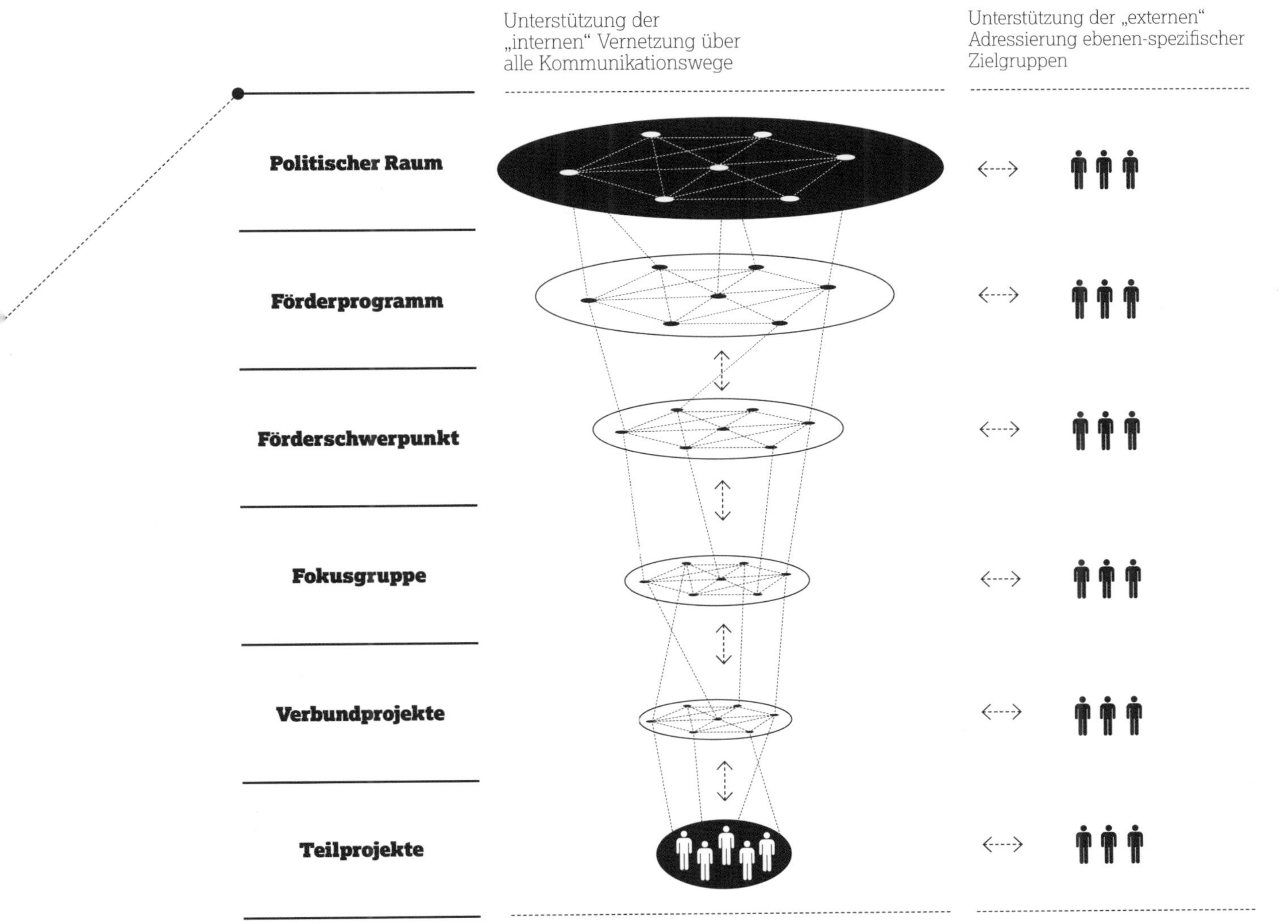

Abbildung 1: Fördertrichter der Kommunikationswege im Förderschwerpunkt

Das Metaprojekt „DemoScreen – Kommunikation, Kooperation und Innovationsfähigkeit im demografischen Wandel“ begleitet den Förderschwerpunkt bei der Realisierung dieser Ziele. Mit dem Demografie-Atlas werden Vernetzungs-, Kommunikations- und Kooperationsgestaltungswege ausgeweitet und der Ergebnistransfer von Forschungs-, Entwicklungs- und Dienstleistungsprogrammen transdisziplinärer Akteure von „DemoScreen“ optimiert. Hierbei übernimmt „DemoScreen“ eine Moderatorenrolle und unterstützt die physische und virtuelle Vernetzung geografisch verteilter Akteure innerhalb des Förderschwerpunktes mit externen Experten über Universitäts-, Disziplinen-, und Unternehmensgrenzen hinweg, um erarbeitete Forschungs- und Projektergebnisse gebündelt für Politik, Wirtschaft, Wissenschaft und Gesellschaft bereitzustellen. In der Abbildung werden die verschiedenen Kommunikationswege inner- und außerhalb des Förderschwerpunktes visualisiert: sowohl die interne als auch die externe Adressierung der Förderschwerpunktakteure. „DemoScreen“ verfolgt als Metaprojekt einen ganzheitlichen Lösungsansatz und identifiziert Synergiepotenziale in den heterogenen sowie dezentralen Aktivitäten der Verbundprojekte und unterstützt diese bei der Planung und Durchführung projektübergreifender Aktivitäten im Förderschwerpunkt. Die aktuell erzielten Forschungs- und Projektergebnisse werden bereitgestellt auf der virtuellen Kooperationsplattform des Förderschwerpunktes **www.demoscreen.de**.

Das Expertengremium

Das Expertengremium, welches den Auswahlprozess der im Demografie-Atlas vorgestellten Organisationen bzw. Beiträge begleitete, besteht aus Vertreterinnen und Vertretern der Wissenschaft und Wirtschaft sowie Sozialpartnern. Folgend werden die Mitglieder des Expertengremiums vorgestellt.

Dr. Stefan Bergheim

Ehrenamtlicher Direktor der gemeinnützigen Denkfabrik „Zentrum für gesellschaftlichen Fortschritt"

Einer von 18 Kern-Experten im Dialog der Bundeskanzlerin über Deutschlands Zukunft

Prof. Dr. Michael Opielka

Institut für Zukunftsstudien und Technologiebewertung, Wissenschaftlicher Leiter und Geschäftsführer

Professur an der Ernst-Abbe-Fachhochschule Jena

Prof. Dr.-Ing. Ralph Bruder

Technische Universität Darmstadt, Leitung Institut für Arbeitswissenschaft

Präsident der Gesellschaft für Arbeitswissenschaft

Prof. Dr. Frank T. Piller

Fakultät für Wirtschaftswissenschaften, RWTH Aachen University

Leiter des Lehrstuhls für Betriebswirtschaftslehre, insbesondere Technologie- und Innovationsmanagement

Prof. Dr. Kathrin M. Möslein

Friedrich-Alexander-Universität Erlangen-Nürnberg
Institut für Wirtschaftsinformatik
Center for Leading Innovation & Cooperation (CLIC) an der Handelshochschule Leipzig

Academic Director

Dr. Susanne Schweidtmann

Ev. Johanneswerk e.V. Bielefeld

Leiterin Stabsabteilung Personalmanagement

Prof. Dr.-Ing. Dr.-Ing. E. h. Dr. h. c. Dieter Spath

Institutsleiter des Instituts für Arbeitswissenschaft und Technologiemanagement der Universität Stuttgart

Leiter des Fraunhofer-Instituts für Arbeitswirtschaft und Organisation (IAO)

Die demografische Chance nutzen

Anknüpfend an die thematisierten Herausforderungen und Bedarfe des demografischen Wandels wurden im Ideenwettbewerb drei Orientierungspunkte identifiziert, um das Potenzial der demografischen Chance zu beschreiben. Diese Merkmale bestärken die Auffassung, dass Deutschland gerade mit den Veränderungen des demografischen Wandels **innovativ, produktiv** und **demoaktiv** ist und bleiben wird.

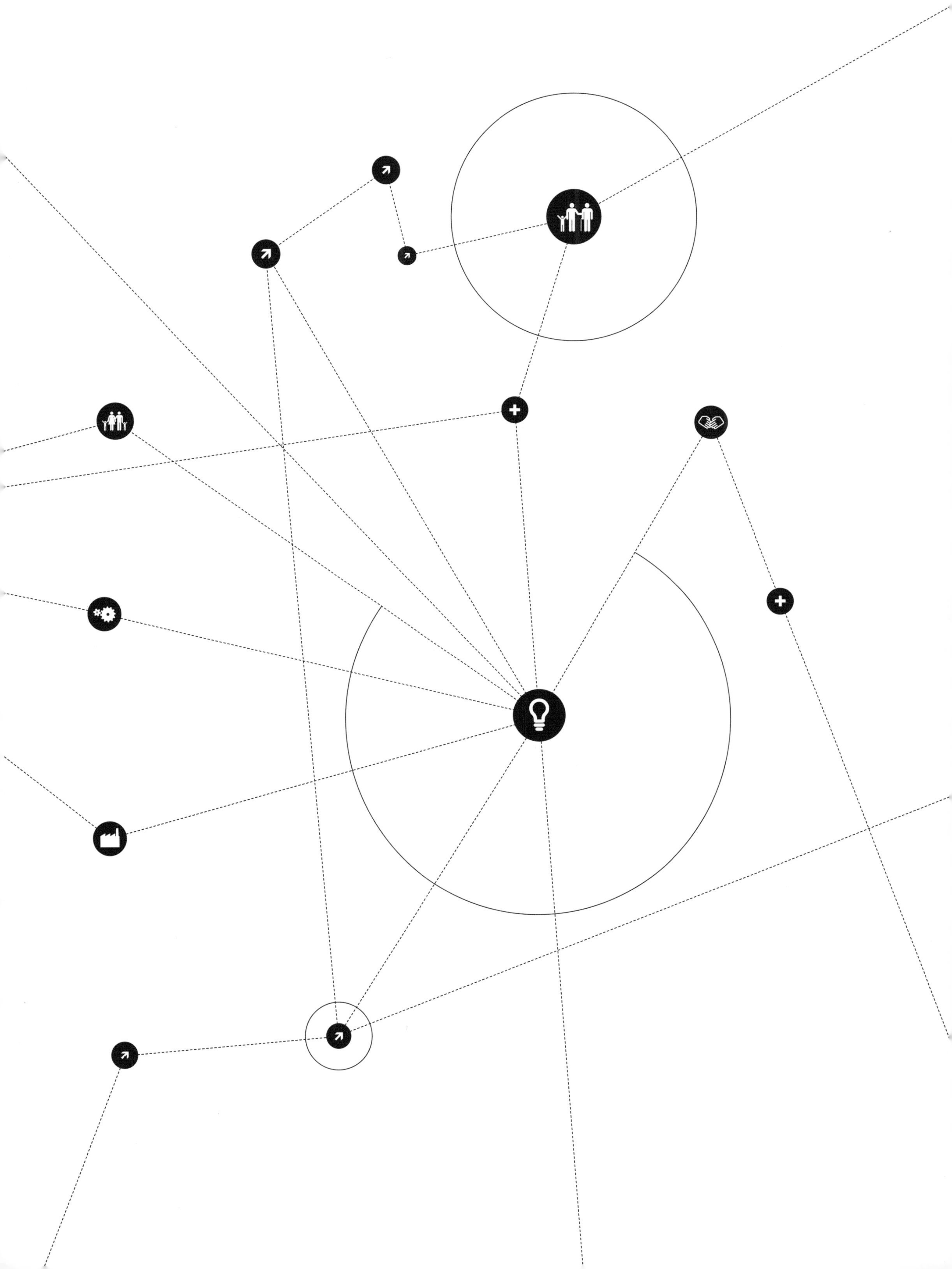

Innovativ

Den demografischen Wandel zu meistern ist eine wesentliche Gestaltungsaufgabe der Zukunft.
Die Fähigkeit, diesen innovativ zu nutzen, muss in den Vordergrund treten. Eine zentrale Herausforderung im demografischen Wandel liegt darin, die Innovationsfähigkeit von Unternehmen bzw. Organisationen zu fördern, zu stärken und nachhaltig zu sichern, um weiterhin wettbewerbsfähig zu sein. Durch die wegweisende systematische Umsetzung von Lösungen und Prozessen vor dem Hintergrund der veränderten Rahmenbedingungen, kann Deutschland seine globale Wettbewerbsfähigkeit aufrechterhalten. Die Innovationsfähigkeit kann dabei weder auf Sozial-, noch auf Prozess- oder Produktinnovation allein beschränkt werden. Sie breitet sich vielmehr über alle drei Gebiete aus. Innovative Arbeits- und Organisationsprozesse sowie technische Entwicklung stellen die Basis für die zukünftige Arbeit dar und rüsten Unternehmen für die Zukunft. Die Arbeitsgesellschaft der Zukunft braucht innovative Lösungsansätze und Erkenntnisse, die in heterogenen Arbeitsteams erfolgreich erarbeitet werden. Vielfältige Perspektiven, Blickwinkel und Auffassungen ergänzen sich über Disziplinen, Unternehmens- und Kulturgrenzen hinweg, führen zu neuartigen Erkenntnissen und sichern auf diese Weise die Leistungs-, Innovations- und Wettbewerbsfähigkeit in Deutschland.

Demoaktiv

Der demografische Wandel hat viele Facetten und stellt sich in einer ebenso großen Vielfalt dar. Alters-, geschlechts-, und kulturheterogene Arbeitsteams sind nur einige Ausprägungen, die der demografische Wandel annehmen kann. Gleichzeitig stellen das veränderte Zusammenleben und Arbeiten verschiedener Generationen und die sozialen Interaktions- und Integrationssysteme Chancen dar. Demografieorientierte Lösungsansätze und Konzepte sowohl in der beruflichen Praxis, als auch in der Forschung müssen integriert bzw. etabliert werden, um dem gesellschaftlichen Wandel „demoaktiv“, also demografiesensibel und aktiv zu begegnen. Begreift man den demografischen Wandel als Chance, kann dieser mit all seinen Facetten zum gesamtgesellschaftlichen Vorteil und einer weiterhin wettbewerbsfähigen Wirtschaft in Deutschland genutzt werden. Aus diesem Grund ist „Demoaktivität“ eine der unentbehrlichen Herangehensweisen an die demografische Entwicklung. Inter- und multikulturelles Personalmanagement, alter(n)sgerechte Qualifizierung von Mitarbeiterinnen und Mitarbeitern greifen die Personalpotenziale auf und wirken dem Fachkräftemangel entgegen. Die Herausforderungen der zukünftigen Arbeit im demografischen Wandel besteht u. a. darin, verschiedenartige Erwerbsbiografien zu berücksichtigen und heterogene Rahmenbedingungen zielführend miteinander zu koppeln bzw. zu verbinden und zu einem Ganzen zu integrieren. Durch die Vielfalt der Kultur-, Alters-, Team- und Erwerbsbiografien können demoaktive Potenziale erkannt, genutzt sowie gewinnbringend in Unternehmen eingesetzt werden.

Produktiv

Deutschland als Industrienation hat eine starke Wirtschaft, die die Potenziale des demografischen Wandels erkennt. Die Assoziation, die unternehmerische Leistungsfähigkeit lasse mit dem demografischen Wandel nach und stagniere mit einer höheren Anzahl älterer Beschäftigter, ist ein Fehlurteil. Eine größere Vielfalt an demografiesensiblen Arbeits- und Lebensbedingungen in der Gesellschaft von morgen wirkt dem entgegen. Durch adäquate generationsübergreifende Arbeitskonzepte, demografieorientierte Organisationsgestaltung und Personalentwicklung sowie alternsgerechten Kompetenz- und Wissenstransfer können sowohl einzelne Personen, Unternehmen, Organisationen als auch die gesamte Gesellschaft sich weiterentwickeln und produktiv arbeiten. Das über Jahre gewonnene Erfahrungswissen älterer Beschäftigter muss gesichert, präventive Gesundheitsmaßnahmen genutzt und demografiesensible und adaptierte Dienstleistungen und Produkte entwickelt werden, um die Leistungs- und Innovationsfähigkeit sowie Produktivität in Unternehmen langfristig zu erhalten.

Die Kategorien im Ideenwettbewerb

Die identifizierten Orientierungspunkte der demografischen Chance dienen einerseits als Wegweiser und andererseits als Grundlage der Kategorienbildung im Ideenwettbewerb. Die drei Aspekte innovativ, produktiv und demoaktiv sind nicht nur richtungsweisend für die Einordnung der Beiträge nach vorgegebenen Kategorien, sondern gleichzeitig Bewertungskriterien im Wettbewerb. Insgesamt stehen sechs Themenschwerpunkte im Fokus:

01

Demografiesensible Dienstleistungen und Geschäftsmodelle

02

Intergenerationelle Kompetenz- und Qualifizierungsprogramme

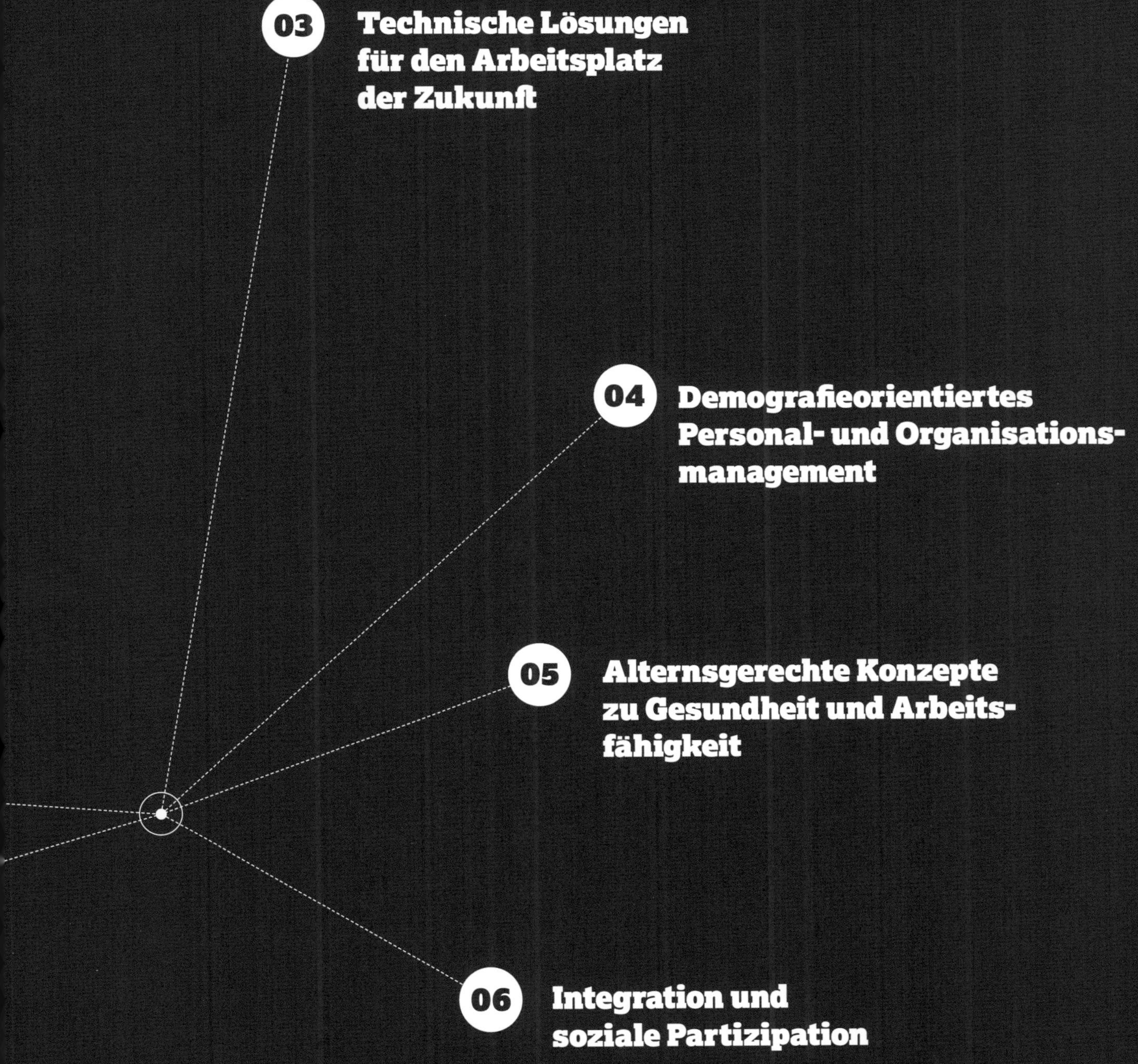

Im Demografie-Atlas stellen sich Wettbewerbsteilnehmerinnen und Wettbewerbsteilnehmer mit ihren eingereichten Beiträgen in den sechs Kategorien vor und präsentieren ihre vielfältigen Ideen zur demografischen Leistungsfähigkeit ihrer Organisationen. Gemäß den identifizierten Orientierungspunkten innovativ, produktiv, demoaktiv decken diese Kategorien ganz individuell alle drei Aspekte ab.

01

Demografiesensible Dienstleistungen und Geschäftsmodelle

In der Kategorie „Demografiesensible Dienstleistungen und Geschäftsmodelle“ werden vielfältige Lösungsansätze aus unterschiedlichen Regionen gezeigt, die die produktive Nutzung der demografischen Veränderungen und Arbeitsbedingungen besonders in Unternehmen für die Stärkung der wirtschaftlichen Wettbewerbsfähigkeit sowie der gesellschaftlichen Innovationskraft aufgreifen.

In einem Beitrag der Universität Stuttgart wird anhand von MASTER:ONLINE der Erwerb von disziplinübergreifenden Kompetenzen vorgestellt. Weiterer Vorreiter ist die Wirtschaftsförderung Bremen GmbH, die das Thema „unterstützende Assistenzsysteme“ präsentiert und damit richtungsweisende Ideen, praxiserprobte technische Lösungen und integrierende Dienstleistungskonzepte in Geschäftsmodellen demonstriert. Ebenso rückt der Verein Gleichberechtigung und Vernetzung e. V. integrierte Weiterbildungs-, Beteiligungs- und Inklusionsmaßnahmen mit zukunftsfähigen Konzepten in den Vordergrund der Betrachtung und macht mit dem Programm „älter, bunter, weiblicher: WIR GESTALTEN ZUKUNFT!“ die Auswirkungen des demografischen Wandels in Geschlechterrollen sichtbar.

01

Demografiesensible Dienstleistungen und Geschäftsmodelle

24 **Übergangsberatung 50Plus**
Übergangsberater 50Plus ausbilden und in der praktischen Arbeit unterstützen

26 **Der Mensch bestimmt die Technik**
Technische Assistenzsysteme im Einsatz in Betreuung und Pflege

28 **Berufsnavigator**
Unmittelbare Brücke zwischen Schule und Wirtschaft

30 **BruderhausDiakonie**
Leben zu Hause – safe@home

32 **PAUL**
Intuitiv bedienbares Assistenzsystem

34 **Rhein-Mosel-Portal / Ausbildung**
Unterstützt Schüler bei der Suche nach Ausbildungsplätzen

36 **Demografie-Experten**
Demografie-Lotsen als verlässliche Berater

38 **EMG Elektromobile**
Mietservice für Seniorenelektromobile

40 **ChinaCare**
Kooperative Ausbildung von Altenpflegefachkräften in China

42 **cPad**
Virtuelle Mobilität

44 **älter, bunter, weiblicher: Wir gestalten Zukunft!**
Aktionsprogramm

46 **Inklusionsergonomie**
Ingenieurtechnischer Ansatz für die Inklusion aller Menschen

48 **Den Wandel gestalten**
DemografieInitiative Kreis Euskirchen

50 **Woche der Generationen**
DemografieInitiative Kreis Euskirchen – den Wandel gestalten!

52 **Innovationen aus Erfahrung**
Co-Creation mit und für ältere Konsumenten

54 **Ex-Models**
Ein Crossmedia-Projekt über Schönheitskonzepte und Altersbilder

56 **Attraktive Arbeitgeber sind flexibel**
Ein Beratungsangebot für kleine und mittlere Unternehmen

58 **MITPACKgelegenheit.de**
Privatpersonen transportieren Pakete und Post

60 **Familienfreundlichkeit und demografischer Wandel**
Innovative Lösungen zur Vereinbarkeit von Beruf und Familie

62 **Vereinbarkeit von Beruf & Familie Die Kunst, Menschen zu beflügeln**
Dem demografischen Wandel begegnen – Potenziale heben

64 **InstaGran**
InstaGran – ein intuitiv nutzbares soziales Netzwerk zum Verbinden von Generationen

66 **MASTERhora**
VERNETZEN – ARBEITEN – LERNEN

68 **Weichen für die Zukunft stellen**
Demografische Entwicklungsplanung

70 **MASTER:ONLINE**
Integrierte Gerontologie – Weiterbildung zu Rollenprofilen für eine demografiesensible Gesellschaft

72 **Die mitalternde Wohnung**
Selbstbestimmtes Wohnen in der Einheit baulicher, technischer und sozialer Dienstleistungen

74 **Unterstützende Assistenzsysteme**
Ganzheitliches Informationsmodell

76 **Willkommen in Oberfranken**
Engagiertes Netzwerk auf regionaler Ebene

78 **Zentrum für alternsgerechte Dienstleistungen (ZAD)**
Die Anlaufstelle für Produkt- und Dienstleistungsentwicklung

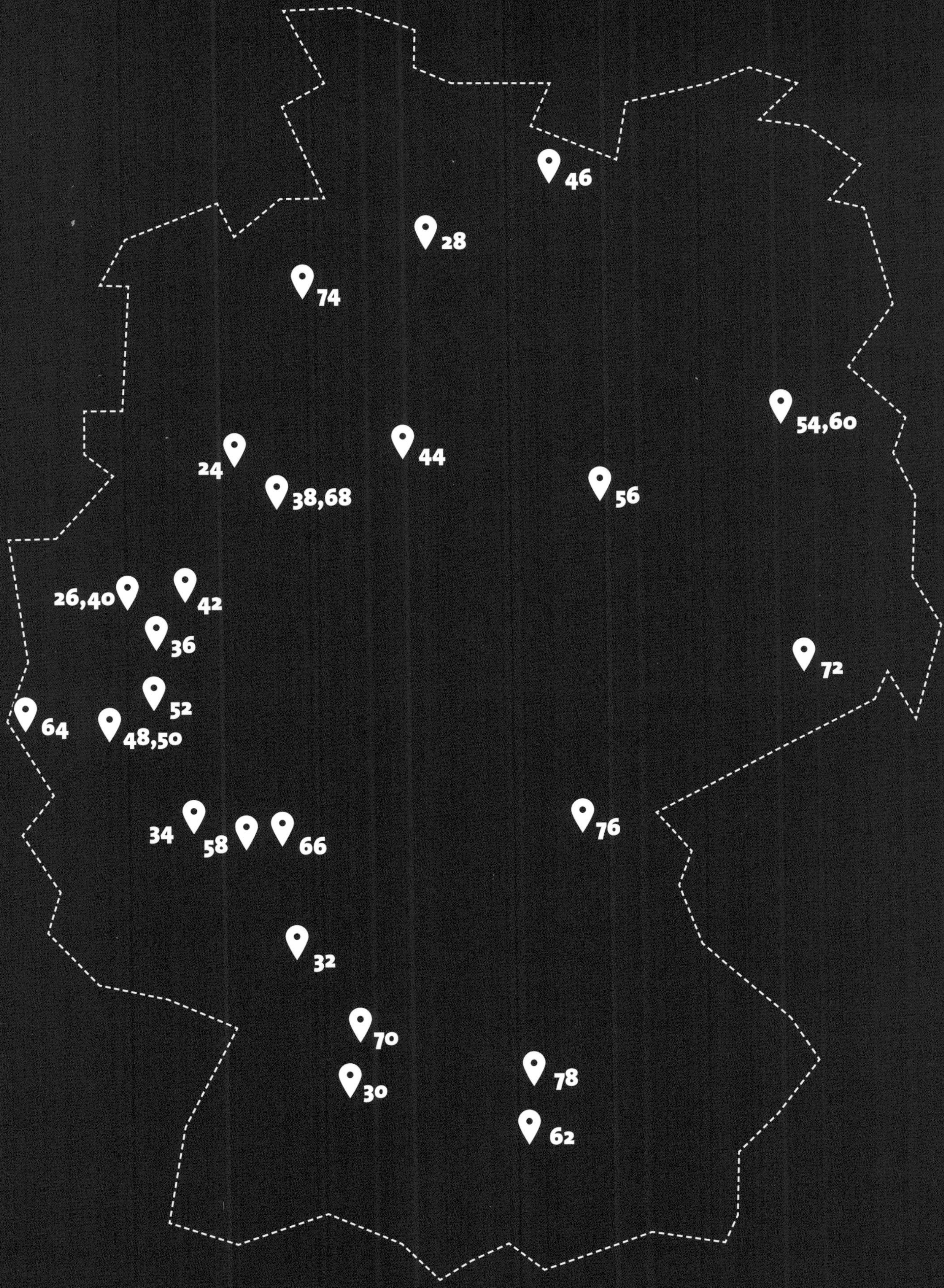
46
28
74
54,60
24
44
38,68
56
26,40
42
36
72
52
64
48,50
34
58
66
76
32
70
30
78
62

übergangsberatung 50Plus

Übergangsberater 50Plus ausbilden und in der praktischen Arbeit unterstützen

Übergangsberatung 50Plus ist ein Beratungsmodell für Unternehmen und Mitarbeiterinnen und Mitarbeiter. Ermittelt werden individuelle Wünsche, Berdürfnisse und Kompetenzen für die Arbeitsfähigkeits- und Gesundheitserhaltung (Age Management). Verbunden werden die Erkenntnisse mit den jeweiligen Unternehmenszielen. Eingeleitet und umgesetzt werden konkrete Maßnahmen. Ziel ist es, älter werdende Belegschaften zu motivieren und ihre Arbeitsfähigkeit zu erhalten und auszubauen, ihre Kompetenzen aktiv zu nutzen. Unternehmen werden dadurch attraktiver für ihre Kunden wie auch bei der Gewinnung von Arbeitskräften.

Die Situation

Der Übergang zwischen den Lebensphasen **Arbeit und Rente** ist mit einer Vielzahl von Herausforderungen verbunden. Viele Beschäftigte jenseits der 50 haben keine strategische Vorstellung davon, wie sich ihre berufliche und persönliche Zukunft vor dem Hintergrund der demografischen Entwicklungen gestalten wird. Viele werden künftig bis zur Rentenaltersgrenze im Arbeitsverhältnis bleiben, um ihre finanzielle Situation bewältigen zu können. Zudem führt der zunehmende Wegfall von Frühverrentungsmodellen zu längeren Arbeitszeiten. Längere Lebensarbeitszeiten erfordern jedoch ständige Veränderungsbereitschaft und Überlegungen zum Erhalt der Beschäftigungsfähigkeit. Lebensentwürfe müssen neu definiert werden. Arbeitnehmer und Unternehmen müssen ihre Wünsche und Ziele neu aufeinander abstimmen.

Bei dem zunehmenden Fachkräftemangel müssen Unternehmen ihre Produktivität immer häufiger mit Beschäftigten 50Plus sichern. Da bisher Erfahrungen im Umgang mit überwiegend älteren Mitarbeiterinnen und Mitarbeitern weitgehend fehlen, müssen viele Fragestellungen beantwortet werden. Vom Führungsverhalten über die Arbeitsorganisation bis hin zu Kompetenzerhalt und Wissenstransfer – Unternehmen müssen auf breiter Front Veränderungsprozesse initiieren und das Personalmarketing darauf abstimmen.

Der Lösungsansatz

Das innovative und bisher einzigartige Beratungsmodell zur Übergangsberatung 50Plus basiert auf systemischen sowie lösungsfokussierten Ansätzen. Die meisten Unternehmen sind komplexe Gebilde mit vielfältigen Dynamiken. Veränderungsprozesse sind für sie nur dann erfolgreich, wenn neben der Arbeit an Strukturen und Prozessen auch mit sozialen Systemen zusammengearbeitet wird, dass Lösungen mit den Menschen im Unternehmen entwickelt und umgesetzt werden. Das Übergangsmanagement schaut auf das ganze Unternehmen, auf Teile und vor allem auf die einzelnen Mitarbeiterinnen und Mitarbeiter. Eine besondere Bedeutung im Übergangsmanagement haben die individuellen Gespräche mit Beschäftigten 50Plus hinsichtlich ihrer beruflichen und privaten Ziele. Themen sind die Handlungsfelder „Ziel- und Lebensentwurf", „soziales Umfeld und Familie", „Gesundheit", „Kompetenzen und Bildung", „Finanzen, Recht Zuverdienst" sowie „Wohnen 50Plus". Diese Gespräche geben Impulse für zielorientierte Aktivitäten, ermitteln Stärken und Wünsche der Mitarbeiterinnen und Mitarbeiter. An der frühzeitigen Lebenszielplanung der Mitarbeiterinnen und Mitarbeiter orientieren sich die weiteren Entwicklungsbedarfe in den betroffenen Unternehmen.

Diese analytische wie systematische Vorgehensweise gewährleistet, dass die individuellen Wünsche, Bedürfnisse und Entwicklungsperspektiven der Mitarbeiterinnen und Mitarbeiter mit den Zielen des Unternehmens in Einklang gebracht werden. Die Kongruenz beider Perspektiven ist wesentliche Voraussetzung dafür, den demografischen Wandel auf individueller wie auf betrieblicher Ebene erfolgreich zu gestalten.

Die Übergangsberatung 50Plus unterstützt ein individuelles Erreichen von Zielen ebenso wie eine alter(n)sgerechte innovationsfähige Arbeitswelt, indem aus den geclusterten Einzelergebnissen der Gespräche mit den Mitarbeiterinnen und Mitarbeitern zielorientierte Maßnahmen im Unternehmen entwickelt und umgesetzt werden. Die langfristigen Personal- und Wachstumsperspektiven des Unternehmens werden nachhaltig gesichert.

Nutzen für Unternehmen:

Unternehmen erhalten Unterstützung in dem Prozess, mit überwiegend älteren Beschäftigten die Innovation und Produktivität des Unternehmens zu sichern.

- Sie erhalten eine Analyse der Motivations- und Arbeitsbewältigungssituation ihrer Mitarbeiterinnen und Mitarbeiter um 50Plus.

- Die Zukunftsorientierung stellt durch ihre wertschätzende Ausrichtung ein wichtiges Instrument der Mitarbeiterbindung dar.

- Im Rahmen einer systemischen Beratung werden Unternehmen darin unterstützt, eine strategische Neuausrichtung für ihr Personalmarketing mit den passenden Maßnahmen zu implementieren.

- Die Mitarbeiterproduktivität 50Plus wird durch einen Motivationsschub deutlich angehoben.

- Unternehmen erfahren durch eine gezielte Personalpolitik, die lebensphasenorientiert ausgerichtet ist, eine höhere Arbeitgeberattraktivität.

- Durch die Fokussierung auf die Kompetenzen der Mitarbeiter 50Plus und dazu passende Herausforderungen wird eine hohe Arbeitszufriedenheit erreicht, die u. a. mit der Senkung von Fehlzeiten einhergeht.

Bundesverband Initiative 50Plus

AKADEMIE 50 Plus

Akademie 50Plus GmbH
Goethering 7
49074 Osnabrück
www.akademie50plus.de

Ansprechpartner/-in:
Gerd Schierenbeck
Geschäftsführer
Tel: 0541 3311231
g.schierenbeck@akademie50plus.de

Osnabrück

52°16'44" N,
8°02'35" O

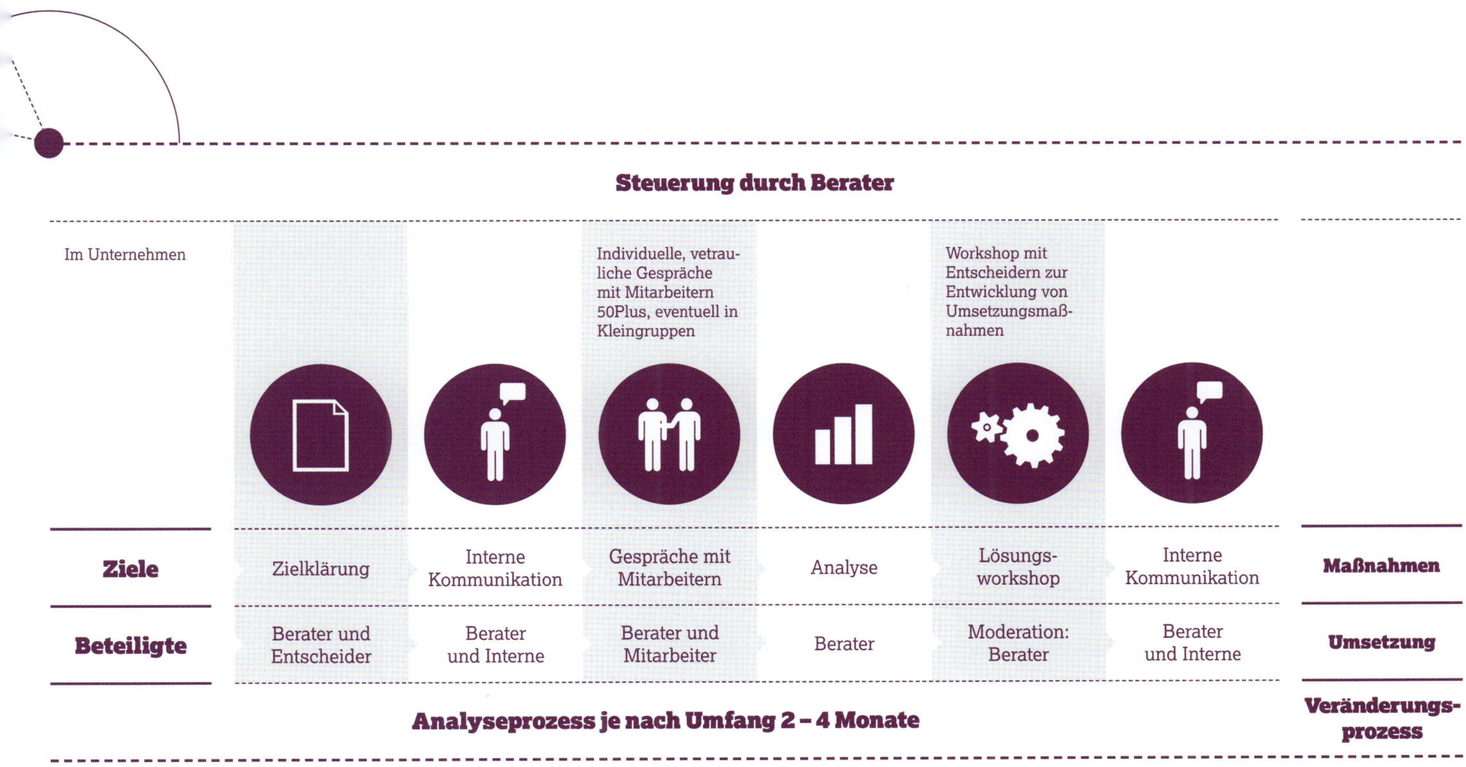

Nutzen für Beschäftigte:

- Beschäftigte 50Plus bestimmen ihren Standort, entwickeln Zukunftsvorstellungen und erarbeiten dazu realistische Ziele.

- Mit Unterstützung der Fachberatung werden Strategien zu den persönlich relevanten Handlungsfeldern ausgearbeitet.

- Beschäftigte 50Plus sind zufriedener in ihrer Arbeit, wenn sie die Perspektiven aktiv mitgestalten, wenn sie Aufgaben wahrnehmen, die ihre Wünsche und Kompetenzen berücksichtigen.

- Die Mitarbeiterinnen und Mitarbeiter werden sensibilisiert für die Stärkung ihres eigenen Kompetenzmanagements und entwickeln eigene zielgerichtete Strategien.

Bundesverband Initiative 50Plus

Der Bundesverband Initiative 50Plus verfolgt mit seiner Initiative Arbeit50Plus in Abgrenzung und Ergänzung zur unternehmensbezogenen Betrachtungsweise einen gesellschaftspolitischen Ansatz, bei dem die Zielgruppe 50Plus mit ihren gesamten Lebensbezügen im Fokus steht.

Akademie 50Plus

Die Akademie 50Plus GmbH ist Exklusivpartner des Bundesverbandes Initiative 50Plus. Sie hat das Modell der Übergangsberatung entwickelt. Sie bildet die Übergangsberater aus und unterstützt sie in der Praxis.

Übergangsberatung 50Plus – individuelle Wünsche, Bedürfnisse und Entwicklungsperspektiven von Mitarbeiterinnen und Mitarbeitern 50Plus identifizieren, qualifizieren und mit den Zielen des jeweiligen Unternehmens in Einklang bringen.

Der Mensch bestimmt die Technik

Technische Assistenzsysteme im Einsatz in Betreuung und Pflege

Seit Gründung der **ambient assisted living gemeinnützige GmbH (aal gGmbH)** im Dezember 2009 fördert die 100%ige Tochter des Sozialwerk St. Georg e. V. die Umsetzung und den Einsatz von innovativen technischen Hilfsmitteln, um den persönlichen Freiraum und die Autonomie von Menschen mit Assistenzbedarf zu vergrößern. Die Idee der aal gGmbH ist die Vernetzung der verschiedenen Akteure im AAL-Markt (Ambient Assisted Living). Im Mittelpunkt dabei steht der Mensch, als Nutzer und Anwender, und nicht die Technik selbst. Die technischen Assistenzsysteme werden unter dem Themenfeld AAL gemeinsam mit verschiedenen Partnern erforscht und erprobt. Die Leitidee dieser Systeme ist die Ausstattung der Umgebung mit intelligenter und assistierender Technik mit dem Ziel, die Mitarbeiterinnen und Mitarbeiter in ihrer alltäglichen Arbeit zu unterstützen und die Bewohnerinnen und Bewohner zu mehr Selbstständigkeit zu befähigen und vor Bevormundung zu schützen. Neben den eingesetzten technischen Komponenten, wie Bewegungsmelder, Türkontakte, Herdabschaltung und Nachtlicht, ist die Besonderheit die intelligente Vernetzung aller Komponenten über eine spezielle Software. Die Software ermöglicht die Kombination und Weiterleitung der Daten an ein Ausgabemedium, wie bspw. ein tragbares Telefon, einen Tablet-PC oder ein Terminal.

Die Umsetzung und der Einsatz von innovativen technischen Hilfsmitteln oder ähnlichen Förderungsmaßnahmen soll der Vergrößerung des Freiheitsraums und der Autonomie für Menschen mit Assistenzbedarf aufgrund von Behinderungen, Erkrankungen, sozialen Schwierigkeiten und Pflegebedürftigkeit dienen und somit der demografischen Chance eine neue Perspektive geben. Technische Assistenz kann – unter ethischen Aspekten gesehen – dazu beitragen, Menschen mit Assistenzbedarf ein längeres Leben in der eigenen Häuslichkeit zu ermöglichen. Dafür sind u. a. notwendig: die Gestaltung von anwenderorientierten Assistenzsystemen, die Schaffung von eindeutigen und klaren rechtlichen Rahmenbedingungen, die Vernetzung von professionellen und anderen am Hilfesystem beteiligten Personen im Sinne eines Quartiersmanagements. Technik muss für alle Beteiligten zugänglich, verständlich und insbesondere für Mitarbeitende leicht bedienbar – im Sinne einer unsichtbaren Gehhilfe – sein.

Der Einsatz von technischen Assistenzsystemen kann dazu beitragen, bestehende und zukünftige Herausforderungen und Entwicklungen im Bereich der Alten- und Behindertenhilfe zu bewältigen sowie zeitgemäße und nachhaltige Unterbringungs- und Betreuungskonzepte zu ermöglichen.

Die aal gGmbH ist ein junges und innovatives Unternehmen und fördert die gesellschaftliche Akzeptanz innovativer technischer Hilfsmittel durch Informationen über den Entwicklungsstand und Anwendungsmöglichkeiten mittels Definition ethischer Standards und Werte. Im Fokus des Geschäftsmodelles steht der innovative Beratungsansatz der aal gGmbH. Vorrangiges Ziel der Dienstleistung sind die flächendeckende Verbreitung und die umfassende Informationsweitergabe zum Einsatz von technischen Systemen in Betreuung und Pflege aus Sicht eines sozialen Dienstleisters und dessen Kunden. Dabei liegt der Hauptfokus auf der Lebensqualitätsverbesserung von Menschen mit Assistenzbedarf unter Berücksichtigung des demografischen Wandels.

Wir bieten unter anderem Informations- und Inhouse-Schulungen für verschiedene Interessengruppen an, wie beispielsweise für soziale Unternehmen, die breite Öffentlichkeit, Vertreter aus Politik und Wirtschaft. In unseren Veranstaltungen geben wir einen basisnahen Einblick in unser Arbeiten mit technischen Assistenzsystemen und berichten aus der täglichen Praxis sowie zu Chancen und Hindernissen beim Einsatz von Technik in Betreuung und Pflege.

Darüber hinaus fördern wir wissenschaftliche Begleitforschungen zum Thema Technische Assistenz (z. B. bei Modellprojekten wie dem JUTTA-Projekt) und einen internationalen Wissenstransfer. Fachlichen Austausch gibt es mit wissenschaftlichen Mitarbeiterinnen und Mitarbeitern und sozialen Trägern aus den USA, den Niederlanden, Australien, Österreich, Großbritannien und der Schweiz.

Die Entwicklung und Erprobung erfolgt dabei unter der ethischen Grundprämisse „Ethik der Achtsamkeit". „Dieser Einsatz muss unter der ethischen Prämisse, dass der Technikansatz die Selbstbestimmung des Nutzers im Fokus haben muss und nicht Selbstzweck ist, erfolgen. Ziel von Ambient Assisted Living ist eine ‚Ermöglichung', nicht eine schleichende Entmündigung durch Technikeinsatz" (Meyer, W.: Betreuung und Technik – Ambient Assisted Living für assistenzbedürftige Menschen. In: Horneber, M.; Schoenauer, H. (Hrsg.): Lebensräume – Lebensträume. Kohlhammer Verlag., 2011, S. 94).

ambient assisted living gGmbH
Emscherstr. 62
45891 Gelsenkirchen
www.ambient-assisted-living.de

Ansprechpartner/-in:

Anne Huffziger
Kaufm. Leitung & Fachreferentin für Technische Assistenz
Tel: 02066 9938920
a.huffziger@sozialwerk-st-georg.de

Gelsenkirchen

51°30'40" N,
7°06'02" O

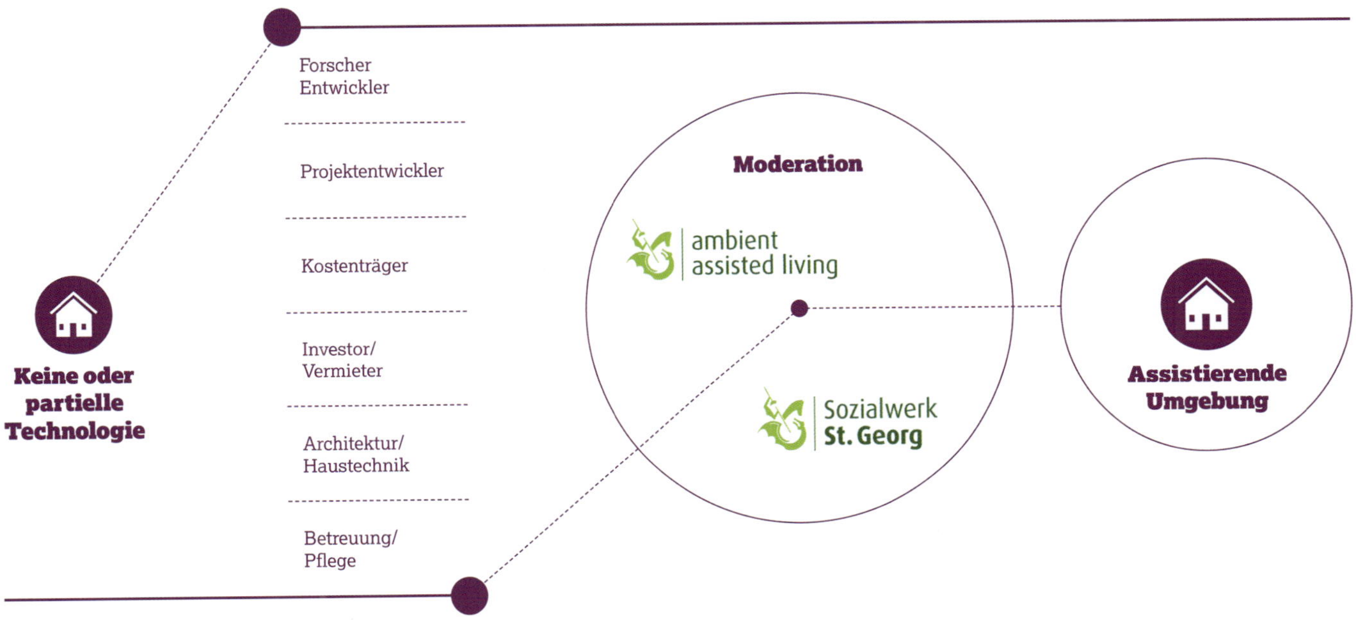

Berufsnavigator

Der Berufsnavigator als unmittelbare Brücke zwischen Schule und Wirtschaft – junge Menschen zielgerichtet, passend und produktiv, ohne Warteschleifen, Irrwege und Abbrüche in die Arbeitswelt begleiten

Nachwuchssicherung gestalten – Fachkräftemangel begegnen

Die Auswirkungen des demografischen Wandels werden spürbar. Der steigende Fachkräftemangel stellt Unternehmen vor die Herausforderung der Nachwuchssicherung. Diese wird jedoch durch eine niedrige Passung von Arbeitskräften zu Arbeitsplätzen, die sogenannte Fehlforderung, erschwert. In einigen Wirtschaftsbereichen liegt die Fehlforderung bei fast 50 %, sodass eine durchdachte Berufsfindung junger Menschen zu einem wichtigen Faktor wird. Die Beschäftigung mit der Berufswahl sollte daher rechtzeitig durch fundierte Verfahren, wie einer Kompetenzfeststellung, begonnen und unterstützt werden.

Fehlforderungen vermeiden – Arbeitszufriedenheit steigern

Fehlforderungen liegen vor, wenn die durch den Arbeitsplatz gestellten Qualifikationsanforderungen nicht bzw. zu wenig mit den Fähigkeiten der Mitarbeiterinnen und Mitarbeiter korrespondieren; dabei kann es sich um Überforderung als auch Unterforderung handeln. Beide Ausprägungen führen zu einer Verschwendung von Ressourcen und bedeuten für die Mitarbeiterin und den Mitarbeiter ein hohes Risiko für psychische Belastung, Demotivation, Erkrankungen etc. Für den Arbeitgeber steigt das Risiko einer Erhöhung der Fluktuation und der Arbeits- und Nacharbeitskosten, zudem können Qualitätseinbußen auftreten. Dies zieht auch volkswirtschaftliche Schäden nach sich, die bei besserer Passung der Arbeitnehmer zu den angebotenen Arbeitsanforderungen vermeidbar sind. Das durch den demografischen Wandel sinkende Potenzial von Erwerbspersonen, erhöht die Notwendigkeit den Nachwuchs eignungs- und interessengerecht in die Arbeitswelt zu begleiten und somit die Voraussetzungen für eine möglichst hohe Produktivität bis ins Alter zu schaffen. Denn: Was jemand gut kann, macht er i. d. R. gerne – und umgekehrt. Das gewährleistet einen hohen Zufriedenheitsgrad. Ein zufriedener Mitarbeiter ist um rund 30 % produktiver!

Da viele Betriebe erhebliche Probleme haben, Nachwuchskräfte zu rekrutieren, mit besonderer Brisanz in diversen Branchen und Regionen (Vakanzen bis über 20 %), sollten maximale Anstrengungen unternommen werden, damit junge Menschen von vorneherein einen beruflichen Weg einschlagen, der zu ihnen passt.

Die Berufsnavigator GmbH (Sitz in Hamburg und Münster, Geschäftsführer Jürgen Hort) bietet mit dem Berufsnavigator ein einzigartiges, über Jahre entwickeltes Instrument, das für Jugendliche wie auch Betriebe einen wertvollen Beitrag leistet.

Was ist der Berufsnavigator?

Der Berufsnavigator ist ein stärkenorientiertes, wissenschaftlich evaluiertes Verfahren zur Kompetenzfeststellung und Berufsorientierung, das in enger Zusammenarbeit mit Expertinnen und Experten aus Hochschule, Wirtschaft und Schule entwickelt wurde. Er beinhaltet verschiedene Module, die den Schülerinnen und Schülern innerhalb eines Tages angeboten werden: Selbsteinschätzung, Fremdeinschätzung mittels Peer-Rating, Entwicklung eines Stärkenprofils, Abgleich mithilfe der Berufsnavigator-Software mit mehreren hundert, von Experten entwickelten, Berufsprofilen. In einem abschließenden Beratungsgespräch erarbeiten erfahrene und geschulte Expertinnen und Experten mit dem Schüler oder der Schülerin ein individuelles Ergebnis. Dabei werden persönliche Erfahrungen, Interessen, Wünsche und Schulleistungen der Schüler berücksichtigt und berufsrelevante fachliche wie auch überfachliche Kompetenzen analysiert. Ziel ist die Überprüfung der Ausbildungs- bzw. Studienreife sowie die Kompetenzentwicklung, um diese zu verbessern. Die Schülerin und der Schüler erhält direkt am Ort ihre/seine realistischen Berufsempfehlungen, unterschieden nach Top- und Alternativberufen, einen persönlichen Handlungsplan mit Lernzielvereinbarungen sowie ein Zertifikat. So gerüstet können die Schüler selbstbewusst und zielorientiert ihren Weg in die Arbeitswelt antreten. Die Gefahr, einen Beruf zu ergreifen, der nicht zu ihnen passt, ist deutlich verringert.

Die Maßnahmen werden regional vernetzt in enger Zusammenarbeit mit Schulen, Eltern, Bundesagentur für Arbeit sowie weiteren Akteuren aus dem Bereich Schule und Wirtschaft durchgeführt. Zielgruppen des Berufsnavigator sind Schülerinnen und Schüler aller Schulformen ab der 8. Klasse bis zum Berufseinstieg. Die Maßnahme findet i. d. R. im Verbund einer gesamten Jahrgangsstufe statt, kann aber auch einzeln angeboten werden. Der Berufsnavigator erfüllt die Bestimmungen des Bundesdatenschutzgesetzes.

Was ist das Besondere am Berufsnavigator?

Besonderheiten des Instruments sind das langjährig entwickelte wissenschaftlich-wirtschaftliche Fundament, der Nachweis von formaler Genauigkeit bzw. Zuverlässigkeit (Reliabilität), Validität und Objektivität des Verfahrens sowie die durch stetige Teilnehmer-Evaluation und Langzeitstudien belegte nachhaltige Wirksamkeit.

Berufsnavigator GmbH
Harvestehuder Weg 5
48167 Hamburg
www.berufsnavigator.de

Ansprechpartner/-in:
Judith Frenz
Mitglied der Geschäftsleitung
Tel: 040 854026930
j.frenz@berufsnavigator.de

Hamburg

53°33'02" N,
09°59'36" O

Ziel

1	3	2
Anforderungskriterien > Berufsprofil	Abgleich Stärken / Berufe > Persönliche Orientierung	Schüler-Stärkenprofil
Expertenbefragung	Beratung	Peer-Rating (Selbst- & Fremdbeurteilung)
Wirtschaft	Brücke	Schüler

Berufsnavigator

Mit dem Berufsnavigator frühzeitig, fundiert und strukturiert die Fähigkeiten und Potenziale von Schulabgängerinnen und Schulabgängern feststellen und ihnen für sie passende, realistische Wege in die Berufswelt aufzeigen.

Die Besonderheit des Verfahrens liegt in der anonymen Fremdeinschätzung durch Mitschüler und Freunde über eine Breite von 50 Persönlichkeitsmerkmalen von Auffassungsgabe über soziale Kompetenz bis Zielstrebigkeit etc. Die Tatsache, dass sich die sog. Peers untereinander gut, langjährig und aus diversen Lebenssituationen kennen, ermöglicht Schülerinnen und Schülern einen neuen Blickwinkel auf sich selbst. Dieser ist i. d. R. breiter, tiefer und weniger subjektiv, als die Einschätzung durch sich selbst, fremde Beobachter, Lehrer und / oder Eltern. Somit hat das aus dem Peer-Rating resultierende Stärkenprofil besondere Gültigkeit und Nutzen, weitgehend frei von sogenannten Halo-Effekten.

Eine weitere Besonderheit des Berufnavigators ist der Abgleich des Schüler-Stärkenprofils mit Anforderungsprofilen der staatlich anerkannten Ausbildungsberufe und Hauptstudiengänge. Dieser Abgleich zeichnet sich durch seine Strukturierung, der voll-umfänglichen Erschließung und der Softwareunterstützung aus.

Nutzen für die Wirtschaft

Unternehmen, Branchen und Verbände haben die Möglichkeit, eigene Anforderungsprofile für ihre Bedarfe anhand der Berufsnavigator-Software zu entwickeln und diese in die von ihnen geförderten / selbst veranstalteten Maßnahmen zu integrieren.

Arbeitgeber und Sponsoren können anhand des Verfahrens passenden Nachwuchs finden und haben anhand der Berufsnavigator-Unterlagen einen verwertbaren Talentnachweis.

Der Berufsnavigator kann regionalisiert, flexibel in bestehende Berufsorientierungskonzepte integriert und mit vorhandenen Aktionen verzahnt werden. Akteure aus dem Bereich Schule - Wirtschaft können sich aktiv beteiligen.

Landkreise, in denen der Berufsnavigator seit mehreren Jahren weitflächig im Einsatz ist, berichten, dass seither die Abbrecherquoten sinken.

BruderhausDiakonie

Für ein sicheres und selbstständiges Leben zu Hause: safe@home
Automatische Notfallerkennung und Alarmierung durch intelligente Sensorik

Die zunehmende Anzahl hilfe- und pflegebedürftiger Menschen und ihr Wunsch, auch bei zunehmendem und hohem Hilfebedarf zu Hause wohnen bleiben zu können, stellt die Sozialplanung und Dienstleister vor große Herausforderungen. Es geht um die Frage, wie die Unterstützungs- und Pflegequalität in Zukunft gesichert werden kann. Neben den Pflegeheimen entstehen zahlreiche neue Wohn- und Dienstleistungsformen, die kleinräumig im Gemeinwesen angesiedelt, mit unterschiedlicher personell-professioneller Ausstattung und Organisation einen fließenden Übergang zwischen dem Einpersonenhaushalt als drittem Gesundheitsstandort und gemeinschaftlichem Wohnen mit Rund-um-die-Uhr-Betreuung bieten. Als wichtige Akteure im künftigen Unterstützungsnetzwerk sind Profis, Angehörige und bürgerschaftlich Engagierte unterschiedlichster Couleur im Wohlfahrtsmix aktiv. Neue unterstützende Assistenzsysteme (Ambient Assisted Living) müssen diese Potenziale für mehr Selbstständigkeit, Sicherheit und Teilhabe älterer Menschen unterstützen, gehen auf diese notwendigen sozialen Anknüpfungspunkte bisher aber noch zu wenig ein. Mit dem Projekt **sens@home** wurde ein wichtiger Aspekt beim Einpersonenwohnen oder in Wohnformen mit nur partieller personeller Präsenz aufgegriffen: Das steigende Risiko, im Alter in alltägliche Gefahrensituationen zu geraten. 30 % der über 65-Jährigen stürzen mindestens einmal im Jahr, Sturzangst stellt die häufigste Sturzfolge dar, viele siedeln daraufhin in ein Pflegeheim um oder schränken ihre Mobilität ein. Neben der eigentlichen Unfallgefahr besteht ein Risiko darin, dass nicht mehr selbstständig Hilfe geholt werden kann bzw. nicht rechtzeitig gefunden zu werden. Das gängigste System derzeit, der Hausnotruf, der aktiv ausgelöst werden muss, stößt genau dort an seine Grenzen. Um dem Bewohner dennoch ein Gefühl von Sicherheit zu übermitteln, bedarf es oftmals ständiger Betreuung.

Eine Alternative zu einer ständigen Betreuung bieten technische Lösungen zur automatischen Situations- und Unfallerkennung. Es existieren hierbei bisher wenig markttaugliche Lösungen, wobei sich viele Forschungsaktivitäten mit unterschiedlichen Ansätzen und Sensoren feststellen lassen. Das sensorbasierte Notrufsystem **safe@home** stellt ein automatisches Sicherheits- und Unfallerkennungssystem dar. safe@home ermöglicht die automatische Erkennung von Notsituationen in der alltäglichen häuslichen Umgebung und verlangt hierbei keine explizite Bedienung durch die Nutzerin/durch den Nutzer. Das System leitet Alarmierungsmaßnahmen autonom ein. Die Entwicklung wurde im Rahmen des Projekts sens@home vom BMBF gefördert. Die entwickelte Lösung auf Basis von preiswerten optischen und akustischen Sensoren hat den Vorteil, dass sie typische Notfälle innerhalb weniger Sekunden automatisch erkennt und zudem keinerlei Berührung und Interaktion mit der Nutzerin/dem Nutzer verlangt. Die Auswertung der Sensordaten findet direkt im Sensor statt, wodurch keine Speicherung oder Übertragung von Bild- und Tondaten außerhalb der Wohnung notwendig ist.

Funktionsweise des Systems

Die Auswerteeinheit des Systems kann über eine aktive oder passive Methode aktiviert werden. Die aktive Erkennung wird durch Hilferufe ausgelöst, wohingegen die passive Erkennung auf bestimmte Merkmale reagiert. Zum Beispiel werden verschiedene Phasen eines Sturzes sowie Regungslosigkeit erkannt und anschließend nach einer kurzen Analyse der Situation ein Alarm ausgelöst. Bei detektierten Notfallsituationen wird ein definierter Alarmplan abgearbeitet. Wird der Voralarm nicht durch die Alarmverifikation zurückgesetzt, so wird das personenspezifische Hilfsnetzwerk verständigt. Wird dabei eine Ansprechpartnerin/ein Ansprechpartner bruderhaus DIAKONIE Stiftung Gustav Werner und Haus am Berg

Fraunhofer IPA

vitracom®

Sikom

BruderhausDiakonie-Stiftung Gustav Werner und Haus am Berg
Ringelbachstraße 211
72762 Reutlingen
www.bruderhausdiakonie.de
Ansprechpartner/-in:
Barbara Steiner
Leitung Geschäftsfeld Altenhilfe
Tel: 07121 278438
barbara.steiner@bruderhausdiakonie.de

Reutlingen

48°29'00" N,
9°13'00" O

erreicht, der oder die die Alarmbehandlung abnimmt, so besteht auch hier die Möglichkeit, diese direkt in die Wohnung der hilfebedürftigen Person zu verbinden.

Zur Ermittlung der Anforderungen an das geplante Notrufsystem wurden leitfadengestützte Interviews, Kreativgruppen und Workshops durchgeführt. Die Nutzereinbindung fördert drei bedeutsame Anforderungen an die technische Umsetzung zutage: Der Einbau von optischen und akustischen Sensoren sorgt für höhere Sicherheit bei der Notfalldetektierung, die Auswerteeinheiten direkt in den Sensorboxen für mehr Datenschutz und das skalierbare Alarmsystem, welches bei Verdacht einen automatischen Kontrollanruf durchführt und erst dann bei Bedarf weitere Maßnahmen einleitet, für mehr Akzeptanz. Die Perspektive Unterstützungsnetzwerk zeigt, dass für die Bedienbarkeit und Akzeptanz von Bedeutung ist, wer die Technik installiert, wartet und wie der Kontakt von Technik zu Nutzern und Unterstützern aufgebaut wird. Unterstützungsnetzwerke sind für die Implementierung der Erfolgsfaktor, da sie auch die besten und oft einzigen Zugänge in die Haushalte von Menschen haben, die vom Einsatz von AAL-Technologien profitieren.

BruderhausDiakonie

Die **BruderhausDiakonie** ist Sozialdienstleister in den Bereichen Altenhilfe, Behindertenhilfe, Sozialpsychiatrie und Jugendhilfe. Die Dienstleistungen reichen vom Freizeitangebot über die Unterstützung bei der Haushaltsführung oder der häuslichen Pflege bis hin zum Betreuten Wohnen und zur Tages-, Kurzzeit- oder Dauerpflege im Heim.

Fraunhofer IPA

Organisatorische und technologische Aufgabenstellungen aus dem Produktionsbereich von Industrieunternehmen bilden die Schwerpunkte der Forschungs- und Entwicklungsarbeiten des **Fraunhofer IPA.** Ein Forschungsschwerpunkt des Fraunhofer IPA liegt seit vielen Jahren im Bereich Bildverarbeitung und 3-D-Datenauswertung.

Vitracom AG

Der Fokus der **Vitracom AG** liegt auf der Entwicklung von High-End Bildverarbeitungssoftware. Schwerpunkte sind hierbei intelligente Videoüberwachungen im Bereich zuverlässiger Personendetektion in Kamerabildern und die automatische Analyse und Auswertung für verschiedenste Anwendungen.

Sikom Software GmbH

Die **Sikom Software GmbH** ist Spezialist für plattformunabhängige und flexible Kommunikationslösungen. Die Sikom besitzt als Spezialist im Bereich Sprachverarbeitung durch viele etablierte Lösungen und Projekte großes Know-how.

Es geht um die Frage, wie die Unterstützungs- und Pflegequalität in Zukunft gesichert werden kann.

PAUL

PAUL ist ein intuitiv bedienbares Assistenzsystem mit Funktionen unter anderem zur Sicherheit, Wohnungssteuerung, Inaktivitätserkennung, mit einem Hilferufsystem, umfangreichem Multimedia-Angebot, Videotelefonie und Schwarzem Brett sowie der Integration von Dienstleistungen über ein Serviceportal

PAUL besteht aus verschiedenen Hardwarekomponenten (Miniserver, Spezialsensoren, Touch-Display, Taster) und mehreren Softwaremodulen, die dafür sorgen, dass alle Komponenten in der Seniorenwohnung sicher miteinander zusammenarbeiten. Es handelt sich hierbei um ein fertiges Produkt, das seit 2006 in bewohnten Wohnungen im Einsatz ist und kontinuierlich weiterentwickelt wird.

PAUL ermöglicht oder unterstützt folgende Aufgaben und Leistungen:

• **Sicherheit:** durch Integration einer Haustürkamera sowie Fenster- und Türüberwachung können aktuelle und archivierte Bilder der Türkamera abgerufen und der Öffnungsstatus von Fenstern und Türen überprüft werden.

• **Inaktivitätserkennung:** Durch den Einsatz angepasster Sensortechnik, zur Erkennung von Inaktivität und Hilflosigkeit, sowie der automatischen Hilferufabsetzung. Dadurch kann in den meisten Situationen entsprechend schnell reagiert werden.

• **Bedienbarkeit:** Die Bedienungssoftware auf dem Touch-Display ist leicht und intuitiv mit dem Finger zu bedienen. Einfache, übersichtliche Menüstruktur sowie gut lesbare und leicht verständliche Bedienschalter vereinfachen besonders für ältere Menschen den Umgang mit der Technik.

• **Komfort:** Funktionen zur zentralen Wohnungssteuerung wie Beleuchtung, Rollläden und Heizung bringen mehr Komfort in die eigenen vier Wände. Leuchten können zentral an- oder ausgeschaltet werden und Rollläden je nach Bedarf gehoben oder gesenkt werden. Dies ist nicht nur angenehm, sondern kann auch dabei helfen, den alltäglichen Stromverbrauch durch gezielte Nutzung zu senken.

• **Kommunikation:** mit der Familie, Freunden oder Wohnungsnachbarn. Zum einen durch Videotelefonie, zum anderen durch das „Schwarze Brett", an welchem Bewohner untereinander Nachrichten austauschen können.

• **Multimedia:** Zur Unterhaltung vereint PAUL ein Multimedia-Angebot aus Internet, Fernsehen, Radio, Büchern (E-Books), Zitaten sowie der Wiedergabe eigener Musiklisten, Videos und Bilder in einem Gerät. Dadurch kann der Kauf vieler einzelner Geräte sowie das Erlernen des Umgangs mit vielen unterschiedlichen, oft zu komplizierten Geräten vermieden werden.

• **Service:** Neben der technisch Entwicklung steht im AAL-Bereich mittlerweile immer mehr die Entwicklung von Dienstleistungskonzepten im Blickpunkt. **CIBEK** entwickelt daher einen übergreifenden Ansatz zur Integration von Dienstleistern in PAUL. Dabei handelt es sich um ein Internet-Portal, über welches Dienstleistungen eingetragen werden können. Denn viele alltägliche Tätigkeiten können oft nicht mehr problemlos erledigt werden. Durch die Integration von Dienstleistern wie Haushalts-, Einkaufs-, Fahrt-, Essenslieferungs- oder Pflegedienste und lokale Veranstaltungen soll der Bewohner die Möglichkeit erhalten, gewisse Services in Anspruch nehmen zu können. Diese können über die Benutzeroberfläche übersichtlich abgerufen und gebucht werden. Die Abwicklung der abgerufenen Dienstleistung ist somit Ziel der Service-Plattform, welche für den Bewohner so in die Oberfläche integriert wird, dass diese immer noch als autarkes und homogenes System erscheint. Als Mittler wird ein Concierge zwischengeschaltet, der die gebuchten Services prüft, durchführt oder bei der Bestellung Hilfestellung leistet. Das Angebot an Dienstleistungen variiert bisher zwischen den Standorten und wegen unterschiedlicher Verfügbarkeit von Dienstleistern. Es wird jedoch bei wachsender Nutzung ständig erweitert werden.

• **Soziale Integration im Quartier:** Durch gemeinsame Aktivitäten, Veranstaltungen und Mietertreffen werden Kontaktpunkte geschaffen. In PAUL können anstehende Veranstaltungen veröffentlicht und abgerufen werden.

Cibek GmbH
Justus-von-Liebig-Straße 15
67117 Limburgerhof
www.cibek.de

Ansprechpartner/-in:
Iryna Dudnik
Tel: 06236 479645
iryna.dudnik@cibek.de

Limburgerhof

49°25'20" N,
8°23'31" O

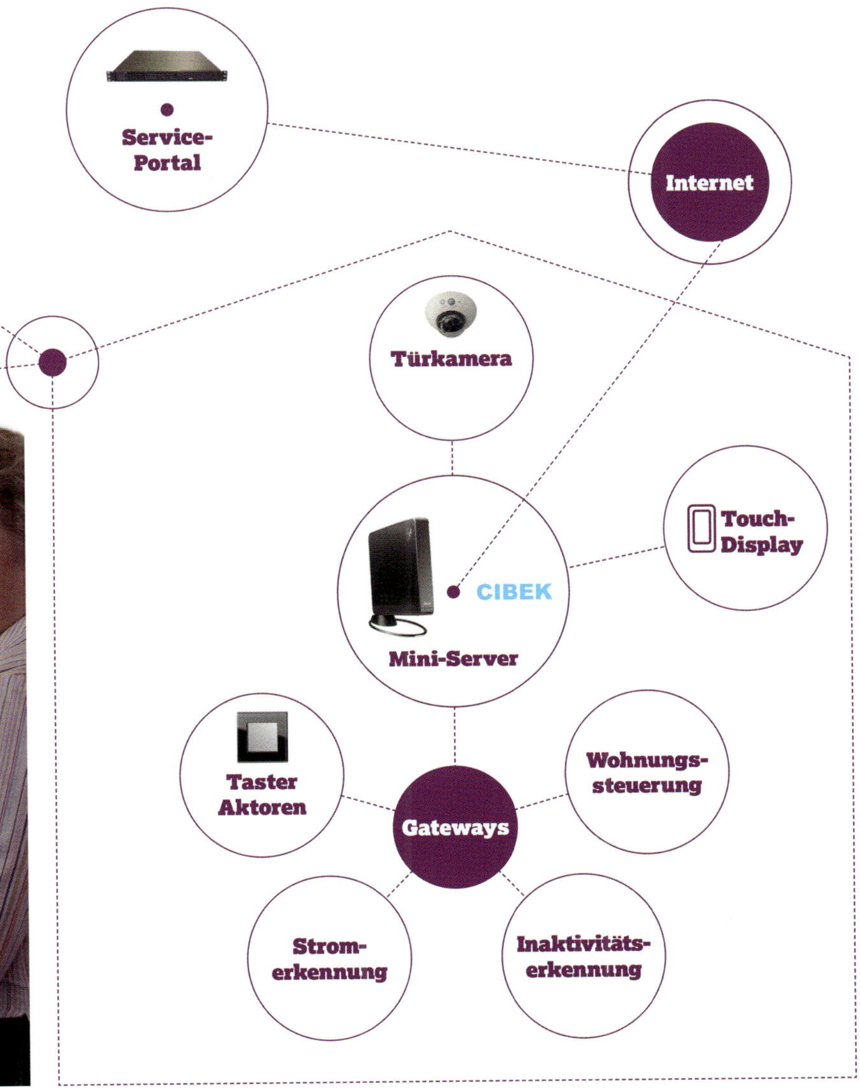

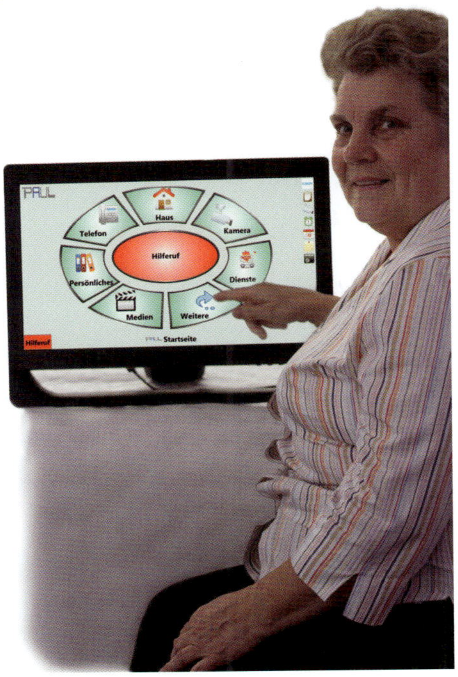

- **Pflegenetzwerk Freunde und Familie:** PAUL hilft, Freunde und Familie besser in das Pflegenetzwerk zu integrieren.

- **Ehrenamt:** Ehrenamtliche Dienste werden oftmals nicht gerne angenommen. Viele würden diese jedoch annehmen, wenn sie die Möglichkeit hätten, sich für die Hilfe mit einer Gegenleistung zu revanchieren. Hierzu soll ein Portal entwickelt werden, über welches ehrenamtliche Dienste und Gegenleistungen der Bewohner angeboten werden können. Die Fertigstellung dieses Moduls ist ebenfalls für 2014 datiert.

In Zukunft soll mit „PAUL mobil“ auch ein transportabler PAUL für Rollatoren oder Rollstühle entworfen werden. Das Projekt soll 2016 fertiggestellt sein. Ein weiterer Meilenstein ist ein laufendes Projekt mit dem Titel „PAUL Pflege“. Hier geht es um die Integration von Modulen unter anderem zur Beatmungspflege oder zur Inkontinenzerkennung. Hier rechnen wir 2015 mit der Fertigstellung.

Rhein-Mosel-Portal / Ausbildung

Das Tool unterstützt Schülerinnen und Schüler bei der Suche nach Ausbildungs-, Praktikums- und dualen Studienplätzen bei teilnehmenden Unternehmen aus der Region und zeigt Mitfahrgelegenheiten zu den Betrieben auf

Rhein-Mosel-Portal (Ausbildungslobby) – ein von der CompuMaster GmbH Emmelshausen im Rahmen eines Aktionssponsorings für den Lions Club Dieblich von Auszubildenden für Auszubildende erstelltes IT-Tool zur Förderung der Ausbildung, insbesondere in der Region rund um Rhein und Mosel. Der 2012 gegründete Lions Club Dieblich hat sich mit seinem Förderverein der Leseförderung und der Förderung der Ausbildung im ländlichen Raum der Rhein-Mosel-Region verschrieben.

Die Firma CompuMaster GmbH Emmelshausen ist Spezialist für Softwarearchitektur und Datenbankmanagement und fördert seit Jahren über ein Aktionssponsoring die technische Realisierung guter Ideen von gemeinnützigen Organisationen. In dem gemeinsamen Projekt Rhein-Mosel-Portal / Ausbildung entwickelte CompuMaster für den Lions Club Dieblich eine speziell auf die Bedürfnisse von jungen Menschen im ländlichen Raum zugeschnittene Lösung zur Förderung von Ausbildungsmöglichkeiten. Der Clou: die gesamte Anwendung wurde von einem Auszubildenden der Firma CompuMaster, Herrn Sven Clemens, technisch umgesetzt. Eben von Auszubildenden für Auszubildende. Das Programm besticht durch sein modernes Design und seine einfache und unkomplizierte Handhabung seine durchdachten Funktionen Joblocator, Mitfahrcenter, Pinnwand, News und Events – insbesondere auf mobilen Endgeräten. Über den **Joblocator** können Unternehmen ihre Ausbildungs-, Praktikums- und dualen Studienplätze und Ferienjobs interessierten Schülerinnen und Schülern und Studierenden aus der Region kostenfrei anbieten. Hierzu können Logos, Bilder und Videoclips mit eingebunden werden. Eine integrierte Map-Funktion zeigt die Lage des Unternehmens an und hilft bei der Routenplanung für das anstehende Vorstellungsgespräch. Dies kann in Schriftform oder unterstützt mit Bildern oder Videoclips, die mit eingebunden werden, erfolgen. Die Schülerinnen und Schüler können in der Suchfunktion nach Zweck (Ausbildung, Praktikum u. Ä.), nach Interessengebiet (Industriekaufmann/-frau etc.), nach Branche und nach PLZ-Gebiet filtern.

Durch die einfache Eingabe von Firmendaten plus Logo steht damit gerade klein- und mittelständischen Unternehmen ein Werkzeug zur Verfügung, mit dem man sich im gleichen Rahmen wie die großen Mitbewerber seiner Zielgruppe adäquat präsentieren kann.

Zur Unterstützung der Mobilität – gerade im ländlichen Raum mit wenig ausgeprägter Infrastruktur im ÖPNV – wird über die Funktion Mitfahrcenter zu einer regional stark vertretenen Mitfahrzentrale verlinkt, in der eine separate Gruppe Rhein-Mosel-Portal für die Region eingerichtet wurde. Denn gerade für Schülerinnen und Schüler und Auszubildende ist die Erreichbarkeit der Betriebe eine Grundbedingung, um dort überhaupt arbeiten zu können. Um die Attraktivität zur Nutzung der Plattform für Schülerinnen und Schüler zu erhöhen, wurde die Lösung mit einem attraktiven Design für mobile Endgeräte umgesetzt. Zusätzlich wurden Features wie News und Events zur Erhöhung des Anwendernutzens ergänzt. Hier erfahren Schülerinnen und Schüler, was in der Region geboten wird – und können sich im Mitfahrcenter zu Fahrgemeinschaften zusammenschließen. Das schont nicht nur das Portemonnaie der Teilnehmerinnen und Teilnehmer, sondern auch die Umwelt und dient zudem der Vernetzung in der Region. Über die Funktion Pinnwand wurde die Möglichkeit einer Suche/Biete-Funktion für einen regionalen Marktplatz bzw. eine regionale Tauschbörse geschaffen. Auf diesem Weg kann man z. B. gebrauchte Schulbücher oder das Schnäppchen für den neuen Schreibtisch meist in unmittelbarer Nähe abholen. Vielleicht lockt sogar ein interessantes Angebot der teilnehmenden Firmen und Sponsoren mit Sonderrabatten für Schülerinnen und Schüler aus teilnehmenden Schulen.

Da die Plattform als ergänzendes Angebot zur Stärkung der Region und nicht als Konkurrenz zu bereits bestehenden Lösungen verstanden werden soll, wurde über einen Button „Links" auf interessante und für die Ausbildung nützliche Seiten wie z. B. der IHK, der Berufsschule, dem studentischen Netzwerk Alphajump oder den Ausbildungsseiten regionaler Verbände und Vereinigungen verlinkt.

Bei regionalen Schulen und Betrieben wird die Plattform gut angenommen: Dies zeigt die Bereitschaft zur Unterstützung und Verlinkung.

Das Tool steht sämtlichen Nutzern, Unternehmen, Schülerinnen und Schülern sowie Schulen kostenfrei zur Verfügung und lässt sich mühelos auf andere Regionen adaptieren.

Wer möchte, kann dem Lions Club Dieblich über eine eingerichtete Donate-Funktion für die Realisierung künftiger Projekte zur Förderung der Ausbildung eine kleine Spende zukommen lassen, dies ist aber keinesfalls Bedingung für die Nutzung des Portals.

Vor dem Hintergrund des demografischen Wandels nimmt die Abwanderung von Fachkräften in die Ballungszentren zu, der ländliche Raum mit seinen klein- und mittelständischen Wirtschaftsstrukturen droht zu erodieren. Dieser Erosion soll mit diesem Tool wirksam vorgebeugt werden, da die Plattform vornehmlich die Stärkung der Ausbildung im ländlichen Raum und den Erhalt der wirtschaftlichen Zukunftsfähigkeit dieser Regionen zum Ziel hat.

CompuMaster
Rhein-Mosel-Straße 14
56281 Emmelshausen
www.compumaster.de

Ansprechpartner/-in:
Rolf Dreier
Geschäftsführung
Tel: 06747 9508411
rdreier@compumaster.de

Emmelshausen

50°09'21" N,
7°33'21" O

www.rhein-mosel-portal.de/ausbildung

Für junge Menschen		Für Unternehmen
Finde hier: • Deinen Ausbildungsplatz • Kleinanzeigen	• Mitfahrgelegenheiten • News & Events aus deiner Region • Interessante Links	• Schalten Sie hier freie Ausbildungsplätze • Werden Sie Sponsor

Auf allen Endgeräten verfügbar

sponsored by CompuMaster, realised by One Of You

Rhein-Mosel-Portal, Ausbildungslobby ist ein von der CompuMaster GmbH Emmelshausen im Rahmen eines Aktionssponsorings für den Lions Club Dieblich von Auszubildenden für Auszubildende erstelltes IT-Tool zur Förderung der Ausbildung im ländlichen Raum. Die Anwendung wird sämtlichen Nutzern, Unternehmen, Schülern und Schulen kostenfrei zur Verfügung gestellt, insbesondere vor dem Hintergrund der zunehmenden Abwanderung von Fachkräften in die Ballungszentren.

Demografie-Experten

Qualifizierung: Demografie-Lotsen als verlässliche Berater und Unterstützer von kleinen und mittelständischen Unternehmen

Der Demografie-Experten-Verein (DEx e. V.) führt regelmäßig Qualifizierungen zum Demografie-Lotsen durch. Demografie-Lotsen sensibilisieren, beraten und unterstützen Unternehmen in allen Feldern des demografischen Wandels. Aber …

Der demografische Wandel wird insbesondere für kleine und mittlere Unternehmen (KMU) ein immer drängenderes Thema. Nur wer langfristig plant und mögliche Herausforderungen im Blick hat, kann auf die Auswirkungen (alternde Belegschaften, Fachkräftemangel etc.) angemessen reagieren. Die Krux: Gerade kleine und mittlere Unternehmen sind auf Grund ihrer Organisationsstrukturen und Arbeitsprozesse oftmals nicht in der Lage, die Auswirkungen des demografischen Wandels auf ihren Betrieb in allen Dimensionen zu erfassen und zielgerichtete Aktivitäten zu entfalten. Externe Hilfe ist notwendig. Allerdings sind Begriffe wie „Demografie-Beratung" oder „Demografie-Consultant" nicht geschützt – umso entscheidender sind verlässliche und glaubwürdige Qualifikationen, anhand derer KMU geeignete Demografie-Berater finden können.

Mit der Gründung und Förderung verschiedener Initiativen und Projekte hat sich die **Initiative Neue Qualität der Arbeit (INQA)** diesem Problem zugewandt und dabei insbesondere die Qualifizierung von Beraterinnen und Beratern in den Mittelpunkt gestellt. In der Zeit von Oktober 2008 bis Juni 2010 wurde das Projekt **„Demografie-Wissen kompakt – Qualifizierung zum Demografie-Lotsen"** durchgeführt. Im Rahmen des Projekts wurden etwa 200 Beraterinnen/Berater ausgebildet und rund 200 Beratungen im Rahmen einer Praxisphase durchgeführt. Zielsetzung des Projektes ist es, eine Qualifizierung für sogenannte Demografie-Lotsen zu realisieren und zu etablieren, um vorrangig kleine und mittlere Unternehmen für das Thema Demografie zu sensibilisieren und diese bei der Auseinandersetzung mit den Chancen und Herausforderungen des demografischen Wandels zu beraten und zu unterstützen.

Den Rahmen hierfür bildeten die fünf betrieblichen Handlungsfelder der Demografie, wie sie durch INQA definiert sind: Personalführung und -rekrutierung, Führung und Unternehmenskultur, Arbeitsgestaltung und -organisation, Arbeits- und Gesundheitsschutz, Qualifizierung und Kompetenzentwicklung. Durch den Begriff des „Lotsen" wird den Beraterinnen und Beratern eine Rolle zugeschrieben und es werden wesentliche Qualifizierungsziele beschrieben: Auf Basis umfangreicher Expertise in mindestens einem der genannten Handlungsfelder sollten die Demografie-Lotsen Überblickswissen in sämtlichen Feldern erwerben und zur sicheren Anwendung von Instrumenten wie Demografie-Kurzcheck und Altersstrukturanalyse (ASA) befähigt werden. Anschließend führen sie Demografie-Erstberatungen/Sensibilisierungsberatungen in Unternehmen durch. Die Ergebnisse dieser Erstberatungen sind auf die demografische Situation ausgerichtete, betriebsspezifische Handlungsfelder und Maßnahmenpläne. Bei den daraus folgenden Aktivitäten fungieren die Berater und Beraterinnen dann tatsächlich als „Lotsen", indem sie den beratenen Unternehmen Unterstützungsmöglichkeiten, Institutionen und Partner aufzeigen und Kontakte hierzu herstellen können.

Die Qualifizierung zum Demografie-Lotsen umfasst eine Präsenzphase (3 Tage à 8 Stunden), eine Praxisphase (30 bis 50 Stunden) und einen Reflexionstag (8 Stunden). Sie richtet sich an Personen, die bereits über Erfahrungen in der Beratung von Unternehmen verfügen, zum Beispiel Personal- und Organisationsberaterinnen und -berater, Akteure des betrieblichen Arbeits- und Gesundheitsschutzes, Personalverantwortliche und Mitarbeiterinnen und Mitarbeiter im Personalwesen sowie Akteure von Kammern,

Demografie-Experten e. V.
c/o d-ialogo
Viehhofstr. 119
42117 Wuppertal
www.demografie-experten.de
Ansprechpartner/-in:
Hans-Jürgen Dorr
Vorsitzender des Vorstandes
Tel: 0170 7334147
dorr@demografie-experten.de

Wuppertal

51°15'33" N,
7°12'40" O

Verbänden und Krankenkassen. Besonders großer Wert wird bei der Qualifizierung auf die Praxisphase gelegt. In Testberatungen von kleinen und mittelständischen Unternehmen führen die Teilnehmerinnen und Teilnehmer kostenlose Erstberatungen zum Thema demografischer Wandel durch.

Auf diese Weise sollen die Betriebe sensibilisiert werden und erste Handlungsfelder aufgezeigt bekommen. Die Beraterinnen und Berater können sich mit den erlernten Techniken vertraut machen und sie in der Praxis einüben. Nicht zuletzt geht es auch darum, ein Experten-Netzwerk zu bilden, um Kontakte zu entsprechenden Fachleuten zu haben, wenn das eigene Wissen nicht speziell genug ist. „Das Konzept ist aktueller und nachhaltiger als jede andere Qualifizierung", ist sich Hans-Jürgen Dorr, Vorsitzender des Demografie-Experten-Vereins (DEx e. V.) sicher. Seit 2010 führt der DEx die im Rahmen des INQA-Projektes konzipierten Schulungen zur Demografie-Expertin und -Experten durch. Das abschließende Zertifikat wird gemeinsam von INQA und DEx ausgestellt. Mittlerweile wurden so rund 100 weitere Beraterinnen und Berater qualifiziert und mehr als 200 Unternehmen beraten.

Gerade kleine und mittlere Unternehmen sind auf Grund ihrer Organisationsstrukturen und Arbeitsprozesse oftmals nicht in der Lage, die Auswirkungen des demografischen Wandels auf ihren Betrieb in allen Dimensionen zu erfassen und zielgerichtete Aktivitäten zu entfalten.

EMG Elektromobile

EMG Elektromobile – bundesweiter Mietservice für Seniorenelektromobile im barrierefreien Tourismusbereich

Der demografische Wandel weckt völlig neue Mobilitätsbedürfnisse der Urlaubsgäste und stellt u. a. neue Herausforderungen an die Tourismusbranche – bietet aber zeitgleich völlig neue Chancen. Circa 30 % aller Urlaubsgäste werden bereits im Jahr 2020 der Zielgruppe 60+ angehören – einhergehend mit einem stetig wachsenden Bedarf an Mobilitätslösungen am Urlaubsort.

Um den veränderten Bedarfen gerecht zu werden, wurde im Jahr 2011 ein Elektromobil-Mietservice-Konzept entwickelt, welches als bundesweite Plattform bisher nahezu einmalig ist. Elementarer Bestandteil der Konzeption ist die internatbasierte Plattform. Auf Basis der anthill-CMS-Datenbanklösung wurde das entsprechende Portal entwickelt und ein Datenbanksystem implementiert, welches in Zukunft interessierte Urlaubsgäste, Vermietstationen und Partner aus unterschiedlichen Tourismusbereichen online zusammenführt.

In den nächsten Jahren wird das Netzwerk stetig ausgebaut, sodass dieser Service in zahlreichen deutschen Städten und Regionen zur Verfügung stehen wird. Die Miete ist derzeit ab einer Mindestmietdauer von einer Woche möglich. Bereits seit März 2013 steht der Mietservice in 170 Orten in Deutschland und Österreich zur Verfügung. Ebenso ist eine Ausweitung der Mietangebote auf Mobilitätskonzeptionen im kommunalen Bereich und Handel geplant.

Erstmals präsentierte das Unternehmen EMG Elektromobile GmbH & Co. KG im August 2011 das **Elektromobil-Mietservice-Konzept.** In einer achtmonatigen Entwicklungsphase konzipierte EMG Elektromobile GmbH & Co. KG das Markengesamtkonzept.

Und so einfach funktioniert die Miete

Auf der Startseite des Portals www.emobilplus.de haben Urlaubsgäste die Möglichkeit, sich die momentan am Konzept teilnehmenden Orte und Regionen anzeigen zu lassen. Das Portal zeigt automatisch die zuständige Vermietstation in der betreffenden Region und zeitgleich die teilnehmenden Partner am Vermietkonzept an. Zusätzlich haben Nutzerinnen und Nutzer die Möglichkeit, sich über das Angebot der Partner zu informieren. Weitere Informationen zum Konzept erhalten sie direkt auf dem Portal www.emobilplus.de.

Infos zum Bewerber / Konzept

Das 2002 am Hauptsitz in Bielefeld gegründete Unternehmen EMG Elektromobile GmbH & Co. KG hat sich in nur wenigen Jahren zu einem der führenden Anbieter für Elektromobile von 6–15 km/h, mit wartungsfreier Gel-Akkutechnik und elektronischen Mobilitätslösungen entwickelt. Ausgehend vom deutschen Markt, in dem einige 10.000 Kundinnen und Kunden bzw. Nutzerinnen und Nutzer auf Produkte und Dienstleistungen des Hauses EMG Elektromobile vertrauen, erschloss das Unternehmen in den letzten Jahren erfolgreich weitere europäische Teilmärkte.

Das Markenkonzept emobil+ - Elektromobil Mietservice – das bundesweite Mietkonzept der EMG Elektromobile GmbH & Co. KG® wurde erstmals im August 2011 präsentiert.

Das Bielefelder Unternehmen war Ausgewählter Ort 2012 im Wettbewerb Deutschland – Land der Ideen. EMG Elektromobile wurde von der unabhängigen Jury unter Vorsitz von Professor Martin Roth, Direktor des Victoria und Albert Museum in London, und Professor Michael Hüther, Direktor und Mitglied des Präsidiums des Instituts der deutschen Wirtschaft Köln, für das **Bewerbungskonzept EMG Elektromobile – Mietservice für Seniorenelektromobile** (www.emobilplus.de) ausgezeichnet.

emobil+
Elektromobil Mietservice
das Mietkonzept der EMG Elektromobile GmbH & Co. KG

EMG
Ihr Spezialist für Elektromobile

EMG Elektromobile GmbH & Co. KG
Düningshof 53–57
33729 Bielefeld
www.emg-elektromobile.com
www.emobilplus.de
info@emg-elektromobile.com

Ansprechpartner/-in:
Jörg Gatzemeier
Geschäftsführer / Inhaber
Tel: 0521 260380
info@emg-elektromobile.com

Bielefeld

52°01'13" N,
8°31'56" O

Ein Datenbanksystem, welches Urlaubsgäste, Vermietstationen und Partner aus unterschiedlichen Tourismusbereichen online zusammenführen soll.

ChinaCare

ChinaCare – Bildungsexport im demografischen Wandel Kooperative Ausbildung von Altenpflegefachkräften in China

Der demografische Wandel in Deutschland führt gerade im Pflegebereich zu dramatischen Veränderungen: Die Zahl der Pflegebedürftigen steigt, die Zahl der Arbeitskräfte sinkt. Die Schere geht auch in Zukunft weiter auseinander. Deutschland hat dabei – nicht zuletzt aufgrund der Pflegeversicherung und der trotz aller Einschnitte der Vergangenheit im internationalen Vergleich ausgereiften sozialen Versorgungssysteme – europa- und weltweit mit die größten Herausforderungen zu bewältigen.

Nicht zuletzt aufgrund dieses demografischen Druckes, aber sicherlich auch aufgrund des hervorragenden Bildungssystems in Deutschland, ist es in den letzten zwei Jahrzehnten gelungen, ein System von Pflegedienstleistungen zu entwickeln, das qualitätsgesichert, (bei aller Kritik im Detail) substanziell finanziert und durch eine fundierte, differenzierte Aus- und Weiterbildung langfristig aufgestellt ist.

Es zeigt sich aber, dass Deutschland auch beim demografischen Wandel Vorreiter sein kann. In vielen anderen, vor allem außereuropäischen Ländern, greifen nun soziodemografische Veränderungen, die zu den gleichen, oftmals sogar potenzierten Problemlagen führen. So zeigen sich z. B. in China aufgrund der jahrzehntelangen Ein-Kind-Politik nun rasante demografische Alterungsprozesse der Gesellschaft, Tendenzen der Landflucht und der Auflösung der traditionellen familienbasierten Sicherungs- und Versorgungssysteme.

So wird die systematische und flächendeckende Ausbildung von Altenpflegekräften in erheblichem Umfang in China zu einem Handlungsfeld mit dramatisch wachsender Bedeutung. Hohe fachliche Anforderungen an Pflegekräfte wurden bisher nicht gestellt und der Aus- und Weiterbildungsbereich ist noch wenig entwickelt. Der Pflegesektor insgesamt muss durch ambulante und stationäre Dienstleistungen ausgebaut, professionalisiert und modernisiert werden.

Das Problem ist also dasselbe wie in Deutschland, nur dass wir einige Jahre in der Problemlösung voraus sind. Dieser Vorsprung in der Bewältigung des demografischen Wandels soll nun in einem Projekt zur Basis des Dienstleistungsexportes (nämlich von Bildungsleistungen) werden.

In dem Projekt **ChinaCare**, in dem das FIAP Gelsenkirchen, die gaus gmbh, die MA&T GmbH und die KBS Mönchengladbach in einem interdisziplinären Verbund aus Pflege- und Sozialwissenschaftlern, Bildungsexperten und Beratern zusammenarbeiten, sollen die Möglichkeiten für den Bildungsexport von Aus- und Weiterbildungsmodulen der Altenpflege von Deutschland nach China erforscht und mehrere Bildungsmodule prototypisch realisiert und modellhaft erprobt werden.

Dazu wird mit wissenschaftlicher Unterstützung und begleitet von Organisationsberatern und -beraterinnen eine deutsch-chinesische Bildungskooperation zwischen der Medizinschule Fushun und der KBS Mönchengladbach aufgebaut. In der ersten Phase soll eine modularisierte Aufbauqualifizierung für ambulante und stationäre Altenpflege erarbeitet werden. Dazu werden die Altenpflegeausbildungen in Deutschland und China miteinander verglichen, um Ausbildungsmodule zu konzipieren, die auf die chinesischen Verhältnisse justiert werden.

In der zweiten Phase werden die erarbeiteten Ausbildungsmodule mit chinesischen Krankenpflegerinnen und -pflegern und Krankenpflegeausbilderinnen und -ausbildern der Medizinschule Fushun an der KBS Mönchengladbach modellhaft erprobt.

In der dritten Phase soll ein übertragbares Geschäftsmodell für den Bildungsexport in der Altenpflege erarbeitet und im Rahmen einer deutsch-chinesischen Ausbildungspartnerschaft dauerhaft institutionalisiert werden. Das Geschäftsmodell und das Modell der Ausbildungspartnerschaft sollen abschließend im Rahmen umfangreicher Transfermaßnahmen in China verbreitet werden.

Fernziel des Projektes ist es, zur Etablierung von Ausbildungsstrukturen und -berufen beizutragen, die die chinesische Altenpflege modernisieren können und zugleich gesellschaftlich akzeptiert werden.

Durch das Projekt wird somit versucht, die Chancen im demografischen Wandel zu entdecken und für Deutschland zu nutzen. Auch wenn sich die Chance in diesem Fall daraus ergibt, dass wir in Deutschland die Probleme einfach früher hatten als andere Länder und daher in unserer Problemlösung nun schon weiter sind. Gibt es eine positivere Sicht auf den demografischen Wandel?

Das Verbundprojekt „China Care" wird gefördert vom Bundesministerium für Bildung und Forschung und von der Europäischen Union (Europäischer Sozialfonds) und im Rahmen des Förderschwerpunktes „Berufsbildungsexport durch deutsche Anbieter" vom Projektträger im Deutschen Zentrum für Luft- und Raumfahrt e.V. „Berufsbildungsexport" betreut (Förderkennzeichen 01BEX04A-D13).

Forschungsinstitut für innovative Arbeitsgestaltung und Prävention FIAP e.V.
Munscheidstr. 14
45886 Gelsenkirchen
www.fiap-ev.de
Ansprechpartner/-in:
Dr. Rüdiger Klatt
Geschäftsführer
Tel: 0209 31998174
r.klatt@fiap-ev.de

Gelsenkirchen

51°30'40" N,
7°06'02" O

So wird die systematische und flächendeckende Ausbildung von Altenpflegekräften in erheblichem Umfang in China zu einem Handlungsfeld mit dramatisch wachsender Bedeutung. Hohe fachliche Anforderungen an Pflegekräfte wurden bisher nicht gestellt und der Aus- und Weiterbildungsbereich ist noch wenig entwickelt.

cPad

Unterstützung der gesellschaftlichen Teilhabe Älterer durch virtuelle Mobilität

Der demografische Wandel führt nicht nur zu der Zunahme des relativen Anteils älterer Menschen an der Bevölkerung, sondern auch zu einer Steigerung der absoluten Anzahl älterer Personen in Deutschland. Diese Entwicklung wird beispielsweise durch medizinische Fortschritte unterstützt und ein unterschiedlicher Umfang des Pflege- oder Unterstützungsbedarfs wird feststellbar.

Ziel der Unterstützung und Pflege älterer Menschen ist die möglichst langfristige Erhaltung der Mobilität und Selbstständigkeit, sodass eine aktive Teilhabe am gesellschaftlichen Leben gewährleistet wird. Durch die Kompensation körperlicher und kognitiver Einschränkungen soll ein möglichst langes und zufriedenes Weiterleben im gewohnten sozialen Umfeld sichergestellt werden.

Das Problem ist dabei oftmals die sich im Alter immer weiter einschränkende Mobilität, die die Betagten mehr und mehr aus dem sozialen Leben und von den Freizeit-, Kommunikations-, aber auch Lernangeboten der Gesellschaft ausschließt. Damit entsteht ein Teufelskreis aus gesellschaftlicher Exklusion und körperlichem und geistigem Verfall.

Die Herstellung einer physischen Mobilität ist dabei sehr und mit steigender körperlicher Einschränkung zunehmend kostenintensiv und stößt auch an die Grenzen der Belastbarkeit der Älteren, die sich dem „Stress" und der Anstrengung von Wegen, Fahrten, Reisen etc. nicht mehr aussetzen wollen.

Die Grundidee des **cPad** ist es daher, durch die Bereitstellung von niederschwellig erreichbaren Dienstleistungen über eine neuartige technische Plattform die Selbständigkeit und (virtuelle) Mobilität älterer Menschen möglichst lange partiell zu erhalten. Hierzu soll ein technisches System entwickelt werden, das alle notwendigen Kommunikationen des älteren Menschen mit seiner Umwelt unterstützt. Zudem soll es ermöglichen, Alltagshilfen, technische und medizinische Dienste anzubieten.

Das cPad (c für care) ist ein Tablet-PC, der speziell für die Bedürfnisse älterer, auch nicht computererfahrener Menschen ausgerichtet ist und nur die Funktionen bereitstellt, die der individuelle Ältere zu jedem Zeitpunkt benötigt. Das bedeutet, dass das cPad genau auf diese Bedürfnisse des älteren Menschen konfigurierbar ist. Auf dieser intuitiven Plattform, die keinerlei Schulung erfordert, werden nun Kommunikationsmöglichkeiten (Telefonie etc.), Trainings (z. B. zur Erhaltung der kognitiven Leistungsfähigkeit), Dienstleistungen (Lebensmittelbestellungen, Hausmeisterservices, Notruf, Raumüberwachung etc.) und perspektivisch auch telemedizinische Dienste (etwa Überwachung der Körperfunktionen) angeboten.

Die älteren Menschen werden so in die Lage versetzt, auf virtuellem Weg den Kontakt zu ihrer Umwelt zu erhalten, am gesellschaftlichen Leben auch von der Wohnung aus teilzunehmen und durch die angebotenen Dienste möglichst lange selbstständig zu wohnen.

Das Konzept wurde bereits in der Vergangenheit modellhaft angedacht (z. B. virtuelles Altenheim). Nun aber sind die technischen Möglichkeiten und die informationstechnische Vernetzung der Wirtschaft und Gesellschaft so weit fortgeschritten, dass das Modell unter Kosten-Nutzen-Gesichtspunkten umsetzbar erscheint und sich wirtschaftlich tragen kann. Die technische Basis ist das iPad, stellvertretend für andere technische Geräte mit Touchscreen-Funktionalität (Tablet-PCs) und applikationsbezogenem Betriebssystem. Diese Basis eignet sich einerseits aufgrund der Intuitivität der Benutzung, andererseits durch die Entwicklungsumgebung zur Erstellung einfacher Anwendungen.

Auf diesem Tablet-PC werden folgende individualisierte Anwendungen bereitgestellt:

1. Kommunikation (Telefonie, Bildtelefonie z. B. über Skype, Mail, Chat, SMS, Personenrufsystem etc.): Die Nutzeroberfläche wird so angelegt, dass mit intuitiver Steuerung (z. B. Bilder der Adressaten) eine schnelle Orientierung möglich ist. Dies wird individualisiert auf jedem cPad für jeden Benutzer voreingestellt.

2. Spiele / Training: Viele der im Rahmen der Erhaltung kognitiver Fähigkeiten eingesetzten Methoden und Spiele sind bereits als Apps verfügbar bzw. können mit wenig Aufwand erstellt werden. Der Ältere bekommt diejenigen Apps auf seinem Hauptbildschirm bereitgestellt, die er aus pflegerischer Sicht benutzen soll. So wird ein zusätzliches Lernangebot unterbreitet, das keine pflegerische Unterstützung benötigt und daher die Lernfrequenz steigern kann.

3. Dienste: Das cPad ermöglicht es, der Bewohnerin / dem Bewohner eine unbeschränkte Anzahl von Diensten bereitzustellen, ohne dass diese(r) sich aus dem häuslichen Umfeld begeben muss. Die Konfiguration des cPad stellt so Dienste unmittelbar und intuitiv auf dem Hauptbildschirm zur Verfügung.

gaus | medien bildung politikberatung

gaus gmbh – medien bildung politikberatung
Märkische Str. 86–88
44141 Dortmund
www.gaus.de
Ansprechpartner/-in:
Kurt-Georg Ciesinger
Geschäftsführer
Tel: 0231 47737930
ciesinger@gaus.de

Dortmund

51°30'51" N,
7°27'50" O

Folgende Dienste sind möglich:

- **Lebensmittelservice:**
individualisiert unterstützte Auswahl von Bedarfsgütern (z. B. durch vorbereitete Einkaufszettel), Bestellwesen, Bezahlung und Lieferung
- **Bank, Postdienste**
- **Alltagsnahe Services** wie z. B. Hausmeisterdienste
- **Sicherheitsservices:**
Raumüberwachung, Notruf, Kontrollanrufe
- **Hausinterne Services:**
Essensbestellung, Buchung von Veranstaltungen, hausinterne Foren etc.
- **Entertainment:**
Radio, Fernsehen, Video on demand, Internet, Musik

Das cPad wird mit diesen Diensten zum Alltagsbegleiter der älteren Menschen und bildet alle ihre notwendigen Kommunikationen mit der Außenwelt ab. Die virtuelle Mobilität wird damit sichergestellt, auch wenn die physische Mobilität zunehmend eingeschränkt ist.

Mithilfe der integrierten Services des cPad, wie Alltagshilfen, psychosoziale Betreuung über Onlinehilfen, Sicherheitstechnik und Überwachung und Training mentaler Fertigkeiten wird die Selbstständigkeit älterer Menschen länger erhalten und die Mobilität durch Telekommunikation erhöht.

Hierdurch kann die Pflegequalität erheblich gesteigert werden, ohne dass in gleichem Maße Kosten entstehen.

Es hat sich ein Entwicklungskonsortium aus Pflegeexpertinnen und -experten und Technikern zusammengefunden, das derzeit ein Geschäftsmodell für das cPad entwickelt.

Das Ziel der Unterstützung und Pflege älterer Menschen ist es, die Mobilität und Selbstständigkeit möglichst lange zu erhalten, um eine aktive, soziale Teilhabe älterer Menschen am gesellschaftlichen Leben zu gewährleisten.

älter, bunter, weiblicher: Wir gestalten Zukunft!

Aktionsprogramm zum demografischen Wandel in Niedersachsen

Das Aktionsprogramm **älter, bunter, weiblicher: WIR GESTALTEN ZUKUNFT!,** das vom Niedersächsischen Ministerium für Soziales, Frauen, Familie, Gesundheit und Integration gefördert wird, wird seit Januar 2011 bis voraussichtlich mindestens Dezember 2013 von Gleichberechtigung und Vernetzung e. V. als Projektträger durchgeführt und begleitet.
Mit der landesweiten Initiative leistet die Landesregierung gemeinsam mit den kommunalen Gleichstellungsbeauftragten einen Beitrag dazu, die Aspekte des demografischen Wandels auch als eine Chance für mehr Gleichberechtigung in der Gesellschaft zu begreifen und zukunftsfähige Konzepte zu entwickeln, um den Herausforderungen des demografischen Wandels auch demografiesensibel zu begegnen.

Vorrangig soll das Aktionsprogramm des Landes älter, bunter, weiblicher: WIR GESTALTEN ZUKUNFT! dazu beitragen, die Auswirkungen des demografischen Wandels auf die Geschlechterrollen sichtbar zu machen. Mit dem Wandel sollen in den Kommunen die unterschiedlichen Bedürfnisse, aber auch Potenziale von Männern und Frauen unterschiedlichen Alters und in unterschiedlichen Lebenssituationen einbezogen werden. Die Chance soll genutzt werden, um die Geschlechtergerechtigkeit in der Kommune voranzubringen.

Kommunale Gleichstellungsbeauftragte in Niedersachsen führen Initiativen und Maßnahmen mit unterschiedlichen Kooperationspartnerinnen und -partnern zum Thema Demografie und Geschlechtergerechtigkeit durch. Die kommunalen Maßnahmen dienen dazu, Bedarfe und Potenziale zu ermitteln, die Öffentlichkeit und auch die Verwaltung zu sensibilisieren. Die Aktivitäten sollen Auswirkungen auf bestehende Strukturen vor Ort zeigen, um so die Geschlechtergerechtigkeit in der Kommune voranzubringen. Diese Projekte können zu 50 % durch dieses Programm mitfinanziert werden.

Die Entwicklung des Gesamtkonzepts und die Koordination liegen bei Gleichberechtigung und Vernetzung e. V. in Zusammenarbeit mit der Landesarbeitsgemeinschaft kommunaler Frauenbüros Niedersachsen und dem Ministerium. Zu den Aufgaben der Projektmitarbeiterinnen in der Vernetzungsstelle gehören die Beratung bei der Konzeption und Planung der Auftaktveranstaltungen, der regionalen Projekte, die Öffentlichkeitsarbeit und Finanzabwicklung sowie das Erstellen von Arbeits- und Begleitmaterialien sowie das Planen, Entwickeln und Durchführen von Workshops zur Information der Gleichstellungsbeauftragten der Städte und Gemeinden und Landkreise. Unter anderem wird projektbegleitend jährlich eine Fachinformation erstellt, die zum Thema umfassend informiert und es Akteurinnen und Akteuren ermöglicht, auf die wachsende Komplexität demografischer Fragestellungen – insbesondere im Hinblick auf demografischen Wandel und Geschlechtergerechtigkeit angemessen zu (re) agieren.

Projektbegleitung Website

Die Vernetzungsstelle hat unter **www.älter-bunter-weiblicher.de** eine eigene Website zum Aktionsprogramm eingerichtet. Die Inhalte sowie die redaktionelle Bearbeitung auf fachlich fundierter Basis werden fortlaufend weiterentwickelt.

Das Themenportal richtet sich an kommunale Gleichstellungsbeauftragte und Entscheidungsträgerinnen und -träger, an die kommunalpolitische Ebene sowie an Multiplikatorinnen aus dem Arbeitsbereich Demografischer Wandel und unterstützt das Gesamtprojekt als Informationspool und Plattform zur Öffentlichkeitsarbeit – auch für die lokalen Projekte.

Vertrags- und Finanzmanagement

Die Vertragsgestaltung, das Abschließen der Verträge über die Förderung der kommunalen Projekte und die Finanzabwicklung werden ebenfalls von den Projektmitarbeiterinnen geleistet. Darin eingeschlossen ist die Beratung der Gleichstellungsbeauftragten zur Finanzplanung, Mittelverwendung und zur Abrechnung.

Projekte 2011 – 2013

In der dritten Förderperiode vom 01.01. bis 31.12.2013 werden aktuell 36 regionale Projekte umgesetzt und gefördert. Zuvor waren es 40 Projekte im Projektjahr 2012 und 24 Projekte in 2011. Insgesamt wurden also bisher 100 kommunale Projekte durchgeführt.

Kooperationen

Das komplexe Thema des demografischen Wandels im Hinblick auf die Geschlechtergerechtigkeit wird sehr häufig in Kooperation mit anderen Gleichstellungsbeauftragten, aber auch in Zusammenarbeit mit anderen Akteurinnen und Akteuren innerhalb und außerhalb der Kommunalverwaltungen aufgegriffen und realisiert. Kooperationen kamen u. a. mit Regionalplanern, Wirtschaftsförderung, Mehrgenerationenhäusern, Vereinen und Verbänden vor Ort, Fachhochschulen und Schulen sowie mit kommunalen Entscheidungsträgern zustande.

Vernetzungsstelle
für Gleichberechtigung, Frauen- & Gleichstellungsbeauftragte

älter bunter weiblicher
Wir gestalten Zukunft!

Gleichberechtigung und Vernetzung e. V.
Sodenstr. 2
30161 Hannover
www.vernetzungsstelle.de
kontakt@vernetzungsstelle.de
Ansprechpartner/-in:
Almut von Woedtke
Vorstandsvorsitzende
Tel: 0511 33650620

Hannover

52°22'28" N,
9°44'19" O

Aktionsprogramm „älter, bunter, weiblicher: WIR GESTALTEN ZUKUNFT!“

Im landesweiten Aktionsprogramm des Niedersächsischen Ministeriums für Soziales, Frauen, Familie, Gesundheit und Integration werden in Kooperation mit den kommunalen Gleichstellungsbeauftragten kommunale Projekte zum Thema Demografie und Geschlechtergerechtigkeit umgesetzt.

Das Aktionsprogramm will …	Kommunale Projekte müssen …	Zielgruppen	Themenbereiche und Handlungsfelder	Querschnittsthemen	Rahmenbedingungen
die Auswirkungen des demografischen Wandels auf die Geschlechterrollen sichtbar machen	Bedarfe und Potenziale ermitteln, um sie in die Planung einbeziehen zu können	Örtliche Gemeinschaft im Allgemeinen	Arbeitsmarktpolitik: Fachkräftemangel Berufsorientierung Personalentwicklung der Verwaltung Gesundheitsmanagement …	Integration	Kommunale Gleichstellungsbeauftragte als Projektträgerin Laufzeit 01.01.11–31.12.13 Projektförderung i. d. R. zwischen 1.000,- € und 5.000.- € pro Jahr & Maßnahme
die unterschiedlichen Bedürfnisse von Männern und Frauen unterschiedlichen Alters in unterschiedlichen Lebenssituationen einbeziehen	beispielhaft Lösungen entwickeln	Weibliche Bevölkerung Niedersachsens	Frauen im Alter: Wohnen Vermittlung von Fertigkeiten (Internet, EDV) Kultursensible Pflege Gender in der Pflege Arbeitsbedingungen Pflege …	Förderung bürgerschaftlichen Engagement	Gegenfinanzierung durch die Kommunen 50 % der Gesamtkosten (auch durch Drittmittel) Aufgaben der Vernetzungsstelle • Begleitung des Gesamtprojektes bei der kommunalen Umsetzung • Beratung bei Konzeptentwicklung, Umsetzungsstrategien und Maßnahmen • Konzeption projektbegleitender Fortbildungen sowie themenbezogener Seminare • Vertrags- und Finanzmanagement • Mittelbewirtschaftung • Konzeption und Gestaltung der Website
die unterschiedlichen Potenziale von Männern und Frauen unterschiedlichen Alters in unterschiedlichen Lebenssituationen einbeziehen	die Öffentlichkeit sensibilisieren	Kommunale Entscheidungsträgerinnen und -träger	Infrastruktur: Mobilität/Verkehr Versorgung Wohnen Zukunftsorientierte Gemeindeentwicklung Gesundheitsmanagement Kinder- und Familienfreundlichkeit Dienstleistungen …	Vereinbarkeit Familie und Beruf	
die Geschlechtergerechtigkeit in der Kommune voranbringen	Auswirkungen auf bestehende Strukturen vor Ort haben	Örtliche Initiativen und Institutionen			

www.älter-bunter-weiblicher.de

Inklusionsergonomie

Ein neuer ingenieurtechnischer Ansatz für die Inklusion von allen Menschen, unabhängig von Alter, Geschlecht, ethnischer Herkunft, Behinderung oder Beeinträchtigungen

In keinem Bereich des täglichen Lebens wird Exklusion so deutlich wie in der Arbeitswelt. Es lässt sich direkt an der Ausbringungsmenge einer Produktionsanlage oder an der quantifizierten Qualität einer Dienstleistung ablesen, ob die dort tätigen Menschen in der vergleichenden Betrachtung auf einem identischen Leistungsniveau sind. Leistungsschwächere Menschen werden ausgegrenzt. Bei der Analyse der unterschiedlichen Leistungsniveaus zeigt sich sofort, dass individuelle Exklusionsgründe vorliegen, die bestimmte Tätigkeiten erschweren oder sogar unmöglich machen. Hierzu zählen bei älteren Arbeitnehmerinnen und Arbeitnehmern insbesondere die veränderte Seh- und Hörfähigkeit, die Reaktionszeiten und motorische Einschränkungen. Ausländische Arbeitnehmerinnen und Arbeitnehmer können sprachliche Defizite aufweisen, die das Umsetzen von (schriftlichen) Arbeitsanweisungen erschweren. Behinderte Menschen können sich z. B. nicht alleine bewegen, sind blind oder taub und stehen am Arbeitsplatz vor unüberwindlichen Barrieren, die eine inklusive Teilhabe vordergründig unmöglich machen. Das Ziel, die inklusive Arbeitswelt, hängt also auf der einen Seite vom Menschen ab und auf der anderen Seite von der Ergonomie. Die Ergonomie soll Wege aufzeigen, die Arbeitsbedingungen, den Arbeitsablauf, die Anordnung der zu greifenden Gegenstände (Werkstück, Werkzeug, Halbzeug) räumlich und zeitlich optimiert anzuordnen sowie die Arbeitsgeräte für eine Aufgabe so zu optimieren, dass das Arbeitsergebnis (qualitativ und wirtschaftlich) optimal wird und die arbeitenden Menschen möglichst wenig ermüden oder gar geschädigt werden, auch wenn sie die Arbeit über Jahre hinweg ausüben. Ein besonderes Augenmerk liegt dabei auf der Benutzerfreundlichkeit, also der Verbesserung des Arbeitsplatzes und der Arbeitsorganisation. Bisher hat die Ergonomie in der Arbeitswelt auf Menschen fokussiert, die nicht durch Barrieren an der inklusiven Teilhabe behindert worden sind. In einem grundsätzlich neuen Ansatz soll die Ergonomie direkt an die Inklusion gekoppelt werden. Es entsteht die Inklusionsergonomie als neues ingenieurwissenschaftliches Betätigungsfeld. Ausgehend von der Analyse der Arbeitsvorgänge und der Menschen werden Barrieren identifiziert und durch ein Maßnahmenbündel überwunden oder kompensiert. Zu den Maßnahmen zählen bauliche Änderungen in der Fertigungsumgebung (Licht, Treppen, Klimatisierung etc.) oder auch angepasste Arbeitsgeräte (Großtastatur am PC, Telefon mit Hörgeräteanschluss etc) oder auch geänderte Arbeitsabläufe, die den Teamgedanken durch die sich ergänzende Zusammenarbeit von Menschen unterschiedlicher Fähigkeiten fördern. Erstmals ist also die Inklusion gleichberechtigt mit dem Arbeitsergebnis als Forderung bei der Gestaltung von Arbeitsmitteln und -prozessen. Inklusionsergonomie erfordert stets eine hohe Reaktionsdynamik: Demografische Veränderungen auf der einen Seite und Innovationen in der Fertigungsumgebung auf der anderen Seite bedingen eine kontinuierliche Optimierung. Das Ingenieurbüro für Inklusionsergonomie hat sich zum Ziel gesetzt, Maßnahmen zu entwickeln, zu bewerten und umzusetzen, die zu einer gleichberechtigten und inklusiven Teilhabe aller Menschen an der Arbeitswelt führen.

Ingenieurbüro für Inklusionsergonomie
Grüner Weg 6
23936 Grevesmühlen
www.inklusionsergonomie.de

Ansprechpartner/-in:
Dipl.-Ing. Martin Klein
Inhaber
Tel: 03881 755400
mk@inklusionsergonomie.de

Grevesmühlen

53°51'53" N,
11°11'04" O

Entwicklung, Bewertung und Umsetzung von Maßnahmen zum Abbau von Barrieren in der Arbeitswelt unter Fokussierung auf die Inklusionsergonomie

Den Wandel gestalten

DemografieInitiative Kreis Euskirchen

Die **DemografieInitiative** des Kreises Euskirchen ist eine Zukunftsaufgabe, die als Querschnittsthema zum Erhalt eines attraktiven Lebens- und gewerblichen Umfeldes trotz des Rückgangs der Bevölkerungszahlen und der Alterung der Bevölkerung infolge des demografischen Wandels dauerhaft beiträgt.

Mit der Bildung einer verwaltungsinternen Arbeitsgruppe startete die DemografieInitiative im Kreis Euskirchen im Jahr 2007. Im darauf folgenden Jahr wurde die Leiterin der Stabsstelle Struktur- und Wirtschaftsförderung, Frau Iris Poth, zur Demografiebeauftragten des Kreises Euskirchen benannt. Sie hat damit die Aufgabe übernommen, den Prozess des demografischen Wandels im Kreis Euskirchen zu koordinieren und ein strategisches Management einzurichten. Als Demografiebeauftragte initiierte sie einen Workshopprozess, der die Basis für die Formulierung eines Handlungskonzeptes darstellte.

In einem einjährigen Prozess wurden von den beteiligten Akteuren und mithilfe eines von der Bertelsmann-Stiftung lizenzierten Demografietrainers zentrale Handlungsfelder für den Kreis Euskirchen identifiziert, Leitziele formuliert und über die Struktur des Umsetzungsprozesses entschieden.

Da der demografische Wandel nahezu jeden Lebensbereich betrifft, war eine Vielzahl von Handlungsansätzen denkbar. Zur Strukturierung des Umsetzungsprozesses und zur Fokussierung auf die wichtigsten und dringlichsten Projekte und Maßnahmen hat der Kreis Euskirchen folgende sechs zentrale Handlungsfelder identifiziert:

1. **Bildung**

2. **Integration**

3. **Kinder-, Jugend- und Familienfreundlichkeit**

4. **Wirtschaft und Arbeit**

5. **Lebensqualität und Infrastruktur**

6. **Verständnis zwischen den Generationen**

Analog zu den zentralen Handlungsfeldern wurden sechs Arbeitsgruppen gebildet.

In den Arbeitsgruppen wurden mittels einer Stärken-Schwächen-Analyse sowohl die Ausgangslage als auch die Entwicklungslinien für die Handlungsfelder erfasst und Leitziele für den Kreis Euskirchen formuliert.

Das daraus entwickelte Handlungskonzept dient seither als Grundlage für die Gestaltung des demografischen Wandels im Kreis Euskirchen und der Ausarbeitung von Projekten, die seit gut drei Jahren im Rahmen des Demografieprozesses entwickelt und umgesetzt werden.

Darunter z. B. eine Sensibilisierungs- und Informationskampagne für Unternehmen unter dem Titel **DemografieDialog** (www.demografiedialog.eu), die Gründung eines Netzwerks familienfreundlicher Arbeitgeber, die Rucksack-Kita, das Bildungsportal, Schüler-Online, die Familienkarte, der familienfreundliche Veranstaltungskalender, das altengerechte Wohnen im ländlichen Raum, das Projekte „Aktive Dörfer stärken“, Leerstandsmanagement, die Woche der Generationen, das Konzept Sportübungsleiter und viele mehr.

Einmal jährlich werden im Rahmen eines Demografieforums Öffentlichkeit, Politik und Akteure des Prozesses über Ergebnisse und Projekte der DemografieInitiative des Kreises Euskirchen informiert.

Kreis Euskirchen
Jülicher Ring 32
53879 Euskirchen
www.kreis-euskirchen.de

Ansprechpartner/-in:
Iris Poth
Demografiebeauftragte Kreis Euskirchen
Tel: 02251 15369
iris.poth@kreis-euskirchen.de

Euskirchen

50°39'39" N,
6°47'09" O

Woche der Generationen

DemografieInitiative Kreis Euskirchen – den Wandel gestalten!

Seit zwei Jahren findet im Kreis Euskirchen regelmäßig im Herbst die sog. **Woche der Generationen** statt. Während der Aktionswoche bieten Kindergärten, Schulen, Vereine und Pflegeeinrichtungen in den elf kreisangehörigen Städten und Gemeinden des Kreises Euskirchen abwechslungsreiche Mitmachaktionen für alle Generationen an. Das bunte Programm reicht vom Handytraining für Senioren über gemeinsame Spiele- und Sportnachmittage bis zum Nageldesign im Pflegeheim.

Entwickelt wurde die Woche der Generationen als Projekt der Demografie-Arbeitsgruppe Verständnis zwischen den Generationen der DemografieInitiative des Kreises Euskirchen. Ziel ist es, durch gemeinsame Aktivitäten, Veranstaltungen, Vorträge, Besuche etc. den Kontakt und Austausch zwischen den Generationen herzustellen, bestehende Kontakte zu vertiefen und insgesamt das Verständnis zwischen den Generationen zu fördern.

Im Laufe der beiden bisherigen Aktionswochen sind zwischen den verschiedenen Teilnehmerinnen und Teilnehmern viele nachhaltige Kontakte und Kooperationen entstanden. So finden z. B. regelmäßige Besuche von Schülerinnen und Schülern in einem Pflegeheim statt, es gibt Geschichtsunterricht mit Zeitzeugen, Seniorenpaten werden geschult etc. Auch wurde festgestellt, dass im Kreis Euskirchen bereits ein vielseitiges generationenübergreifendes Angebot vorhanden ist und das Miteinander der Generationen vor Ort bereits aktiv gelebt wird. Jedes Jahr beteiligen sich neue Akteure mit interessanten Ideen und Projekten an der Woche der Generationen und tragen so zum besseren Verständnis der Generationen bei. Zu jeder Aktionswoche wird ein kostenloser Veranstaltungskalender erstellt, der im gesamten Kreisgebiet verteilt und so einer breiten Öffentlichkeit zugänglich gemacht wird. Auch wird durch die Wochen der Generationen der Fokus auf das Miteinander der Generationen gelenkt und die Öffentlichkeit immer wieder für das wichtige Thema sensibilisiert.

Kreis Euskirchen
Jülicher Ring 32
53879 Euskirchen
www.kreis-euskirchen.de

Ansprechpartner/-in:
Sarah Weber
Demografiekoordinatorin Kreis Euskirchen
Tel: 02251 15904
sarah.weber@kreis-euskirchen.de

Sabine Haas
Abt. Soziales
Pflegestützpunkt / Zentrales
Informationsbüro Pflege
Tel: 02251 15 521
sabine.haas@kreis-euskirchen.de

Euskirchen

50°39'39" N,
6°47'9" O

Insgesamt hat sich die Woche der Generationen zum Erfolgsmodell entwickelt und gezeigt: „Gemeinsam geht's besser".

Innovationen aus Erfahrung

Co-Creation mit und für ältere Konsumenten

Vor dem Hintergrund, dass Produkte und Dienstleistungen allzu häufig an den Bedürfnissen älterer Menschen vorbei entwickelt werden, haben wir uns in den letzten drei Jahren der Frage gewidmet, ob es nicht zielführender ist, Senioren wie auch ihre Angehörigen bei der Entwicklung von Produkten und Dienstleistungen aktiv einzubinden, anstatt ausschließlich junge Expertinnen und Experten Produkte für die als homogen wahrgenommene Zielgruppe 50plus entwickeln zu lassen.

Und dies obwohl oder gerade weil aktuelle Konzepte wie auch das gängige Altersbild nicht gerade den Eindruck vermitteln, das alt und innovativ gut zusammenpassen.

Eine gängige Methode zur Einbindung von Konsumenten bei der Produktinnovation sind Ideenwettbewerbe, die sich im Bereich von jungen Konsumenten bereits etabliert haben. Aber sind Ältere willens und in der Lage, auch an solchen Aktionen mitzumachen?

Nach der Evaluierung von drei Ideenwettbewerben mit und für Ältere ist diese Frage eindeutig zu bejahen.

Auf eigens für den jeweiligen Ideenwettbewerb entwickelten Internetplattformen hatten die Teilnehmerinnen und Teilnehmer verschiedene Beteiligungsmöglichkeiten. Neben der freien Eingabe von Ideen und dem Hochladen von Skizzen etc. wurde die Möglichkeit eines Konfigurators angeboten, über den ein Produkt mit vorgegebenen Funktionen ausgestattet werden konnte. Zudem konnten Teilnehmerinnen und Teilnehmer Ideen anderer bewerten und kommentieren und sich so mit anderen Innovatoren austauschen.

Die anfängliche Sorge, dass eine internetbasierte Lösung einen wesentlichen Teil der Älteren qua Medium ausgrenzen könnte, hat sich nicht bestätigt. Die zusätzlich angebotene Option einer Einsendung der Ideen auf dem Postwege wurde von weniger als 5 % genutzt. Durch Teilnehmerreaktionen wurde eine positive Korrelation zwischen Onlinenutzung und Innovationsfähigkeit Älterer deutlich.

Gerade vor dem Hintergrund, dass eine Vielzahl von Produkten von Älteren NICHT verstanden und/oder bedient werden können und auch der Handel keine große Unterstützung beim Einkauf bietet, war die Resonanz und Bereitschaft, an Ideenwettbewerben teilzunehmen, sehr hoch.

Ältere fühlten sich durch unser Angebot als Konsumentin und Konsument oder vielmehr Bedürfnisträgerin und Bedürfnisträger ernst genommen und investierten deutlich mehr Zeit in ausformulierte Ideen als jüngere Teilnehmerinnen und Teilnehmer. Die eingereichten Ideen waren mehrheitlich bereits ausformulierte Konzepte mit Grafiken und Skizzen, die auf der Lebenserfahrung der Älteren basieren. Auffällig ist die hohe Anteilnahme von Älteren in ihrer Rolle als pflegender oder sich kümmernder Verwandter und als Freundin oder Freund bzw. Lebenspartnerin und Lebenspartner. Die überwiegende Motivation zur Teilnahme an den Ideenwettbewerben waren nicht die ausgelobten Preise, sondern die Möglichkeit, älteren Menschen durch eigene Erfahrung und daraus entstandene Lösungen zu helfen. Die vorstehenden Erkenntnisse haben wir im Umfeld des Projekts openISA sammeln können.

Neben den so generierten praxisnahen Ideen für Telekommunikation, Hilfsmittel und Arbeitsbedingungen wurde auch vielfach das regionale Erfahrungswissen von Senioren vernetzt. Ein Teil der Ideen wurde nämlich von Gruppen aus Senioren im Team entwickelt und gemeinsam eingereicht. Viele Senioren haben an mehreren Ideenwettbewerben teilgenommen und bilden die Basis unseres Innovatorenpools.

Auch in Zukunft werden wir Ideenwettbewerbe im Kontext des demografischen Wandels realisieren und freuen uns schon jetzt auf Innovationen aus Erfahrung.

MedCom international GmbH
René-Schickele-Straße 10
53123 Bonn
www.medcominternational.de

Ansprechpartner/-in:
Frank Leyhausen
Geschäftsführung
Tel: 0228 3082136
leyhausen@medcominternational.de

Bonn

50°44'02" N,
7°05'59" O

Ex-Models

Ein Crossmedia-Projekt über Schönheitskonzepte und Altersbilder

Unternehmensprofil

Schwerpunkt der Metadora Media UG (haftungsbeschränkt) ist die crossmediale Konzeption, Produktion und Distribution von Medienangeboten mit dem Ziel, gesellschaftlichen Mehrwert durch Information, Unterhaltung und generationsübergreifende Vermittlung von Medienkompetenz zu schaffen.

Das Projekt

Das Crossmedia-Projekt „Ex-Models" setzt sich kritisch mit einseitigen Altersbildern unserer Mediengesellschaft auseinander und begibt sich auf die Suche nach Gegenbildern. Ex-Models hinterfragt Klischees von Alters- und Schönheitsidealen in unserer Gesellschaft. Was sagt das medial repräsentierte Bild des Alters über das wirkliche Alter(n) in unserer Gesellschaft aus?

Mit dem Projekt leistet die Metadora Media einen Beitrag, die durch die Medien vermittelten stereotypen Darstellungen vom Alter(n) und der Schönheit in unserer Gesellschaft individueller und realistischer werden zu lassen: Dem Älterwerden eine Vision geben, Schönheitskonzepte hinterfragen – durch Unterhaltung, Information und die Vermittlung von Medienkompetenz.

Unterhaltung und Information

Im Unterhaltungs-Fokus des Medienangebotes stehen „Ex-Models", ehemalige Fotomodelle und ihre persönlichen Erfahrungen rund um das Alter(n). Der Aufmacher „Models" hat in Zeiten erfolgreicher Fernsehshows wie „Germany's next Topmodel" großes Unterhaltungspotenzial. So kann das Thema Alter auch an eine junge Zielgruppe vermittelt werden, denn in Kombination mit Schönheitsidealen ist es sowohl für ältere als auch für jüngere Generationen relevant.

Im Informations-Fokus des Medienangebotes stehen Interviews mit Experten und Wissenschaftlern: Gerontologen, Kultur- und Kommunikationswissenschaftler, Politiker, Werbefachleute und viele mehr, die sich mit dem Thema Alter(n) beschäftigen. Kritische Beiträge und Studienergebnisse ergänzen das Informationsangebot.

Medienkompetenz

Seit Mai 2013 erarbeitet Metadora Media in Zusammenarbeit mit Studierenden der Universität der Künste Berlin ein Teilprojekt von Ex-Models: Historische und gegenwärtige Altersbilder und Schönheitskonzepte werden für die Online-Plattform www.exmodels.de sowie für Social-Media-Kanäle recherchiert, redaktionell aufbereitet und veröffentlicht. Weitere Medienkompetenz-Seminare, unterstützt von der Medienanstalt Berlin-Brandenburg und Workshops mit intergenerativer Zusammenarbeit, sind in Planung.

Umsetzung

Ex-Models ist ein Crossmedia-Projekt. Für die Auseinandersetzung mit dem Thema werden medienübergreifend verschiedene Kanäle und Werkzeuge genutzt (Internet, Fernsehen, Mobilfunk, Text, Bild, Video). Durch Präsenzen auf Social-Media-Kanälen wie Facebook, Twitter und Youtube besteht die Möglichkeit, jüngere Zielgruppen zu erreichen.

Die eigene Online-Plattform bietet einen Blog, Video-Interviews, Kritiken von medialen Unterhaltungsangeboten sowie Links zu Studien und ist flexibel erweiterbar. Die Plattform dient als interaktives Recherche-, Distributions- und Kommunikationswerkzeug. Über ein Content-Management-System werden Inhalte zum Thema bereitgestellt, die von Nutzern kommentiert, ergänzt und neu angelegt werden können. Auch ein Dialog zwischen Nutzern, Machern und Protagonisten wird darüber möglich.

Die Online-Plattform bildet außerdem die Recherchegrundlage für einen Dokumentarfilm über Altersbilder und Schönheitsideale. Zuschauer können dadurch an der Entwicklung des Films partizipieren. Durch Präsenzen auf Social-Media-Kanälen besteht die Möglichkeit jüngere Zielgruppen zu erreichen, die ein Dokumentarfilm gleichen Inhalts im Fernsehprogramm, etwa der öffentlich-rechtlichen Sender, nie erreichen würde, weil sich die Mediennutzungen inzwischen stark in Richtung Internet verschoben haben.

Hintergrund

Unsere Gesellschaft ist von negativen Altersvorstellungen besessen. Junge und ältere Menschen sind in ähnlicher Weise von klischeehaften Medienbildern und Schönheitsidealen umgeben. Ältere werden meistens unrealistisch dargestellt, entweder extrem positiv oder extrem negativ. Der überwiegende Teil der Massenmedien propagiert ein von Jugendkult, Verjüngungsstrategien und Schlankheitswahn gezeichnetes Bild. Das Alter wird zunehmend verschleiert oder zwangsverjüngt: Jugendliche Kleidung, Aktivität und ein faltenfreies Gesicht prägen die neue Schönheitsvorstellung für ältere Menschen.

Bilder von perfekten Werbemodels, aber auch klischeehafte negative Darstellungen älterer Menschen können die Wahrnehmung des eigenen Äußeren und das Selbstbild beeinflussen und sich negativ auf das Körpergefühl junger und alter Menschen auswirken. Sie beeinflussen die Vision der Menschen vom eigenen Altern und sie beeinflussen, wie andere Menschen sie in ihrer Lebenswelt erleben.

Status

Das Crossmedia-Projekt wurde im Mai 2012 mit einer Förderung des MIZ-Medieninnovationszentrums Babelsberg gestartet. Derzeit befindet sich der Dokumentarfilm in Vorbereitung.

Kooperationen

- GAM Gesellschaft-Altern-Medien e. V.
- Graduiertenkolleg „Alter(n)skulturen" der Heinrich-Heine-Universität Düsseldorf
- mabb Medienanstalt Berlin-Brandenburg
- MIZ Medieninnovationszentrum Babelsberg
- SRH Hochschule Berlin, Prof. Dr. Anabel Ternès
- Universität der Künste Berlin

METADORA

Metadora Media UG (haftungsbeschränkt)
Boppstraße 9a
10967 Berlin

Ansprechpartner/-in:
Silke Ewald / Gisela Kopp
Geschäftsführung
Tel: 0173 2163500
post@metadora.de

Berlin

52°31'07" N,
13°24'29" O

Das Crossmedia-Projekt Ex-Models nimmt die Schönheitskonzepte und Altersbilder unserer Mediengesellschaft kritisch unter die Lupe und begibt sich auf die Suche nach Gegenbildern.

Attraktive Arbeitgeber sind flexibel

Wie Sie die individuellen Bedürfnisse Ihrer Mitarbeiterinnen und Mitarbeiter nicht nur erkennen, sondern auch nutzen können: ein Beratungsangebot für kleine und mittlere Unternehmen von der METOP GmbH.

Als ein kleines und mittleres Unternehmen (KMU) an der Schnittstelle zwischen Wissenschaft und Wirtschaft stehen wir vor den Herausforderungen des demografischen Wandels und gestalten ihn gleichzeitig aktiv mit.

Unsere Gestaltungslösungen fokussieren auf KMU mit ihren ganz eigenen Merkmalen und Rahmenbedingungen, da sie die Mehrzahl der Arbeitsplätze in Deutschland stellen, durch den demografischen Wandel besonders stark betroffen sind und in betriebswirtschaftlichen Untersuchungen oft nur unzureichend berücksichtigt werden.

In der Zusammenarbeit mit KMU bieten wir Dienstleistungen, wie z. B. den Attraktivitäts-Check-Up, und entwickeln zusammen mit Geschäftsführung und Mitarbeiterinnen und Mitarbeitern individualisierte, bedarfsgerechte Lösungen basierend auf aktuellen Forschungserkenntnissen. Die Arbeitgeberattraktivität ist zu einem zentralen Erfolgsfaktor zur Fachkräftegewinnung und -bindung geworden, die sich in jährlich neuen Rankings zeigt. Vertreten auf diesen Listen sind namhafte Großunternehmen, die hohe finanzielle und personelle Ressourcen besitzen. Dagegen haben KMU häufig keine eigenen Personalabteilungen, sind sehr stark in den täglichen Geschäftsprozess eingebunden und meist nur regional bekannt. Ihre Potenziale liegen jedoch u. a. in kurzen Entscheidungs- und Informationswegen sowie in komplexen Arbeitsabläufen. Dies sind Attraktivitätsfaktoren, die besser nach außen kommuniziert werden müssen, um Fachkräfte mit dem Wunsch nach einer herausfordernden und selbstbestimmten Arbeitstätigkeit zu gewinnen.

Der Attraktivitäts-Check-Up für Unternehmen ist ein kurzer, mehrstufiger Prozess, in dem zunächst die interne Ist-Situation erfasst und anschließend sowohl mit der Wunschsituation des Unternehmens als auch mit den Vorstellungen der Zielgruppe, bestehend aus zukünftigen und aktuellen Mitarbeiterinnen und Mitarbeitern, verglichen wird. Aus der Gegenüberstellung entstehen unternehmensspezifische Gestaltungsempfehlungen.

In der praktischen Arbeit mit Unternehmen hat sich gezeigt, dass das klassische Berufs- und Lebensmodell mit den aufeinanderfolgenden Phasen Ausbildung, Erwerbstätigkeit und Renteneintritt einem individuellen Biografiemodell mit vielfältigen Lebensentwürfen weicht (siehe Abb.). Im Biografieverlauf treten immer häufiger Phasen von Auszeit, Arbeitgeberwechsel und beruflicher Neuorientierung auf, die zu Rückkopplungen und Neuanfängen führen.

Aus der Vielzahl möglicher biografischer Lebensentwürfe haben sich folgende Lebensmodelle mit unterschiedlichen Bedürfnissen bezogen auf Flexibilität und Stabilität als besonders relevant für KMU mit ihren Belegschaftsstrukturen herauskristallisiert:

- Doppelverdienerpaare
- Ältere Mitarbeiterinnen und Mitarbeiter
- Junge Familien
- Mitarbeiterinnen und Mitarbeiter in der Selbstverwirklichungsphase
- Mitarbeiterinnen und Mitarbeiter in der Lebensphase, in der Familienmitglieder gepflegt werden

Diese erfordern von den KMU eine proaktive Herangehensweise durch z. B. eine lebensphasenorientierte Arbeitsorganisation, welche sowohl die Bedürfnisse der Belegschaft als auch die Bedarfe des Unternehmens integriert.
Um die Unternehmen in der Gestaltung ihrer Arbeitsorganisation zu unterstützen, wird eine standardisierte Vorgehensweise angewendet:

- Identifizierung und Abbildung unternehmens- und mitarbeiterbezogener Ziele über moderierte Gruppendiskussionen, standardisierte Fragebögen und teilstandardisierte Interviews
- Auswahl geeigneter Instrumente und Modelle zur Bewältigung des Gestaltungsschwerpunktes, differenziert für sieben verschiedene Flexibilisierungsschwerpunkte wie z. B. funktionale, monetäre und zeitliche Flexibilität
- Entwicklung konkreter Gestaltungslösungen, angepasst an die spezifischen, betrieblichen Rahmenbedingungen
- Beratende Begleitung der Umsetzung im Unternehmen

Durch das individuelle Vorgehen weisen die Lösungen einen hohen Identifikationswert im Unternehmen auf und erleichtern die Umsetzung im Vergleich zu standardisierten Anwendungen. Mit dieser Vorgehensweise haben wir zusammen mit 28 Unternehmen in den letzten vier Jahren ein Portfolio an praxisnahen und nachhaltigen Lösungen, vor allem in den Bereichen Flexibilisierung und Personalentwicklung, erstellt, erprobt und optimiert. Zu dem Portfolio gehören bereits bekannte Instrumente und Modelle, wie die Einführung von Gleitzeit und Arbeitszeitkonten, als auch in KMU weniger bekannte Ansätze wie Sabbaticals und Lernpools.

Exkurs Sabbatical

Auszeit von i. d. R. drei bis zwölf Monaten für z. B. Reisen oder Pflege von Angehörigen. Die bezahlte Freistellung wird durch spezifische Regelungen zur Ansparung von Arbeitszeit mithilfe von Überstunden oder Urlaubsansprüchen ermöglicht. Nach der vereinbarten Auszeit kehrt die Person an die Arbeitsstelle zurück.

Exkurs Lernpool

Ein Lernpool besteht aus aktuellen und angehenden Mitarbeiterinnen und Mitarbeitern, die durch individualisierte Qualifizierungspläne auf die Weiterentwicklung bzw. Neueinstellung im Unternehmen vorbereitet werden. Dieser Prozess wird durch ein externes Bildungsmanagement mit den Modulen Praxisexkurs, Training, betriebliches Coaching sowie fachliche und überfachliche Schulungsmaßnahmen realisiert.

Ziel unserer Arbeiten ist es, KMU demografiefest zu machen. Dafür entwickeln wir forschungsbasierte Strategien, die Mitarbeiterinnen und Mitarbeitern eine sinnstiftendende Arbeitstätigkeit bis ins hohe Alter ermöglichen und ihr Wissen für das Unternehmen erhalten. Zudem unterstützen wir die KMU, dem ganzheitlichen, biografieorientierten Ansatz entsprechend, bei der Suche, Qualifizierung und Bindung von Fachkräften. Für die Zukunftsfähigkeit von KMU ist eine schnelle Reaktionsfähigkeit auf aktuelle Veränderungen und ein nachhaltiges, demografiefestes Personalmanagement entscheidend. In diesem Kontext dürfen Begriffe wie lebenslanges Lernen, Wissensmanagement und Flexibilität nicht nur als Schlagworte stehen bleiben, sondern müssen in reale, unternehmensspezifische Lösungen transferiert werden.

METOP GmbH
An-Institut der Otto-von-Guericke-Universität Magdeburg
Sandtorstraße 23
39106 Magdeburg

Ansprechpartner/-in:

Janice Iffländer
Wissenschaftliche Mitarbeiterin
Geschäftsbereich Management und Logistik
Tel: 0391 5448619248
janice.ifflaender@metop.de

Antje Hoffleit
Wissenschaftliche Mitarbeiterin
Geschäftsbereich Management und Logistik
Tel: 0391 5448619243
antje.hoffleit@metop.de

Magdeburg

52°07'14" N,
11°37'40" O

MITPACKgelegenheit.de

MITPACKgelegenheit.de stellt eine praktische Lösung dar. Privatpersonen transportieren Pakete, Sperrgut etc. für Menschen mit Versandbedarf

Ältere Menschen haben reichlich Versandbedarf. Doch kommerzielle Paketdienste haben keine Angebote, die auf eine alternde Gesellschaft zugeschnitten sind. Im Gegenteil: Versandfilialen im ländlichen Raum werden im großen Stil geschlossen. Insbesondere, wenn ältere Personen sperrige und persönliche Gegenstände, wie Möbel, Kinderwagen, Spielsachen oder Fahrräder, ihren Familienangehörigen zukommen lassen wollen, scheitern sie bereits daran, die Gegenstände nicht bis zur Haustür tragen zu können. **MITPACKgelegenheit.de** ist die einzige Versandmöglichkeit, die das erforderliche soziale Moment ermöglicht.

Das Prinzip ist einfach

Auf der Online-Plattform stellt man seinen Gegenstand als Gesuch ein und gibt an, wohin dieser transportiert werden soll. Privatpersonen, die mobil sind und Stauraum im PKW oder Transportwagen freihaben, nehmen den Gegenstand zu fairen Preisen (nicht gewinnorientiert!) mit. Zudem kann man angeben, dass man Hilfe beim Ein- oder Ausladen benötigt, und steht mit dem Transporteur im unmittelbaren Dialog, sodass auch der Liefer-/Abholzeitpunkt exakt bestimmt werden kann. Zudem brauchen die Gegenstände nicht aufwendig verpackt zu werden. Ein Aspekt, den ebenfalls viele ältere Menschen schätzen.

MITPACKgelegenheit.de ist Social Transport: Versand wird menschlich, günstiger, praktischer, persönlicher und als Teil der MITPACK-Community vor allem sozial. Die Online-Plattform ist seit März 2013 live und wird bereits mit über 20 % Prozent von Seniorinnen und Senioren aus dem ländlichen Raum genutzt. (Ältere) mobile Menschen verdienen sich als Mitpacker beim Fahren gern etwas dazu und andere profitieren davon, einen Paketboten zu haben, dessen Dienst bei Bedarf nicht an, sondern erst hinter der Haustüre endet (Verlängerung der letzten Meile). MITPACKgelegenheit.de wird für den regionalen, aber auch überregionalen Versand genutzt. Weitere Services, speziell für die alternde Gesellschaft, sind in Planung und werden im Zuge der Entwicklung auf der Online-Plattform integriert.

MITPACKgelegenheit.de

MITPACKgelegenheit.de | Selando GbR
Schuppstraße 47
65191 Wiesbaden
www.mitpackgelegenheit.de

Ansprechpartner/-in:
Dr. Lars Schatilow
Gründer / Geschäftsführer
schatilow@mitpackgelegenheit.de

Wiesbaden

50°04'55" N,
8°14'28" O

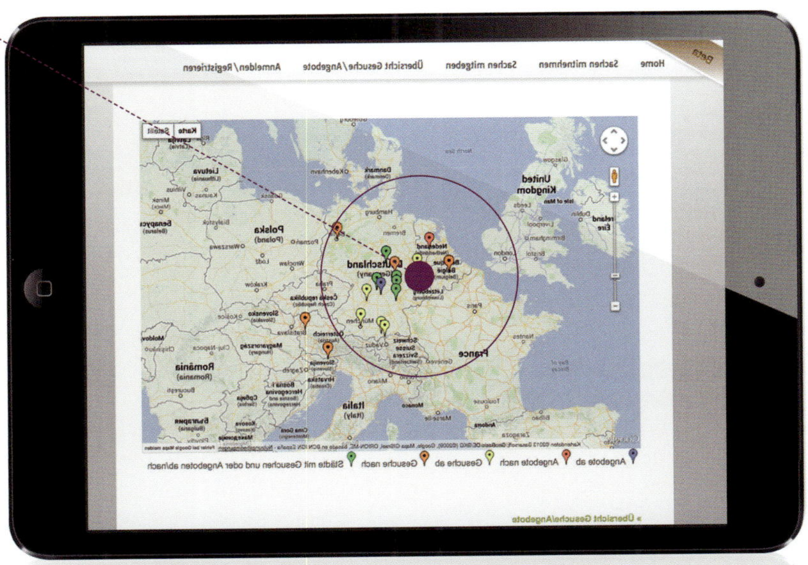

Ältere Menschen haben reichlich Versandbedarf. Doch kommerzielle Paketdienste bieten keine Angebote, die auf eine alternde Gesellschaft zugeschnitten sind.

Familienfreundlichkeit und demografischer Wandel

Innovative Lösungen zur Vereinbarkeit von Beruf und Familie

Das Durchschnittsalter von Belegschaften steigt, in vielen Branchen ist bereits ein Fachkräftemangel spürbar, ältere Mitarbeiterinnen und Mitarbeiter müssen gehalten und speziell motiviert werden. Maßnahmen zur „Vereinbarkeit von Beruf und Familie" zielen daher nicht mehr nur auf junge Eltern ab, sondern auch auf die große Gruppe von Beschäftigten, die selbst schon älter sind oder sich um ältere Angehörige kümmern. Denn immer mehr Berufstätige stehen vor der Herausforderung, Pflegeaufgaben und Beruf miteinander vereinbaren zu müssen. Unvorhersehbare Ereignisse können hier schnell für Überforderung sorgen, z. B. wenn Angehörige schwer erkranken, dement werden oder nach einem Krankenhausaufenthalt auf Hilfe angewiesen sind.

Im Auftrag von mehr als 750 Unternehmen, Behörden und Verbänden unterstützt die pme Familienservice Gruppe Mitarbeiterinnen und Mitarbeiter dabei, Beruf und Privatleben erfolgreich miteinander zu vereinbaren, damit sie sich mit freiem Kopf beruflichen Aufgaben widmen können und leistungsfähig und gesund bleiben.

Mit einem Serviceportal „Mein Familienservice", das mehr als 100 Seiten und über 250 Download-Angebote bereit hält, wird eine dabei zeit- und ortsunabhängige Zugriffsmöglichkeit auf unsere Unterstützungsangebote sichergestellt.

Die Homecare-Eldercare-Dienstleistungen für die Belegschaft im Einzelnen

- Individuelle Beratung zu den verschiedenen Pflegelösungen
- Umfassende Beratung zu allen Fragen der Finanzierung von Pflege
- Vermittlung von Betreuungs- und Hauspersonal
- Vermittlung von ambulanten Diensten und Heimplätzen
- Hilfe beim Umgang mit Krankheit, Behinderung und Pflegebedürftigkeit eines Angehörigen, insbesondere bei Demenz
- 24-Stunden-Hotline für akute Krisen
- Seminare und Vorträge für Belegschaften und Führungskräfte.

Regelmäßige Kundenevaluationen zeigen, dass insbesondere die Gruppe der berufstätigen pflegenden Angehörigen Angebote ihres Arbeitgebers zur Vereinbarkeit von Beruf und Pflege sehr wertschätzt. Während einer Eldercare-Beratung erhalten die Beschäftigten individuelle Unterstützung zu allen Fragen rund um das Thema pflegebedürftige Angehörige und konkrete Lösungsangebote für ihre spezielle Situation. Daher erweisen sich diese Maßnahmen als geeignet, die Gruppe der älteren Beschäftigten zu entlasten, zu binden und zu motivieren.

Unsere Forschungs- und Entwicklungsarbeit

Der pme Familienservice investiert insgesamt pro Jahr ca. 10% seiner Einnahmen in Think-Tank-, Forschungs- und Produktentwicklungsprojekte. Mehr als 30% dieser Kosten werden aus Eigenmitteln des Unternehmens aufgebracht. Mit dieser Eigenquote an Forschung und Entwicklung, die weit über dem Branchenschnitt liegt, wollen wir einen Beitrag leisten, zukunftsfähige Lösungen für die soziale Dienstleistungswirtschaft zu entwickeln:

ALIAS – adaptable ambient living assistant

Seit 2010 beteiligt sich der pme Familienservice an dem europäischen Forschungsprojekt ALIAS, in dessen Rahmen ein mobiles Robotersystem konstruiert wird, welches älteren Menschen die Kommunikation erleichtern soll. Ziel ist es, einen Helfer zu entwickeln, der verschiedenste Medien wie Telefon oder Internet über ein Touchdisplay oder Sprachausgabe für Senioren einfach nutzbar macht.

SELBST – selbstbestimmt Leben im Alter mit Mikrosystemtechnik

SELBST verknüpft auf intelligente Weise innovative technische Produktlösungen und Dienstleistungen für ältere Menschen und ihre Angehörigen. Über drei Jahre entwickelte der pme Familienservice im Rahmen des Forschungsprojekts SELBST gemeinsam mit Forschungs- und Entwicklungspartnern ein technisches System, das daran denkt, den Herd auszuschalten und Angehörige in Notfallsituationen zu informieren.

Expertise zum Thema Demenz

Recherche, Interviews, Bewertung und systematisierte Aufbereitung von Unternehmen, Netzwerken und weiterer möglicher Partner und von Best Practice-Beispielen in ausgewählten Bereichen (Bürgerschaftliches Engagement und Unternehmen) sowie Erarbeitung von Handlungsempfehlungen für den Aufbau eines Wissens- und Hilfenetzwerkes für Demenzkranke und deren Angehörige.

pme Familienservice GmbH
Flottwellstr. 4–5
10785 Berlin

Ansprechpartner/-in:
Peter Fischer
Projektmanagement & Entwicklung
Tel: 030 26393587
peter.fischer@familienservice.de

Berlin

52°31'07" N,
13°24'29" O

Mit diesem Angebot verfügen die Unternehmen und Institutionen über eine ganze Palette an Handlungsmöglichkeiten, um ihre Organisation demografiefest aufzustellen.

Die pme Familienservice Gruppe ist an mehr als 30 Standorten in Deutschland, Österreich, der Schweiz und Tschechien vertreten und beschäftigt über 1.500 eigene Mitarbeiterinnen und Mitarbeiter. Durch unsere dezentrale Organisationsstruktur mit Standorten im gesamten Bundesgebiet stellen wir sicher, dass unsere Kunden schnell und zuverlässig von Beraterinnen und Beratern betreut werden, die jeweils die lokale Situation kennen. Dies ist vor allem ein unschätzbarer Vorteil für die große Zahl der Beschäftigten, deren hilfebedürftige Angehörige nicht am selben Ort wohnen.

Wir beraten Unternehmen zu Maßnahmen zur Vereinbarung von Beruf und Pflege, schulen Führungskräfte und liefern Homecare-Eldercare-Lösungen für die ganze Belegschaft. Unter unserem Motto „Vorsprung durch Forschung - Ideen für ein zukünftiges Miteinander" bieten wir innovatives und kreatives Know-how und führen Studien und Forschungsprojekte durch.

Im Auftrag von mehr als 750 Unternehmen, Behörden und Verbänden unterstützt die pme Familienservice Gruppe Mitarbeiterinnen und Mitarbeiter dabei, Beruf und Privatleben erfolgreich miteinander zu vereinbaren.

Vereinbarkeit von Beruf & Familie Die Kunst, Menschen zu beflügeln

Dem demografischen Wandel begegnen – Potenziale heben

Es gilt, dem durch den demografischen Wandel verursachten kommenden Fachkräftemangel und dem daraus resultierendem War for Talents gerüstet entgegenzutreten. Da auch regionale Unternehmen von dem Wertewandel in der Arbeitswelt betroffen sind, müssen diese für das Thema Vereinbarkeit Beruf & Familie als Standortfaktor sensibilisiert werden. Es muss aufgezeigt werden, dass familienfreundliche Personalpolitik kein sozialer Klimbim ist, sondern einen sich rechnenden Return of Investment erzeugt.

Darüber hinaus spannt das Thema einen noch weiteren Bogen. Die Entwicklung einer Wirtschaftsregion hängt nämlich wesentlich davon ab, wie attraktiv ein Standort für Fachkräfte und deren Familien ist. Insofern sind gelebte Vereinbarkeit von Beruf und Familie sowie familienfreundliche Personalpolitik ein wichtiger Vorteil im Wettbewerb der Regionen. Familienfreundlichkeit dient nicht nur der Erschließung und Nutzung der vorhandenen Arbeitsmarktpotenziale, sondern auch der Bindung sowie der gezielten Anwerbung von Fachkräften. Regionale Unternehmen profitieren dabei von der Erhöhung der Standortattraktivität gleichermaßen wie von ihrem eigenen Engagement für familienfreundliche Personalpolitik.

Im Handlungsfeld Fachkräftesicherung des Regionalmanagements der Regio Augsburg Wirtschaft GmbH angesiedelt, werden diese Themen von der Servicestelle Beruf und Familie aufgegriffen. Entstanden im Dialog zwischen der Regio Augsburg Wirtschaft GmbH und dem Projekt Perspektive Wiedereinstieg, angesiedelt beim BBZ Augsburg, erhält das Projekt durch die Servicestelle eine direkte regionale Komponente mit dem Ziel, alle regionalen Aktivitäten und Akteure, die sich mit Beiträgen an der Vereinbarkeit von Beruf und Familie beteiligen, miteinander zu vernetzen. Gleichzeitig können sich Unternehmen über das Thema Familienfreundlichkeit informieren und Vorhaben, unterstützt durch die Servicestelle, umsetzen. Die Dienstleistungen der Servicestelle sind kostenfrei. Da die Regio Augsburg Wirtschaft GmbH noch weitere Themen im Handlungsfeld Fachkräftesicherung, wie beispielsweise Fachkräftemarketing, für die Region bearbeitet, ist dort ein wichtiger Knotenpunkt entstanden.

Im Einzelnen erreicht die Servicestelle eine Vielzahl von Zielgruppen, vorhandene Potenziale in der Region werden so angesprochen und aktiviert.

Zum einen verfolgt die Servicestelle das Ziel, die Strukturen für berufstätige Frauen zu fördern, denn Berufstätigkeit ist heutzutage für Frauen ein fester Bestandteil ihres Lebensentwurfes. Laut einer Studie des Bundesfamilienministeriums wollen rund 84 % der Frauen erwerbstätig sein, auch und gerade nach einer familienbedingten Erwerbsunterbrechung. Denn Hand in Hand mit der Mutterschaft geht meist ein Einbruch der Erwerbsbiografie, da die Vereinbarkeit von Beruf und Familie nicht immer gesichert ist. Darüber hinaus kehren viele Frauen in Teilzeit zurück auf den Arbeitsmarkt, möchten dann ihre Wochenarbeitszeit aber erhöhen. Unzureichende Kinderbetreuungsangebote und Arbeitszeitmodelle stellen hierbei mitunter eine weitere Hürde hierfür dar. Mit einer durchschnittlichen Wochenarbeitszeit von 18,5 Wochenstunden bei Teilzeitkräften liegt Deutschland dabei unter dem europäischen Durchschnitt.

Regio Augsburg Wirtschaft GmbH
Karlstraße 2
86150 Augsburg
www.region-a3.com
Ansprechpartner/-in:
Andreas Thiel
Geschäftsführer
Tel: 0821 45010 200
andreas.thiel@region-a3.com

Augsburg

48°22'18" N,
10°53'54" O

Gleichzeitig wird die Erwerbspartizipation von Frauen immer mehr zu einem notwendigen Faktor im Handlungsfeld Fachkräftesicherung. So sieht die Bundesagentur für Arbeit in der Erhöhung der Frauenerwerbsquote an sich sowie der Senkung des Anteils der Frauen, die in Teilzeit arbeiten, also in der Anhebung der Arbeitszeit, ein Potenzial von bis zu 2,1 Millionen Vollzeitstellen. Die Beteiligten verfolgen also letztlich ähnliche Ziele. Vor diesem Hintergrund sind verstärkt Initiativen zur Vereinbarkeit von Beruf und Familie wichtige Instrumente zum gemeinsamen Erreichen des Ziels.

Die ersten Erfolge konnten bereits verbucht werden: Neben der Beratung einzelner Unternehmen ist es der Servicestelle gelungen, an zwei Industriestandorten der Region Unternehmen dafür zu gewinnen, eine überbetriebliche Kindertagesbetreuung anzustreben.

Darüber hinaus verfolgt die Servicestelle noch ein weiteres, langfristigeres Ziel. Die nachkommende Generation qualifizierter Fachkräfte, die sogenannte „Generation Y", hat, bedingt durch den kulturellen Wertewandel und den technischen Fortschritt in der Arbeitswelt, konkrete Vorstellungen bei der Wahl des Arbeitgebers. Stand bislang vor allem die Vergütung im Vordergrund der Arbeitgeberwahl, spielen nun auch die soften Arbeitgebervorteile eine größere Rolle bei den Bewerbern. Hierunter zählt unter dem Oberbegriff der Work-Life-Balance auch die Vereinbarkeit von Beruf und Familie. Schaffen Unternehmen eine Sensibilität für dieses Thema und leben sie eine familienfreundliche Unternehmenskultur, wirkt sich das positiv auf die Arbeitgebermarke und folglich auch positiv auf die Gewinnung von Mitarbeiterinnen und Mitarbeitern, gerade des qualifizierten Nachwuchses, aus. Diese Zusammenhänge wurden von einigen Unternehmen im Wirtschaftsraum Augsburg erkannt, ein Strukturwandel ist spürbar. Das soeben Genannte gilt aber nicht nur für einzelne Unternehmen, sondern für eine ganze Region. Gelingt es, familienfreundliche Maßnahmen in die Breite zu tragen, ist die Attraktivität des Wirtschaftsraumes Augsburg im Sinne eines Regional Branding eine Visitenkarte und Empfehlung für externe Fachkräfte, sich für den Wirtschaftsraum zu begeistern.

InstaGran

InstaGran – ein intuitiv nutzbares soziales Netzwerk zum Verbinden von Generationen

Erlebte Einsamkeit ist eng verknüpft mit Gesundheitsproblemen und Todesfällen bei älteren Menschen. Eine der Ursachen für die Isolation Älterer und die erlebte Einsamkeit sind unterschiedliche Kommunikationsstile und -gepflogenheiten zwischen den Generationen. Viele Ältere schreiben Briefe, nutzen ihr Festnetztelefon und bevorzugen die direkte Face-to-Face-Kommunikation. Jüngere hingegen sind darüber hinaus über Handys, soziale Netzwerke wie Facebook und Twitter oder Chatanwendungen wie WhatsApp miteinander vernetzt, machen dafür jedoch weniger Gebrauch von den traditionellen Kommunikationsmedien ihrer Großeltern. Die Kluft zwischen Nutzern der neuen und der klassischen Medien führt zu einer Lücke in der intergenerationalen Kommunikation.

Um diese Lücke zu überwinden, schlagen wir eine neuartige Dienstleistung vor, durch die Ältere in die sozialen Netze Jüngerer eingebunden werden, ohne dass die Älteren die Nutzung komplexer Benutzerschnittstellen der modernen Kommunikationsgeräte erlernen müssen.

Unser Dienstleistungskonzept verbirgt sich hinter einer Anwendung **InstaGran** für Smartphones und Tablets und adressiert sowohl Ältere wie auch Jüngere. Junge Nutzer können diese Anwendung in ihren Kommunikationsalltag integrieren und Bilder und Nachrichten über ihr Smartphone mit anderen teilen. Dies spiegelt ihren heutigen Kommunikationsalltag wider. Darüber hinaus können sie jedoch mit InstaGran gleichzeitig ihre Großeltern oder andere Ältere in ihre soziale Kommunikation einschließen. Ältere wiederum können den Aktivitäten ihrer Kinder und Enkel rein passiv folgen, da sich InstaGran zu Beginn als einfacher Bilderrahmen in ihre Lebensumgebung integriert. Dieser Bilderrahmen muss nicht gewartet werden und aktualisiert sich automatisch durch die Aktivitäten der Kinder, Enkel und Verwandten mit neuen Bildern und Nachrichten. Denkbar ist jedoch, dass auf Wunsch der Älteren nach und nach neue und einfach zu bedienende Funktionen freigeschaltet werden und so die soziale Inklusion von Älteren und Jüngeren weiter gefördert wird. Beispielsweise, indem ein besonderes Foto mit einem Stern versehen werden kann.

Mit InstaGran können Ältere die Bilder und Nachrichten der Jüngeren auf einfachen, kostengünstigen und anfangs rein passiven Geräten verfolgen. Die dafür notwendigen Geräte können entweder in Form eines erschwinglichen elektronischen Bilderrahmens (für unter 100 Euro) erworben werden, oder die Anwendung InstaGran kann auf einem alten, sonst nicht mehr genutzten Tablet installiert und den Älteren zum Geburtstag oder zu Weihnachten geschenkt werden. Dadurch, dass sich InstaGran zumindest anfangs bei den Älteren auf die Darstellung von Bildern und Nachrichten beschränkt, müssen diese Geräte auch nicht der aktuellen Spitzenklasse entsprechen.

Das Geschäftsmodell von InstaGran basiert auf dem Freemium-Modell. Die Basisversion des Programms wird kostenlos für iPhones und Android-Geräte angeboten. Auch die vorkonfigurierten Bilderrahmen mit InstaGran-Funktion werden subventioniert und sehr günstig angeboten. Über kostenpflichtige Zusatzfunktionen, wie verschiedene Farb- und Bildverbesserungsfilter, können die Jüngeren ihre Fotos und Nachrichten aufpeppen und InstaGran nach ihren Vorstellungen anpassen. So wird auf ein kostenpflichtiges Abo-Modell und risikoreiche Startinvestition durch die Geräteentwicklung verzichtet und Einnahmen können bei geringem Investitionskapital kontinuierlich durch Käufe innerhalb von InstaGran generiert werden.

Mit InstaGran wollen wir die Generation der Baby Boomer als Botschafter für unser Produkt gewinnen. Wir glauben, dass diese Generation die Kommunikation mit ihren Eltern einerseits und mit ihren Kindern andererseits über derartige Werkzeuge fördern kann und will.

InstaGran ermöglicht Älteren das Eintauchen in die Kommunikationsstile der jungen Generation, ohne komplexe Benutzerschnittstellen erlernen zu müssen. InstaGran ermöglicht den Jungen, im regelmäßigen Kontakt mit ihren älteren Angehörigen zu bleiben und so die soziale Verflechtung zu stärken. InstaGran ist eine einfach und intuitiv zu nutzende Brücke zwischen den Generationen, die die soziale Inklusion fördert und Einsamkeit im Alter verhindert.

Die Idee zu InstaGran entstand während der **Doctoral School on Ageing and Sustainability** der IDEA League, einem Netzwerk von Europas führenden technischen Universitäten. Das Konzept wurde von William Abbott, Asli Boru, Philipp Brauner und Kai Kasugai erarbeitet.

„InstaGran" ermöglicht Älteren das Eintauchen in die Kommunikationsstile der jungen Generation, ohne komplexe Benutzerschnittstellen erlernen zu müssen.

RWTH Aachen University, Human-Computer Interaction Center

www.comm.rwth-aachen.de

Ansprechpartner/-in:

Dipl.-Inform. Philipp Brauner
Innovative Approaches for
Meeting the Demografic Change
Tel: 0241 8025481
philipp.brauner@rwth-aachen.de

Aachen

50°46'36" N,
6°05'01" O

MASTERhora

VERNETZEN – ARBEITEN – LERNEN
MASTERhora: die Social Media-Plattform für Fach- und Führungskräfte im UnRuhestand und Unternehmen
www.masterhora.de

Schon heute spüren Unternehmen die Auswirkungen des demografischen Wandels. Der Großteil der Erwerbstätigen ist bereits zwischen 40 und 64 Jahre alt, der Anteil der Jüngeren geht kontinuierlich zurück – längst klagen ganze Branchen über den Fachkräftemangel. Diese Entwicklung hat für die Wirtschaft weitreichende Konsequenzen: Unternehmen haben zunehmend Schwierigkeiten, offene Stellen mit kompetenten Mitarbeiterinnen und Mitarbeitern zu besetzten. Mit den altersbedingt ausscheidenden Kolleginnen und Kollegen verlieren Unternehmen oft wertvolles Expertenwissen und Erfahrungen.

Doch: Deutschlands Bürger werden nicht nur älter, sie bleiben auch geistig und körperlich länger „fit". Diese neuen Best Ager wollen über den Ruhestand hinaus aktiv sein und ihr Wissen in die Gesellschaft und Wirtschaft einbringen. Insbesondere unter ehemaligen Fach- und Führungskräften gilt eine angemessene Beschäftigung als attraktiv.

Dieses Wissen zu sichern und für Unternehmen weiterhin nutzbar zu machen, ist das Ziel von **MASTERhora.** Zugleich bietet das Social-Media-Netzwerk all denen eine Plattform, die sich auch im Ruhestand fachlich auf dem Laufenden halten, ihr Wissen weitergeben und zeitweise wieder mitarbeiten wollen.

Drei Beispiele

Ein mittelständisches IT-Unternehmen verzeichnet nach einer Messe starkes Kundeninteresse. Ein internationaler Chemie-Konzern hat unerwartet Probleme bei einem Projekt in Südamerika. Ein Hidden Champion auf der Schwäbischen Alb spürt, dass einem jungen, fachlich versierten Team die Ruhe eines erfahrenen Kollegen fehlt. Drei Fälle, für deren Lösung es bereits Instrumente gibt: Überstunden und Sonderschichten, Zeitarbeitnehmer, Interimsmanager. Allerdings: Diese Lösungen sind teuer. Manche erfordern das Einarbeiten von unternehmensfremden Mitarbeiterinnen und Mitarbeitern. Dabei gibt es Menschen, die das Unternehmen kennen, womöglich an virulenten Projekten selbst mitgearbeitet haben und schnell einsatzbereit wären. Die Ruheständler.

Um dieses Potenzial systematisch zu erfassen und bei Bedarf zu nutzen, bietet MASTERhora verschiedene Leistungspakete an. So haben Unternehmen z. B. die Möglichkeit, ihre Mitarbeiterinnen und Mitarbeitern, die demnächst in Rente gehen oder bereits im Ruhestand sind, in geschlossene Gruppen einzuladen, mit ihnen zu diskutieren, ihnen weiter unternehmensinterne Informationen zu geben und so den Kontakt zu halten. Mitarbeiterinnen und Mitarbeiter a. D. können ihr Profil bei MASTERhora hinterlegen und so jederzeit durch ihren Ex-Arbeitgeber gefunden und kontaktiert werden.

MASTERhora ist aber auch die zeitgemäße Lösung für kleine und mittelgroße Unternehmen, indem sie vakante Positionen, die auf Zeit besetzt werden sollen, schnell und unkompliziert einstellen und aktiv nach Expertinnen und Experten suchen können.

Neben Unternehmen können Einzelpersonen Mitglied bei MASTERhora werden. Mit dem eigenen Berufsprofil haben erfahrene Fach- und Führungskräfte die Möglichkeit, eigene Beiträge einzustellen und mit Expertinnen und Experten anderer Unternehmen oder Branchen Wissen und Meinungen auszutauschen. Unternehmen wie Expertinnen und Experten finden ein vielfältiges Angebot an Fachinformationen und Veranstaltungshinweisen. Dafür bietet die Plattform verschiedene Formate und Themenschwerpunkte an. In den Rubriken Technologie, Leben & Gesundheit und Management & Services finden Expertinnen, Experten und Unternehmen Hintergrundberichte, Studien und Artikel. Neben dem Einstellen eigener Beiträge und der Diskussion mit Gleichgesinnten können die Fach- und Führungskräfte a. D. zum Beispiel an einem Webinar teilnehmen und neuste Techniken erlernen. Oder ganz einfach im Wiki verfolgen, wie horizontale Vernetzung zu neuen Erkenntnissen führt.

Die Mitgliedschaft bei MASTERhora ist kostenpflichtig. Mit einem eigenen Redaktionsteam stellt MASTERhora Informationen, Veranstaltungshinweise und Studien zur Verfügung.

Unternehmen haben z. B. die Möglichkeit, ihre Mitarbeiterinnen und Mitarbeiter, die demnächst in Rente gehen oder bereits im Ruhestand sind, in geschlossene Gruppen einzuladen, mit ihnen zu diskutieren, ihnen weiter unternehmensinterne Informationen zu geben und so den Kontakt zu halten.

Silberrücken GmbH
Westendstraße 50
60325 Frankfurt am Main
www.masterhora.de

Ansprechpartner/-in:
Andy Sacherer
Geschäftsführer
Tel: 069 70797862
a.sacherer@masterhora.de

Frankfurt am Main

50°06'38" N,
8°40'56" O

Schritt	Experten	Unternehmen
1	Profil erstellen und vernetzen	Projekte ausschreiben
2	Suchen und bewerben	Suchen und finden
3	**Erfolgreich zusammenarbeiten**	

MASTERhora ist die kreative Antwort auf den demografischen Wandel, weil es Unternehmen und aktive Ruheständler verbindet. Die Plattform bündelt die Ressource Wissen für Unternehmen und Ruheständler.

Weichen für die Zukunft stellen

Demografische Entwicklungsplanung in Bielefeld

Die Stadt Bielefeld reagierte als erste deutsche Kommune bereits im Jahre 2004 auf die demografischen Veränderungen durch die Einrichtung des Arbeitsbereichs Demografische Entwicklungsplanung. Dieser wurde als Stabsstelle im Dezernat des Oberbürgermeisters hochrangig angesiedelt und im Jahre 2011 um das Amt für Demografie und Statistik erweitert. Das Amt beinhaltet nun die Bereiche Bevölkerungsentwicklung, Stadtforschung und Statistik. Damit versammelt das neue Amt viele mit dem demografischen Wandel zusammenhängende Aspekte und kann so den Erfordernissen des Politikfeldes Demografischer Wandel noch besser gerecht werden.

Aufgabe der Amtsleiterin ist eine strategische, demografieorientierte Planung, die alle kommunalen Handlungsfelder umfasst. Es geht nicht um die Entwicklung einzelner Projekte oder Maßnahmen; Ziel ist vielmehr, neben ständigem Kontakt zur aktuellen Forschung, Anregungen für das Nutzen der Chancen von Bevölkerungsentwicklung zu geben und bei städtischen Entscheidungen auf deren demografische Folgen aufmerksam zu machen.

Tätigkeitsschwerpunkt der ersten Jahre war die Entwicklung eines strategischen Handlungskonzeptes, das Möglichkeiten dafür aufzeigt, wie die Stadt sich auf die demografischen Veränderungen einstellen kann. Das Konzept **Demografischer Wandel als Chance?** enthält langfristige Zukunftsziele, wurde nach intensiven Beratungen in Verwaltung und politischen Gremien einstimmig im Rat der Stadt verabschiedet und gehört inzwischen zur Basis der städtischen Planung. Voraussetzung dafür war, die Strategie einheitlich zu gestalten und politisch abzustimmen, damit das Konzept für alle bindende Wirkung hat.

Zum einen geht es in diesem Konzept um die demografische Entwicklung der Stadt. Im Zentrum stehen sechs demografiepolitische Ziele, also zukünftige Handlungsschwerpunkte für Bielefeld. Mit seiner Projektstruktur und dem Steuerungskreislauf zur Erarbeitung der demografiepolitischen Ziele hält es zudem eine Anleitung dafür bereit, wie die Verwaltung die sechs Ziele erarbeiten kann. Diese werden nun Schritt für Schritt in den Handlungsfeldern Integration, Stadtentwicklung, Bildung, Gesundheit, Familie und Wirtschaft umgesetzt. Auch die Bearbeitung verwaltungsinterner Themen wird durch das Projekt angeleitet. Somit wird beispielsweise die Entwicklung eines demografieorientierten Personalmanagements, welches einerseits eine gesamtstädtische Strategie widerspiegelt und andererseits die Besonderheiten städtischer Ämter miteinbezieht, ermöglicht.

Zur Erleichterung eines bewussten Einbezugs des Faktors Demografie in die künftige Verwaltungsplanung entwickelte die Amtsleiterin einen **Demografiestempel,** dessen Handreichung die für Planungskonzepte und Projekte demografierelevanten Aspekte erläutert. Ob und in wie weit die vielfältigen und sich verändernden Bevölkerungsstrukturen Bielefelds bedacht wurden, wird durch die Nutzung eines Fragebogens für die verschiedenen Aufgabenbereiche in Ämtern und Fachbereichen ermöglicht. Der Fragebogen dient als Instrument, bei Abstimmungen in der Verwaltung einheitliche demografieorientierte Kriterien zugrunde zu legen und Transparenz für Entscheidungen herzustellen.

Um Veränderungen als Folge demografischer Entwicklungen frühzeitig mit Bielefelds Bürgerinnen und Bürgern rückzukoppeln, werden verschiedene Akteure der Stadtgesellschaft in die Diskussion ihrer Zukunft eingebunden – so beim Projekt **Räume der Zukunft – Sichtwechsel im Liegestuhl.** Im Rahmen dieses Projektes setzten sich rund 130 Schülerinnen und Schüler mit der Thematik, dass unsere Gesellschaft „weniger, älter und bunter" wird, auseinander. Die Jugendlichen zeichneten ihre Gedanken auf Leinwände, die anschließend in Liegestühle montiert wurden. Das Produkt wurde dann bei Kulturveranstaltungen an drei ausgewählten Orten Bielefelds eingesetzt: Bürgerinnen und Bürger waren eingeladen, im Liegestuhl Platz zu nehmen, ein vielfältiges, auf das jeweilige Quartier abgestimmtes Angebot aus Musik, Pantomime und Lesungen zu genießen und dabei aus veränderter Perspektive den demografischen Wandel des eigenen Stadtteils wahrzunehmen.

An Bielefelds Zukunftsgestaltung werden auch die jüngsten Bürgerinnen und Bürger beteiligt: Eine Zukunftswerkstatt mit mehr als 50 zwölf- und 13-jährigen Schülerinnen und Schülern und das erste bundesdeutsche Demografie-Buch für Kinder, **Unsere Zukunft – meine Stadt**, zeigen, wie Kinder fürs Mitmachen gewonnen werden können. Das Buch, erarbeitet mit zwölf-jährigen Schülerinnen und Schülern zweier Bielefelder Schulen, erklärt Kindern die Aspekte demografischen Wandels, zeigt, was dieser mit ihrem Leben zu tun hat, und regt durch Mitmach-Vorschläge an, sich die eigene Zukunft vorzustellen.

In Zukunft gewinnen solche Wohnformen an Bedeutung, die älteren Menschen ermöglichen, die eigene Wohnung zu behalten oder im gewohnten Umfeld zu bleiben. Die Stadt Bielefeld unterstützt dies, indem sie Konzepte aus generationenübergreifender Perspektive entwickelt und Eigentümer dabei unterstützt, Wohnraum barrierefrei umzubauen – wodurch dieser zugleich kinderfreundlich und altersgerecht, also generationengerecht wird. Richtlinien für städtisches Wohnen, entstanden aus der Erarbeitung eines der demografiepolitischen Ziele des Demografiekonzeptes zur Stadtentwicklung, verbürgen seitdem, dass städtische Mittel nur vergeben werden, wo barrierefrei gebaut wird.

Die Zukunftsgestaltung in Bielefeld will vor allem die Chancen des demografischen Wandels nutzen und dabei alle Gruppen im Blick behalten. Bürgerinnen und Bürger sollen an der Zukunftsgestaltung beteiligt sein und sich bei Workshops, Stadtteilkonferenzen oder Bürgerschafts-Foren in die Diskussion einmischen. Der demografische Wandel ist weder aufzuhalten noch umkehrbar, aber wir können Veränderungen in unserer Stadt gestalten, auf positive Wege leiten und so die **Weichen für die Zukunft** gemeinsam stellen.

Stadt Bielefeld
Altes Rathaus, 2. Etage, Zimmer Nr. 225
Niederwall 25
33602 Bielefeld

Ansprechpartner/-in:
Susanne Tatje
Amtsleiterin
Amt für Demografie und Statistik
Tel: 0521 513306
susanne.tatje@bielefeld.de

Um Veränderungen als Folge demografischer Entwicklungen frühzeitig mit Bielefelds Bürgerinnen und Bürgern rückzukoppeln, werden verschiedene Akteure der Stadtgesellschaft in die Diskussion ihrer Zukunft eingebunden

MASTER:ONLINE

Integrierte Gerontologie – Weiterbildung zu Rollenprofilen für eine demografiesensible Gesellschaft

Die Gesellschaft würde davon profitieren, das Potenzial der Senioren neu zu entdecken und zu pflegen. Um diesen Schatz der Alten zu heben, braucht es eine ganz neue Sicht auf das Alter. Das hat praktische Konsequenzen für universitäre Bildungsangebote.

Mit dem Altern der Gesellschaft ändern sich die politischen und gesellschaftlichen Rahmenbedingungen. Das Phänomen betrifft die Arbeits-, Gesundheits- und Sozialpolitik. Unternehmen sind davon betroffen – immer weniger jüngere stehen immer mehr älteren Erwerbsfähigen gegenüber. Es greift in die Verkehrskonzepte, das Wohnen, die Produktgestaltungen und die Dienstleistungen ein. Nicht zuletzt betrifft es auch den Einzelnen, der etwa nach dem Ausscheiden aus dem Berufsleben eine gute Chance hat, noch 20 Jahre zu leben, und der dieses Leben gelingend gestalten möchte.

Man kann die skizzierte demografische Entwicklung als bedrohlich etikettieren. Man kann sich aber auch mit neuen Konzepten den Herausforderungen an den Einzelnen ebenso wie an die Gesellschaft als Ganzes stellen. Weiterbildung und Professionalisierung sind Antworten, mit denen die Universität Stuttgart darauf reagiert. **MASTER:ONLINE Integrierte Gerontologie (MOIG)** bildet Experten, Veränderungsmanager, Befähiger und Advokaten aus, die ein Gelingen der Umgestaltung durch den demografischen Wandel unterstützen.

Im Erwerb von disziplin-übergreifenden Kompetenzen unserer Absolventen liegt der Gewinn für die Gesellschaft. Kompetenzen in der wissenschaftlich fundierten Anwendung gerontologischen Wissens auszubilden, das sich aus medizinischen, technischen, verhaltens-, sozial-, wirtschafts- und gesundheitswissenschaftlichen Erkenntnissen speist, ist unser Lösungsansatz, den demografischen Herausforderungen zu begegnen.

Absolventen des Studiengangs können als Befähiger ihr Wissen dazu nutzen, Menschen im Alter zu motivieren, körperlich aktiv zu bleiben und zu werden. Sie können als Advokaten auf eine Firmenpolitik hinwirken, die alternde Arbeitnehmerinnen und Arbeitnehmer im Produktionsprozess belässt. Sie sind anschlussfähig und können mit Ingenieuren daran arbeiten, Produkte zu entwickeln, die den Alltag im Alter erleichtern und Altersdefizite kompensieren. Sie können mit Architekten und Stadtplanern die Wohnumgebung und öffentliche Bauten altengerecht gestalten oder die Mobilität in Lebensräumen gezielt unterstützen. Sie haben sich wissenschaftlich begründete Verfahren angeeignet, um als Veränderungsmanager gesellschaftliche, politische und wirtschaftliche Bedingungen so zu gestalten, dass eine altersintegrierte Gesellschaft gelingen kann. Sie haben im Studiengang nicht nur die Phänomene Alter und Altern kennengelernt, sondern sind Experten für die Sprache und Denkweisen der anderen Disziplinen, die an spezifischen Fragestellungen in Verbindung mit dem Thema Alter und Altern arbeiten.

Viele Einsichten der Wissenschaft vom Alter und Altern sind noch nicht in der Gesellschaft angekommen. Dadurch geht uns ein großes Potenzial verloren. Integrierte Gerontologie professionalisiert ein neues Berufsbild. Die Absolventen übernehmen Führungs- und Managementaufgaben in Feldern, in denen Fragen und Probleme des Alters und Alterns zu beantworten und zu lösen sind.

Bildung ist unser Lösungsansatz, dem demografischen Wandel zu begegnen. Dass dies generationenübergreifend gelingen kann, zeigen auch unsere 26 bis 64 jährigen Studierenden, die gemeinsam an Lösungen für eine demografie-sensible Gesellschaft arbeiten.

MASTER:ONLINE
Integrierte Gerontologie

Universität Stuttgart

Universität Stuttgart
Nobelstraße 15
70569 Stuttgart
www.master-gerontologie.de

Ansprechpartner/-in:

Katrin Nachbar
Akad. Mitarbeiterin
Tel: 0711 68563159
katrin.nachbar@inspo.uni-stuttgart.de

Dr. Petra Koczy
Akad. Mitarbeiterin
Tel: 0711 68563159
petra.koczy@inspo.uni-stuttgart.de

Stuttgart

48°46'32" N,
9°10'58" O

Die mitalternde Wohnung

Selbstbestimmtes Wohnen in der Einheit baulicher, technischer und sozialer Dienstleistungen

Den Menschen so lange wie möglich ein Leben in der gewohnten und vertrauten Umgebung zu ermöglichen, gewinnt an gesellschaftlicher Bedeutung – vor allem in Bezug auf die Sicherung von anforderungsgerechtem und komfortablem Wohnraum unter Beachtung der Wirtschaftlichkeit. Gesellschaftliche Prozesse wie z. B. Altersarmut, Pflegekräfteverknappung und Wegfall informeller Hilfesysteme sind Folgen des demografischen Wandels mit denen erste Branchen konfrontiert werden. Insbesondere die Wohnungsbranche übernimmt in Sachsen die Funktion eines „Sozialbarometers", um den baulichen, technischen und sozialen Gestaltungsanforderungen an Wohnraum und Wohnumfeld gerecht zu werden. Schwerpunkt bildet dabei die Bündelung von Dienstleistungen in genossenschaftlich geprägten Wohn- und Lebensräumen zur Erhaltung der Selbstständigkeit, insbesondere von Seniorinnen und Senioren. Dienstleistungen unterschiedlicher Branchen und Lebensbereiche werden dazu in den Bereichen Komfort, Gesundheit, Sicherheit und Freizeit in dem Konzept der **„Mitalternden Wohnung"** des Verbandes Sächsischer Wohnungsgenossenschaften e. V. kombiniert. Ebenfalls wird dieses Konzept auf die spezifischen Interessen der Zielgruppe zugeschnitten und in Netzwerken verschiedener Regionen entlang der Dienstleistungskette etabliert.

Die „Mitalternde Wohnung" ist ein mitwachsendes Konzept, das durch seine modulare Gestaltung eine hohe Anpassungsfähigkeit an die sich verändernden Lebens- und Leistungsanforderungen der Menschen ermöglicht. Das Konzept geht von einem altersübergreifenden und kombinierten Ansatz aus. Zu diesem gehören wirtschaftlich vertretbare bautechnische Maßnahmen, mit deren Hilfe Barrieren in der Wohnung reduziert, technische Unterstützungssysteme zur Assistenz im Wohnalltag eingebunden und angekoppelte oder autarke Dienstleistungen angeboten werden.

Dabei wurde auf bereits akzeptierte und genutzte Dienstleistungen, wie Angebote der Begegnungsstätten, der Hauswirtschaftsdienste, Essens-/Speiseservices oder der ambulanten Pflegedienste durch Vernetzungsangebote sowie entsprechende technische Unterstützung in der Wohnung bewusst aufgebaut. Die Dienstleistung und das existierende Gefühl der „warmen Hand" stehen dabei im Vordergrund. Erst bei Bedarf wird die im Hintergrund arbeitende Technik in definiertem Umfang aktiv. Der erkennbare Mehrwert einer solchen Wohnung kristallisiert sich als entscheidendes „Marketingmoment" für das Leistungsangebot heraus. Des Weiteren wurde durch geeignete Sensibilisierungskonzepte und beteiligungsorientierte Mitwirkung der Mieter als auch interdisziplinärer Akteure die Akzeptanz erhöht. Erfolgskriterien für eine hohe Akzeptanz der Technik (und in der Folge der entstehenden Geschäftsmodelle) betreffen die „Modularität" der Leistungen, deren „Nachrüstbarkeit" und „Bedienfreundlichkeit" sowie die „Unaufdringlichkeit bzw. Kontrollierbarkeit". Kriterien für eine Erhöhung der zielgruppenspezifischen Akzeptanz sind die „Barrierearmut", die „Leistungsunterstützung" sowie die „Finanzierbarkeit" der angebotenen Leistungen. Alle Kriterien wurden konzeptionell definiert und hinsichtlich der baulichen und technischen Gestaltung umgesetzt.

Daraus konnten schlussfolgernd Indikatoren für das „Geschäftsmodell" aus Sicht der Käufer / Endnutzer, bestehend aus Markt-, Leistungsangebots-, Leistungserstellungs-, Beschaffungs-, Organisations- und Finanzierungsmodell konstatiert werden. Diese zeigen Möglichkeiten der Implementierung, unter Einbezug in der Praxis zu beachtender Rahmenbedingungen (z. B. Gesetze und Vorschriften – Steuerrecht, Baurecht, etc., gesellschaftlicher Werte und Normen – Wohntrends, Regional- und Bevölkerungsstrukturen), auf.

Ansätze zur Standardisierung und Modularisierung einer Komplexleistung in Teilleistungen (Module für technische Assistenz) bildeten die Basis für Möglichkeiten einer späteren Individualisierung. Dazu wurden Wohnungen auf ihre bautechnischen Gestaltungspotenziale und der Existenz von AAL-Lösungen analysiert. Um die Übertragbarkeit auf einen Großteil der Bevölkerung zu gewährleisten, wurden unterschiedliche Fokussierungsansätze in typischen Bestands- und Wohnsituationen zugrunde gelegt.

VSWG AlterLeben
Sicher & selbstbestimmt wohnen.

Verband Sächsischer Wohnungsgenossenschaften e. V.
Antonstr. 37
01097 Dresden
Ansprechpartner/-in:
Alexandra Brylok
Referentin Soziales und Projekte
Tel: 0171 8670121
brylok@vswg.de

Dresden

51°02'57" N,
13°44'18" O

Erprobtes Konzept „Mitalternde Wohnung"

Gesundheit

Ausgleich des verminderten körperlichen und geistigen Wohlergehens. Direkt auf die Person des Mieters ausgerichtet, z. B. Notrufzentrale, Vitaldatenüberwachung

Sicherheit

Ziel ist die Vermeidung von unvertretbaren Risiken, Beeinträchtigungen und Gefahren, z. B. Funktionsüberwachung, Erinnerung (z. B. an Fensterschließen)

Komfort

Wohnen technisch so unterstützen, dass es dem Menschen Arbeit verringert und ihm Behaglichkeit bietet, z. B. vernetzte Geräte, zentrale Steuerung

Freizeit

Ausgestaltung von sozialen Beziehungen und Interaktion zwischen dem Mieter und seinem Wohnumfeld, z. B. Anbindung an Freizeitangebote

Wohnbegleitende Dienstleistung

Technisch unterstützte Dienstleistung

Baukonzeptionell unterstützte Dienstleistung

Die „Mitalternde Wohnung" ist ein mitwachsendes Konzept, das durch seine modulare Gestaltung eine hohe Anpassungsfähigkeit an die sich verändernden Lebens- und Leistungsanforderungen der Menschen ermöglicht.

Die Umsetzung neuer Angebote und Gestaltungsansätze für Versorgungs- und Infrastrukturen hängt vom Aufbau und Anpassung bestehender Kooperationsbeziehungen ab. Diese wurden regional als auch überregional gebildet. Ein Vergleichen bestehender Kooperationsstrukturen in unterschiedlichen Wohnungsgenossenschaften fasst dazu Erfolgsfaktoren und Entwicklungspotenziale zusammen. Die Formen der Kooperation reichen hier von der einfachen Vermittlung bis hin zur gemeinsamen vernetzten Leistungserstellung, immer unter dem Blickwinkel der begrenzten Freiheitsgrade, die den Genossenschaften zur Verfügung stehen.

Unterstützende Assistenzsysteme

Ganzheitliches Informationsmodell – soziotechnisch, organisatorisch, konzeptionell, anwendungsbezogen, gesundheitsorientiert, netzwerkunterstützend

Das Thema unterstützende Assistenzsysteme (**A**mbient **A**ssisted **L**iving) wurde in den vergangenen Jahren durch eine Vielzahl von Projekten gefördert. Dabei wurden Innovationen in den Bereichen Alltag, Wohnen, Mobilität, Gesundheitsversorgung etc. entwickelt. Neben der reinen Technikentwicklung stand bei einigen Projekten im Vordergrund, Technik mit integrierenden Dienstleistungskonzepten zu verknüpfen. Manche dieser Entwicklungen haben Marktreife erlangt und können von potenziellen Kunden erworben werden, andere Produkte und Konzepte befinden sich gerade an der Schwelle zwischen Forschung und Anwendung oder gehören noch in die Kategorie „ferne Zukunftsmusik".

Das Wissen über Aktivitäten, Strategien und Erfolge in diesem Bereich blieb in der Regel bisher auf den Kreis der Beteiligten und eine kleine Zahl Interessierter beschränkt. Jedoch sind auch vorhandene Assistenzsysteme, innovative Anwendungsbereiche und individuelle Nutzungsmöglichkeiten, Vertriebswege etc., die zum Teil auf dem Markt schon erhältlich sind, den potenziellen Zielgruppen unbekannt.

Aktuelle und potenzielle Hersteller technischer Produkte wissen oftmals nicht, wo sie ihre Produkte platzieren oder welche Kundenkreise mit den Produkten und Angeboten adressiert werden können. Daraus resultiert allzu oft eine Scheu vor großen Investitionen.

Selbst spezialisierte Beratungs- und Förderstellen haben häufig keinen Überblick mehr darüber, welche Produkte die Entwicklungsphase verlassen haben und schon auf den Markt gebracht wurden.

Auch für technisch aufgeschlossene Menschen als Endnutzer stellt sich die Frage, welche Unterstützungssysteme das alltägliche Leben erleichtern können, wo passende Produkte gekauft werden können, welche Handwerksbetriebe beim Einbau die entsprechende Erfahrung haben, wer Ansprechpartner für die Nachhaltigkeit in Form von Wartung und Aktualisierung sein kann, etc.

Die in Bremen initiierte Dialogreihe „WAGT – Wohnen, Alter, Gesundheit, Technik" hat sich die Schließung dieser Informationslücke auf regionaler Ebene zum Ziel gesetzt. Dazu bringt sie verschiedene Branchen der Wohnungswirtschaft, soziale Dienstleister, Pflegeeinrichtungen, IT, Handwerk, Forschung und Praxis zusammen. Der Austausch dieser verschiedenen Branchen, an dem alle drei Monate zwischen 80 und 100 Menschen aus Unternehmen und Institutionen teilnehmen, fördert das gegenseitige Verstehen, konstruktiv kritische Diskussionen und die Formulierung von gegenseitigen Wünschen und Anforderungen.

Vor diesem Hintergrund wird ein digitaler „AAL-Übersichtskatalog" entwickelt und erstellt, der sowohl für Unternehmen als auch für Endverbraucher einen Überblick über Produkte, Dienstleistungen, Vertriebswege und Anwendungsgebiete darstellt.

In diesem „Bremer AAL-Übersichtskatalog" werden unterstützende Assistenzsysteme und -modelle für ein weitgehend unabhängiges und selbstbestimmtes Leben für Menschen mit Einschränkungen in der Kognition, Mobilität und dem Bedürfnis nach Sicherheit ebenso aufgenommen wie Konzepte, Produkte und Dienstleistungen, die einzeln oder miteinander verknüpft zu einem selbstbestimmten Leben beitragen. Der Fokus richtet sich auf das unmittelbare Wohnumfeld (Quartier, Wohnung, Garten etc.) sowie auf die Mobilität (Teilnahme an Kultur, Einkaufsmöglichkeit, medizinische Versorgung, Freizeitgestaltung etc.). Konkret wird sich das in Themenfeldern wie

- Sicherheit,
- Unterstützung in alltäglichen Handlungen,
- Gesundheitsprävention und -überwachung,
- Rehabilitation und
- Teilnahme am gesellschaftlichen Leben

wiederfinden. Soziale und gesundheitsorientierte Unterstützungsmaßnahmen, technische Produkte, organisatorische Strukturen und bauliche Rahmenbedingungen werden hier gleichermaßen berücksichtigt.

WFB Wirtschaftsförderung Bremen GmbH
Langenstr. 2–4
28195 Bremen
www.wfb-bremen.de

Ansprechpartner/-in:
Heike Fafflock
Innovationsmanagerin
Gesundheitswirtschaft
Tel: 0421 9600342
heike.fafflock@wfb-bremen.de

Bremen

53°04'33" N,
8°48'26" O

Der Katalog richtet sich besonders an zwei Zielgruppen:

- Betroffene und ihre Angehörigen / Bekannten als Endanwender, die sich einen Überblick über Dienstleistungen, Produkte und Anwendungsbereiche hinsichtlich der persönlichen Einschränkungen und Anforderungen, regionale Vertriebsstätten und Dienstleister für Einbau und Wartung etc. verschaffen wollen.

- Professionell Beteiligte wie Entwickler und Produzenten, die eine Informationsquelle über Techniken, Produkte, Dienstleistungen und Konzepte suchen bzw. Anregungen benötigen, wie die eigene Produktpalette bzw. das Dienstleistungsangebot bekannt gemacht werden kann, wie es sinnvoll zu erweitern ist und ob die adressierten Zielgruppen erweitert werden können.

Daneben bieten Anwendungsbeispiele, innovative Projekte und Forschungsergebnisse eine Einsicht in aktuelle Entwicklungen.

Die Bereiche Aus-, Fort- und Weiterbildung sowie unterstützende Modelle und Techniken für die Arbeitswelt und die Arbeitssicherheit werden zu einem späteren Zeitpunkt ebenfalls in das Angebot des „Bremer AAL-Übersichtskatalogs" aufgenommen.

Initiator des Katalogs ist die Wirtschaftsförderung Bremen GmbH, die mit der Unterstützung von Kammern, Verbänden, Politik, Beratungsstellen, Forschungseinrichtungen und vielen Interessierten dieses Überblicksangebot zusammenstellt. Die Wahl, diesen Katalog in digitaler Form zu realisieren, ermöglicht die notwendige schnelle Aktualisierbarkeit.

Die Erstellung des „AAL-Übersichtskatalogs" beinhaltet nach festgelegter Definition eine Bestandsaufnahme aller Hersteller und Vertreiber, Akteure, Anwender und Dienstleister. Erhobene Daten werden in einer Datenbank erfasst, die einen einfachen und übersichtlichen Zugriff auf den Informationsbedarf bieten. Auch die Web-Gestaltung orientiert sich an den Zielgruppen. Parallel zu allen Aktivitäten entstehen Konzepte zur Nachhaltigkeit und Bewirtschaftung, so dass ein langfristiger Betrieb mit stets aktuellsten Daten sichergestellt ist.

Mit dem gewählten Vorgehen, das auf den Instrumenten Katalog, Austauschforen und fachliche Begleitung durch Hauptakteure in der Region basiert, wird ein integratives regionales Konzept geschaffen, mit dem Betroffenen wie Entscheidungsträgern ein jeweils aktueller Überblick zur Verfügung steht und das als Informationsträger eine große gesellschaftliche Lücke schließt.

Ende 2013 wird die erste Version präsentiert. Dann wird auch der bisher mit dem Arbeitstitel benannte „AAL – Übersichtskatalog" einen neuen Namen erhalten.

Willkommen in Oberfranken

Engagiertes Netzwerk auf regionaler Ebene

Willkommen in Oberfranken ist eine private Initiative, die ein Netzwerk bildet, um die Willkommenskultur in Oberfranken zu verbessern. Ein weiteres Ziel bildet die Förderung der Fachkräftedichte in Oberfranken, um den Anforderungen des demografischen Wandels gerüstet entgegenzutreten.

Vier Säulen stützen die Initiative:

1.) We want you! (= Zuzug in die Region, wie bekommen wir Menschen nach Oberfranken?). Akquise durch Partner im Ausland, persönliche Überprüfung und Vorauswahl der Bewerber, Begleitung vom Erstkontakt an bis zur Arbeitsaufnahme sowie konkrete Suchaufträge.

2.) We like you! (= Einleben in die Region, wie können wir die Neubürger unterstützen?). Hierzu zählen die Unterstützung der "Neubürger" durch Relocation, interkulturelle Trainings und Verbessung der deutschen Sprachfertigkeiten durch Fremdsprachenunterricht.

3.) You like us! (= Wohlfühlen in der Region, was können wir tun, um die Neubürger hier zu halten?) Mögliche Maßnahmen sind Get-togethers, um einen Community-Austausch zwischen Newcomern und Locals zu fördern. Zudem können Tipps und Tricks zu Oberfranken ausgetauscht und Ausländerrechtliches Fachwissen, wie Aufenthaltsbestimmungen, Visaanträge und Familienzuzug mitgeteilt werden.

4.) Die vierte Säule wird unser Vorhaben durch einen Talentepool stützen.

Wir haben damit begonnen, „Neubürger" bei Get-togethers mit Locals zusammenzubringen. Weitere Ideen sind in Planung, wie z. B. die Veranstaltungsreihe „Blick in den Kochtopf": Neubürger sollen hier ihre Gerichte den Locals näherbringen, darüber hinaus Patenschaften mit Locals, Sightseeingtouren, bei denen die Vorzüge unserer Region gezeigt werden sollen, sowie Kontakte zu Vereinen, die unsere Traditionen pflegen.

Initiativen, die unsere Idee des Netzwerkes aktiv oder mental unterstützen, sind:

Servicegruppe Wedlich, personet, Oberfranken Offensiv, CSRegio, Dual Career Uni Bayreuth, Zukunftscoach, IHK. Personet sucht zwar Mitarbeiterinnen und Mitarbeiter für die teilnehmenden Firmen, hat aber kein eigenes Portal, ebenso wie die Initiative Oberfranken Offensiv.

Eine Homepage soll als zentrale Kontaktstelle für Fachkräfte dienen, um Oberfranken als Standort attraktiver machen. Der Start liegt mit Fokus auf Bayreuth, aber eine Ausweitung auf ganz Oberfranken ist geplant.

WiO
Rosenstr. 3
95488 Eckersdorf

Ansprechpartner/-in:
Kerstin Gierth
totalglobal relocation &
interkulturelle trainings
Tel: 0921 3428043
k.gierth@total-global.com

Eckersdorf

49°55'58" N,
11°30'4" O

Wir sind Kerstin Gierth von totalglobal, Ina Medick von CSRegio (Uni Bayreuth), Matthias Mörk, der Zukunftscoach der Stadt Bayreuth, und Jörg Walter, tätig bei Stäubli.

Homepages:
www.total-global.com
www.welcome-oberfranken.de

Zentrum für alternsgerechte Dienstleistungen (ZAD)

Die Anlaufstelle für Produkt- und Dienstleistungsentwicklung im wirtschaftlichen, kulturellen und gesundheitlichen Kontext für die Zielgruppe 50plus

„Rentnerschwemme" – 1996 wurde dieser Begriff zum Unwort des Jahres ernannt. Heute, knapp zwei Jahrzehnte später, ist der demografische Wandel, also die Alterung der Gesellschaft in Kombination mit einer anhaltend niedrigen Geburtenrate, gesellschaftliche Realität geworden. Er beschäftigt politische und wirtschaftliche Akteure gleichermaßen: Wie können Unternehmen angesichts alternder Belegschaften und geringerer Bewerberzahlen zum einen ihre Produktivität und Innovationsfähigkeit erhalten und steigern, zum anderen ihren Fachkräftebedarf decken? Wie verändern sich die Bedürfnisse der Nachfrager und folglich die Anforderungen an angebotene Produkte und Dienstleistungen? Welchen Beitrag können neue oder angepasste technische Innovationen und Dienstleistungen leisten, etwa im Bereich der gesundheitlichen Versorgung oder der gesellschaftlichen Partizipation?

Das ZAD – wer wir sind

Da Antworten auf diese Fragen nur durch Zusammenarbeit und gewinnbringende Integration der Perspektiven verschiedener Disziplinen gefunden werden können, wurde das „Zentrum für alternsgerechte Dienstleistungen (ZAD)" ins Leben gerufen. Es bündelt als interdisziplinäres Projekt Kompetenzen der alternswissenschaftlichen, psychologischen und wirtschaftswissenschaftlichen Forschung mit technischem Know-how und einer marktnahen Anwendungs- und Praxisperspektive und verfügt neben einem barrierefreien Internetauftritt (www.zad-nuernberg.de) über eine eigene Koordinationsstelle und zentrumsnahe barrierefreie Räumlichkeiten in der Stadt Nürnberg.

Die Fraunhofer-Arbeitsgruppe für Supply Chain Services (Prof. Dr. Albert Heuberger), das Institut für Psychogerontologie (Prof. Dr. Frieder R. Lang) sowie der Lehrstuhl für Wirtschaftsinformatik I, Innovation und Wertschöpfung (Prof. Dr. Kathrin M. Möslein) der Friedrich-Alexander-Universität Erlangen-Nürnberg arbeiten als Kooperationspartner zusammen und bringen vielschichtige Projekterfahrungen und Perspektiven ein (z. B. aus den BMBF-geförderten Projekten Fit4Age, WiIPOD).

Was wir leisten – Ziele und Know-how

Niemand kennt die Bedürfnisse und Wünsche älterer Erwachsener so gut wie die älteren Kunden selbst. Daher müssen sie in die Gestaltung und Anpassung von Angeboten einbezogen werden – Stichworte wie Nutzerintegration und Öffnung von Entwicklungsprozessen (Open Innovation) stehen hierfür stellvertretend. Um dies zu ermöglichen, verfolgt das ZAD einen partizipativen Ansatz und koordiniert über den Seniorenbeirat für die Produktentwicklung (SEN-PRO) eine Gruppe von etwa 120 Seniorinnen und Senioren im Alter von 60 bis 90 Jahren, die bereit sind, Produkte und Dienstleistungen in unterschiedlichen Entwicklungsstadien zu testen und zu bewerten. Intention des ZAD ist es, eine regionale Anlaufstelle für das Thema Alter und Altern zu sein, die sich als Dienstleister für Unternehmen und (ältere) Bürger gleichermaßen begreift:

Unternehmen informieren sich beim ZAD über Fragen des demografischen Wandels und erhalten Unterstützung, etwa bei der Konzeptionierung und Umsetzung von Maßnahmen des betrieblichen Altersmanagements (z. B. Aufbau altersgemischter Innovations-Communities). Ihnen stehen dabei langjährige Expertise und ein breites Methodenspektrum für die Analyse der eigenen Marktposition und die Entwicklung von Produkten und Dienstleistungen für eine ältere Kundengruppe zur Verfügung: Das Fraunhofer SCS kann auf umfangreiche und vielschichtige Erfahrungen in den Bereichen Markt, Optimierung, Prozesse und Dienstleistungsentwicklung zurückgreifen, während der Lehrstuhl für Wirtschaftsinformatik I und das Institut für Psychogerontologie den Fokus auf offene und kooperative Formen der Produkt- und Dienstleistungsentwicklung unter Einbezug relevanter Akteure legen.

Ältere Erwachsene erhalten am ZAD die Möglichkeit, sich über Themen des Alter(n)s sowie über Unterstützungsangebote in der Region zu informieren. Darüber hinaus bietet das ZAD in Kooperation mit dem Gedächtniszentrum des Instituts für Psychogerontologie individuelle Diagnostik und Beratung bei nachlassenden Leistungen des Gedächtnisses sowie umfassende Trainings- und Präventionsmöglichkeiten an. Auch Fragen der Fahreignung und Mobilität werden über ein eigenes Diagnostik- und Beratungsangebot adressiert. Weiterhin haben ältere Erwachsene durch die Mitarbeit im SEN-PRO sowie die Teilnahme an wissenschaftlichen Studien die Möglichkeit, ihr Wissen, ihre (Lebens-)Erfahrungen, Wünsche und Erwartungen in die Entwicklung nutzerfreundlicher und bedarfsgerechter Produkte und Dienstleistungen einzubringen.

Zentrum für alternsgerechte Dienstleistungen (ZAD)

Kobergerstr. 62 (Zimmer 1.051)
90408 Nürnberg

Ansprechpartner/-in:

Dr. Frank Danzinger
Projektleiter „Service Factory Nürnberg"
Tel: 0911 580619527
frank.danzinger@scs.fraunhofer.de

Nürnberg

49°27'00" N,
11°04'39" O

Zentrum für alternsgerechte Dienstleistungen ZAD

Fraunhofer IIS

- Servicedesign und -entwicklung
- Marketing und Marktanalysen
- Prozess- und Logistikoptimierung
- Kosten-Nutzen- und Zahlenbereitschaftsanalysen
- Betriebswirtschaftliche Perspektive

IPG Institut für Psychogerontologie

- Psychologische und alternswissenschaftliche Perspektive
- Methoden der Sozialforschung (Nutzereinbindung, Evaluation)
- Gründungsmitglied im Interdisziplinären Centrum für Alternsforschung (ICA)
- Koordination des Seniorenbeirats für die Produktentwicklung

wil

- Wirtschaftswissenschaftliche und IT-Expertise
- Fokus auf Dienstleistungs-, Innovations- und Wertschöpfungsmanagement
- Methoden der Sozialforschung und der Pilotierungsforschung
- Starke Partner in Forschung und Industrie

Über den Seniorenbeirat für die Produktentwicklung (SEN-PRO) koordiniert das ZAD eine Gruppe von etwa 120 Seniorinnen und Senioren im Alter von 60 bis 90 Jahren, die bereit sind, Produkte und Dienstleistungen in unterschiedlichen Entwicklungsstadien zu testen und zu bewerten.

02

Intergenerationelle Kompetenz- und Qualifizierungsprogramme

Der demografische Wandel erfordert demografiesensible Kompetenz- und Qualifizierungsprogramme für den Umgang mit erhöhter Heterogenität von Arbeitsteams und Erwerbsbiografien.

Die Kategorie der intergenerationellen Kompetenz- und Qualifizierungsprogramme demonstriert integrative und demoaktive Angebote für Berufseinsteiger und Berufstätige. Zudem werden gezielte Sicherungssysteme und Qualifizierungsstrategien junger und älterer Beschäftigter einerseits sowie von Organisations- und Strukturformen intergenerationeller Personalressourcen andererseits aufgezeigt. Solche Ideen wurden aus den Städten Bremen, Cottbus, Wildau und Berlin eingereicht. Beiträge des Mercedes Benz Werks Bremen, dem Weiterbildungszentrum der Technischen Universität Cottbus sowie der Technischen Hochschule Wildau in Kooperation mit der Humboldt-Universität zu Berlin demonstrieren durch demografiesensible Weiterbildungs- und Kompetenzerhaltungsmaßnahmen wie bspw. dem Cottbusser Projekt „Ziemlich beste Lernfreu(n)de“, dem Berliner Projekt STAFF und der GAP-Analyse sozio-technische Assistenzsysteme und generationsübergreifende Qualifizierungsstrukturen, um das Erfahrungswissen der Mitarbeiterinnen und Mitarbeiter zu stärken und zu erhalten.

02

Intergenerationelle Kompetenz- und Qualifizierungsprogramme

84 **Ziemlich beste Lernfreu(n)de**
Alter(n)sgerecht weiterbilden

86 **IQ: Intergenerationelle Qualifizierung**
Ältere Mitarbeiterinnen und Mitarbeiter Seite an Seite mit jungen Auszubildenden auf neue Berufsbilder vorbereiten

88 **famPlus elder- und familycare**
Ein integratives Angebot für Berufstätige mit Pflegeverantwortung

90 **Führungskompetenz sichern im demografischen Wandel**
Leitungskräfte im Pflegebereich des Krankenhauses St. Joseph-Stift Bremen

92 **Konzept Übungsleiter-/in**
DemografieInitiative Kreis Euskirchen – den Wandel gestalten

94 **STAFF Social and Technical Assistance for Fellows**
Entwicklung und Evaluation eines sozio-technischen Assistenzsystems

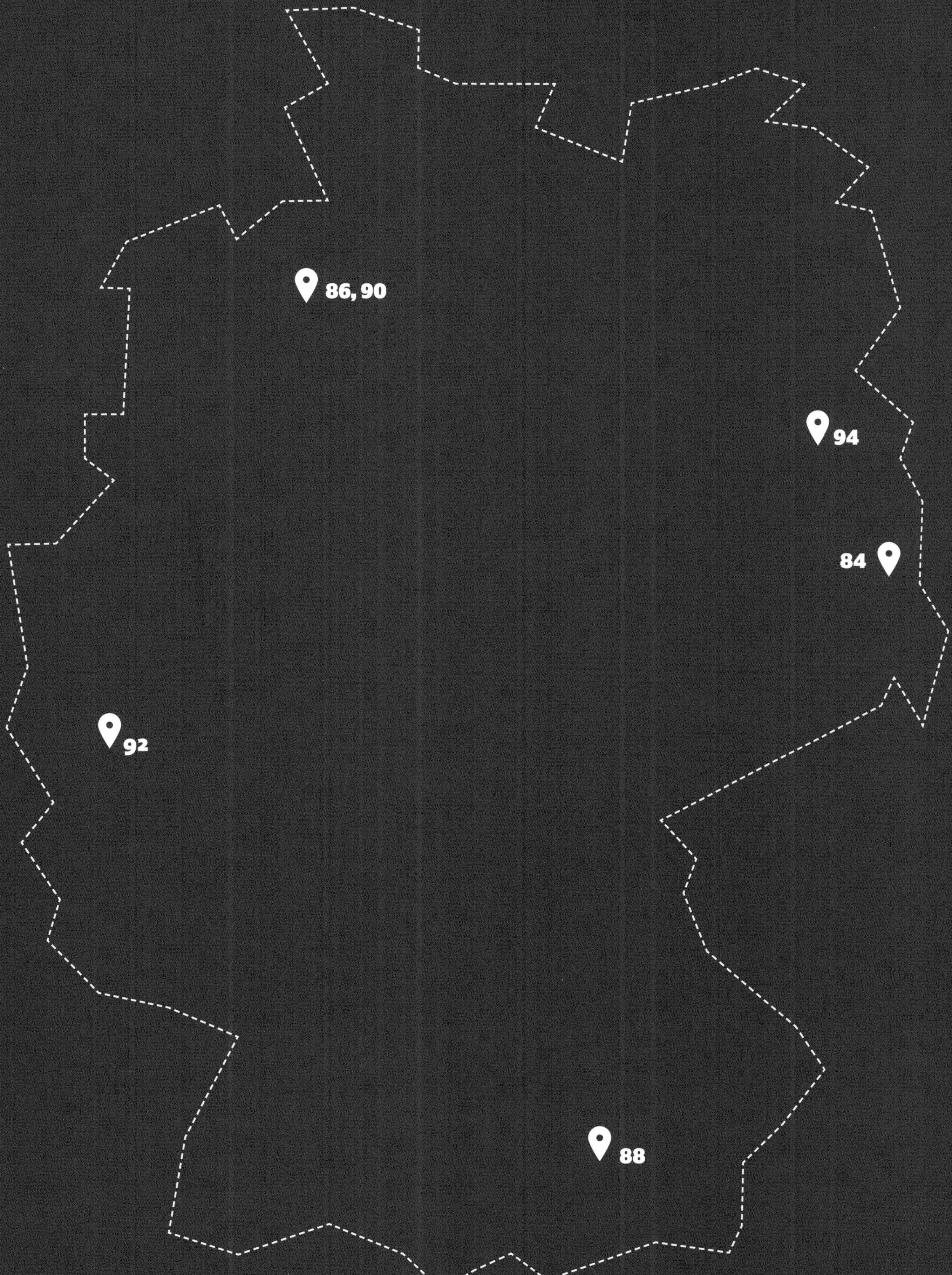
86, 90
94
84
92
88

Ziemlich beste Lernfreu(n)de

Alter(n)sgerecht weiterbilden – Demografie managen

Im Rahmen des Projektes **Ziemlich beste Lernfreu(n)de** werden in den nächsten 22 Monaten 100 Brandenburger Bildungstrainerinnen und -trainer, Personalverantwortliche (aus überwiegend kleinen und mittelständischen Unternehmen) und Multiplikatorinnen und Multiplikatoren (u. a. aus Arbeitsagenturen, Berufsverbänden und Kammern) geschult. In diesem Zertifizierungsprogramm werden neben der Sensibilisierung für den demografischen Wandel, Altersstereotypen aufgebrochen sowie neue kooperative Transfermethoden und Allianzen durch die genannten Zielgruppen erprobt und angewendet.

Das besondere Schulungsprogramm

• Das Schulungsprogramm wird berufsbegleitend an den Standorten Cottbus und Potsdam in insgesamt acht Durchgängen durchgeführt.

• Jeder Durchgang umfasst zehn Tage Präsenzzeit (1 x monatlich freitags und samstags). Die Tage zwischen den Wochenenden nutzen die Teilnehmerinnen und Teilnehmer zum Selbststudium, wobei Schulungsmaterialien und -szenarien (E-Learning) unterstützen.

• Die Schulungsmodule verlaufen stufenweise. Die erste Gruppe startet mit den ersten Modulen im Oktober 2013. Am zweiten Schulungswochenende trifft die erste Gruppe dann auf die zweite Gruppe. Beide Gruppen tauschen sich dann bereits in einem moderierten „World-Café“ aus. Mit diesem Modell (Inkubationseffekt im Kleinformat) ist es möglich, dass von Beginn an ein Austausch zwischen den verschiedenen Zielgruppen stattfindet. So lernen sich zukünftige Generationsmanagerinnen und Generationsmanager im Land Brandenburg bereits jetzt aktiv kennen. An einem dritten Wochenende wird dieser Aufbau durch den Start einer dritten Gruppe weitergeführt.

• Die Schulung enthält Grundlagenmodule und zielgruppenspezifische Vertiefungsmodule, wobei die Teilnehmerinnen und Teilnehmer sich die Themen immer im eigenen Berufskontext erarbeiten.

• In der Methodik wechseln sich Einzelarbeit, moderierte Gruppengespräche, inhaltliche Inputs (z. B. auch Praxisberichte) und handlungsorientierte Übungen ab. Ergänzt wird das methodische Angebot durch die Anwendung sowohl intuitiver als auch systematischer Kreativitätstechniken.

• Im Vorfeld der Schulungen bekommen die Fachdozentinnen und -dozenten der einzelnen Schulungsmodule die Möglichkeit, sich neueste Didaktikmethoden einer alter(n)sgerechten und generationsübergreifenden Weiterbildung – frisch aus der Forschungsabteilung – anzueignen. Zudem stehen ihnen bereits erprobte E-Learning-Elemente und -methoden zur Verfügung, aus denen sie auch für ihre Veranstaltungen wählen können. Bei Bedarf erfolgen dazu im Vorfeld eigene Schulungen.

• Ein neues E-Learning-Element ist beispielsweise der Einsatz von „Clickers“, welcher in die Präsenzveranstaltungen integriert werden soll. Die kleinen fernbedienungsähnlichen „Clicker“ ermöglichen eine neue Form der Interaktion zwischen Dozentinnen und Dozenten und Teilnehmenden. Die Teilnehmenden können mit dessen Hilfe Multiple-Choice-Fragen beantworten, die in die Übungsfolien integriert sind, oder sich an Abstimmungen beteiligen. Eine Auswertung von Tests und Befragungen kann in Echtzeit erfolgen, sodass mögliche Verständigungsprobleme sofort geklärt werden können.

• Zudem wird eine Lernplattform für das Projekt eingerichtet, die u. a. folgende Inhalte und Funktionen zur Verfügung stellt: E-Learning-Content, aufgezeichnete Lehrveranstaltungen, Aufgaben und E-Tests, aktuelle Termine, Mitteilungen (abonnierbar), Feedback, Forum, Wiki, Lernjournal.

Demografieberaterinnen und -berater von morgen

Nach Belegung aller Module, dem Erreichen der 15 ECTS-Credits und der Erbringung eines entsprechenden Leistungsnachweises wird feierlich ein Universitäts-Zertifikat verliehen. Der Leistungsnachweis wird durch das erfolgreiche Bearbeiten eines selbst gewählten Themas – aus dem jeweiligen beruflichen Umfeld – unter demografischen und alter(n)s- bzw. generationsspezifischen Aspekten erteilt.
Die ETCS-Credits können dann im Anschluss, beispielsweise an einen parallel zu entwickelnden Masterstudiengang „Demografieberatung“ angerechnet werden.

Danach ist davor

Die Teilnehmerinnen und Teilnehmer haben nach Ablauf des Schulungsprogramms einen gut gefüllten Methoden- und Werkzeugkoffer an der Hand, der es je nach Arbeitsplatz und Unternehmen ermöglicht, u. a. die Kompetenzen älterer Arbeitssuchender gezielt zu ermitteln und zu entwickeln (Karriereplanung für Ältere), ältere Mitarbeiterinnen und Mitarbeiter didaktisch geschult anzusprechen, eine Wissens-

Brandenburgische Technische Universität Cottbus - Senftenberg

TRANSFER up Gesellschaft für Wissens- und Technologietransfer mbH an der Universität Potsdam

ziemlich beste Lernfreunde demografie managen

Brandenburgische Technische Universität Cottbus – Senftenberg
Erich-Weinert-Straße 1
03046 Cottbus
www.tu-cottbus.de/btu/de/weiterbildung
Ansprechpartner/-in:
Gabriele Weineck
Standortmanagerin
Tel: 0355 693049
gabriele.weineck@tu-cottbus.de

Cottbus

51°45'38" N,
14°20'03" O

und Weiterbildungskultur im Unternehmen aufzubauen, Innovationspotenziale aller Beschäftigten über alle Erwerbsphasen hinaus zu erschließen, den Umgang mit Diversity im Team aktiv zu gestalten, Wissenstransfer zu sichern oder ältere Arbeitnehmerinnen und Arbeitnehmer direkt zu schulen.

Das geknüpfte Netzwerk unterstützt die Teilnehmerinnen und Teilnehmer hierbei, fördert und ermutigt und lässt neue Projekte entstehen. Zudem wird das Schulungsprogramm nach Ablauf des Projekts an mehreren Weiterbildungsstandorten weiterhin durchgeführt und integriert.

Forschungslücken füllen

Eine begleitende Forschung wird das Projekt unterstützen. Dabei soll der Action-Research Ansatz zum Tragen kommen, sodass die gewonnenen Erkenntnisse nach jedem durchgeführten Modul unmittelbar genutzt werden können und zum Feedbackprozess beitragen. Forschungslücken sollen in den folgenden Gebieten gefüllt werden:

- Betrachtung der verschiedenen Ziel- und Qualifikationsgruppen, die so bisher nicht im Bereich alter(n)sgerechte Weiterbildung integriert wurden

- Lebensphasenmodelle im Rahmen der Personalentwicklung, die neben den alter(n)sgerechten Lernmethoden auch das unternehmerische, persönliche, soziale und familiäre Umfeld mit einbeziehen

- Qualitative Gender-Aspekte im Bereich Weiterbildung

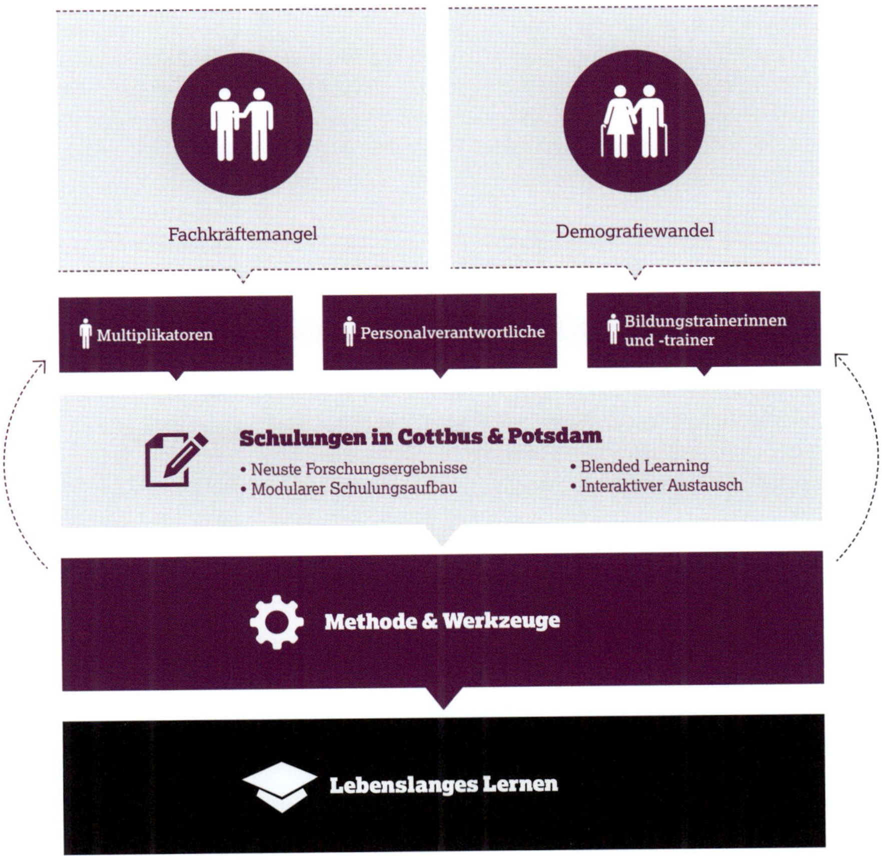

IQ: Intergenerationelle Qualifizierung

Im Mercedes-Benz Werk Bremen bereiten sich ältere Mitarbeiterinnen und Mitarbeiter Seite an Seite mit jungen Auszubildenden auf neue Berufsbilder vor

Komplexe Herausforderungen managen

Das **Mercedes-Benz Werk Bremen** beschäftigt am Standort rund 12.800 Mitarbeiterinnen und Mitarbeiter und steht vor herausfordernden Aufgaben, die nur im Schulterschluss mit der gesamten Belegschaft zu meistern sind. Im Zuge der fortschreitenden Internationalisierung der Produktion nimmt das Mercedes-Benz Werk Bremen eine herausragende Stellung ein und trägt eine besondere Verantwortung. Es organisiert und steuert als Kompetenzzentrum für die weltweite Fertigung der neuen Generation des C-Klasse-Modells die Produktionsanläufe an vier Standorten auf vier verschiedenen Kontinenten.

Der anstehende Technologiewandel, zu dessen Bewältigung das entsprechende Know-how kontinuierlich aufgebaut wird, stellt erhöhte Anforderungen an das Management von Komplexität. Gleichzeitig wird im Laufe des Produktlebenszyklus der neuen Baureihe eine Veränderung in der Altersstruktur der Belegschaft am Standort Bremen eintreten. Das Altercluster der 55- bis 65-Jährigen wird sich mehr als verdreifachen.

Durch die erfolgreiche Gestaltung eines Personalentwicklungsprozess, können solche Anforderungen bewältigt werden. Dies wird durch die Kombination bewährter HR-Instrumente mit neuen, innovativen Werkzeugen ermöglicht. Eines dieser innovativen Werkzeuge ist die Intergenerationelle Qualifizierung (IQ).

Ausbildungs- und Qualifizierungspfade und ihre Treiber

Im Vergleich zu den klassischen Ausbildungs- und Qualifizierungspfaden bietet die Intergenerationelle Qualifizierung die kompletteste Antwort auf die vielschichtigen Anforderungen, die an den Entwicklungsprozess des Standortes gestellt werden (Abb. 1).

Um prädestinierte Berufsgruppen für die Intergenerationelle Qualifizierung zu identifizieren, wurde ein Instrument des strategischen Ressourcenmanagements genutzt – die GAP-Analyse. Die Methode des strategischen Ressourcenmanagements wurde im Mercedes-Benz Werk Bremen entwickelt und im Jahr 2012 mit dem deutschen Personalwirtschaftspreis ausgezeichnet. Die GAP-Analyse bildet auf Basis des strategischen Personalbedarfes des Werkes mögliche Über- und Unterdeckungen je Fachbereich und Berufsgruppe ab. Die Analyseergebnisse zeigten beispielsweise, dass in der Zukunft ein Personalbedarf an Werkzeugmechanikern vorliegt. Um diesen Bedarf im Sinne der bereits beschriebenen Treiber (Abb. 1) optimal zu kompensieren, wurde das Projekt Intergenerationelle Qualifizierung entwickelt und im Jahr 2011, gemeinsam mit dem Betriebsrat, gestartet. Nach erfolgreicher Pilotierung folgten weitere Qualifizierungskohorten. Ab Ende 2013 wird das Konzept auch auf die Berufsgruppe Zerspanungsmechaniker übertragen (Abb. 2). Im Rahmen der beschriebenen Ausbildungs- und Qualifizierungspfade konnten in den Jahren 2011 und 2012 ca. 450 Mitarbeiterinnen und Mitarbeiter für die Berufsbilder der Zukunft entwickelt werden.

Neue Perspektiven bieten

Die Intergenrationelle Qualifizierung bietet erfahrenen Mitarbeiterinnen und Mitarbeitern die Möglichkeit, sich innerbetrieblich weiterzubilden. Jene können durch eine solche Weiterbildung beispielsweise als Werkzeugmechaniker im Betriebsmittelbau und Presswerk eingesetzt werden. Dabei lernen sie Seite an Seite mit jungen Schulabgängern der entsprechenden Ausbildungsrichtung. Das Mercedes-Benz Werk Bremen bietet den Mitarbeiterinnen und Mitarbeitern mit dieser Erwachsenenqualifizierung neue berufliche Perspektiven. Die wichtigsten Voraussetzungen, um sich für einen der begehrten Plätze zu bewerben, sind eine bereits abgeschlossene Ausbildung in einem Metallberuf und eine ausgeprägte Bereitschaft, mit jungen Auszubildenden zusammenzuarbeiten.

Als im September 2011 für die ersten vier Mitarbeiterinnen und Mitarbeiter die 18-monatige Qualifizierung zeitgleich mit den neuen Auszubildenden zum Werkzeugmechaniker startete, waren Vorfreude, aber auch Respekt vor der neuen Aufgabe spürbar. „Wir haben uns beworben, da wir Neues lernen wollten. Nach über 20 Jahren wieder zur Schule zu gehen, war die wohl größte Hürde. Wir mussten wieder lernen zu lernen", erzählt Fred Zimmermann (46). Sein „Klassenkamerad" Michael Grützmacher (42) ergänzt: „Mir gefällt vor allem das Zusammenspiel von Jung und Alt. Das Arbeiten mit den anderen Azubis, die einer ganz anderen Generation angehören, ist schon etwas Besonderes. Sie unterstützen uns manchmal in der Berufsschule, da sind sie einfach mehr im Training". Bei den handwerklichen Aufgaben sind es dann wiederum die erfahrenen Kollegen, die den jüngeren Auszubildenden unter die Arme greifen.

Nutzen für das Unternehmen

Die Erfahrungen der Pilote haben gezeigt, dass neben der positiven individuellen Entwicklung auch zieldienliche unternehmerische Effekte erzielt wurden. So konnte ein wesentlicher Teil der Bedarfe im Bereich der Werkzeugmechaniker über die Intergenerationelle Qualifizierung abgedeckt werden. Im Vergleich zu den anderen Auszubildenden sind bei den Teilnehmern verbesserte Lernbereitschaft, reduzierte Abbruchquoten, überdurchschnittliche Noten und gesteigerte Motivation festzustellen. Ein weiterer, bedeutender Nebeneffekt ist die Multiplikatorenfunktion der Teilnehmerinnen und Teilnehmer, insbesondere im Transfer von Lernbereitschaft und Kooperationsaspekten, auf ihr direktes Arbeitsumfeld.

Das Intergenerationelle Lernen in heterogenen Altersgruppen zeigt, wie das Lernen miteinander, voneinander und übereinander zu einem Abbau der Distanz zwischen Generationen führen kann. Das Modell des lebenslangen Lernens wird so zum festen Bestandteil der Qualifizierungspfade und löst die Alters-Defizit-Grundannahme als Grundlage von Qualifizierungskonzepten ab.

Langfristig ist geplant, den Aspekt des altersübergreifenden, gemeinsamen Lernens auch als einen Differenzierungsaspekt bei der Gewinnung von Nachwuchskräften einzusetzen.

DAIMLER

Daimler AG
Mercedes-Benz Werk Bremen
067-HRM/B
28190 Bremen

Ansprechpartner/-in:
Heino Niederhausen
Leiter Personal
Tel: 0421 4192300
heino.niederhausen@daimler.com

Bremen

53°04'33" N,
8°48'26" O

Treiber

	Bedarf Markt, Technologie etc.	Nachwuchs-gewinnung	Umbau im Alterscluster	Diversity in Aging
Berufsausbildung **Duales Studium**	X	X		
Qualifizierungspfade z. B. Montagemitarbeiter zu Anlagenbediener	X		X	
IQ z. B. KFZ-Schlosser zu Werkzeugmechanikern	X	X	X	X

Abb. 1: Ausbildungs- und Qualifikationspfade und ihre Treiber

IQ-Kohorten

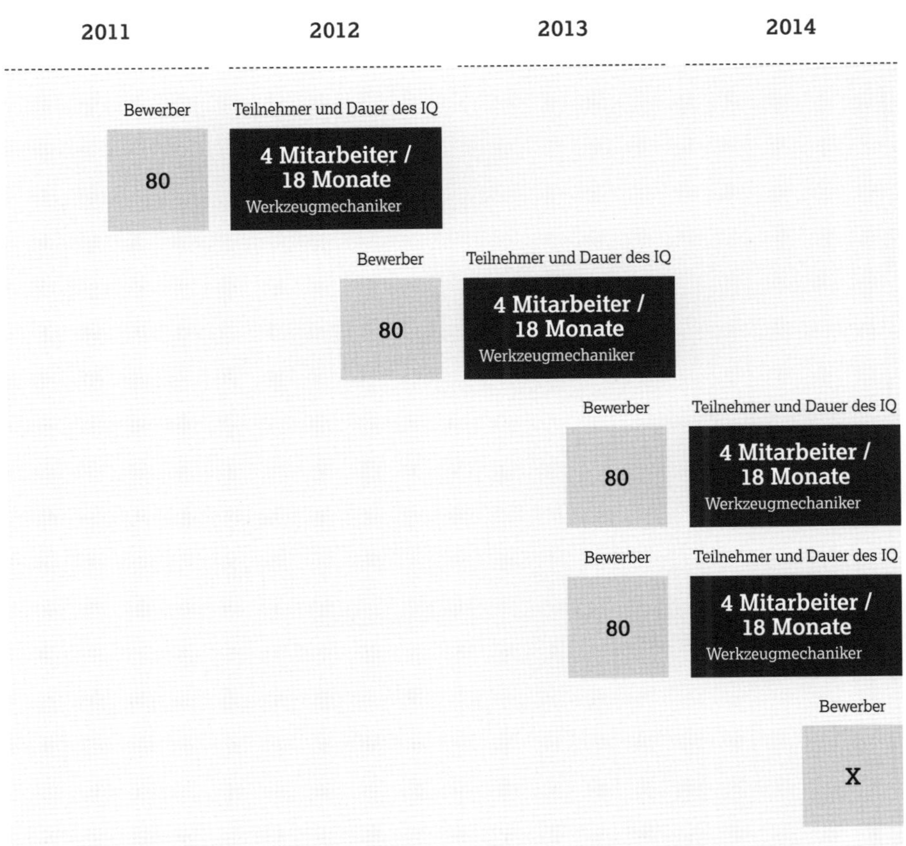

Abb. 2: IQ-Kohorten

Mit diesem Ansatz innovativer Personalarbeit wird nicht nur dem demografischen Wandel Rechnung getragen; die generationenübergreifende Zusammensetzung der Lerngruppen ist ganz bewusst angelegt, um Synergien aus den individuellen Stärken unterschiedlicher Altersgruppen zu generieren.

famPlus elder- und familycare

Ein integratives Angebot für Berufstätige mit Pflegeverantwortung

Die vorgestellte Geschäftsidee stellt einen Lösungsansatz für Unternehmen dar, der geeignet ist, die demografisch bedingten Veränderungen in der Arbeitswelt hinsichtlich der damit verbundenen Auswirkung auf ältere Mitarbeiterinnen und Mitarbeiter und ihre hochaltrigen und kranken Familienmitglieder als Herausforderung anzunehmen und zu bestehen.

famPlus

2010 als externer familienunterstützender Service von Markus Solf und Julia Gänzler für bundesweit tätige Unternehmen gegründet, bietet **famPlus** den Mitarbeiterinnen und Mitarbeitern qualitätsgeprüfte Kinderbetreuungslösungen erfolgreich an. Die fachliche Beratung und bedarfsgerechte Vernetzung wird durch geeignete und geübte Betreuungspersonen individuell ergänzt. Unabhängig von Umfang, Dauer und Ort der Betreuung können die berufstätigen Eltern passgenaue Arrangements kurzfristig abrufen.

Idee

famPlus hat es sich zum Ziel gesetzt zur bereits etablierten Kinderbetreuung die Bedürfnisse der hochaltrigen Generation aufzugreifen und ihnen den gebührenden Stellenwert zu verleihen. Die Unternehmen werden professionell unterstützt in dem Bemühen, eine Kultur der Generationenverantwortung aufzubauen.

Situation

Für die Unternehmen ist die Leistungsfähigkeit der Mitarbeiterinnen und Mitarbeiter von größtem und berechtigtem Interesse. Der Konkurrenzkampf im internationalen Wettbewerb ist jedoch mit ständig wachsenden Anforderungen an die Mitarbeiterinnen und Mitarbeiter verbunden, mit partiell kritischen Folgen für das Familienleben. Neben den Angeboten im Kontext des lebenslangen Lernens gewinnt so die Stressbewältigung an Bedeutung. Im Rahmen des betrieblichen Gesundheitsmanagements werden Work-Life-Balance-Programme und auch familienorientierte Ansätze erprobt.

Projekt

famPlus elder- und familycare ist hier zu verorten. Ziel ist es, Mitarbeiterinnen und Mitarbeiter, die sich um hilfebedürftige Angehörige kümmern, wirkungsvoll zu entlasten. Eine geglückte Versorgung naher Angehöriger erhöht die Zufriedenheit signifikant, so das Ergebnis der Pilotphase.

Der Plan ist, potenziell belastende Faktoren der familiären Hilfe- und Pflegebedürftigkeit zu antizipieren, Bewältigungsstrategien und Lösungsansätze passgenau im Ereignisfall zu erarbeiten und zum Wohl der zu Pflegenden zu organisieren.

Win-Win

Berufstätige haben während der Arbeitszeit, also ohne zeitlichen Aufschub, die Möglichkeit, die Beratung abzurufen. Das Angebot ist für sie kostenfrei. Drohende Mehrfachbelastungen werden frühzeitig erkannt. Die Arbeitszufriedenheit steigt.

Unternehmen gewinnen Planungssicherheit, weil verdeckte Ausfalltage durch das Angebot entfallen. Die Zufriedenheit und Motivation der Mitarbeiterinnen und Mitarbeiter steigt. Die Bindung von Fachkräften an das Unternehmen festigt sich. Die Dienstleistung ist im Rahmen des betrieblichen Gesundheitsmanagements steuerlich abzugsfähig.

Hilfeprozess

Die Unternehmen entwickeln eine demografiebejahende Kultur. Familiäre Beziehungen werden getragen durch passgenaue, umfassende und zeitige Unterstützung. Die zu Pflegenden bleiben über ihre berufstätigen Angehörigen gesellschaftlich eingebunden, „werden sichtbar". Quartalsweise erstellt famPlus eine sorgfältig recherchierte, anregend zu lesende **Pflege-Info.** Aktuelles und wichtiges zu Pflege, Demenz und Prävention wird selektiv aufgegriffen und beleuchtet. Relevante Informationen stehen den Mitarbeiterinnen und Mitarbeitern so jederzeit zur Verfügung – Pflege wird zum Thema. Nach der Einstiegsphase ist bei Interesse eine monatliche Ausgabe geplant.

Halbjährlich werden Vorträge und Workshops zum Thema Lebensalter und Pflege innerbetrieblich vorgestellt und nach Wahl fachkundig konzipiert durchgeführt. Die Inhalte und Diskussionsbeiträge der Veranstaltungen sind in abschließenden Nachbetrachtungen allen Mitarbeiterinnen und Mitarbeitern über das Intranet verfügbar.

Ressourcenorientierte Beratung, als Kernstück des Projektes, steht den Berufstätigen jederzeit offen (Kontaktaufnahme über die famPlus-Homepage oder ein telefonisches Erstgespräch sind auch während der Arbeitszeit möglich). Die direkte Folge ist eine sofortige Entlastung – der Angehörige ist nicht allein – sei es, dass eine kritische Pflegesituation eine rasche Hilfeorganisation notwendig macht oder dass präventive Maßnahmen, die geeignet sind, eine drohende Pflegebedürftigkeit abzuwenden oder hinauszuzögern, Fragen aufwerfen. Der Vorteil besteht insbesondere darin, dass die Vertrauensbasis bereits vor der Notlage bzw. konkreten Situation aufgebaut wurde, sodass zeit- und energieaufwendige Suchwege im Vorfeld entfallen. Bei dem gemeinsam erarbeiteten Lösungsweg behält der berufstätige Angehörige die Fäden in der Hand. famPlus informiert, bündelt, koordiniert und reflektiert die einzusetzende und zu ergänzende Hilfe. Die Beratung erfolgt telefonisch zu einem vom Ratsuchenden gewählten Zeitpunkt. Eine schriftliche Ausfertigung mit handlungsrelevantem Info-Material erfolgt per Mail.

Ein individuelles Coaching bietet famPlus auf Wunsch an, wenn die pflegenden Berufstätigen durch die Betreuungs- und Pflegeverantwortung an ihre Belastungsgrenzen stoßen oder in einer

famPlus GmbH
Lindwurmstraße 41–43
80337 München
www.famplus.de
info@famPlus.de
Ansprechpartner/-in:
Monika Berry
Tel: 089 809902726
monika.berry@famplus.de

München

48°08'14" N,
11°34'32" O

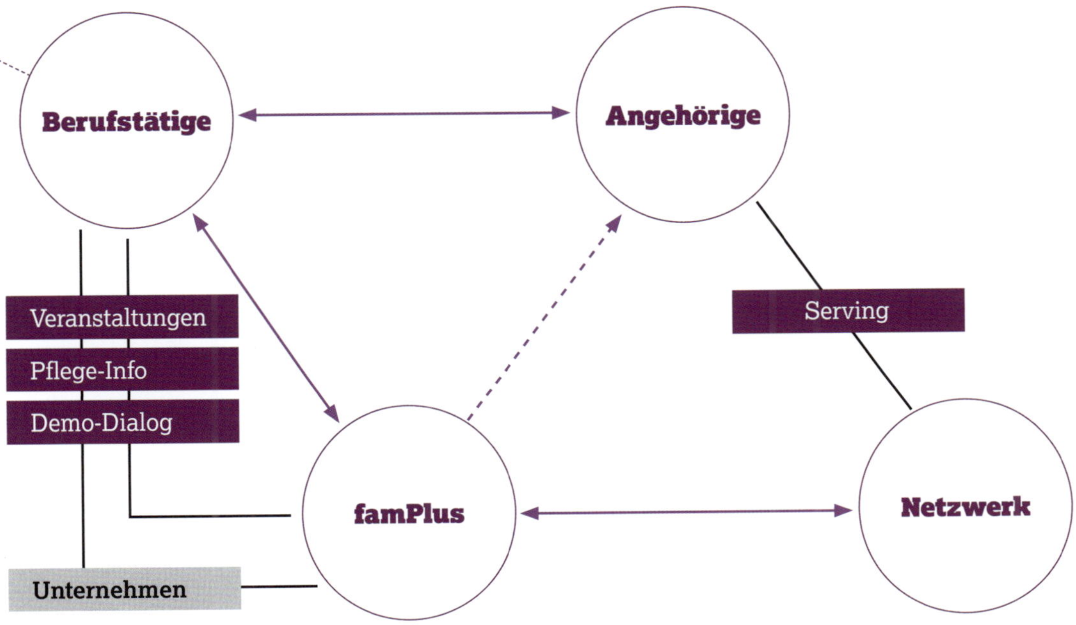

komplexen Situation eine längerfristige Begleitung sinnvoll erscheint.

Der Aufbau eines kompetenten Hilfe- und Kooperationsnetzes in Abstimmung mit Praktikern vor Ort löst famPlus schrittweise aus der Verantwortung. famPlus elder- und familycare bezieht wieder die Ausgangsposition mit Bereitstellungskontakt, insbesondere für Nachjustierungen oder neue Herausforderungen.

Beratungskunden können sich auf der famPlus-Homepage passwortgeschützt einloggen und Schritte im Bearbeitungsprozess verfolgen und beeinflussen. Transparenz und Vertraulichkeit sind zugesichert.

Die Güte der Dienstleistung wird durch Dokumentation, regelmäßige Evaluation und das angestrebte Qualitätsiegel gesichert.

famPlus elder- und familycare wird nach der sechsmonatigen, von famPlus verantworteten Modellphase und anschließenden Auswertung mit vielversprechendem Ergebnis derzeit konzeptionell optimiert und beworben. Das Projekt wird über den Bereich Kinderbetreuung und mit Hilfe von Fremdmitteln finanziert. Zwei Mitarbeiterinnen sind bereits am Start. Das Team soll analog zur Kinderbetreuung sukzessiv weiter aufgebaut werden.

Führungskompetenz sichern im demografischen Wandel

Leitungskräfte im Pflegebereich des Krankenhauses St. Joseph-Stift Bremen

Um dem demografischen Wandel und dem daraus resultierenden Fachkräftemangel entgegenzutreten, wird es zukünftig existenziell sein, Personal zu finden und zu binden. Wesentlich für die Arbeitgeberattraktivität sind dabei das demogra-fitte Verhalten und das Selbstverständnis der Führungskräfte, welche in hohem Maße die Unternehmenskultur und die Leistungsbereitschaft der Mitarbeiterinnen und Mitarbeiter prägen und sich somit auf die kontinuierliche Erreichung von Unternehmenszielen auswirken.

Durch die attraktive Managementqualifizierung hebt sich das **St. Joseph-Stift** von Mitbewerbern in Bremen deutlich ab.

In den letzten Jahren sind die Anforderungen an das mittlere Management ständig gestiegen. Als „Bester Arbeitgeber im Gesundheitswesen 2012" ist sich das SJS seiner Verantwortung bewusst und bietet daher seinen Führungskräften Unterstützung im Umgang mit den zukünftigen Herausforderungen durch den demografischen Wandel an. Moderne Führungskonzepte in Kliniken bewirken die Zunahme an Kompetenzen und Befugnissen, aber auch an Pflichten auf der Führungsebene. Deshalb bieten die Pflegedirektion und das Referat Bildung des St. Joseph-Stift eine Refresher-Managementqualifizierung für Führungskräfte in der Pflege mit dem Schwerpunkt Demografie an.

Nachdem die letzte Führungsqualifizierung bereits einige Jahre zurückliegt (drei bis fünf Jahre), soll in einem Zwei-Jahres-Programm in sechs Modulen das Führungsverhalten reflektiert und das Führungs-Know-how durch weiterführende Themenstellungen erweitert werden. Mit dem Besuch der Module können die Führungskräfte folgende Ziele erreichen:

• Die Teilnehmerinnen und Teilnehmer vergewissern sich der Aktualität ihres Wissensstandes in verschiedenen Themenbereichen und können Kompetenzen erweitern.

• Die Teilnehmerinnen und Teilnehmer haben die Möglichkeit, sich in den Themenbereichen ihrer Praxis mit den anderen Teilnehmenden auszutauschen. Sie erhalten Impulse für ein Überdenken und Überarbeiten ihrer Führungspraxis.

Die Fortbildungstage werden als Arbeitszeit angerechnet.

Schwerpunktthema: die demogra-fitte Führungskraft

Die Teilnehmenden werden an insgesamt vier Tagen mit unterschiedlichen Aspekten der aus der demografischen Entwicklung resultierenden Auswirkungen auf die Pflegenden vertraut gemacht.

Die demografische Entwicklung ist eine Herausforderung, die die Zukunft, besonders im Berufsfeld der Pflege, mit unterschiedlichen Themen konfrontiert: Es gilt Fachkräfte zu finden und zu binden, die Arbeitsfähigkeit von Mitarbeitenden zu erhalten und das Lernen für Jung und Alt so zu gestalten, dass alle voneinander profitieren.

Die Fortbildung vermittelt Leitungskräften praxisnahes Wissen zu den Handlungsfeldern. Aus dem eigenen Arbeitsfeld werden Fragestellungen aufgegriffen und Handlungsmöglichkeiten erprobt sowie gezielt eigene Praxisprojekte im Rahmen der Veranstaltung vorgestellt.

1. Handlungsfeld: Sensibilisierung für die demografischen Herausforderungen in der Pflege – demogra-fitte Pflege, was bedeutet das?
• Experten bewerten demografische Entwicklungen in der Pflege
• Das Haus der Arbeitsfähigkeit
• Wie ist das eigene Krankenhaus aufgestellt?

Krankenhaus St. Joseph-Stift Bremen

Krankenhaus St. Joseph-Stift Bremen GmbH
Schwachhauser Heerstr. 54
28209 Bremen
www.sjs-bremen.de

Ansprechpartner/-in:
Sabine Bullwinkel
Stabstelle Personalentwicklung
Tel: 0421 3471703
sbullwinkel@sjs-bremen.de

Bremen

53°04'33" N,
8°48'26" O

Altersstrukturanalysen und mehr
- Altersbilder der Pflegekräfte – was Jüngere und Ältere leisten
- Praxisprojekt vorstellen / reflektieren

2. Handlungsfeld: Alter(n)ssensible Zusammenarbeit und Führung in der Pflege
- Rolle und Aufgaben der Führungskraft im demografischen Kontext
- Von jungen Hüpfern und alten Hasen
- Steuerung und Prozesswissen
- Umgang mit unterschiedlichen Persönlichkeiten – ein „altersloses" Modell
- Verständnis für unterschiedliche Verhaltensmuster und Menschenbilder
- Hilfen für schwierige Situationen und „schwierige" Menschen

3. Handlungsfeld: Belastung und Überlastung erkennen und steuern
- Woran liegt's, wenn etwas zu viel wird – Verhalten (Einzelner) und Verhältnisse (Organisation) im Blick
- Systematisches Gesundheitsmanagement: Von der Bedarfsanalyse zur Maßnahmenplanung
- Meine Mitarbeitenden sind überlastet: Wie gehe ich als Führungskraft mit Präsentismus, Absentismus und psychischen Erkrankungen um (Input zu BEM – Wiedereingliederungsgespräche, Gefährdungsbeurteilung, etc.)
- Ihr Praxisprojekt vorstellen / reflektieren

4. Handlungsfeld: Alter(n)ssensible Arbeitsorganisation in der Pflege
- Erhalt der Arbeitsfähigkeit durch Anpassung und Gestaltung der Arbeitsorganisation
- Betriebliche Regeln und Regelungen im Umgang mit belasteten Mitarbeitenden
- Präventive Gespräche zum Thema Bedürfnisse, Belastungen und Gesundheit

Inhalte und Arbeitsweise

5. Handlungsfeld: Alter(n)ssensible Motivation und Zusammenarbeit in der Pflege
- Von Lebensphasen und Veränderungsfähigkeit
- Motivation, eine Frage des Alters?
- Was motiviert Jüngere und Ältere im beruflichen Alltag
- Beteiligung herstellen
- Vielfalt im Team – konstruktive Gestaltung der Arbeitsatmosphäre
- Fish! – Vier Prinzipien der Motivation erleben
- Ihr Praxisprojekt vorstellen / reflektieren

6. Handlungsfeld: Wissensweitergabe und Lernen im pflegerischen Alltag
- Wer weiß was und wer muss was wissen?
- Ältere lernen anders – Jüngere auch
- Die Bildungsbiografie und das Bildungsgespräch
- Wissen weitergeben – Lerntechniken, die im Pflegealltag wirkungsvoll sind
- Fehlerkultur und Freude an Entwicklung

7. Handlungsfeld: Unternehmenskultur und Teamdynamik
- Arbeiten dürfen, können und wollen – die eigene Unternehmenskultur im Blick
- Teamprozesse und Dynamiken verstehen und steuern
- Was noch Platz finden soll … und vorher zu kurz kam

8. Handlungsfeld: Moderierte Reflexion der Praxiserfahrungen und Umsetzungen im Arbeitsfeld – eine Bilanz
- Vorstellung der eigenen Projekte
- Praxistauglichkeit
- Weiterentwicklung von Handlungsmöglichkeiten

Innerhalb der zwei Jahre wird ein eigenständiges Projekt mit dem Schwerpunkt demografitte Pflege durchgeführt. Damit ist gewährleistet, dass die Führungskräfte die erlernten Methoden und Maßnahmen in die Praxis umsetzen.

Konzept übungsleiter-/in

DemografieInitiative Kreis Euskirchen – den Wandel gestalten!

Das **Konzept Übungsleiter-/in** ist ein Projekt des Handlungsfeldes Lebensqualität und Infrastruktur der DemografieInitiative Kreis Euskirchen.

Das Projekt soll Begeisterung für das Ehrenamt im Sportverein schaffen und auch Zielgruppen erreichen, die bisher nicht oder nur kaum erreicht wurden (z. B. Senioren). Durch Teilnahme an dem Qualifizierungsprogramm kann ein beruflicher Tätigkeitsbereich geschaffen werden (Neuorientierung, Wiedereinstieg). Neben der Ausbildung zur Übungsleiterin / zum Übungsleiter wird eine Ehrenamtsbörse des Sports (Übungsleiterbörse) erstellt.

Außerdem soll eine Einbindung / Angebotsentwicklung für die Nachmittagsbetreuung in offenen Ganztagsschulen stattfinden.

Übungsleiter / -innen-Qualifizierung

Ziel ist die Ausbildung qualifizierter Personen für die Planung, Durchführung und Auswertung von Bewegungsangeboten im sportartübergreifenden Breitensport mit Kindern und Jugendlichen, Erwachsenen oder Älteren.

Der Ausbildungsgang umfasst 120 Lerneinheiten (LE) mit jeweils 45 Minuten, die als organisierte Lernprozesse innerhalb der Lerngruppe verlaufen. Die ersten 30 LE werden in einer sportart- und zielgruppenübergreifenden Basisqualifizierung absolviert. Es folgen 90 LE eines Aufbaumoduls mit einem zielgruppenübergreifenden Profil. Zusätzlich muss zur Lizenzerteilung eine Erste-Hilfe-Ausbildung mit einem Umfang von 16 LE nachgewiesen werden. Diese wird innerhalb des Projektes mit dem DRK Euskirchen durchgeführt.

Ziel ist es, alle Kommunen im Kreis Euskirchen zu beteiligen. Daher planen wir bis 2013 insgesamt fünf Übungsleiterinnen- und Übungsleiter-Ausbildungen in den Gemeinden Bad Münstereifel, Mechernich, Kall und Schleiden, Nettersheim und Blankenheim sowie Dahlem und Hellenthal. Unsere Angebote sollen mit möglichst geringen Nutzerbarrieren organisiert werden. Daher werden die Ausbildungen dezentral in den Kommunen organisiert. Dazu sind Kooperationen mit den Stadt- und Gemeindeverwaltungen oder Sportvereinen notwendig, um vor Ort auch am Vormittag Sporthallen nutzen zu können.

Kreis Euskirchen
Jülicher Ring 32
53879 Euskirchen
www.kreis-euskirchen.de

Ansprechpartner/-in:
Sarah Weber
Demografiekoordinatorin Kreis Euskirchen
Tel: 02251 15904
sarah.weber@kreis-euskirchen.de

Markus Strauch
Kreissportbund
Tel: 02251 15679
markus.strauch@kreis-euskirchen.de

Euskirchen

50°39'39" N,
6°47'9" O

Das Projekt wird im Rahmen von Leader gefördert und unter der Federführung des Kreissportbundes umgesetzt.

STAFF Social and Technical Assistance for Fellows

Entwicklung und Evaluation eines sozio-technischen Assistenzsystems zur Kompetenzentwicklung

Drei demografisch induzierte Probleme beeinflussen die betriebliche Praxis: Die Notwendigkeit stetiger Weiterqualifizierung insbesondere im IT-Bereich fällt Älteren schwer, die Innovativität leidet unter der Überalterung der Belegschaften und es droht Verlust von Erfahrungswissen durch Verrentung bei altershomogenen Belegschaften.

Das Projekt **STAFF** zielt darauf, die Systemmotivation zum Kompetenzerwerb und Innovativität zu steigern. Der soziale Ansatz beruht darauf, Vertrauen zu bilden und Lernblockaden zu lösen durch Anerkennung von Erfahrungswissen und Ermöglichung eines flexiblen Rollentauschs zwischen Coach und Lerner. Technisch umgesetzt wird das Tool, das autonomes, dialogisches, interaktives und räumlich verteiltes Lernen im Arbeitsprozess erlaubt, durch eine Datenbrille, Augmented Reality und ergänzende E-Learning Module.

Grundlage dafür ist die prototypische Gestaltung eines Arbeitsplatzes, der durch eingesetzte Hightech-Tools (Google-Brille im Vergleich zu mobilen Endgeräten) selbstbestimmte, dialogische, interaktive und räumlich verteilte Lernformen ermöglicht, die an Problemstellungen im unmittelbaren Arbeitsprozess anknüpfen. Daran schließt sich die partizipative Konzeption eines betrieblichen Kompetenzmanagements an, das die Anforderungen und Perspektiven des individuellen selbstbestimmten Lernens, des strategischen Personalmanagements und der Organisationsentwicklung integriert.

Neu an der Projektkonzeption dabei ist:

- Die Doppelung bzw. das Ineinandergreifen von sozialer Konfiguration und technischer Unterstützung.
- Die Verwendung von Datenbrillen (Audio und Videoübertragung), die – so die These – wegen der Möglichkeit Sinneseindrücke zu übermitteln, besonders geeignet sind.
- Die Konfiguration der sozialen Assistenz als wechselseitiges kollegiales Coaching und die Einpassung in organisationelle Strukturen und Bedarfe, statt eines eindimensionalen Ansatzes von Tandems und gemischten Teams, mit je begrenzten Kompetenzen.
- Die Einbindung von Erfahrungswissen in ein Kompetenzmanagementkonzept, das auf zukünftige Herausforderungen gerichtet ist.
- Der partizipative Ansatz der Entwicklung des Kompetenzmanagements, der das gemeinsame problemorientierte Vorgehen des Kompetenzerwerbs im Arbeitsprozess, auf der strategischen Ebene wiederholt und so zum Aufbau von Führungskompetenzen und zur Organisationsentwicklung beiträgt.

Hinsichtlich der technischen Forschungsaufgaben sind sowohl die Entwicklung von robust und fehlerfrei laufenden Bildverarbeitungskomponenten, welche auf den mobilen Geräten zu Einsatz kommen sollen, als auch die Übertragung der Forschungsergebnisse vom Tablet-Computer auf die Datenbrillen weitere Ziele.

Hierbei ist zum einen zu untersuchen, ob nichtfunktionale Anforderungen (wie z. B. einige Performance-Kriterien) in diesem Umfeld realisierbar sind. Interessant sind bzgl. der Datenbrillen auch Untersuchungen zur Nutzerakzeptanz für die entwickelte Lösung. Zum anderen muss untersucht werden, inwiefern Datenbrillen die anfallenden Inhalte (Video, Audio) hinsichtlich der Datenmenge verarbeiten können, sowie weitere technische Parameter wie Akkuzeiten und Sende/Empfangsstärken in unterschiedlichen Umgebungsbedingungen.

STAFF integriert Einzelergebnisse aus den Programmen **Arbeiten – Lernen – Kompetenzen – Entwickeln. Innovationsfähigkeit in einer modernen Arbeitswelt** und **Alter hat Zukunft** und berücksichtigt die Hightech-Strategie der

Technische Hochschule Wildau [FH] – Forschungsgruppe Telematik sowie: HFC Human-Factors-Consult GmbH, Humboldt-Universität zu Berlin Fachgebiet Ingenieurpsychologie und kognitive Ergonomie, nexus Institut für Kooperationsmanagement und interdisziplinäre Forschung GmbH, IlmDoc Technische Dokumentation GmbH

Bahnhofstraße
15745 Wildau
www.th-wildau.de

Ansprechpartner/-in:

Prof. Dr. Ralf Vandenhouten
Vizepräsident für Forschung und Unternehmenskontakte / Leiter der Forschungsgruppe Telematik
Tel: 03375 508359
ralf.vandenhouten@th-wildau.de

Wildau

52°19'09" N,
13°38'04" O

Bundesregierung. Die forschungsleitenden Fragen lauten:

- Kann die Motivation zu selbstorganisierten Lernen technisch unterstützt werden?

- Leistet die Integration von Erfahrungswissen in den Kompetenzerwerb indirekt einen Beitrag zum Lernen z. B. neuester Software? Werden so die Anforderungen an Zukunftsfähigkeit durch lebensbegleitendes Lernen erfüllt?

- Steigert die komplexe Konzeption der technisch unterstützten Lernkultur die Innovativität der Unternehmen?

- Begreifen sich Führungskräfte durch den partizipativen Ansatz als Teil eines lernenden Systems?

Die STAFF Idee ist in Reaktion auf Probleme entwickelt worden, die sich aus der Alterung ergeben. Die Lernkultur und das Kompetenzmanagement sind aber prinzipiell förderlich für alle Menschen. Durch den modularen Aufbau des Gesamtsystems (E-Learning-Module etc.) kann die Lösung auf unterschiedliche Bereiche in Industrie und Handwerk übertragen werden.

03

Technische Lösungen für den Arbeitsplatz der Zukunft

„Smart Workplace“ ist das Stichwort dieser Kategorie, in der technische Lösungen für den Arbeitsplatz der Zukunft von verschiedenen Organisationen vorgestellt werden. Der demografische Wandel benötigt neuartige technische Lösungsansätze, um die Arbeit von morgen innovativ und produktiv zu gestalten.

Vertreter des Lehrstuhls und Instituts für Arbeitswissenschaft (IAW) der RWTH Aachen University sowie des Fraunhofer-Instituts für Arbeitswirtschaft und Organisation IAO zeigen durch diverse technische Lösungsansätze wie Swabbing (Informationseingabe auf Touchscreens für Menschen mit Tremor des Hand-Arm-Apparats), FlexiDemo (Plattform zur Integration des zeitlichen Flexibilitätsbedarfs älterer Mitarbeiterinnen und Mitarbeiter) und Tech4P (ein System zur Unterstützung mobilitätseingeschränkter Personen) Anwendungsmöglichkeiten im Social-Media-Bereich auf, um eine zielgruppengerechte Kompensation von Problemen bei der Mensch-Technik-Interaktion zur Entlastung der Mitarbeiterinnen und Mitarbeiter zu erlangen.

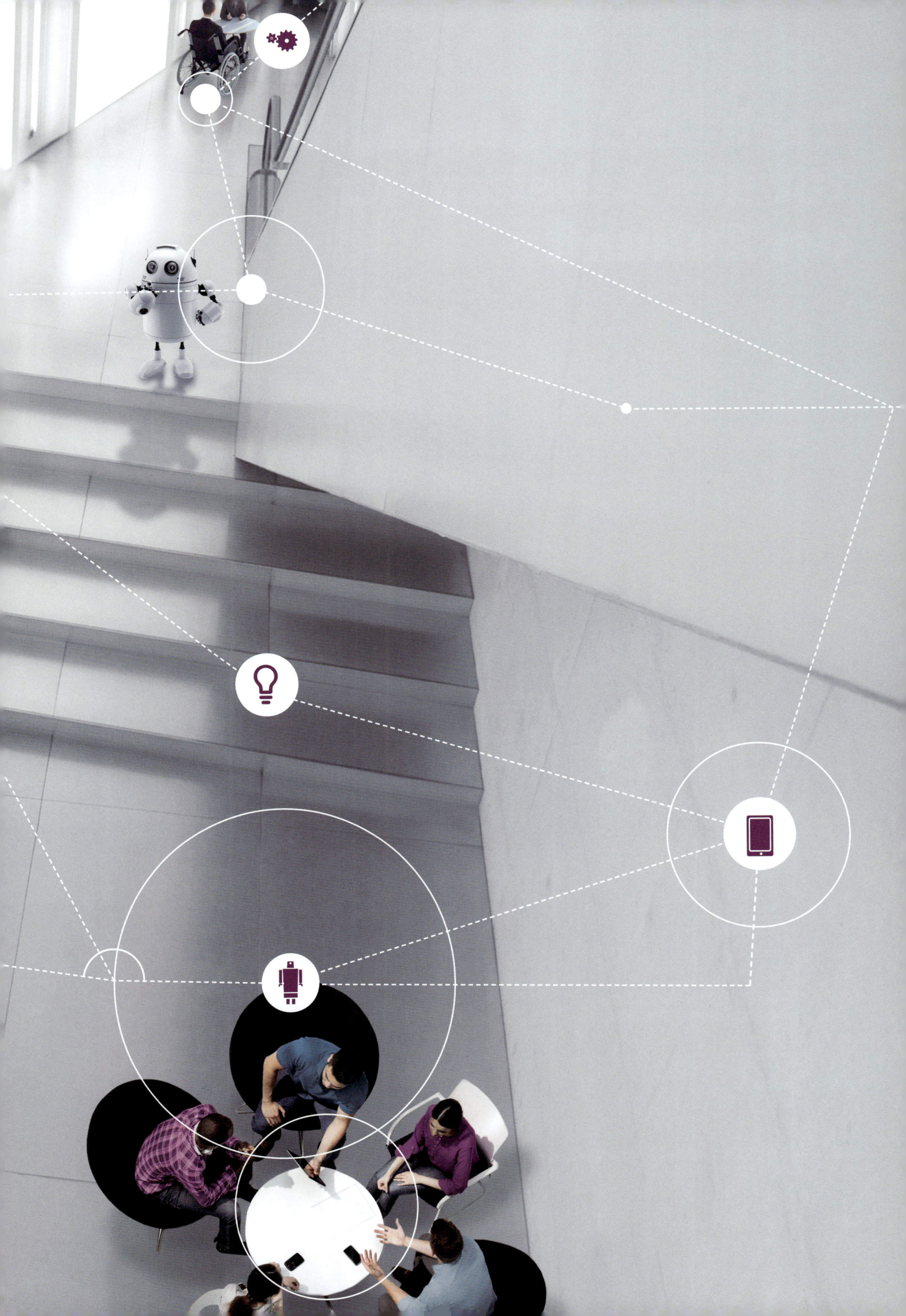

03

Technische Lösungen für den Arbeitsplatz der Zukunft

100 **Experten-Communities**
Mit Social Media den Arbeitsplatz der Zukunft gestalten

102 **FlexiDemo**
Flexibilitätsbedarf älterer Mitarbeiterinnen und Mitarbeiter in der Produktion durch mobile, kooperative Abstimmung individueller Arbeitszeiten unterstützen

104 **swabbing**
Informationseingabe auf Touchscreens für Menschen mit Tremor des Hand-Arm-Apparats

106 **Unterstützung mobilitätseingeschränkter Personen**
Eine Lösung zur Entlastung der Pflege- und Gesundheitsversorgung

108 **ProDoku**
Effizienzsteigerung durch technische Assistenz in Betreuung und Pflege

110 **LANA - Learn Assistance Navigator**
Lern- und Wissensplattform zur Erfassung, Präsentation und Übertragung realweltlicher Kontexte

112 **Fit While Working**
Fit bleiben am Arbeitsplatz von morgen

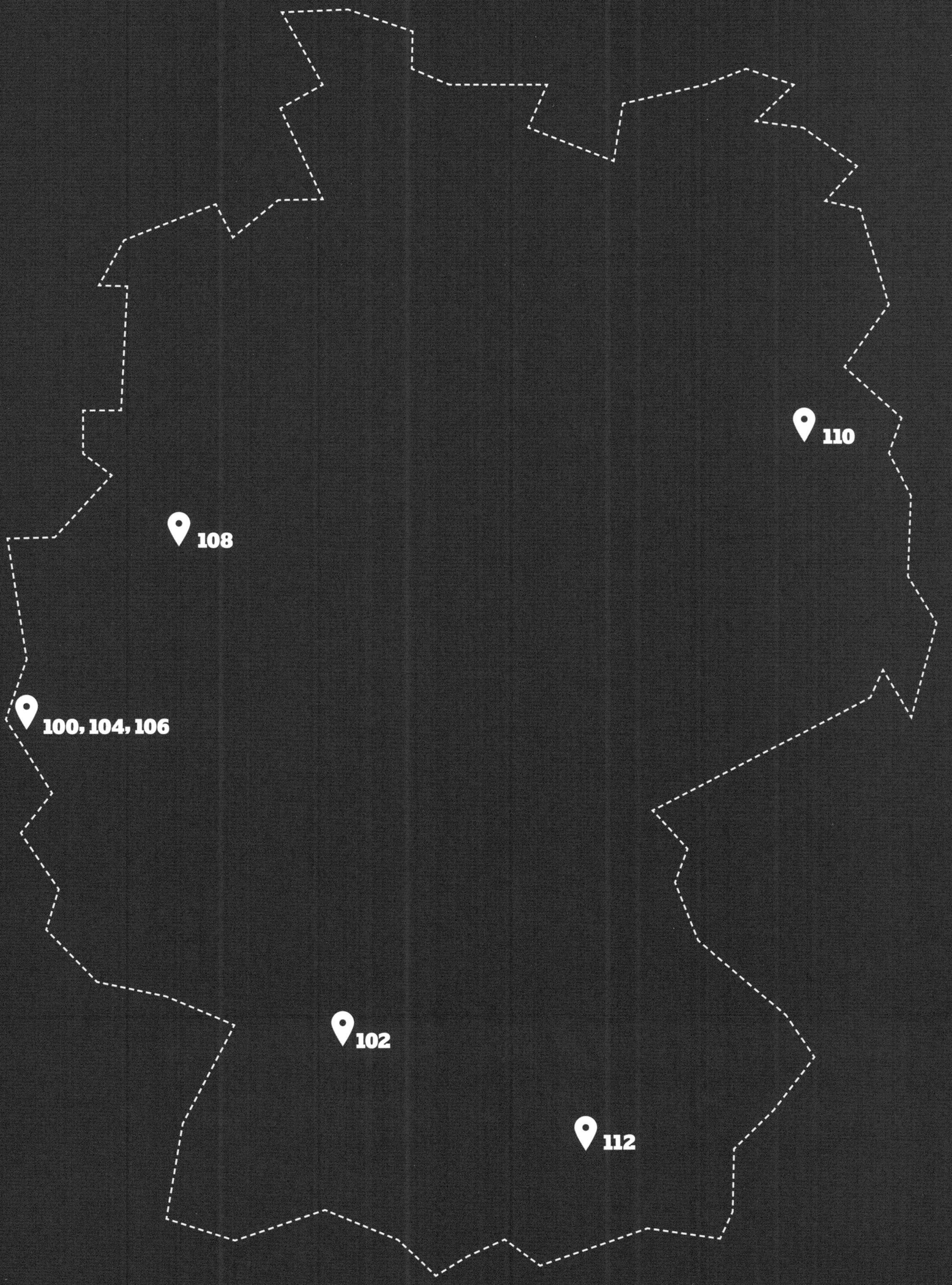
110
108
100, 104, 106
102
112

Experten-Communities

Einsatz von Experten-Communities zur Sicherung der Innovationsfähigkeit im demografischen Wandel: mit Social Media den Arbeitsplatz der Zukunft gestalten

Die Innovationsfähigkeit eines Unternehmens bestimmt maßgeblich dessen wirtschaftlichen Erfolg. Innovationen entstehen dabei zu einem erheblichen Teil durch persönliche Vernetzung von Mitarbeiterinnen und Mitarbeitern, die nicht nur innerhalb ihrer Abteilungen, sondern auch darüber hinaus bewusst oder unbewusst ihre Erfahrungen, Ideen und ihr Wissen über Kunden oder Produkte austauschen, diskutieren und immer wieder zu neuen Lösungsideen verknüpfen. Allerdings führt die derzeitige Weiterentwicklung unserer Gesellschaft immer mehr dazu, dass die angesprochenen personengebundenen Vernetzungen aufbrechen. Sowohl die demografische Verschiebung als auch neue Formen der Arbeit werden in den kommenden Jahren eine immer stärkere Auflösung traditioneller Formen des Miteinanders und der Vernetzung in der Arbeitswelt zur Folge haben. Durch eine Ruhestandswelle aufgrund des Ausscheidens demografisch starker Jahrgänge aus dem aktiven Berufsleben wird dieser Trend in den nächsten Jahren dramatisch verschärft.

Diese Entwicklung ist vor allem bei hoch qualifizierten Fachkräften gravierend. Da diese Träger eines wesentlichen Leistungs- und Innovationspotenzials sind, droht durch den Fachkräftemangel ein merklicher Innovationsrückgang. Speziell wissensintensive Unternehmen stehen vor diesem Problem. Neben der sich anbahnenden Ruhestandswelle sind neue Arbeitszeit- und Beschäftigungsmodelle etabliert worden. Dadurch und aufgrund von z. B. Sabbaticals, Eltern- oder Pflegezeiten kommt es nun immer öfter zum regelmäßigen, temporären Ausscheiden von Mitarbeiterinnen und Mitarbeitern aus dem Unternehmen. Dieses Ausscheiden sowie eine zunehmende Internationalisierung können den Austausch unter den Mitarbeiterinnen und Mitarbeitern und damit auch den Wissens- und Erfahrungstransfer erheblich erschweren. Auch diese Entwicklung kann sich deutlich negativ auf die Innovationsfähigkeit auswirken.

Vor diesem Hintergrund ergeben sich für Unternehmen erhebliche Veränderungsbedarfe bzw. Anforderungen an neue Organisations- und Arbeitsformen und das kulturelle Selbstverständnis. So muss gerade die Vernetzung auf der persönlichen Ebene als essenzieller Erfolgsfaktor für die Innovationskraft von Unternehmen in Zukunft gesichert sein. Der für Innovationen notwendige Austausch von Informationen und Kenntnissen, die Verknüpfung von unterschiedlichem Wissen sowie der Austausch und die kritische Diskussion gelten als entscheidende Erfolgsfaktoren für die Kreativität in Unternehmen. Die Integration neuer Modelle des Lernens im Arbeitsprozess und im sozialen Umfeld in die Arbeits- und Organisationsgestaltung bilden dabei einen vielversprechenden Ansatz zur Stärkung der Innovationspotenziale im demografischen Wandel auf den Ebenen von Individuum und Betrieb. Dazu kann das Konzept der virtuellen Communities angewendet werden, welches einen innovativen Ansatz zur Bewältigung der Herausforderungen darstellt. Reale, soziale Netze werden hierbei mithilfe von Communities unterstützt.

Unter einer Community wird eine Gemeinschaft rechtlich unabhängiger Teilnehmerinnen und Teilnehmer verstanden, die ein gemeinsames Ziel verfolgt. Zentrale Bestandteile dieser Interaktionsform sind die Erstellung und der Austausch von Leistungen durch Kommunikation über Technologien des Web 2.0, beispielsweise über Chats, Blogs, soziale Verknüpfungen etc. Die Inhalte und Funktionalitäten einer Community schaffen Vertrauen und somit eine emotionale, loyale Bindung zwischen den Teilnehmenden. Dabei stellt die bloße Anwendung dieser neuen Formen sozialer Vernetzung keine ausreichende Neuerung dar; wichtig sind vor allem der zielgerichtete und zweckmäßige Einsatz sowie die Entwicklung von Modellen für die Verschränkung von Lernen im Weiterbildungssystem.

Das übergeordnete Ziel der Einführung von Experten-Communities vor dem Hintergrund des demografischen Wandels besteht in der Entwicklung neuartiger, übertragbarer Personal- und Organisationsentwicklungskonzepte. Diese sollen Unternehmen dazu befähigen, erfahrene Mitarbeiterinnen und Mitarbeiter besser als bisher zu integrieren und daher die Innovationsfähigkeit aufrechtzuerhalten und zu steigern. Dabei wird sowohl auf das Erfahrungswissen älterer Mitarbeiterinnen und Mitarbeiter über die Produkte und Prozesse als auch das Erfahrungswissen jüngerer Mitarbeiterinnen und Mitarbeiter im Umgang mit virtuellen Netzwerken zurückgegriffen. Mit einer entsprechenden Experten-Community können innovative Ideen durch eine Vernetzung von Beschäftigten und langfristig auch die soziale Bindung von Expertinnen und Experten an ein Unternehmen systematischer gefördert werden. So wird ein durch den demografischen Wandel verursachter Erfahrungsverlust beherrschbar gemacht und ein wesentlicher Beitrag zu einem generationsübergreifenden Dialog geleistet. Gleichzeitig wird die Innovationskraft des Unternehmens nachhaltig gesteigert.
Im Besonderen liegt das Ziel künftiger

FIR e.V. an der RWTH Aachen
Pontdriesch 14–16
52062 Aachen
www.projekt-inec.de

Ansprechpartner/-in:
Arno Schmitz-Urban
Leiter der Fachgruppe
Community-Management
Tel: 0241 47705233
arno.schmitz-urban@fir.rwth-aachen.de

Aachen

50°46'37" N,
6°05'13" O

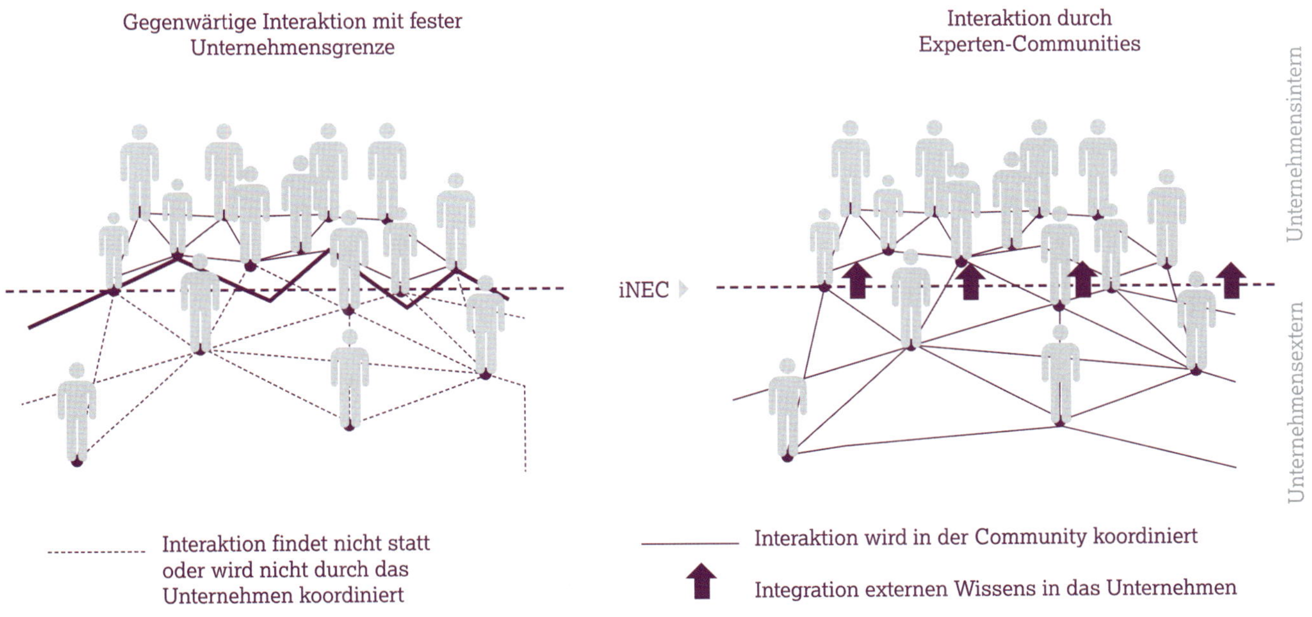

Konzepte für Experten-Communities darin, Wissens- und Know-how-Verlust in Unternehmen zu verhindern und Mitarbeiterinnen und Mitarbeiter in unterschiedlichsten Situationen zu vernetzen.

Dies erfolgt durch
- die soziale Bindung von langfristig ausscheidenden Mitarbeiterinnen und Mitarbeitern an das Unternehmen,
- den regelmäßigen Austausch mit temporär ausscheidenden Mitarbeiterinnen und Mitarbeitern,
- den regelmäßigen Austausch mit Mitarbeiterinnen und Mitarbeitern, die geografisch voneinander getrennt sind,
- eine verbesserte Kommunikation mit Mitarbeiterinnen und Mitarbeitern, die vom ursprünglichen Arbeitsplatz getrennt sind, sowie
- die Vernetzung der unterschiedlichen Mitarbeiterinnen und Mitarbeiter untereinander, zum bilateralen Austausch sowohl innerhalb als auch zwischen den verschiedenen Generationen von Mitarbeiterinnen und Mitarbeitern.

Um diese Vernetzung zu realisieren und die Basis für Erfahrungsaustausch, wechselseitiges Lernen und Wissenszuwachs zu schaffen, kann eine Experten-Community eingesetzt werden, auf der Echtzeitkommunikation durch Microblogging, die Einrichtung von Innovationsforen und Expertenprofilen oder virtuellen Wissensfabriken ermöglicht werden. Dazu müssen Anreizsysteme entwickelt werden, die sicherstellen, dass sich die Aktivitäten innerhalb dieser Community innovationsstiftend auf das Unternehmen auswirken.

FlexiDemo

Den Flexibilitätsbedarf älterer Mitarbeiterinnen und Mitarbeiter in der Produktion durch mobile, kooperative Abstimmung individueller Arbeitszeiten unterstützen

Ältere Mitarbeiterinnen und Mitarbeiter weisen im Vergleich zu jüngeren Kolleginnen und Kollegen oft andere Bedürfnisse und Prioritäten hinsichtlich der Gestaltung ihrer Arbeitszeiten auf. Hierzu können altersbedingte und gesundheitliche Voraussetzungen beitragen, die eine veränderte physische und psychische Belastungsfähigkeit zur Folge haben. Andererseits kann der Erfahrungs- und Wissensschatz älterer Mitarbeiterinnen und Mitarbeiter z. B. auch den Wunsch nach anderen, ggf. anspruchsvolleren Einsatzmöglichkeiten auslösen.

Darüber hinaus erleben ältere Mitarbeiterinnen und Mitarbeiter, die ihre Existenzgründungs- und Familienphase abgeschlossen haben, in späteren Lebensphasen oft neue Herausforderungen: Ob verstärkte Teilnahme an sozialen Ereignissen im Familien- und Bekanntenkreis, Zeitbedarf für ärztliche und gesundheitsbezogene Termine, Betreuung oder Pflege von Angehörigen, ehrenamtliches Engagement, die fließende Gestaltung des Übergangs von der Erwerbsarbeit in die Rentenzeit – die zeitlichen Prioritäten älterer Mitarbeiterinnen und Mitarbeiter stellen sich oft wesentlich anders dar als die ihrer jüngeren Kolleginnen und Kollegen.

In Abhängigkeit von einer erreichten finanziellen Absicherung für die Zeit nach Renteneintritt rückt der Wunsch nach Zuverdienst bei älteren Mitarbeiterinnen und Mitarbeitern entweder in den Hintergrund oder – eventuell sogar während der Rentenzeit – nochmals in den Vordergrund. Insgesamt ist im Kontext der geschilderten altersspezifischen Rahmenbedingungen von einem erhöhten Bedarf älterer Mitarbeiterinnen und Mitarbeiter nach flexibler Arbeitszeitgestaltung auszugehen. Hier bietet sich eine Verknüpfung mit betrieblichen Flexibilitätserfordernissen an.

Vor dem Hintergrund der globalisierten Wirtschaft stellen die dauerhaft gestiegene, mengenmäßige Schwankungshöhe von Produktionsaufträgen, die erhöhten Anforderungen an kurzfristige Lieferfähigkeit und die zunehmende Differenzierung von Produktvarianten die Unternehmen vor erhebliche Herausforderungen. Der entscheidende Schlüssel zur Zusammenführung mitarbeiterseitiger und betrieblicher Flexibilitätsbedarfe liegt in der intelligenten Integration der Interessen beider Seiten.

Eine geeignete Plattform zur Integration des zeitlichen Flexibilitätsbedarfs älterer Mitarbeiterinnen und Mitarbeiter und ihrer Unternehmen bietet das BMBF-geförderte Projekt KapaFlexCy „Selbstorganisierte Kapazitätsflexibilität in Cyber-Physical-Systems". Ziel dieses Forschungsprojekts ist es, Unternehmen und ihre Mitarbeiterinnen und Mitarbeiter in die Lage zu versetzen, den Einsatz ihrer Produktionskapazitäten unter direkter Beteiligung der Mitarbeiterinnen und Mitarbeiter flexibel, kurzfristig, koordiniert und unternehmensübergreifend zu steuern. Als technische Basis dient eine neuartige Software zur Personaleinsatzplanung. Ein zentraler, intelligenter „Kapazitätsbroker" und Applikationen, die über mobile Endgeräte dezentral genutzt werden können, ermöglichen es den Mitarbeiterinnen und Mitarbeitern, betriebliche Kapazitätsanfragen und mitarbeiterseitige Kapazitätsangebote selbstorganisiert abzustimmen (siehe Abbildung). Zentrales Element ist die faire, transparente und partizipative Gestaltung des vernetzten Abstimmungsprozesses, um eine Win-Win-Situation für alle Beteiligten sicherzustellen.

Aus Unternehmenssicht ergeben sich daraus folgende Vorteile:

- Reduzierung des Aufwands zur Koordination eines flexiblen Kapazitätseinsatzes
- effektive Nutzung der Produktionskapazitäten
- frühzeitige und zuverlässige Koordination der gesamten Supply Chain, die die Bestände in der Wertschöpfungskette reduziert und die Lieferfähigkeit steigert
- erhöhte Mitarbeitermotivation und -bindung durch Berücksichtigung individueller Präferenzen der Arbeitszeitgestaltung.

Für Mitarbeiterinnen und Mitarbeiter bestehen die Vorteile einer flexiblen Abstimmung von Arbeitszeiten in folgenden Punkten:

- bessere Abstimmung von beruflichen mit privaten und familiären Anforderungen im Rahmen der Work-Life-Balance
- direkte und aktive Gestaltung ihrer Einsatzzeiten und -orte
- gleichmäßige Verteilung von Tätigkeiten mit unterschiedlicher Anforderungs- und Belastungsintensität auf die Mitarbeiterinnen und Mitarbeiter
- Möglichkeiten zur Kompetenzerweiterung durch Job-Rotation über verschiedene Arbeitsplätze, Maschinen und Tätigkeiten
- transparente und faire Personaleinsatzplanung für alle Mitarbeiterinnen und Mitarbeiter

Fraunhofer-Institut für Arbeitswirtschaft und Organisation IAO
Nobelstraße 12
70569 Stuttgart
www.iao.fraunhofer.de

Ansprechpartner/-in:
David Kremer
Projektleiter
Tel: 0711 9702223
david.kremer@iao.fraunhofer.de

Stuttgart

48°46'32" N,
9°10'58" O

Flexibilitätsbedarf älterer Mitarbeiter in der Produktion durch mobile, kooperative Abstimmung individueller Arbeitszeiten unterstützen

Flexibilitätsbedarf älterer Mitarbeiter

- Teilzeitarbeit zur Erholung und Belastungsreduzierung
- Höherer Zeitbedarf für Pflege von Angehörigen, Arzt-Terminen etc.
- Gleitender Übergang in den Ruhestand durch Teilzeitarbeit
- Teilzeitarbeit zur Wissensweitergabe erfahrener Mitarbeiter nutzbar
- Höhere Flexibilität älterer Mitarbeiter nach Familienphase
- Möglichkeit des Zuverdienstes für Rentner

Kooperative Abstimmung flexibler Arbeitszeiten über mobile Endgeräte

- Übersichtliche Darstellung der Arbeitszeit-Anfragen von Mitarbeitern und Betrieb sowie Funktionen für Planungsstand, Rückmeldungen und Zeitverlauf
- Unterstützende Abstimmungsfunktionen: Anruf, Email, Chat, Zu-/Absagen für Kapa-Anfragen u.a.
- Individuelle Präferenzen für flexible Freizeit bzw. Zusatzarbeit für Mehrverdienst einstellbar
- Kooperative Erarbeitung fairer und transparenter Abstimmungsprozesse
- Kompetenzerweiterung und Qualifizierung für flexible Übernahme unterschiedlicher Tätigkeiten
- Flankierende Maßnahmen zur Nutzung flexibler Arbeitszeit, z. B. Mitfahrgelegenheiten-Börse

Betrieblicher Bedarf nach flexiblem Arbeitszeit-Einsatz

- Schwankende Produktionsauslastung durch volatile Märkte
- Steigende Variantenvielfalt und Differenzierung der Kundenanforderungen
- Kurzfristige Terminirung von Produktionsaufträgen
- Just-in-time - Produktion
- Schnelleres Umrüsten durch flexible Technologie
- Optimierter Ressourceneinsatz

Der Transfer der Ergebnisse des Projekts KapaFlexCy auf die spezifischen Erfordernisse älterer Mitarbeiterinnen und Mitarbeiter verspricht einen nachhaltigen Beitrag zur Berücksichtigung sowohl altersspezifischer Bedürfnisse nach flexibler Arbeitszeit, als auch zur Berücksichtigung der Flexibilitätspotenziale von älteren Mitarbeiterinnen und Mitarbeitern. Voraussetzung dafür ist die Entwicklung von Analyse- und Gestaltungsverfahren, die es ermöglichen, arbeitswissenschaftlich fundiert:

- altersspezifische Anforderungen an flexible Arbeitszeitformen zu bestimmen
- multidimensionale Flexibilitätsanforderungen spezifisch für ältere Mitarbeiterinnen und Mitarbeiter auf physischer und psychischer Ebene zu erfassen
- Kompetenzentwicklungsmaßnahmen für Abstimmung und Durchführung des flexiblen Arbeitszeiteinsatzes mit älteren Mitarbeiterinnen und Mitarbeitern zu entwickeln
- flexibilitätsunterstützende Rahmenbedingungen wie Führungsstil, Kooperationskultur und technische Unterstützungsmittel unter Berücksichtigung altersbezogener Bedürfnisse zu systematisieren
- sowie Selbstorganisationskompetenzen von Mitarbeiterinnen und Mitarbeitern, Arbeitsgruppen und Führungskräften altersspezifisch zu erfassen.

Das bisherige, durchgängig positive Feedback zu den Projektzielen von KapaFlexCy seitens der Arbeitnehmervertretungen als auch der deutlich geäußerte Bedarf von Produktionsunternehmen nach entsprechenden Lösungen spornt an, die Chancen einer intelligenten Abstimmung flexibler Arbeitszeiten spezifisch für die besonderen Flexibilitätsbedarfe älterer Mitarbeiterinnen und Mitarbeiter zu nutzen.

swabbing

Informationseingabe auf Touchscreens für Menschen mit Tremor des Hand-Arm-Apparats. Zielgruppengerechte Kompensation von Problemen bei der Mensch-Technik-Interaktion mithilfe von Wischbewegungen

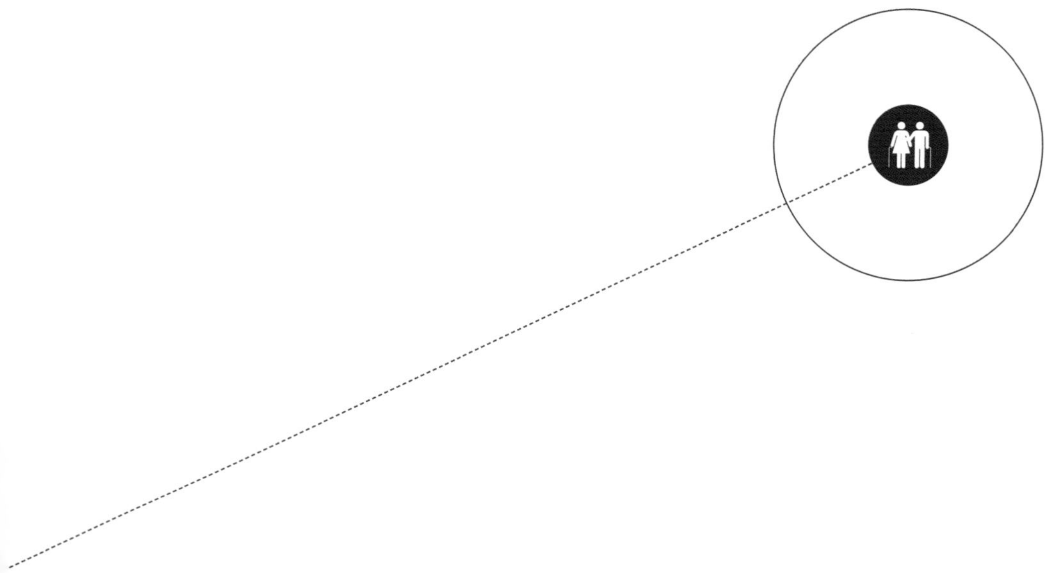

Informations- und Kommunikationstechnologien sind heutzutage nicht nur integraler Bestandteil vieler Arbeitsplätze, sondern auch aus vielen alltäglichen Vorgängen und Prozessen nicht mehr wegzudenken. Hierbei erhalten insbesondere Touchscreens durch die Kopplung von visueller Informationsdarstellung und direkter Informationseingabe steigende Bedeutung (z. B. in Smartphones, Navigationssystemen, Tablets, Bank- und Ticketautomaten), da sie für zahlreiche Anwendungsfälle geeignet sind.

Für bestimmte Akteursgruppen stellt diese Art der Mensch-Technik-Interaktion jedoch eine neue Herausforderungen dar. Für Menschen, die unter einem Tremor des Hand-Arm-Apparates leiden (hierunter wird das unwillkürliche Zusammenziehen einander entgegenwirkender Muskelgruppen bezeichnet, welches zu einem unkontrollierten „Zittern" führt), gibt es noch keine zufriedenstellende Lösungen für die Mensch-Technik-Interaktion. Durch das Zittern während zielgerichteter Bewegungen tritt bei Benutzern, die unter einem Tremor leiden, eine hohe Fehlerquote auf, die eine effektive Benutzung verhindert. Als Folge hieraus sinkt die Technikakzeptanz und die Bereitschaft zur Benutzung technischer Systeme, obwohl diese Systeme die Selbstständigkeit unterstützen und auch im Rahmen der eignen Arbeitstätigkeit zum Einsatz kommen können. Hierbei kommt dieser Benutzergruppe im Hinblick auf den demografischen Wandel jedoch eine immer größere Bedeutung zu; nicht zuletzt, weil die Anzahl von Tremorerkrankungen mit steigendem Alter zunimmt. Tremor kann grundsätzlich in jeder Altersgruppe auftreten, jedoch erhöht sich die Auftretenswahrscheinlichkeit ab dem 40. Lebensjahr signifikant. So treten Tremorsymptome bei ca. 12 % der über 60-Jährigen auf, während es im Bevölkerungsdurchschnitt ca. 4 % sind.

Ausgehend von diesem Forschungsbedarf an einer zielgruppengerechten Eingabetechnik für ältere Menschen mit Tremorsymptomen ist ein entsprechendes Konzept namens **swabbing** für die Informationseingabe auf Touchscreens entwickelt worden, für das ein weltweites Schutzrecht in Form eines Patents erlangt werden konnte. Grundlegendes Paradigma der swabbing-Eingabetechnik ist es, übliche punktuelle Eingabebewegungen, die eine Benutzerauswahl durch „Berühren" definierter Bereiche realisieren, durch kontinuierliche Wischbewegungen zu ersetzen. Die Auswahl eines Ziels erfolgt hierbei durch eine durchgehende Bewegung des Benutzers auf dem Touchscreen in Richtung des entsprechenden Ziels. Damit die Auswahl mittels solcher Bewegungen realisierbar ist, werden diese radial am Rand des Bildschirmes und nicht wie üblich rasterförmig angeordnet. Um ein bestimmtes Ziel auszuwählen, führt der Benutzer von einer beliebigen Stelle des Touchscreens eine Bewegung in dessen Richtung aus. Damit eine Auswahlbewegung als solche erkannt wird, muss zwischen dem Punkt der ersten Berührung und dem aktuellen Berührpunkt eine definierte Distanz liegen. Ist dieser Schwellenwert erreicht, werden alle dazwischenliegenden Elemente zur Berechnung einer Regressionsgeraden benutzt, die vom Algorithmus in einen Vektor überführt wird. Durch die Be-

Lehrstuhl und Institut für Arbeitswissenschaft der RWTH Aachen IAW

Universitätsklinikum Aachen

media computing group

swabbing

Lehrstuhl und Institut für Arbeitswissenschaft (IAW) der RWTH Aachen
Bergdriesch 27
52062 Aachen
www.iaw.rwth-aachen.de

Ansprechpartner/-in:
Dr. rer. medic. Dipl.-Inform.
Alexander Mertens
Wissenschaftlicher Mitarbeiter
Tel: 0241 8099494
a.mertens@iaw.rwth-aachen.de

Aachen

50°46'36" N,
6°05'01" O

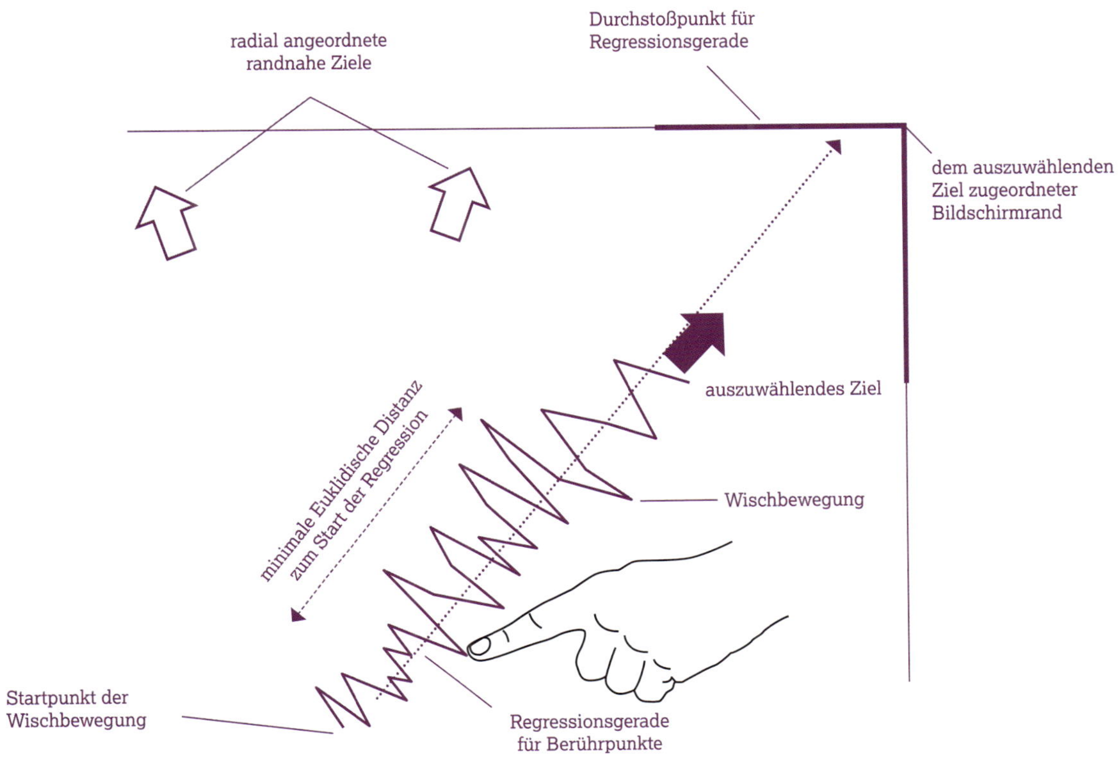

rechnung des Schnittpunktes zwischen Vektor und Bildschirmrand, kann approximiert werden welches der dargestellten Ziele ausgewählt werden sollte. Hierbei können die Bewegungen auch über das Ziel und den Bildschirmrand hinausgehen, um eine Verstärkung der Tremorsymptome (z. B. bei Intentionstremor), die durch die zielgerichtete Bewegung ausgelöst werden, zu vermeiden (s. Abbildung). Durch die Bildung einer Regressionsgeraden können durch den Tremor verursachte Abweichungen innerhalb der Bewegung mathematisch geglättet werden. Der durchgehende Kontakt zur Touchscreenoberfläche erzeugt außerdem einen dauerhaften Reibungswiderstand, der als Dämpfungsglied für das Zittern fungiert. Zusätzlich sind Filter definiert worden, die kurzfristige Unterbrechungen des Kontaktes zwischen Finger und Bildschirm sowie ungewollte Berührungen des Touchscreens erkennen und herausfiltern, sodass die Eingabeprozedur nicht unterbrochen wird.

Zur Evaluation der Eingabetechnik sind mit insgesamt 80 älteren Probanden, die an Tremorsymptomen des Hand-Arm-Apparats leiden, empirische Untersuchungen durchgeführt worden, bei denen die signifikant erhöhte Effizienz, Effektivität und Zufriedenheit der Benutzer im Vergleich zu üblichen Eingabetechniken nachgewiesen werden konnte. Hierbei sind sowohl die grundlegende Eignung für eine ältere Zielgruppe untersucht, als auch die Analyse typischer Bewegungsmuster bei der Interaktion mit Touchscreens mit Hilfe elektromyografischer Messungen und Tracker-basiert realisiert sowie verschiedene Adaptionen von swabbing in einer Langzeitstudie eruiert worden.

Die swabbing-Software kann ohne technische Änderungen auf jedem beliebigen Touchscreen eingesetzt werden und liegt als funktionsfähiger Prototyp zur barrierefreien Ergänzung der Benutzungsschnittstellen für verschiedene Betriebssysteme und Endgeräte vor. Somit stellt sie eine extrem kostengünstige und flexible Lösung zur Kompensation altersbedingter Leistungsveränderungen der Feinmotorik dar. Die Verwendung von Informations- und Kommuikationstechnologien wird somit ermöglicht und die sich demografisch bedingten veränderten Anforderungen können leichter erfüllt werden.

Eine empirische Evaluation der swabbing-Eingabetechnik erfolgte am Institut für Arbeitswissenschaft (IAW) in Kooperation mit der Media Computing Group sowie der Neurologischen Klinik des Universitätsklinikums der RWTH Aachen, im Rahmen des vom BMBF im Förderschwerpunkt „Technologie und Dienstleistung im demografischen Wandel“ geförderten Forschungsprojekts MeDiNa. Im Rahmen von Forschungs-, Transfer- und Beratungsprojekten befasst sich das IAW bereits seit mehr als zehn Jahren mit den Auswirkungen der demografischen Entwicklung auf Unternehmen und ihre Beschäftigten. Dabei werden in enger Kooperation mit Partnern aus Industrie und Forschung innovative Methoden und Werkzeuge zur integrierten Arbeitsgestaltung auf organisationaler, technischer und personaler Ebene entwickelt.

Unterstützung mobilitätseingeschränkter Personen

Eine Lösung zur Entlastung der Pflege- und Gesundheitsversorgung

Die Leistungsfähigkeit von Menschen ist durch interindividuelle Unterschiede geprägt und unterliegt im Verlauf des Lebens intraindividuellen Veränderungen, die im Prozess des Alterns, aber auch bei Erkrankungen oder Unfällen auftreten können. Bezogen auf das muskuloskelettale System können sich diese Veränderungen in zeitweisen oder auch dauerhaften Einschränkungen der persönlichen Mobilität (z. B. Aufstehen und Gehen) manifestieren und einen Unterstützungsbedarf hervorrufen. Dieser Bedarf zur Kompensation der Einschränkungen wird zumeist durch unterstützende Personen oder Technik gedeckt. Als unterstützende Technik für die selbstständige Fortbewegung haben sich Gehstöcke, Rollatoren und Rollstühle etabliert. Unterstützende Technik für das Aufstehen und das Setzen konnten sich für den selbstständigen Gebrauch bisher nicht etablieren und sind vorrangig in der Gesundheits- und Pflegeversorgung verfügbar. Dort werden sie jedoch aus diversen Gründen, wie z. B. hoher Aufwand bei der Benutzung und starkes Stigmatisierungspotenzial, nicht vollständig akzeptiert und daher nur selten genutzt. Die Einschränkungen beim Aufstehen und Setzen werden deshalb durch unterstützende Personen kompensiert, was für diese mit einem hohen Risiko im Hinblick auf Schädigungen des muskuloskelettalen Systems einhergeht. In der Gesundheits- und Pflegebranche verursachen Muskel- und Skeletterkrankungen die meisten Arbeitsunfähigkeitstage. Sie sind einer der häufigsten Gründe für eine gesundheitlich bedingte Frühberentung, was die zukünftigen demografischen Herausforderungen eines wachsenden Versorgungsbedarfs und eines sinkenden Versorgungsangebots weiter verschärft.

Motiviert durch die vorherrschende Situation wurde ein System zur Unterstützung mobilitätseingeschränkter Personen konzipiert. Es ist anhand ergonomischer Simulationen mithilfe digitaler Menschmodelle erfolgreich auf seine Funktionsfähigkeit geprüft worden. Das Kernelement umfasst einen innovativen Stützmechanismus, dessen zugrundeliegende Wirkstruktur im Gegensatz zu bestehenden Produkten auf einer Änderung des Kraftflusses bei der Unterstützung mobilitätseingeschränkter Personen beruht. Der Stützmechanismus ist ringförmig und besteht aus zwei halbkreisförmigen Elementen, welche teleskopartig ineinander geschoben werden können. Auf Höhe des Torsos angeordnet wird die vertikale Kraftkomponente über die Unterarme zugeführt, während die horizontale Kraftkomponente am Rücken wirkt.

Basierend auf dem Stützmechanismus ist eine neuartige Mobilitätshilfe konzipiert worden, denn ohne den Erhalt der persönlichen Mobilität kann der gesellschaftliche Wunsch nach einem selbstbestimmten und selbstständigen Leben bis ins hohe Alter nicht erfüllt werden. Zur Realisierung einer selbstständigen Benutzung bedarf es eines autonomen und mobilen Systems, z. B. eines Serviceroboters. Für die Unterstützung der persönlichen Mobilität ist es notwendig, dass sich der Serviceroboter der mobilitätseingeschränkten Person annähert. Aus diesem Grund wurde eine empirische Studie mit dem Care-O-bot® 3 in Zusammenarbeit mit dem Fraunhofer IPA durchgeführt. Somit lassen sich für die Mensch-Roboter-Interaktion, ohne räumliche Trennung, Aussagen dahingehend ableiten, unter welchen Bedingungen eine möglichst große Annäherung des Roboters akzeptiert wird bzw. wie sich der Roboter bei der Annäherung verhalten soll. An der empirischen Studie haben 30 Probanden im Alter von 20 bis 75 Jahren teilgenommen. Die Ergebnisse der Studie weisen nach, dass eine möglichst nahe Annäherung besser akzeptiert wird, wenn sich der Mensch in einer sitzenden Position befindet und die Annäherung durch den Roboter mit einer geringen und stufenweise abgebremsten Geschwindigkeit sowie erkennbarem Aufgabenkontext erfolgt.

Der Stützmechanismus kann neben der Entwicklung einer neuartigen technischen Lösung auch für die Erweiterung und Verbesserung bestehender Produkte genutzt werden. Die Vorteile ergeben sich in beiden dieser möglichen Entwicklungszweige, weil der Stützmechanismus als Kernelement der Mobilitätshilfe genutzt wird. Die technische Unterstützung mobilitätseingeschränkter Personen kann somit als ein einziges Gerät flexibel für die verschiedenen Vorgänge der persönlichen Mobilität angewendet werden, weil sich die Füße der Person konzeptbedingt zu jeder Zeit auf dem Boden befinden. Dadurch können sich mobilitätseingeschränkte Personen auch aktiv an den Vorgängen beteiligen, was sich positiv auf den Erhalt der persönlichen Mobilität auswirken kann. Das Treppensteigen kann je nach Ausgestaltung der Antriebseinheit unterstützt werden (z. B. drei Sternräder an Sackkarren). Der für aktuelle Aufstehhilfen übliche „Knieanschlag" zur Vermeidung horizontalen Verrutschens ist ebenso nicht mehr notwendig wie das aufwendige Anlegen von Gürteln oder Schlaufen. Im Vergleich zu marktüblichen Produkten zeigen sich auch sicherheitstechnische Vorteile in Form einer Sturzrisikominimierung durch horizontale Kontaktflächen in der Torso-Ebene, die insbesondere bei der selbstständigen Benutzung zum Tragen kommen.

Die Mobilitätshilfe weist erkennbare Alleinstellungsmerkmale auf und eliminiert Nachteile bestehender Produkte. Die Berücksichtigung der Ergebnisse der empirischen Evaluation am Beispiel neuartiger Mensch-Roboter-Interaktion im soziotechnischen System vermeidet von Beginn an akzeptanzhemmende Eigenschaften. Die Weiterentwicklung der Wirkstruktur für einen Stützmechanismus wurde zu einem wesentlichen Teil innerhalb des vom BMBF geförderten Projektes „Tech4P – Strategien für die Technikintegration bei personenbezogenen Dienstleistungen" (FKZ: 01FG1004) realisiert und zur Entwicklung zugehöriger personenbezogener Dienstleistungen genutzt. Darüber hinaus wurde in Anwendungsfällen erfolgreich die praktische Relevanz nachgewiesen. Speziell Einrichtungen der sozialen Wohlfahrt und Krankenhäuser haben ihr Interesse an einer zukünftigen Verwendung signalisiert.

Im Rahmen von Forschungs-, Transfer- und Beratungsprojekten befasst sich das Institut für Arbeitswissenschaft (IAW) der RWTH Aachen bereits seit mehr als zehn Jahren mit den Auswirkungen der demografischen Entwicklung. Dabei werden in enger Kooperation mit Partnern aus Industrie und Forschung innovative Methoden und Werkzeuge zur integrierten Arbeitsgestaltung auf technischer, organisationaler und personaler Ebene entwickelt.

Lehrstuhl und Institut für Arbeitswissenschaft (IAW) der RWTH Aachen
Bergdriesch 27
52062 Aachen
www.iaw.rwth-aachen.de

Ansprechpartner/-in:
Dipl.-Ing. Christopher Brandl
Wissenschaftlicher Mitarbeiter
der Abteilung Ergonomie und
Mensch-Maschine-Systeme
Tel: 0241 8099474
c.brandl@iaw.rwth-aachen.de

Aachen

50°46'36" N,
6°05'01" O

1. Positionierung

2. Beginn Aufstehvorgang

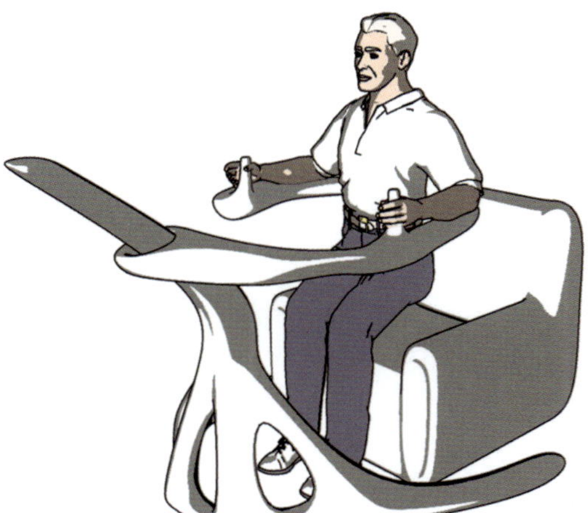

3. Aufstehvorgang

4. Ende Aufstehvorgang

ProDoku

Effizienzsteigerung durch technische Assistenz in Betreuung und Pflege – das Dokumentationssystem ProDoku im Wohnverbund des Katharinenstiftes Ascheberg

Kurzbeschreibung Wohnverbund Katharinenstift

Der Wohnverbund „Katharinenstift" des Sozialwerks St. Georg e. V. in Ascheberg ist eine Facheinrichtung der Eingliederungshilfe gem. §§ 53 ff SGB XII für psychisch kranke Menschen und seit über 35 Jahren Bestandteil der regionalen psychiatrischen Versorgungsstruktur. Die Einrichtung hält zurzeit 54 Plätze vor, von denen zwölf und 15 Plätze in Form von zwei Außenwohnungen ausgelagert sind.

Männern und Frauen ab ca. 50 Jahren bietet der Wohnverbund „Katharinenstift" Wohn- und Lebensraum. Das Betreuungsangebot richtet sich an Menschen, die mit einer psychischen Behinderung alt geworden sind, oder bei denen die psychische Behinderung im Alter aufgetreten ist, wie z. B. bei Depressionen, Demenzen, Persönlichkeitsstörungen, Suchterkrankungen, Wahnerkrankungen. Neben der psychiatrischen Behinderung liegt daher zumeist auch ein somatischer Hilfebedarf vor.

Dokumentationssystem

Das Dokumentationssystem des Sozialwerks St. Georg e. V., eine Teil-Komponente des Ambient Assisted-Living-Ansatzes, soll die Dokumentation und ihre Auswertung wesentlich vereinfachen und effizienter gestalten. Die Entwicklung des Systems erfolgt unter Beachtung der gesetzlichen Auflagen. Ziele und Anforderungen an das Technik-Konzept sind die Reduzierung der Aufwandsbelastung und der Fehlerquote durch die bzw. in der Dokumentation. Da auch nicht gemachte Tätigkeiten bewusst dokumentiert werden, erhöht dies die Dokumentationssicherheit und minimiert die Fehlerquote in der Dokumentation.

Die Touchscreen-Terminals mit einer speziell entwickelten Software zur Dokumentation sind auf den Fluren und Aufenthaltsräumen der Wohnbereiche installiert und ermöglichen eine schnelle Abfrage von Informationen etc. Die Terminals sind so installiert, dass sich diese immer in Hör- und Sichtweite der Mitarbeiterinnen und Mitarbeiter befinden. Über eine Chipkarte können sich diese am Terminal anmelden und so identifiziert werden. In Abhängigkeit ihrer Tätigkeit und Profession (z. B. Betreuungskraft, Hausmeister, Auszubildende) haben die Mitarbeiterinnen und Mitarbeiter Zugriff auf die notwendigen Informationen und das Dokumentationssystem.

1. Technik

Basis des Dokumentations- und Informationssystems bilden die Bedienterminals, die in der gesamten Wohneinrichtung im Abstand von ca. 5 – 8 Metern installiert sind und somit allen Mitarbeiterinnen und Mitarbeiter von der Betreuungskraft bis zum Hausmeister zur Verfügung stehen. Die Mitarbeiterinnen und Mitarbeiter authentifizieren sich über eine sogenannte Transponder- bzw. Chipkarte, die aus Datenschutzgründen während des gesamten Dokumentationssystems vor das Kartenfeld des Touchterminals gehalten werden muss. Sobald die Karte entfernt wird, wird das System beendet und zeigt die Startoberfläche.

2. Funktionen

Die Dokumentation von Leistungen nach dem Sozialgesetzbuch erfolgt bei diesem System passiv, d. h. die Mitarbeiterinnen und Mitarbeiter müssen nicht aktiv jede Leistung „abhaken", sondern man geht grundsätzlich davon aus, dass alle individuell für die einzelnen Bewohner hinterlegten Leistungen erbrachten wurden. Die Zusammenstellung der individuellen Leistungen besteht aus der Leistungsvereinbarung, den grundpflegerischen Tätigkeiten sowie den Zielen und Inhalten der Pflegeplanung.

Während des Dokumentationsvorgangs müssen die Mitarbeiterinen und Mitarbeiter die Leistungen herausnehmen, die nicht erbracht worden sind. Leistungen für Bewohnerinnen und Bewohner, die beispielsweise abwesend sind, können nicht dokumentiert werden. Dabei kann in zwei Formen dokumentiert werden: zum einen können die Bewohnerinnen und Bewohner einzeln erfasst werden, d. h. der Mitarbeiterin und Mitarbeiter wählt den jeweiligen Bewohnerin / den jeweiligen Bewohner aus und dokumentiert die Leistungen (Bereich „Klienten"). Zum anderen ist es möglich, Bewohnergruppen zu erfassen, z. B. in einem Wohnbereich. Hier werden die Bewohnerinnen und Bewohner in einer Wohneinheit zusammengefasst und mit ihren Leistungen untereinander aufgelistet. Die Mitarbeiterin oder der Mitarbeiter kann die Liste scrollen und den kompletten Wohnbereich in einem dokumentieren (Bereich „Profil"). In dem Bereich „Klienten" werden auch alle individuellen Vitaldaten eingegeben. Weitere Funktionsbausteine an den dezentralen Touchterminals sind: Merkzettelfunktion, Gebäudeleittechnik / Gebäudesteuerung, Visualisierung des Eingangsbereiches, Service-Rufanlage und Terminkalender mit Erinnerungsfunktion.

3. Nutzeneffekte und Potentiale

Die Einführung eines solchen Dokumentations- und Informationssystems richtet sich primär auf die Ablaufprozesse in Betreuung und Pflege aus. Übergeordnetes Ziel ist die Entlastung der betreuenden und pflegenden Mitarbeiterinnen und Mitarbeiter von Dokumentationstätigkeiten und die Reduzierung von Wegzeiten. Dies erfolgt durch eine zeitnahe und Vor-Ort-Dokumentation sowie den Wegfall des sogenannten Dokumentationsstaus im „Schwesternzimmer". Informationen können vor Ort eingesehen werden und die Mitarbeiterinnen und Mitarbeiter bleiben stets für Bewohnerinnen und Bewohner und Angehörige ansprechbar.

4. Effizienzbetrachtung

Der Effizienzbetrachtung des Systems ist eine detaillierte Analyse des Ablaufprozesses vorausgegangen. Dieser beinhaltet die einzelnen Prozessschritte im Rahmen einer Frühschicht. Verglichen wurde das System mit einer PC-gestützten Dokumentationssoftware, die über einen PC im Dienstzimmer bedient wird. Zur besseren Vergleichbarkeit der beiden Systeme ist in zwei Einrichtungen jeweils eine Frühschicht mit 14 Bewohnerinnen und Bewohnern im Zeitraum von 7.00 bis 10.00 Uhr gewählt worden. In dieser Zeit wurden 126 geplanten und drei außerplanmäßige Pflegeleistungen von drei Pflegefachkräften erbracht.

Die nachfolgenden Grafiken zeigen die vereinfachte Darstellung und die dazugehörige Zeitmessung mit dem jeweiligen Dokumentationssystem. Die Messung ist mehrfach wiederholt worden.

5. Wirtschaftliche Aspekte

Mit dem neuen Dokumentationssystem benötigt eine Mitarbeiterin und ein Mitarbeiter in der Rubrik „Klient" durchschnittlich 0,34 % und in der Rubrik „Profil" 0,33 % der Arbeitszeit zur Dokumentation. Dabei wird angenommen, dass die Pflegekraft sechs Mal die Pflegeleistungen dokumentiert. Das EDV-gestützte Dokumentationssystem spart gegenüber der PC-gestützten Dokumentation 7,29 bis 7,31 % je Mitarbeiterin und Mitarbeiter und acht Stunden Dienstschicht ein (vgl. Mundt 2010, 26).

Sozialwerk St.Georg e.V.
Wohnverbund Katharinenstift
Nordkirchener Str. 2
59387 Ascheberg
www.sozialwerk-st-georg.de

Ansprechpartner/-in:
Adolf Johannes Kalfhues
Einrichtungsleiter
Tel: 02593 956360
aj.kalfhues@sozialwerk-st-georg.de

Ascheberg

51°47'44" N,
7°37'31" O

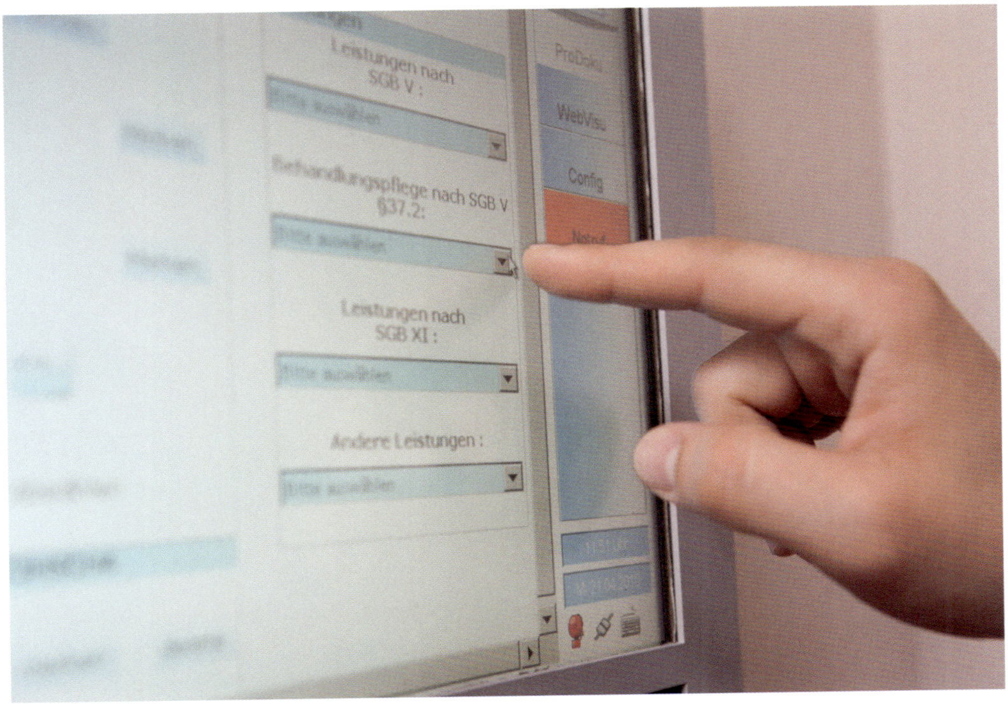

Prozessdarstellung

Prozessdarstellung	Zeitspanne*	Zeitspanne**	Zeitspanne***
Mündliche Absprache mit Kollegen	00:04:40	00:00:00	00:00:00
Durchschnittliche Wegzeit zum PC	00:00:44	00:00:05	00:00:05
Durchschnittliche Einlogg-Zeit am PC / Terminaldokumentationsprogramm	00:01:44	00:00:04	00:00:04
Dauer der Dokumentation	00:22:50	00:00:30	00:00:19
Durchschnittliche Auslogg-Zeit am PC / Terminaldokumenta- tionsprogramm	00:00:09	00:00:00	00:00:00
Durchschnittliche Wegzeit zum Klienten	00:00:46	00:00:05	00:00:05
Dokumentationsdauer	00:30:54	00:00:44	00:00:33

* Vereinfachte Prozessdarstellung der PC-gestützten Dokumentation. (Quelle: Mundt 2010, S. 27)

** Vereinfachte Prozessdarstellung der EDV-gestützten Dokumentation. Bereich "Klienten" (Quelle: Mundt 2010, S. 32)

*** Vereinfachte Prozessdarstellung der EDV-gestützten Dokumentation. Bereich "Profile" (Quelle: Mundt 2010, S. 32)

LANA - Learn Assistance Navigator

Lern- und Wissensplattform zur Erfassung, Präsentation und Übertragung realweltlicher Kontexte

Große Unternehmen stehen immer häufiger vor dem Problem, dass viele ältere Mitarbeiterinnen und Mitarbeiter die Firma verlassen, viele andere ältere Mitarbeiterinnen und Mitarbeiter komplexe Arbeiten neu übernehmen und neue junge Mitarbeiterinnen und Mitarbeiter neues Wissen einbringen, aber auch schnell in die bestehenden technischen Infrastrukturen und Prozesse eingearbeitet werden müssen. Unternehmen benötigen Unterstützung, um das langjährig erworbene Wissen – das Erfahrungswissen – der älteren Mitarbeiter aufzubewahren und adhoc zielführend neuen und jüngeren Mitarbeiterinnen und Mitarbeitern bereitzustellen.

Durch die Nutzung von LANA werden Funktionen zur Sicherung multimedialer Dokumente zu relevanten Arbeits-Prozessen und technischen Objekten, zur problemorientierten Anwendung und situationsabhängigen Präsentation dieses Wissens im realen Kontext und zur Nutzung für die permanente Weiterbildung der Mitarbeiterinnen und Mitarbeiter verfügbar sein.

Thema des Projekts ist die IT-gestützte und multimediale Wissenskollaboration älterer und erfahrener mit neuen und jungen Mitarbeiterinnen und Mitarbeitern. Der Schwerpunkt liegt in der Sicherung und Weitergabe episodischen Wissens im konkreten Arbeitsprozess mittels mobiler Assistenten und strukturoffener Wissensdatenbanken. Die Lern- und Wissensplattform zur Weitergabe von Wissen unterstützt die Wissenssicherung und Wissensvermittlung mit mobilen Arbeitsplätzen im demografischen Wandel von großen Unternehmen und Organisationen.

Zudem ermöglicht das System eine adaptive Anpassung an die Einschränkungen von Mitarbeiterinnen und Mitarbeiter bzgl. Sehvermögen, Mobilität oder Beweglichkeit für alle Altersgruppen. Dies reicht von der Auswahl des Ein-/Ausgabemodus (Schriftgröße, Spracheingabe), Auswahl des Lösungswegs (physische Belastung, Vorgangsdauer, Risiken), zur Konsultation von Experten bis hin zur Berücksichtigung des Qualifikationsniveaus.

Zur allgemeinen, übergeordneten Problembeschreibung, wie oben beschrieben, verfolgt die Forschungsgruppe der TH Wildau die Zielsetzung im dem Forschungsprojekt, wie unterschiedliche realweltliche Kontexte (d.h. bestimmte Situationen, Umgebungen etc.) erfasst und daraus Informationen gewonnen werden können, welche zur Wissensverarbeitung geeignet sind. Das Kernziel besteht darin die unterschiedlichen Verfahren, welche zur Erfassung der realweltlichen Informationen geeignet sind, so zu abstrahieren, dass diese einheitlich für die Wissensgenerierung genutzt werden können.

Neben Ortungsfunktionen, welche teilweise zur Klassifizierung von Szenarien herangezogen werden können, spielen insbesondere Verfahren der Bildverarbeitung eine wesentliche Rolle im Erreichen des Ziels. Es sollen deshalb in diesem Projekt unterschiedliche Bildverarbeitungsverfahren analysiert werden, welche die Gewinnung von realsensitiven Kontextinformationen ermöglichen. Zur Realisierung dieser Zielstellung sollen die unterschiedlichen Verfahren (Ortung, Bildverarbeitung) auf mobilen Endgeräten (z. B. Tablet-Computer, Datenbrillen) als ausführbare Softwareanwendung implementiert und deren Nutzertauglichkeit bewertet werden.

Die zweite Zielstellung ist neben der Erfassung realweltlicher Kontextinformationen die Bereitstellung von Wissensdaten im realweltlichen Kontext. Dafür sollen unterschiedliche Verfahren aus dem Bereich Augmented Reality (Mixed Reality, Overlay Funktionen) untersucht und geklärt werden, inwieweit diese dem Arbeitsprozess unterstützend dienlich sind. Hierzu sind konkrete Anwendungsszenarien zu erfassen, welche konkrete Beispiele für Unterstützungsdienstleistungen beinhalten. Dabei sind Verfahren und Ergebnisse der Mensch-Maschine-Interaktionen und soziale Komponenten (insbesondere vor dem Hintergrund älterer Arbeitsnehmerinnen und Arbeitnehmer) zu berücksichtigen.

Technische Hochschule Wildau [FH]
Bahnhofstraße
15745 Wildau
www.th-wildau.de

Ansprechpartner/-in:
Prof. Dr. Ralf Vandenhouten
Vizepräsident für Forschung und Unternehmenskontakte / Leiter der Forschungsgruppe Telematik
Tel: 03375 508359
ralf.vandenhouten@th-wildau.de

Wildau

52°19'01" N,
13°37'21" O

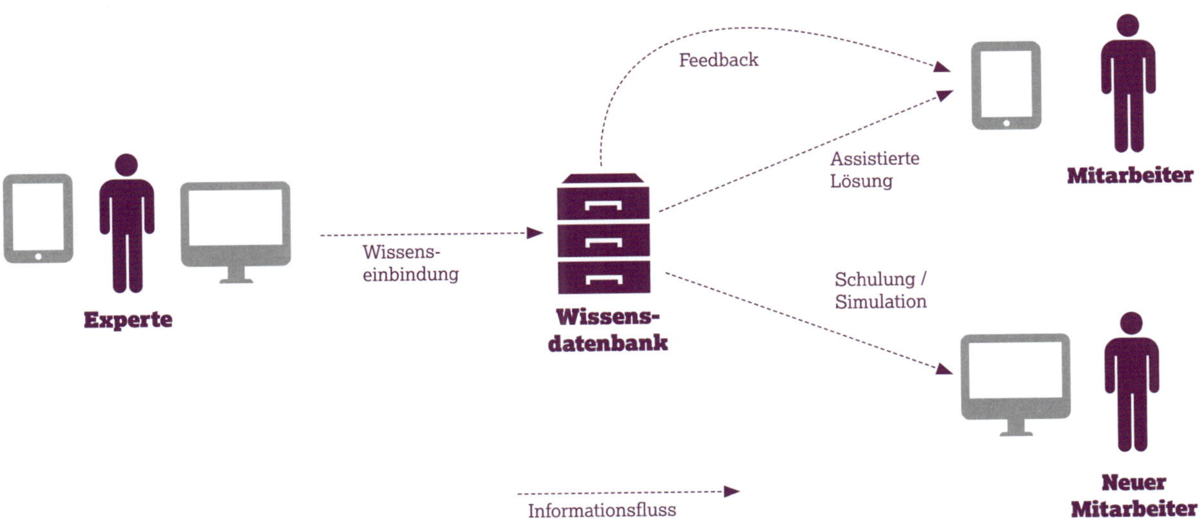

Fit While Working

Fit bleiben am Arbeitsplatz von morgen

Was wäre, wenn Menschen während der Arbeitszeit etwas dafür tun könnten, gesund zu bleiben? Wenn die Arbeit selbst dazu beitragen könnte, typische Nachteile der sitzenden Tätigkeit zu mildern?

Immer mehr Menschen gehen einer sitzenden Tätigkeit nach und müssen frühzeitig das Arbeitsleben verlassen, da die Folgen von Bewegungsmangel zu gesundheitlichen Einschränkungen von Herz-Kreislauf-Erkrankungen über Depressionen bis zu Rückenbeschwerden führen. Zu langes Sitzen ist einer der stärksten Prädiktoren für die Entstehung chronischer Krankheiten (Owen et al., 2009). So können oft selbst die Menschen, die „später" in Rente gehen würden, aufgrund gesundheitlicher Probleme nicht länger ihrer Arbeit nachgehen.

So suchen sowohl Arbeitnehmer als auch Arbeitgeber nach Möglichkeiten, so lange wie möglich fit zu bleiben. Inzwischen gibt es zahlreiche Angebote: besondere Konditionen zwischen Arbeitgeber und Fitnessstudios für die Arbeitnehmer, Kurzübungen für das Büro, betriebliches Gesundheitsmanagement sowie die Anschaffung besonders ergonomischer Arbeitsgeräte, die den Rücken schonen. Es gibt auch Geräte, mit denen man im Büro den Oberkörper trainieren kann, und Produkte zur Bewegung der Beine, wie einfache Pedaltrainer.

All diese Lösungen sind eine gute Ergänzung, die zum Erhalt der Gesundheit beitragen. Dennoch greifen sie nicht das eigentliche Problem an: Die Arbeit ist statisch. Alle Bewegung, so gut sie auch in das Arbeitsleben integriert ist, erfordert zusätzliche Zeit und Motivation. In einer schon hektischen Arbeitswelt ist dann der innere Schweinehund meist doch der Gewinner.

Unser Ziel

Unser Ziel ist es, mehr Fitness direkt in die Arbeit zu bringen, und zwar so, dass arbeiten parallel noch möglich ist. Dadurch entsteht ein neuer Arbeitsplatz, an dem die Bewegung neben der Arbeit ganz natürlich wird und in die Arbeitsabläufe eingebunden wird. Der Arbeitsplatz motiviert zu Bewegung und verhindert gleichzeitig, dass zu viel Bewegung die eigentliche Arbeit behindert. Er ermöglicht, Trainingszeiten zu messen und sich mit Kollegen im freundlichen Wettbewerb zu vergleichen.

Unsere Lösung

Unsere Lösung, das Fit-While-Working Bike, ist ein neuartiger Schreibtischstuhl mit integriertem Fahrradergometer. Dieser wird kombiniert mit einem höhenverstellbaren Schreibtisch, wie man ihn schon in vielen Büros finden kann. So hat die Nutzerin bzw. der Nutzer immer die Wahl zwischen stehendem oder sitzendem Arbeiten mit der Möglichkeit, sich im Sitzen zu bewegen. Das Gerät erkennt, wie schnell und wie lange die Nutzerin bzw. der Nutzer in die Pedale tritt, und bietet die Möglichkeit, abhängig davon die Nutzung des Rechners zu erlauben. Trainiert die Nutzerin bzw. der Nutzer, so ist die Nutzung des Rechners nur möglich, wenn eine einstellbare Mindesttrittfrequenz erreicht wird. Eine Höchstgrenze gibt es auch, um eine Ablenkung oder Schwitzen im Büro zu vermeiden. Die Nutzerin bzw. der Nutzer kann die Trainingszeiten selbst einstellen und das Gerät zeichnet auf, wie lange er trainiert. So motiviert allein der Wettbewerb unter Kolleginnen und Kollegen zum täglichen Training. Arbeitgeber, die die Gesundheit ihrer Mitarbeiterinnen und Mitarbeiter fördern wollen können auch Trainingszeiten belohnen oder allein durch die Anschaffung der Geräte die Motivation und Ausgeglichenheit der Arbeitnehmer im Alltag steigern.

Es gibt bereits mehrere Fit-While-Working-Bike Prototypen, die evaluiert werden, und mehrere Konzepte, um die Funktionalität zu erweitern und das Produkt noch besser in den Büroalltag zu integrieren. Wissenschaftliche Studien haben gezeigt, dass der Sport während der Arbeit die Konzentration fördern kann und entscheidend zur Reduktion der bewegungsarmen Zeit beiträgt (Carr et al., 2012). Gerade die Fahrradbewegung stört im Vergleich zur Nutzung eines Laufbandes oder eines Steppers bei der Durchführung von Schreibtischaufgaben am geringsten (Straker et al., 2009; John et al., 2009). Das Fit-While-Working Bike bringt wieder Bewegung in sitzende Tätigkeiten und sorgt für mehr Ausgeglichenheit, Motivation und Gesundheit und für ein langes und erfolgreiches Arbeitsleben!

Über uns

Das Fit-While-Working Bike ist am Lehrstuhl für Mikrotechnik und Medizingerätetechnik der TU München entstanden. Eine Ausgründung für die Herstellung und Verbreitung des Fit-While-Working Bikes als Produkt ist für 2013 geplant.

TUM, MiMed
Boltzmannstr. 15
85748 Garching
www.mimed.de

Ansprechpartner/-in:
Dr. Lorenzo D'Angelo
Leiter Forschungsgruppe AgeTech
Tel: 089 28915171
Lorenzo.DAngelo@tum.de

Garching

48°14'56" N,
11°39'04" O

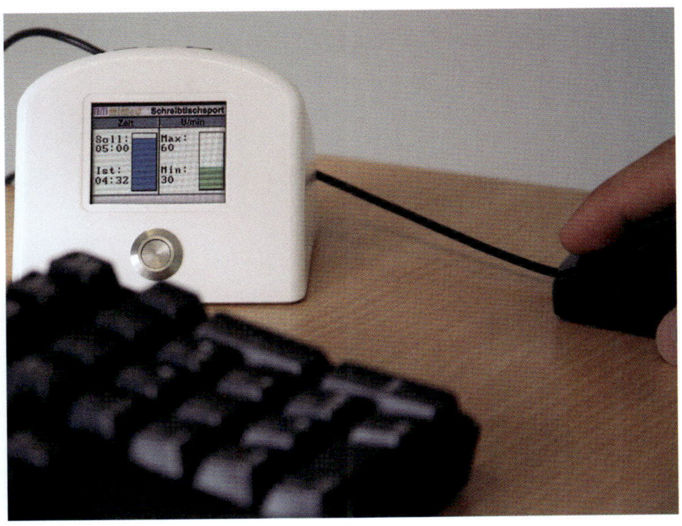

04

Demografieorientiertes Personal- und Organisationsmanagement

Leistungsfähige Mitarbeiterinnen und Mitarbeiter sind in einem Unternehmen die Grundlage für eine innovative Produktion. Gelungene demoaktive Lösungsansätze der Organisationsgestaltung und Personalentwicklung werden in dieser Kategorie vorgestellt.

Generationsübergreifende Chancengleichheit, demografiefestes Personalmanagement und die lebensphasenorientierte Personalpolitik sowie Weiterbildungs- und Reintegrationsangebote älterer Arbeitnehmerinnen und Arbeitnehmer finden hier Darstellung. Vielversprechende Beiträge zu dieser Kategorie werden von Organisationen wie der atrain GmbH, dem Institut für Technologie und Arbeit e.V., Reflect and Move Hamburg, der Universität Bayreuth und dem Krankenhaus St. Joseph-Stift Bremen GmbH dargestellt. Diese demonstrieren mittel- und langfristige Beschäftigungs- und Innovationspotenziale von Arbeitnehmerinnen und Arbeitnehmern und berücksichtigen mit entsprechendem Personalmanagement beispielsweise die Förderung der Leistungsfähigkeit der Mitarbeitergruppe 50+. Weitere Ansätze sind der kennzahlenbasierte Austausch von guten Ideen und Kooperationen strategischer Gesundheitskonzepte für Arbeitsteams sowie Mehrgenerationskonzepte als Erfolgsfaktoren.

04

Demografieorientiertes Personal- und Organisations-management

118 **Demografiefestes Personalmanagement**
Ausgezeichnetes Design, innovative Technik und höchste Qualität verbunden mit demografiefestem Personalmanagement

120 **Generations-Tandem**
Das Unternehmensbeispiel der Schreinerei Brammertz als praktikabler Wegweiser

122 **Nova.PE**
Damit Wissen und Erfahrung nicht in Rente gehen – Nova.PE hilft, Know-how-Risiken zu senken

124 **DAK-Gesundheit**
Demografiefeste Personalarbeit in der DAK-Gesundheit

126 **Projekt 2022**
Den demografischen Wandel im Service gestalten

128 **Diversitätsplaner**
Eine Entscheidungshilfe für Führungskräfte zur Zusammensetzung von Innovationsteams

130 **TANDEM**
Austausch von Innovation und Erfahrung im demografischen Wandel

132 **ELIAS**
Engineering und Mainstreaming lernförderlicher industrieller Arbeitssysteme

134 **DAQkommunal**
Demografieaktive Qualifizierung in Kommunen und Kreisen

136 **Frauen in Wissenschaft und Forschung**
Förderung von Chancengleichheit durch die Projekte STAGES und WHIST

138 **GRENZINNOVATOR-COMMUNITIES**
Potenziale von altersheterogenen Innovationsteams

140 **Personalmanagement mit HCScore³**
Demografiestabiles Personalmanagement mit HCScore³

142 **Demografiemanagement**
Ganzheitliche Lösungsansätze für das betriebliche Demografiemanagement

144 **Benchmarking der Demografiefestigkeit**
Ein Ansatz für einen kennzahlenbasierten Austausch von guten Ideen und eine Kooperation von Unternehmen der Gesundheitswirtschaft in der Region

146 **active ageing**
Thüringer Netzwerk Demografie

148 **POTENTIAL INDEX Führungskräfte 50+**
Perspektiven erkennen – Chancen nutzen – Wandel gestalten

150 **Demogra-fitte Pflege**
Demografiefest in die Zukunft

152 **Workshopreihe Arbeitgeberattraktivität**
Lebensphasenorientierte Personalpolitik als unternehmerischer Attraktivitätsvorteil

154 **Reflect & Move**
Gestalten Sie Ihre Arbeitsstätte der Zukunft!

156 **Potenzial-Assessment**
Potenzial-Assessment für (angehende) Führungskräfte

158 **Personalmanagement in der Hightech-Industrie**
Regionales demografieorientiertes Personalmanagement

160 **Stell dir vor, die Zukunft ist jetzt!**
Die Zukunft analysieren und gestalten – mit vernetztem Denken und Handeln

162 **Prozessoptimierung**
Die umfassende Prozessoptimierung vermeidet Fachkräftemangel in Unternehmen und Institutionen

164 **Das Super-Team**
Was ist das Geheimnis von erfolgreichen Teams?

166 **RISK.ANT**
Risiken für Personal- und Wissensverlust frühzeitig und systematisch sichtbar machen

168 **Wirtschaftsförderung**
Kreativität und Innovation in Lengerich

170 **YOUNECT**
Regionale Talentpools für Netzwerke

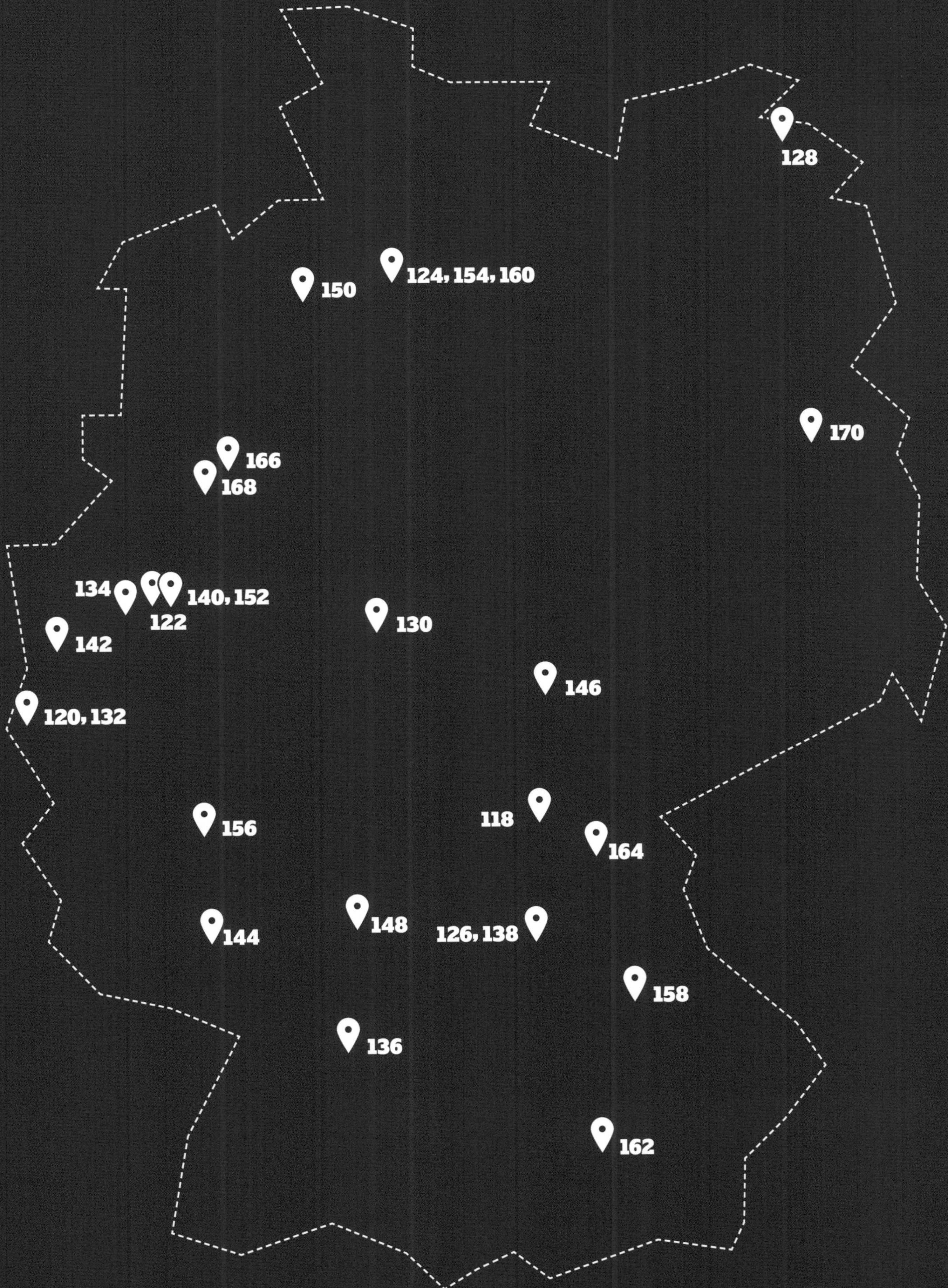

128
150
124, 154, 160
170
166
168
134
140, 152
122
130
142
146
120, 132
156
118
164
144
148
126, 138
158
136
162

Demografiefestes Personalmanagement

Ausgezeichnetes Design, innovative Technik und höchste Qualität verbunden mit demografiefestem Personalmanagement

Die **atrain GmbH** unterstützt als global tätige Unternehmensberatung ihre Kunden dabei, die Personalarbeit konsequent auf Nutzung und Ausbau von Kompetenzen und Ressourcen aller Mitarbeitenden auszurichten. 2002 als Start-up in Bamberg gegründet, wächst atrain mit innovativen Personalkonzepten um durchschnittlich 40 % pro Jahr und berät sowohl lokale Unternehmen und „Hidden Champions" als auch globale Firmen. Dazu stehen eigene Büros in Deutschland, den USA, China und Brasilien zur Verfügung. Vor dem Hintergrund der dynamischen Entwicklung der Wissensgesellschaft und des Arbeitsmarktes entwickelt und implementiert atrain in enger Zusammenarbeit mit seinen Kunden passgenaue Personalkonzepte. Wichtige Bestandteile sind dabei die Kompetenzentwicklung bei Führungskräften und Mitarbeitern aller Altersklassen, die aktive Nutzung von (Alters-)Diversität, um Kreativität und Innovationskraft zu steigern, sowie das Schaffen einer attraktiven Unternehmenskultur.

Bedingt durch eine höhere Lebenserwartung, sinkende Geburtenraten und Abwanderung erwarten viele Unternehmen eine signifikante demografische Entwicklung, der sie sich auf personalpolitischer Seite stellen müssen. Dazu bedarf es neuer und längerfristig orientierter Personalkonzepte, die sich mit der Leistungsfähigkeit aller Altersgruppen beschäftigen. Am Beispiel der Zusammenarbeit mit der Loewe AG wird im Folgenden gezeigt, wie unternehmensinterne Personalverantwortliche mit Unterstützung durch atrain erfolgreiches Personalmanagement jenseits von Altersgrenzen umsetzen können.

Die Loewe Gruppe (ca. 900 Mitarbeiterinnen und Mitarbeiter) produziert und vertreibt Fernsehgeräte, Blu-ray-Player, Audioanlagen und Multiroom-Lösungen. International ist das Unternehmen in insgesamt 50 Ländern vertreten. Ausgezeichnetes Design, innovative Technik und höchste Qualität sind typisch für die Produkte, die unter der Premiummarke Loewe angeboten werden.

Loewe ist bereits seit Längerem aktiv tätig, um demografische Potenziale zu nutzen: Im Rahmen des Bundesprogramms „Perspektive 50plus – Beschäftigungspakte für Ältere in den Regionen" ist die Loewe AG 2006 als eines von insgesamt 62 Unternehmen mit dem Titel „Unternehmen mit Weitblick" prämiert worden. Darüber hinaus fungiert Loewe seit der Vereinsgründung 2009 als aktives Mitglied und Initiator des oberfrankenweiten Personalnetzwerks „Personet e. V." Im Rahmen der Vereinsstruktur stellt sich eine wachsende Anzahl von Unternehmen den personalrelevanten Herausforderungen und stärkt nachhaltig die Attraktivität Oberfrankens.

Der demografieorientierten Personalentwicklung kommt im Unternehmen auch daher besondere Bedeutung zu, da das Unternehmen seit Jahren mit einem sehr kompetitiven Marktumfeld zu kämpfen hat und als eines der kleinsten Unternehmen der Branche die vorhandenen Ressourcen optimal nutzen muss.

Die zentralen Bausteine des in der Zusammenarbeit von atrain und Loewe weiterentwickelten und umgesetzten Personalkonzepts sollen in aller Kürze dargestellt werden.

• Im Zentrum des Konzepts steht ein regelmäßiges Mitarbeitergespräch, in dem Ziele vereinbart, kompetenzbasiertes Feedback gegeben und die weiteren Entwicklungsschritte jedes Mitarbeiters besprochen werden.

• Basierend auf den sichtbar gewordenen Entwicklungsbedarfen kommen Kompetenzentwicklungsprogramme für Führungskräfte, Experten, Projektmanagerinnen und -manager und Projektteams zum Einsatz. Diese beinhalten bei Loewe bedarfsgerecht Elemente wie Standortbestimmungen, Coachings, Workshops und Trainings.

• Jedem Mitarbeiter sollen basierend auf seinen Kompetenzen, Eigenschaften und Interessen die optimalen Karrieremöglichkeiten geboten werden. Zugleich sollen dem Unternehmen genügend Nachwuchskräfte sowohl für Fach- als auch für Führungspositionen zur Verfügung stehen. Bei Loewe entstand aus diesen Überlegungen ein dreigliedriges Karrieremodell, welches neben einer klassischen Führungslaufbahn auch die Fach- und Projektlaufbahn ermöglicht.

• Der besonderen Rolle von Führungskräften wird Rechnung getragen, indem Führungsleitlinien entwickelt und die Führungsrolle mit dem Fokus auf Inhalte der transformationalen Führung und der Förderung von Innovation und Kreativität neu definiert wurde. Bei der Umsetzung dieser neuen Anforderungen werden die Führungskräfte bei Loewe durch Workshops, Trainings und Coachings unterstützt.

• Des Weiteren kommt dem aktiven Personalmarketing und der frühzeitigen Einbindung potenzieller Mitarbeiter Bedeutung zu. Am Beispiel Loewe wird das deutlich: Das Unternehmen unterstützt beim berufsbegleitenden Studium und arbeitet eng mit Schulen und Hochschulen zusammen. Ziel ist es, für potenzielle Nachwuchskräfte nicht nur möglicher Arbeitgeber, sondern auch Ansprechpartner im Vorfeld der beruflichen Entscheidung zu sein. Mit der Loewe Academy wird ein Netzwerk aus interessierten und engagierten Gymnasiastinnen und Gymnasiasten und Studierenden geschaffen.

• Ein weiterer wichtiger Baustein beschäftigt sich mit der Gesundheit der Belegschaft. Loewe zeigt das eindrücklich: Das Unternehmen engagiert sich seit 2003 unter dem Slogan „Fit mit Loewe" mit einem umfangreichen und ganzheitlichen Gesundheitsprogramm für das Wohl-

atrain GmbH
Unterer Kaulberg 3
96049 Bamberg
www.atrain.de
Ansprechpartner/-in:
Benjamin Schültz
Senior Consultant
Tel: 0951 30206824
schueltz@atrain.de

Bamberg

49°53'30" N,
10°53'30" O

Loewe AG
Industriestraße 11
96317 Kronach
www.loewe.tv
Ansprechpartner/-in:
Werner Kotschenreuther
Leiter Personal- und Sozialwesen
Tel: 09261 99316
werner.kotschenreuther@loewe.de

Individualisierte Lösungen

Kompetenzmanagement und berufsbegleitende Lernsysteme
- Strat. Kompetenzmanagement
- Berufsbegleitende Höherqualifizierung
- Blended Learning
- Internationalisierung

Individuelle Karrierepfade
- Projektmanagerlaufbahn
- Fachlaufbahn
- Führungslaufbahn

Gesundheit, Familie und Beruf
- Mitarbeiter-Orientierung
- Work-Life-Balance
- Erweiterung des Familienbegriffs

Lebensphasenabhängige Modelle
- Flexible und dynamisierte Modelle
- Gleitender Ausstieg

befinden der Belegschaft. Egal ob Koch- oder Yogakurs, mobile Massagen am Arbeitsplatz, „bewegende Pause“ oder medizinische Check-ups – das Unternehmen bietet eine Vielzahl an abwechslungsreichen Maßnahmen, die darauf abzielen, die Gesundheit, Leistungsfähigkeit und das „Wir-Gefühl“ der Mitarbeiterinnen und Mitarbeiter nachhaltig zu fördern.

• Ein letztes Themenfeld, dem von Mitarbeitern steigender Wert beigemessen wird, ist die Vereinbarkeit von Familie und Beruf. Dieser Herausforderung wird am besten mit ganz konkreten Maßnahmen begegnet: Hierbei kann es sich um eine Flexibilisierung der Arbeitszeit (z. B. Teilzeit oder Home-Office) handeln. Weiterhin sind die Vermittlung von Kinder- und Pflegebetreuungsangeboten oder auch diverse Haushaltsserviceleistungen denkbar. Loewe setzt diese Maßnahmen um, wohlwissend, dass jede Lebensphase andere Anforderungen an die Arbeitszeit, -organisation und Tätigkeit des Einzelnen stellt. Als familienfreundlicher Arbeitgeber engagiert sich das Unternehmen außerdem aktiv im lokalen Familienbündnis und auf dem Portal Familienland Oberfranken.
Viele der genannten Bausteine profitieren von Ergebnissen des vom Bundesministerium für Bildung und Forschung (BMBF) und dem Europäischen Sozialfond (ESF) geförderten Projekts „WertFlex“ („Wertebasiert flexibel – Chancen des HR-Managements zum Erhalt und Ausbau transformationaler Innovationskultur“ / Projektlaufzeit von 2009 bis 2013), in dem atrain und Loewe als Partner teilnehmen.

Gesamtgesellschaftlich sind Konzepte wie das vorgestellte von zentraler Wichtigkeit, da sie helfen, eine attraktive Arbeitswelt für Personen aller Altersklassen zu schaffen, und zugleich Unternehmen befähigen, die Potenziale ihrer Mitarbeiter optimal zu nutzen. Im Fallbeispiel konnte das Konzept dazu beitragen, in wirtschaftlich schwierigen Zeiten die Motivation im Unternehmen aufrechtzuerhalten und wichtige Kompetenzen auszubauen. Ihre volle positive Wirkung können die Maßnahmen allerdings nur im Kontext einer positiven Marktentwicklung und der strategischen Gesamtausrichtung des Unternehmens entfalten.

Generations-Tandem

Das Unternehmensbeispiel der Schreinerei Brammertz als praktikabler Wegweiser, den demografischen Wandel als Chance für Unternehmen und Mitarbeiter zu nutzen

Unternehmen stehen vor der Herausforderung den Wissenserhalt und -transfer in ihrer Organisation sicher zu stellen. Denn beispielsweise geht durch das Ausscheiden von älteren Mitarbeitenden wichtiges (Erfahrungs-)Wissen in Unternehmen verloren.

Eine Möglichkeit dieser Herausforderung Herr zu werden ist die konsequente Umsetzung von Generations-Tandems. Diese Generations -Tandems setzen sich aus einem jungen und einem älteren Mitarbeitenden zusammen. Schon 10 Jahre Altersunterschied bedeuten dabei einen gegenseitigen Austausch, der völlig neue Potenziale bei den Mitarbeitenden freisetzt. Im Tandem werden altersbedingte Defizite durch den jungen Mitarbeitenden aufgehoben, mangelnde Erfahrung wird durch den älteren Mitarbeitenden ausgeglichen. Die Möglichkeiten, die ein Generations-Tandem gegenüber einem gleichaltrigen Team oder einer Einzelperson bietet, sind somit vielseitig.

Ein weiterer Baustein eines Generations-Tandems ist die Sicherung der Qualifizierung der Mitarbeitenden. Deshalb ist es beispielsweise wichtig, die zukünftigen Mitarbeitenden selber auszubilden. So geht das Wissen der erfahrenen Mitarbeitenden nicht verloren, es vermehrt und vermischt sich mit dem neuen Wissen der jungen Auszubildenden. Darüber hinaus erfolgt die Anpassung des Arbeitsumfelds eines Mitarbeitenden seinem Alter entsprechend sowie die Förderung von Höherqualifizierung älterer Mitarbeitenden. Dies führt zur altersunabhängigen Motivation an Aufgaben heranzugehen.

Basis erfolgreicher Generationen-Tandems stellt die seelische und körperliche Gesundheit der Mitarbeitenden dar. Diese kann durch verschiedene Instrumente unterstützt werden. Das Konzept „Management by Walking Around" sichert die Nähe zum Mitarbeitenden. Durch das Wahrnehmen von physischen und psychischen Problemen können Fehlentwicklungen erkannt und frühe Unterstützungsmöglichkeiten geschaffen werden. Durch eine kontinuierliche und präzise Erfassung der Krankheitstage wird früh deutlich, wenn ein Mitarbeitender unter Umständen Probleme hat und dadurch kann zeitnah ein Problemlösungskonzept entwickelt werden.

Bei der körperlichen Gesundheit spielt die Ernährung eine wesentliche Rolle. Deshalb besteht das Angebot einer Ernährungsberatung getreu dem Motto: „Man ist was man isst.". Neben präventiven Maßnahmen bei der Ernährung, ist auch die Arbeitssicherheit von großer Bedeutung. Diese muss regelmäßig geschult werden. Denn Wissen und Einsicht führen zu einem verantwortungsvolleren Umgang mit Gefahren, als Vorschriften.

Der Vergleich der eigenen Krankenstatistik mit dem Branchendurchschnitt zeigt, dass sich der Einsatz dieser Instrumente lohnt: der Krankenstand der Mitarbeitenden sinkt.

Die Unternehmenskultur in einem demoaktiven Unternehmen wird durch Vertrauen, Anerkennung, Respekt und Achtung positiv geprägt. Unterstützend dabei sind das regelmäßige Beobachten der Altersstruktur, Vier-Augen Gespräche mit Mitarbeitenden, die Förderung einer positiven Kultur und externe Fachexpertisen insbesondere für die Geschäftsführung.

Die Schreinerei Brammertz ein Familienbetrieb in der 3. und 4. Generation besteht seit 100 Jahren. Insgesamt 26 Mitarbeiter zwischen 20 und 79 Jahren arbeiten in Generations-Tandems zusammen. Die Schreinerei ist der Praxisbeweis und schreibt mit dem „Generations-Tandem-Modell" Erfolgsgeschichte. Der demografischen Wandel ist kein Problem, er ist eine Chance.

Mit dem Generations-Tandem fahren Sie erfolgreich durch den demografischen Wandel! Gehen Sie als ethischer und wirtschaftlicher Sieger aus der demografischen Herausforderung von heute hervor. Unser Weg ist erfolgreich, praxiserprobt und mit dem Demografie-Aktiv-Siegel vom Bundeswirtschaftsministerium prämiert.

Brammertz GmbH
Am Berg 14
52076 Aachen
Ansprechpartner/-in:
Aline Brammertz
Tel: 02408 949632
Fax: 02408 949694
ab@brammertz-schreinerei.de

Aachen

50°46'36" N,
6°05'01" O

Nova.PE

Damit Wissen und Erfahrung nicht in Rente gehen – Nova.PE hilft, Know-how-Risiken zu senken

Das Problem erkennen

Die Belegschaft vieler Unternehmen wird in den kommenden Jahren stark altern. Deswegen sind sich einige Unternehmen mittlerweile bewusst, dass Altersstrukturanalysen für eine nachhaltige Planung unabdingbar geworden sind (Leber Stegmaier Tisch, 2013). Ist frühzeitig ein Nachfolger für einen älteren Mitarbeiterenden gefunden, scheint das Wichtigste getan – doch oft fängt hier die Arbeit erst an. Rund ein Drittel seines Wissens nimmt ein/e Mitarbeiter/in mit in die Rente – laut einiger Einschätzungen sogar fast die Hälfte (Alms Piorr Steinmann, 2007). Das verlorene Know-how muss dann mühsam wieder erarbeitet werden. Das kostet Zeit und kann die Abläufe innerhalb eines Unternehmens erheblich stören. Unter Umständen können dadurch einige Leistungen der Organisationen am Markt nicht mehr oder nicht mehr vollständig angeboten werden.

Die Lösung finden

Eine Möglichkeit, diesem Know-how-Verlust vorzubeugen, bietet der „Nova.PE Wissenstransfer“, da nicht bei jedem ausscheidenden Mitarbeitenden tatsächlich Handlungsbedarf besteht. Transferprozesse sind nur dann sinnvoll, wenn Know-how tatsächlich unverzichtbar ist. Erfahrungen zeigen, dass dies nur bei etwa 10 bis 15 Prozent der ausscheidenden Mitarbeitenden der Fall ist (Bader Riese Piorr, 2009).

Nova.PE ist als Personalprozess definiert, der sich aus zwei wesentlichen Bestandteilen zusammensetzt:

- Frühzeitige Risikobewertung und
- rechtzeitige Einleitung und Durchführung eines Transferprozesses bei drohendem Know-how-Verlust.

Aufgegliedert in sieben Schritte, stellt sich der Transferzyklus folgendermaßen dar:

1. Das Risiko einschätzen lernen – Screening der Kompetenzen ausgewählter Mitarbeitender

Zunächst werden auf Basis von tätigkeitsbezogenen Checklisten die älteren Mitarbeitenden herausgefiltert, die für einen Wissenstransfer in Frage kommen. Um herauszufinden, wann unverzichtbares Know-how mit einem Mitarbeitenden in Rente geht, wird ein kurzes, einschätzendes Interview mit der Führungskraft geführt. Daraus entsteht ein stichwortartiger „Personenreport“.

2. Die richtige Wahl treffen – Priorisierung des Transferprozesses

Aufgrund der vorliegenden Einschätzungen (des Personenreports) wird darüber befunden, ob und wann ein Transferprozess starten soll und wer als Nehmer des exklusiven Wissens geeignet ist. Die Führungskraft trifft diese Entscheidung und priorisiert darüber hinaus den anstehenden Transferprozess: Was soll in welcher Reihenfolge mit welchem Ergebnis transferiert werden?
Erst wenn diese beiden Schritte gemeinsam mit den Führungskräften gegangen sind, werden Wissensgeber und –nehmer einbezogen.

3. Motivationsfaktor Wissensbaum – Analyse transferrelevanter Kompetenzen

Ein wichtiger Schritt innerhalb des Transferprozesses ist es, den Wissensgebern die Bedeutung ihres Know-hows bewusstzumachen, damit sie von Wissensträgern zu Gebern werden. Das Gefühl, bald nicht mehr gebraucht zu werden, muss der Vorstellung weichen, jahrelang gesammeltes Wissen in neue Hände zu geben. Diese Motivation unterstützt ein Transfercoach. Er moderiert den Transfer zwischen Wissensgeber und -nehmer und erstellt zunächst mit dem Wissengeber einen Wissensbaum. Diese Darstellung symbolisiert den gesamten beruflichen Werdegang der ausscheidenden Mitarbeitenden, fasst systematisch relevante Kompetenzen zusammen und expliziert auch implizit vorhandenes Wissen.

Viele Mitarbeitende sind überrascht über den Umfang ihres Wissens und dadurch umso motivierter, das Erreichte an Jüngere weiterzugeben. Erst dann merken sie, wie viel implizites Wissen mit Hilfe des Transferprozesses explizit gemacht und weitergegeben werden kann.

4. Motivation auf beiden Seiten – Ansprache des Wissensnehmers

Auch auf Seiten des Wissensnehmers ist Motivation gefragt, damit Kompetenzen analysiert, Lücken erkannt und Wissensbestände von älteren Mitarbeitenden in persönliche Erfahrungen integriert werden. Auch hier greifen die Transfercoaches unterstützend ein, indem Wünsche und Bedürfnisse aufgenommen werden. Dem Nehmer wird vermittelt, dass er den Geber nicht kopieren, sondern dessen Wissen für sich nutzbar machen soll. Der Transferprozess erhält damit eine eindeutige Nehmerzentrierung.

5. Organisation des Transferprozesses

Beginnend mit den Prioritäten der Führungskraft (aus Schritt 2) werden diese anschließend gemeinsam inhaltlich heruntergebrochen und nach Maßgabe des Nehmers und den Erfahrungen des Gebers zum Gegenstand eines Lernprozesses gemacht: Dabei ist es die inhaltliche, methodisch-didaktische und zeitliche Planung unter Berücksichtigung des Tagesgeschäfts, die diesen Schritt auszeichnet. Durch entsprechende Absprachen gerät der Transferprozess nicht in den Hintergrund und kann im vorgegebenen Zeitrahmen erfolgreich durchgeführt werden. Eine Operationalisierung der angestrebten Lernerfolge verhilft dabei zu Transparenz und Ernsthaftigkeit. Sämtliche Inhalte, Methoden etc. werden im Transferplan ausführlich und handlungsnah dokumentiert.

6. Durchführung des Transferprozesses

Die eigentliche Durchführung des Wissenstransfers entspricht der Umsetzung des Transferplans und erfolgt „near the job“ durch Geber und Nehmer und erfordert keine Moderation. Bei der Durchführung ist lediglich zu fest vereinbarten Meilensteinen darauf zu achten, dass das Erlernte auf Richtigkeit geprüft und der regelmäßige Fortschritt festgehalten werden kann.

7. Abschluss des Personalprozesses – Transfersicherung

Das Abschluss-Gespräch gibt messbare Auskunft über die Zielerreichung, signalisiert den Abschluss und die Übernahme von Verantwortung durch den Wissensnehmer. Dokumentiert im Transferplan, findet der Transferprozess damit seinen Abschluss.

büscher kuntscher piorr (bkp) GbR
Große Beckstr. 1
44787 Bochum
www.bkp-team.de

Ansprechpartner/-in:
Dr. Rüdiger Piorr
Geschäftsführender Gesellschafter,
Seniorberater
Tel: 0234 5792660
ruediger.piorr@bkp-team.de

Bochum

51°28'57" N,
7°13'01" O

Der Nova.PE-Zyklus

1. Screening der Kompetenzen ausgewählter Mitarbeitender
2. Priorisierung des Transferprozesses
3. Ansprache des Wissensgebers; Analyse transferrelevanter Kompetenzen
4. Ansprache des Wissensnehmers
5. Organisation des Transferprozesses
6. Durchführung des Transferprozesses

7. Transfersicherung

7. Transfersicherung

Verstetigung/ Einbindung des Personalprozesses in organisationale Routinen

Eingebettet in ein zyklisches Berichtswesen, das sowohl Alter als auch Know-how nach Maßgabe des Risiko-Managements betrachtet, wird die Thematik fest installiert, ggf. mit einer entsprechenden Prozessbeschreibung ins Qualitätsmanagement aufgenommen. So gelingt es nachhaltig, Know-how als zentrale Ressource in Zeiten des demografischen Wandels zu managen (Becker, 2013).

Entstanden ist Nova.PE durch eine Zusammenarbeit des Lehrstuhls für Arbeitsorganisation und -gestaltung der Ruhr-Universität Bochum, der bkp GbR, dem Dortmunder Verein Zwischen Arbeit und Ruhestand (ZWAR) und dem Zentrum für Weiterbildung der Universität Dortmund. Bis Ende 2007 wurde das gleichnamige EQUAL-Projekt vom Bundesministerium für Arbeit und Soziales sowie dem europäischen Sozialfonds finanziell unterstützt. Seit 2005 wurde das Konzept in über 50 mittelständischen und großen Unternehmen eingeführt; mehr als 60 Transfercoaches dabei in die Verfahrensweisen und Instrumente eingewiesen. Dabei wurden mehr als 250 Transferprozesse unterstützt.

Literatur
Alms, K.; Piorr, R.; Steinmann, P. (2007). Wissenstransfer beim Ausscheiden von Mitarbeitern - Erhalt und Weitergabe von Know-how bei der Wicke GmbH + Co. KG. In: Zeitschrift für Organisationsforschung 02/2007, S. 85-91
Bader, C.; Riese, C.; Piorr, R. (2009). Wissen und Erfahrungen älterer Beschäftigter vererben – Ein Modell zum intergenerativen Wissenstransfer in Unternehmen. In: BWP 01/ 2009, S.38-41
Becker, J. (2013). Wertvolles Wissen transferieren – Wissensmanagement bei den Stadtentwässerungsbetrieben Köln. In: Personalführung. Heft 6/2013; S. 29-32
Leber, U.; Stegmaier, J.; Tisch, A. (2013). Altersspezifische Personalpolitik: Wie Betriebe auf die Alterung ihrer Belegschaften reagieren. In: IAB-Kurzbericht, 13/2013. Nürnberg

DAK-Gesundheit

Demografiefeste Personalarbeit in der DAK-Gesundheit

Die kontinuierliche Alterung unserer Gesellschaft ist im öffentlichen Diskurs dauerhaft präsent, denn die Unternehmen sehen sich mit einer schnelleren und radikaleren Bevölkerungsentwicklung konfroniert als angenommen.

Vor welchen einschneidenden Umbrüchen dabei die Arbeitswelt steht, zeigen uns die demografischen Entwicklungen der Erwerbsbevölkerung in den kommenden Jahren. Die mit dem demografischen Wandel verbundenen Herausforderungen sind erheblich, insbesondere in Bereichen wie Personalplanung und -führung. Um dieser Herausforderung zu begegnen, hat der Geschäftsbereich Personalmanagement der DAK-Gesundheit bereits im Jahre 2010 erste Weichenstellungen vorgenommen.

Dazu ist festzuhalten, dass demografieorientierte Personalarbeit spätestens mit der Auswahl von Mitarbeiterinnen und Mitarbeitern bzw. Auszubildenden beginnt und sich bis zum Ausscheiden aus dem Unternehmen fortsetzt. Demografieorientierte Personalarbeit umfasst das gesamte Personalwesen.

Altersstrukturanalyse

Mittels einer Altersstrukturanalyse wurde die Verteilung der Beschäftigten nach Alterskohorten und Unternehmensbereichen ermittelt und erste Prognosen der Entwicklung der Beschäftigtenzahl in den nächsten fünf bzw. zehn Jahren erarbeitet. Dies ist eine fundamentale Arbeit, die der Entwicklung weiterer unternehmensspezifischer Maßnahmen vorangeschaltet sein muss. Zudem wurden die Daten zur Entwicklung des Erwerbspersonenpotenzials unter besonderer Beachtung der regional unterschiedlichen Bevölkerungsentwicklungen detailliert analysiert. Die besondere Notwendigkeit dieser Analyse ergibt sich aus der Rolle der DAK-Gesundheit als bundesweiter Träger der sozialen Sicherung.

Lebensphasenmodell

Nach der Grundlagenermittlung ist die zielgerichtete Maßnahmenentwicklung voranzutreiben. Hierfür wurde in der DAK-Gesundheit das sogenannte Lebensphasenmodell (siehe graphisches Modell) entwickelt, das zunächst die unterschiedlichen Bedürfnisse der Beschäftigten im Laufe Ihres Berufslebens ermittelt und daraus unterschiedliche personalpolitische und personalwirtschaftliche Maßnahmen ableitet. Die DAK definiert acht Phasen, in denen Personalarbeit stattfindet. Diese sind:

- Kindheit
- Eintritt in den Beruf
- Festigung im Beruf / Wachstumsphase
- Selbstkritische Beobachtung / Krise der Lebensmitte
- Neue Aufbrüche
- Phase der beruflichen Kontinuität
- Konzentration auf das Wesentliche / Beschäftigung mit dem Berufsausstieg
- Ausstiegsphase

Dabei ist zu beachten, dass die einzelnen Lebensphasen nicht statisch sind. Als personalstrategisches Ziel wurde auf Basis der Festlegungen des Lebensphasenmodells die folgende Strategie definiert:
„Strategische Ausrichtung der Personalarbeit an arbeits- und lebenszyklischen Bedürfnissen der Beschäftigten, um die Wettbewerbsfähigkeit des Unternehmens auch unter demografischen Veränderungen zu gewährleisten."

Bei der Strategieformulierung ist es notwendig, die strategische Stoßrichtung kaskadenförmig vom Top-Management bis hin zur Sachbearbeitung transparent zu machen.

DAK-Gesundheit
Nagelsweg 27–31
20037 Hamburg
www.dak.de

Ansprechpartner/-in:
Andreas Roth
Spezialist Personalgrundsatzfragen
Tel: 040 23961938
Mobil: 0152 28819110
andreas.roth@dak.de

Hamburg

53°33'02" N,
09°59'36" O

Das Lebensphasenmodell der DAK (Stand 2010)

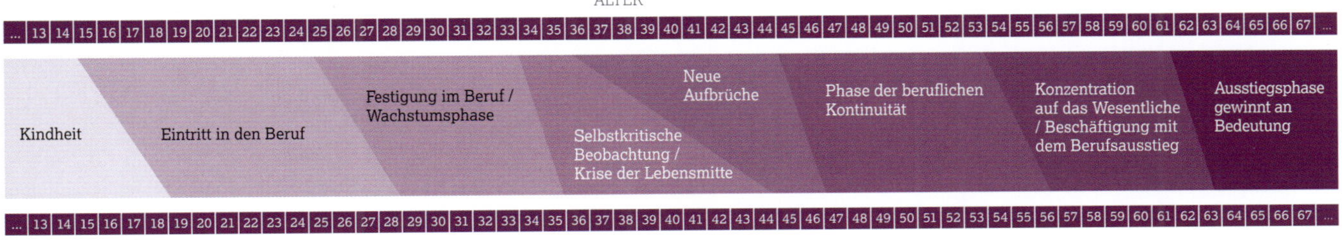

Handlungsfelder

Um für die personalverantwortlichen Entscheider in der DAK-Gesundheit die demografischen Herausforderungen zu benennen und mögliche Maßnahmen zu operationalisieren, wurden neben der Basisarbeit die zwölf für die DAK-Gesundheit wichtigsten Handlungsfelder für die Personalarbeit identifiziert. Die wichtigsten Handlungsfelder für die DAK Gesundheit sind:

- Ausbildung
- Weiterbildung
- Umschulung
- Wissenstransfer
- Lernen
- Nachfolgeplanung
- Recruiting
- Employer Branding
- Work-Life-Balance
- Gesundheit
- Arbeitsorganisation
- Führungs- und Unternehmenskultur

Für diese Handlungsfelder wurden – den Lebensphasen aus dem Lebensphasenmodell entsprechend – mögliche Maßnahmen entwickelt und als Handlungsoptionen in einer „Demografiebroschüre“ für die DAK-Gesundheit festgehalten. Kernpunkt war dabei die Frage, mit welchen Schwerpunkten in den personalwirtschaftlichen Maßnahmen die DAK-Gesundheit den heutigen und künftigen Unternehmenserfolg unter Berücksichtigung demografischer Gesichtspunkte sicherstellen und erhöhen kann.

Die Broschüre beinhaltet für jedes identifizierte Handlungsfeld konkrete Maßnahmenpakete, die – je nach Lebensphase – unterschiedliche Ausprägungen beinhalten. Außerdem wurden im Unternehmen Aspekte der demografieorientierten Personalarbeit im Leitbild der DAK-Gesundheit und den Leitlinien für Führung und Zusammenarbeit verankert.

Fazit

Zur Bewältigung der demografischen Herausforderungen im Personalwesen ist es notwendig, sich tiefgreifend mit der Thematik im Unternehmen und auf dem allgemeinen Arbeitsmarkt auseinanderzusetzen. Hierzu gibt es eine Vielzahl von Informationsquellen, die genutzt werden können. In diesem Zusammenhang ist beispielsweise das Demografienetzwerk DDN (http://demographie-netzwerk.de/) zu nennen. Aber auch das Statistische Bundesamt oder das Institut für Arbeitsmarkt und Berufsforschung bieten eine Vielzahl von Anregungen. Auf solchen Plattformen können in einem ersten Schritt viele Informationen rund um das Thema „Demografie“ gesammelt werden.

Zusätzlich ist es wichtig, in Kenntnis der konkreten Unternehmenssituation, mögliche Lösungsansätze zur Bewältigung demografischer Herausforderungen zu entwickeln. Dabei sollte es keine Tabus in der Denkrichtung geben, um kreative Prozesse nicht im Keim zu ersticken.

Für Unternehmensverantwortliche ist es wichtig zu wissen, dass die meisten Maßnahmen zur Bewältigung von demografischen Herausforderungen „Totzeiten“ haben, bis ihre Wirkung tatsächlich festgestellt werden kann. Außerdem sollte das Thema „Demografie“ heute schon ernst genommen werden, auch wenn zunächst (noch) kein Handlungsdruck besteht.

Projekt 2022

Den demografischen Wandel im Service gestalten

Mit ihrem innovativen **Projekt 2022 – Demografischer Wandel im Service** blickt die DATEV eG weit in die Zukunft der Dienstleistungsarbeit und deren Herausforderungen für das Personal- und Organisationsmanagement. Die DATEV richtete 2012 ein neues Serviceteam ein, das die prognostizierte Altersstruktur des Jahres 2022 widerspiegelt. Durch diese innovative Maßnahme sollen für den Service-Bereich frühzeitig Herausforderungen erkannt werden, die sich hinsichtlich demografischer, organisatorischer, kundenseitiger und technologischer Veränderungen in zehn Jahren ergeben. Adäquate Arbeitsformen werden im Sinne eines „Living Labs“ unter realen Bedingungen erprobt. Dabei wird die DATEV wissenschaftlich begleitet vom Fraunhofer IAO. Das Fraunhofer IAO übernimmt dabei die Bereitstellung und das Einbringen wissenschaftlicher Erkenntnisse und betrieblicher Good Practice im Themenfeld demografischer Wandel, methodische Unterstützung sowie die Evaluation der Ergebnisse unter personalwirtschaftlichen und Kosten-Nutzen-Gesichtspunkten. Auch der Betriebsrat der DATEV wird informativ in das Projekt eingebunden.

Methodisch wird innerhalb des Projekts eine im Dienstleistungsumfeld bislang einzigartige Kombination von Ansätzen genutzt, die zum einen die Teammitglieder bei der Entwicklung innovativer Lösungen integriert und sie damit zu Innovatoren und Gestaltern macht. Zum zweiten wird eine Längsschnittbeobachtung der Arbeitsbedingungen in ihrem realen Umfeld möglich sowie zum dritten die Erprobung der entwickelten Maßnahmen und Lösungen auch mit Hilfe des Einsatzes neuer Technologien.

Die Beschäftigten konnten sich im Vorfeld für das neue Team bewerben. Es ist gelungen, die für 2022 prognostizierte Altersstruktur des Service heute schon in dem Team abzubilden: 70 Prozent der Mitglieder des Teams sind älter als 40 Jahre. Bereits zu Beginn im Juni 2012 wurden fünf Themen identifiziert, die nun in Teilprojekten von den Kolleginnen und Kollegen bearbeitet werden: Wissenstransfer und -sicherung, Personalentwicklung und -bindung, neue Technologien und Prozesse, Gesundheitsmanagement und Führung der Zukunft. Eine übergreifende Zielstellung sowohl für die diejenigen, die schon länger im Berufsleben stehen, als auch für die sogenannte Generation Y liegt darin, die eigene Aufgabe als sinnvoll zu empfinden bzw. immer wieder Leidenschaft für die Arbeit zu entwickeln. Sowohl gegenseitige Wertschätzung als auch Forderung und Förderung der Beschäftigten bis zur Rente sind dabei elementar. Die Basis für eine möglichst langfristige Motivation und Spaß an der Arbeit ist die Fähigkeit die eigene Zukunft im privaten und beruflichen Umfeld eigenverantwortlich zu gestalten.

Erste Projektergebnisse zeigen, dass Unterschiede der Motivation und Leistungsfähigkeit von der persönlichen Lebensführung, sozialen Einflüssen und den Arbeitsbedingungen abhängen. Die positive Nachricht ist, dass die Wirkung dieser Faktoren auf die Leistungsfähigkeit größer ist als die zu erwartenden Folgen des Älterwerdens. Im Bereich der Gestaltung des Arbeitsumfelds ist das Unternehmen gefragt, mit einer ausgewogenen Balance zwischen Leistungsanforderungen und Lernanregungen zu unterstützen sowie Belastungen durch das Arbeitsumfeld durch eine demografiefeste Arbeitsgestaltung zu reduzieren.

DATEV eG
Paumgartnerstraße 6 – 14, 90429 Nürnberg
www.datev.de
Ansprechpartner/-in:
Vera Wolter
Leiterin Service-Center 2
Tel: 0911 3197946
vera.wolter@datev.de

Nürnberg

49°27'10" N,
11°04'40" O

Fraunhofer IAO
Nobelstraße 12, 70569 Stuttgart
www.iao.fraunhofer.de
Ansprechpartner/-in:
Alexander Schletz,
Competence Center Dienstleistungsarbeit
Tel: 0711 970 2184
alexander.schletz@iao.fraunhofer.de

DATEV Projekt 2022 – Demografischer Wandel im Service

Ziele	Methode	Ergebnisse
• Vorbereitung auf Folgen des demografischen Wandels • Verbesserte Leistungsfähigkeit, Motivation, Flexibilität • Hohe Mitarbeiter-Akzeptanz für erarbeitete Konzepte	• „Living Lab“ für zukünftige Arbeitsformen • Integration der Mitarbeiter (co-creation) über Projektarbeit • Erprobung innovativer Lösungen im Arbeitsalltag • Wissenschaftliche Begleitung durch Frauenhofer IAO	• Entwickeln von Lösungen zu den Themen: - Wissenstransfer - Personalentwicklung - Neue Technologien - Führung und Gesundheit • Erste Umsetzungsbeispiele - Lern(T)raum - Chatroom - Siesta-Modell

Eine weitere Erkenntnis aus dem Projekt besteht darin, dass traditionelle und ähnlich gelagerte berufliche Entwicklungen zukünftig von differenzierten Entwicklungswegen abgelöst werden. Das beinhaltet sowohl längere Unterbrechungen durch Elternzeit oder Sabbaticals als auch fachliche Umorientierungen, spätere Beförderungen und vielfältige Entwicklungsmöglichkeiten bis zum Renteneintritt.

Inzwischen werden die ersten Maßnahmen im Team erprobt. Dazu haben sich die Beschäftigten des neuen Service-Teams in themenbezogenen Projektgruppen zusammengefunden. Schon diese Arbeitsanreicherung durch herausfordernde Projektarbeit hat für die Mitglieder des Teams zu erhöhter Motivation und dem Erleben von Selbstwirksamkeit geführt. Die geplanten Maßnahmen sollen darüber hinaus für alle Mitarbeiterinnen und Mitarbeiter eine demografiefeste Arbeitsgestaltung gewährleisten.

Als Maßnahme soll beispielsweise ein sogenanntes Siesta-Modell mit Pausenzeiten eingeführt werden, das die Servicearbeit bis zu drei Stunden unterbricht, um z. B. die Eltern zu pflegen, die Kinder zu betreuen, sich auszuruhen, Sport zu treiben oder auch Einkäufe und Arzttermine zu erledigen. Des Weiteren soll durch die Bildung von Lerntandems auch implizites Wissen weitergegeben werden. Durch neue Lernkonzepte werden den Befürchtungen der Servicemitarbeiterinnen und -mitarbeiter, der ständig notwendigen Wissensaufnahme nicht gewachsen zu sein, entgegengewirkt. Um dem Ruhebedarf der Mitarbeiterinnen und Mitarbeiter während der aufgrund beispielsweise gesetzlicher Änderungen oder Programmneuerungen notwendigen zweistündigen Lernphasen im Service nachzukommen und auch der mit zunehmendem Alter oft steigenden Lärmempfindlichkeit entgegenzuwirken, werden ein Lern(T)raum sowie eine mobile Variante in Form eines Laptops erprobt. Mit dem Laptop ist es möglich, an beliebigen ungestörten Orten innerhalb der DATEV zu lernen. Über Lync als neue Technologie wird zudem ein Chatroom zur schnellen fachlichen Unterstützung während anspruchsvoller Servicegespräche etabliert. Ein Workshop zum nachhaltigen Gesundheitsmanagement „Fitness im Business“ ist eine der weiteren Maßnahmen, die 2013 entwickelt werden.

Die Einführung eines Blogs, über den die Teammitglieder sich mit einer für sie meist neuen Technologie zu ihren Erfahrungen im „Living Lab“ austauschen, unterstützt nebenbei die Einarbeitung in aktuelle Technologien.

Welche dieser und weiterer Maßnahmen sich letztlich als besonders geeignet für den Service und andere Bereiche in der DATEV übertragbar herausstellen, um für den demografischen Wandel optimal gewappnet zu sein, wird sich durch die begleitende Evaluation im Laufe des Jahres zeigen.

Diversitätsplaner

Eine Entscheidungshilfe für Führungskräfte zur Zusammensetzung von Innovationsteams in Wirtschaftsunternehmen

Innovationskompetenz stellt trotz aller Herausforderungen des demografischen Wandels ein Zentralmerkmal deutscher Unternehmen dar. Die entscheidende Antwort auf die demografische Herausforderung liegt im Management der Diversität von Innovationsteams: Heterogen besetzte Innovationsteams erweisen sich homogen besetzten Teams überlegen. Dabei schließt der Begriff Diversität nicht nur das Alter, sondern auch die Fachkompetenz, Betriebserfahrung oder andere relevante Merkmale, mit ein. In der Steuerung von multiplen Diversitäten liegt der Schlüssel des Erfolgs. Das Projekt **derobino** liefert hierzu mit dem Diversitätsplaner eine excelbasierte Entscheidungshilfe für Führungskräfte. Auf der Basis von individuellen Personenmerkmalen kann über die Berechnung der multiplen Diversität von Teammitgliedern der Innovationserfolg des zusammengestellten Teams prognostiziert, gezielt optimiert sowie in Diversitätsspinnen veranschaulicht werden. Entscheidend ist nicht die individuelle Ausprägung, sondern die Konstellation der multiplen Merkmale.

Die wissenschaftlichen Diskussionen vermitteln oftmals den Eindruck, als sei die biografische Altersdiversität der alleinige Erfolgsfaktor. Der hier präsentierte Diversitätsplaner basiert auf sechs unterschiedlichen Dimensionen: Neben dem Lebensalter werden die Ausbildung, die Fachkompetenz, die Betriebszugehörigkeit, die Teamerfahrung und die Seniorität aller Teammitglieder berücksichtigt und in ihrer multiplen Wirkung einmal auf den fachlichen Innovationserfolg sowie auf die soziale Verträglichkeit des Teams hin analysiert. Entscheidend für die Berechnungen ist, dass die individuellen Ausprägungen der einzelnen Merkmale an den Ausprägungen der anderen Mitglieder relativiert werden (ist z. B. bereits ein Mathematiker im Team, so wird ein weiterer Mathematiker die Diversität ungünstiger beeinflussen als z. B. ein Chemiker). Dabei wird auch beachtet, dass eine ausgewogene Diversität herbeigeführt wird (eine 4:2-Konstellation wird einer 5:1-Konstellation der Mitglieder z. B. hinsichtlich der Seniorität vorgezogen, weil letztere Konstellation rasch zu sozialen Konflikten und damit geringer Verträglichkeit des Teams führen kann). In grafischen Diversitätsspinnen wird schließlich die Mitgliederdiversität des gesamten Teams sowie dessen Innovations- und Konfliktpotenzial abgebildet.

Jede einzelne Dimension wird entsprechend eines durch wissenschaftliche Befunde abgesicherten Algorithmus' bestimmt, in den verschiedene Teilaspekte hinsichtlich des Innovationserfolgs gewichtet eingehen. Folglich wird z. B. das diversitätsrelativierte Alter eines Teammitglieds als eine Funktion der Leistungsfähigkeit (leicht abnehmend im Alter), des erworbenen Wissens (Niveau der Leistungsfähigkeit), der Teamerfahrung (Transferbereitschaft) und der Dauer der Betriebszugehörigkeit (Ausmaß eingefahrener Denkgewohnheiten) bestimmt. Das Innovationspotenzial des Teams berechnet sich schließlich nach der Ausprägung der multiplen Diversitäten über alle Dimensionen und alle Mitgliedern. Der excelbasierte Diversitätsplaner zeigt der Führungskraft in fünf verschiedenen Spinnen die individuellen Ausprägungen der Merkmale der Mitglieder (partiell-individuelle Merkmale), die Diversitätsausprägungen über die einzelnen Dimensionen bezüglich der Teammitglieder, die relativierten Diversitätsausprägungen der einzelnen Teammitglieder (partiell-strukturelle Merkmale, die anzeigen, welchen Anteil an Diversität die einzelnen Mitglieder aufweisen) sowie die holistische Teamdiversität über alle Dimensionen und alle Mitglieder. Auf der Basis dieser Information ist die Führungskraft in der Lage, Teams gezielt nach unterschiedlichen Diversitätsaspekten zusammenzustellen und so deren inhärentes Innovationspotenzial systematisch zu analysieren und zu steigern.

Der Diversitätsplaner basiert vornehmlich auf weichen, subjektiven Faktoren. Er wird ergänzt um ein Frühwarnsystem, das anzeigen soll, bezüglich welcher harten Faktoren das Projekt in der Durchführung gefährdet ist. Wenn Innovationsteams in den Linien oder in speziellen Projekten z. B. nicht hinreichend mit Finanzmitteln ausgestattet und/oder unter massiven Zeitdruck gesetzt werden, so ist ein Innovationserfolg völlig unabhängig von der Teamdiversität kaum zu realisieren. Bleiben harte (objektiv messbare) Faktoren wie die bereitgestellten Finanzmittel, die Planungsreife von Projekten oder die Bereitstellung von Personalressourcen deutlich unterhalb von erforderlichen Sollvorgaben, so entsteht von Anfang an eine erhebliche Stressbelastung, die den Innovationserfolg insbesondere dann gefährdet, wenn zusätzlich der vorgegebene Novitätsgrad des in Auftrag gegebenen Produkts hoch ist. Von entscheidender Bedeutung ist unter diesen Umständen auch die Besetzung einer Führungs- oder Ownerposition im Team: Unter starken Stressbedingungen empfiehlt der Diversitätsplaner eine erfahrene, risikoaverse Führungsperson, unter weniger starker Belastung eine jüngere, risikoaffine Führungsperson. Eine ausgewogene Teamdiversität war schon immer ein Erfolgsfaktor von Innovation. Dies wurde angesichts der demografischen Entwicklung noch einmal verstärkt ins Bewusstsein gehoben. Jedoch kann die Teamdiversität zentrale strukturelle Defizite der Teamarbeit nur begrenzt kompensieren. Von daher kommt es darauf an, zunächst einmal die harten strukturellen Voraussetzungen für ein Innovationsteam zu schaffen, bevor sodann der Diversitätsplaner zu Hilfe genommen werden kann, um gezielte Personalentscheidungen hinsichtlich eines ausgewogenen diversen Teams von Mitarbeiterinnen und Mitarbeitern zu treffen. Harte und weiche Faktoren müssen sich ergänzen, sie können sich nur begrenzt substituieren.

Ernst-Moritz-Arndt-Universität Greifswald
Domstraße 11
17487 Greifswald
www.uni-greifswald.de

Ansprechpartner/-in:
Prof. Dr. Manfred Bornewasser
Lehrstuhl Arbeits- und Organisationspsychologie
Tel: 03834 863761
bornewas@uni-greifswald.de

Greifswald

54°05'45" N,
13°22'52" O

Diversitätsplaner

Datum	**17.05.2112**	**Projektname**	**xyz**	
Anzahl der Mitglieder	7			
Name	Alter / Geschlecht	Branche	Teamerfahrung	Seniorität
Albert	25 männlich	Physik	35	5
Berta	45 weiblich	andere NW	75	0
Christian	60 männlich	Biologie	80	7
Dora	35 weiblich	Betriebswirtschaft	30	12
Ernst	55 männlich	Geisteswissenschaften	65	1
Frida	28 weiblich	Psychologie	90	4
Gerd	17 männlich	Rechtswissenschaften	75	2

Wie viele Jahre ist diese Person schon in ihrer Position?

Relative Verteilung im Team

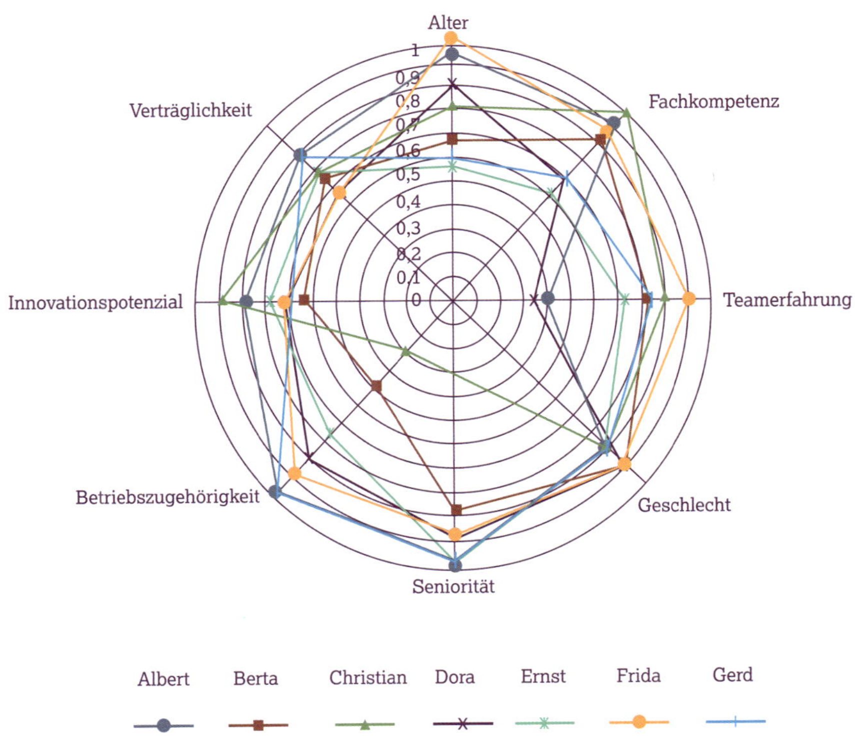

TANDEM

Austausch von Innovation und Erfahrung im demografischen Wandel

Im Zusammenhang mit dem Innovationspotenzial von Mitarbeiterinnen und Mitarbeitern wird das demografische Gefälle innerhalb der Belegschaften thematisiert. Unter den Begriffen „Defizit-Hypothese" oder „Defizit-Modell" wird nun die Ansicht diskutiert, ältere Menschen seien weniger innovativ. Diese geringere Innovationsfähigkeit wird mit einer geringeren Aufgeschlossenheit und Kompetenz von älteren Mitarbeitern im Umgang mit neuen Technologien in Verbindung gebracht. Die Diskussion um diese Problematik wird jedoch zunehmend infrage gestellt. Obwohl Jüngere in der Regel eine höhere Technologiekompetenz sowie aktuelleres akademisches Wissen besitzen, verfügen ältere Arbeitnehmerinnen und Arbeitnehmer über ausgeprägtes innovationsrelevantes Erfahrungswissen. Dies kommt insbesondere in Unternehmen vor, die Produkte herstellen, denen eine hohe Wissensintensität anhaftet, d.h. an deren Herstellung und Erbringung viele Prozessbeteiligte mit praktischer Expertise und hoher Erfahrung beteiligt sind.

Dieser letztdiskutierten Auffassung folgt auch das Projekt **TANDEM.** Ältere Mitarbeiterinnen und Mitarbeiter müssen als ein Potenzial für die Innovationsentwicklung angesehen werden: Zum „Problem" kommt es in dieser Hinsicht erst dann, wenn ältere Mitarbeiterinnen und Mitarbeiter ruhestandsbedingt aus dem Unternehmen ausscheiden und somit nicht mehr auf ihr Erfahrungswissen zurückgegriffen werden kann.

Es gilt also das Innovationspotenzial älterer sowie jüngerer Mitarbeiterinnen und Mitarbeiter im Rahmen der Innovationsentwicklung gleichermaßen zu nutzen. Es besteht somit eine Gestaltungsaufgabe im Zuge der Sicherung der Innovationsfähigkeit von Unternehmen, und zwar dahingehend, dass das eher theoretische, dafür aber aktuelle akademische Wissen junger Mitarbeiterinnen und Mitarbeiter mit dem Erfahrungswissen älterer Mitarbeiterinnen und Mitarbeiter kombiniert wird. Es muss also dafür Sorge getragen werden, dass das Erfahrungswissen der älteren Mitarbeiterinnen und Mitarbeiter auf die jungen Mitarbeiterinnen und Mitarbeiter übertragen wird, gleichzeitig aber das neue und aktuelle Wissen der Jungen in die Innovationsentwicklung eingebracht wird.

Um hierbei zu einer ganzheitlichen und nachhaltigen Lösung zu gelangen ist es notwendig, die drei in Abbildung dargestellten Handlungsfelder zu bearbeiten.

Innerhalb des ersten Handlungsfeldes wird ein Konzept zur Initiierung altersdiversifizierter Communities (TANDEMs), die sich aus jüngeren und älteren Mitarbeiterinnen und Mitarbeitern eines Unternehmens rekrutieren, entwickelt und erprobt. Gemeinsames Ziel dieser TANDEMs ist es, auf einer Community-Plattform, Innovationen zu generieren, zu bewerten und im Rahmen gemeinsamer Entwicklungsprojekte umzusetzen. Ein Schwerpunkt des Konzeptes liegt dabei auf der gemeinschaftlichen, praktischen Zusammenarbeit von jüngeren und älteren Mitarbeiterinnen und Mitarbeitern, im Rahmen derer ein gegenseitiger Wissens- und Erfahrungstransfer erfolgt. Um dies zu ermöglichen wird ein, auf den Grundsätzen des Collective Entrepreneurship basierendes, Organisationskonzept entwickelt. Durch die Anwendung dieses Ansatzes soll nicht nur die interne Innovationsleistung gesteigert werden, sondern auch die Identifizierung von neuen Geschäftsfeldern und Wettbewerbsvorteilen erleichtert werden.

In einem nächsten Schritt werden spezifische Instrumente und Methoden entwickelt, die das TANDEM-Konzept und dessen Verwirklichung unterstützen. Hierzu zählen insbesondere Methoden, die im Rahmen von Workshops eingesetzt werden können, um die Teambildung und die Entwicklung eines gemeinsamen Verständnisses in neu zusammengestellten, heterogenen TANDEMs zu unterstützen. Techniken zur Bildung von „Shared Understanding" und Teamentwicklung wurden unter Einsatz von Methoden des Collaboration Engineering entwickelt und bereits in einer Workshopserie mit 48 alters- und erfahrungsdiversen Teilnehmerinnen und Teilnehmern pilotiert. Die wiederverwendbar dokumentierten Techniken strukturieren und moderieren die Interaktion der Teilnehmerinnen und Teilnehmer, den Wissenstransfer zwischen erfahrenen und unerfahrenen Teammitgliedern und die Arbeitsprozesse an einem gemeinsamen Material. Sie können in verschiedensten Workshopsituationen vor Ort, aber auch in der verteilten Online-Zusammenarbeit in der TANDEM-Community, implementiert werden.

Im Rahmen des zweiten Handlungsfeldes erfolgt die Entwicklung der technischen Unterstützung, die für die Realisierung des TANDEM Konzeptes notwendig ist. Im Fokus dieses Handlungsfeldes steht die Konzeption und Entwicklung einer internetbasierten Plattformlösung durch die fortiss GmbH, welche die Durchführung des Collective Entrepreneurship Ansatzes ermöglichen soll. Diese Plattform stellt unterschiedliche Werkzeuge zur Verfügung, die beispielsweise die Kommunikation

Fachgebiet Wirtschaftsinformatik – Universität Kassel
Pfannkuchstraße 1
34121 Kassel
Ansprechpartner/-in:
Prof. Dr. Jan Marco Leimeister
Leiter des Fachgebiets Wirtschaftsinformatik,
Universität Kassel
Tel: 0561 8046064
leimeister@uni-kassel.de
http://projekt-tandem.info

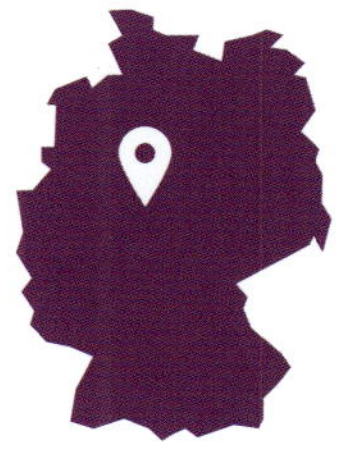

Kassel

51°19'01" N,
9°29'33" O

Übersicht über die Handlungsfelder des TANDEM Projekts

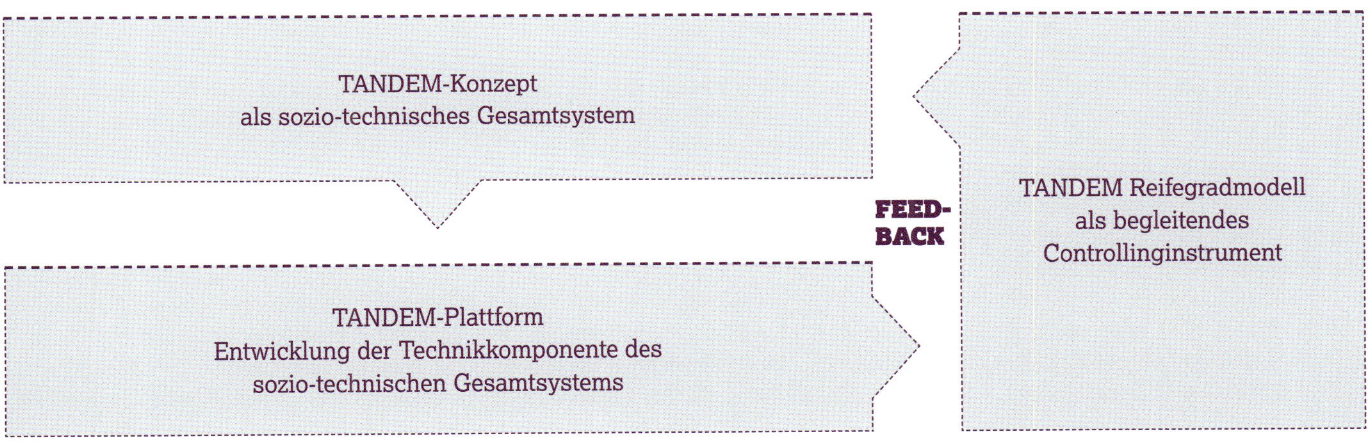

der Beteiligten, die Koordination gemeinschaftlicher Aktivitäten sowie die Arbeit am gemeinsamen Material ermöglichen und unterstützen.

Im Rahmen des dritten Handlungsfeldes begleitet die HHL Leipzig Graduate School of Management wissenschaftlich drei Innovationsprojekte bei der DATEV eG. Dabei wird die Zusammenarbeit altersgemischter Teams (2 oder mehr Personen) untersucht. Erste Erfahrungen aus den Projekten zeigen, dass Faktoren auf individueller (z. B. Anerkennung), Projekt- (z. B. die Kombination von unterschiedlichen Fähigkeiten) und Unternehmensebene (z. B. die Unternehmenskultur) die Zusammenarbeit in altersgemischten Innovations-TANDEMs beeinflussen. Durch das Sichtbarmachen der Faktoren und die Schaffung von Transparenz im Hinblick auf die Aktivitäten der TANDEMs wird das Management von altersgemischten Teams im Unternehmen unterstützt. Zusätzlich werden Software-gestützte sowie Workshop-basierte Werkzeuge und Methoden identifiziert und erprobt, die das gemeinsame Innovieren von altersgemischten TANDEMs unterstützen. Hierfür werden Innovations-Workshops von der HHL Leipzig Graduate School of Management methodisch begleitet und der Einsatz verschiedener Werkzeuge und Methoden evaluiert. Ergebnis des Teilvorhabens ist ein Führungsunterstützungsinstrument für das Management von altersgemischten Innovations-TANDEMs.

ELIAS

Engineering und Mainstreaming lernförderlicher industrieller Arbeitssysteme für die Industrie 4.0

Die Einbindung älterer Menschen in das wirtschaftliche und gesellschaftliche Leben ist nicht nur eine Fragestellung der sozialen Inklusion, sondern auch eine Notwendigkeit zur Sicherung von Produktivität und Wettbewerbsfähigkeit des Standortes Deutschland. Das **ELIAS (Engineering und Mainstreaming lernförderlicher industrieller Arbeitssysteme für die Industrie 4.0)** wird hochrelevante Fragestellungen innerhalb dieses Themenbereichs adressieren. Dabei verfolgen die Verbundpartner FIR, Xervon GmbH, Deutsche MTM-Vereinigung e. V., Zwiesel Kristallglas AG, HELLA KGaA Hueck & Co. sowie FEV GmbH das Ziel, ein breitenwirksames Konzept zur lernförderlichen Gestaltung von Arbeits- und Produktionssystemen für Dienstleister und produzierende Unternehmen zu entwickeln. Dementsprechend wird mit ELIAS ein Ansatz für die Gestaltung dieser Systeme entwickelt, der die Lernförderlichkeit als elementaren Bestandteil bereits im Entstehungsprozess einplant und darüber hinaus die kontinuierliche Verbesserung in Bezug auf die Lernförderlichkeit sicherstellt. Dabei wird die angestrebte lernförderliche Gestaltung älteren Arbeitnehmern die Möglichkeit bieten, durch das Lernen im Prozess der Arbeit (LiPA) ihre Fähigkeiten und Qualifikationen vor dem Hintergrund der sich dynamisch verändernden Anforderungen anzupassen oder auszubauen. Der obere Teil der Abbildung zeigt den ELIAS-Ansatz im Überblick.

Die sich verringernde Fachkräftebasis macht Ansätze notwendig, die es ermöglichen, auch im höheren Alter die Leistungsfähigkeit der Beschäftigten aufrechtzuerhalten. Hierbei stellt die sich dynamisch verändernde Arbeitswelt durch Entwicklungen wie technische und technologische Veränderungen, Verkürzung der Innovationszyklen und den Wandel zur Wissensgesellschaft gleichzeitig Chance und Risiko dar. Einerseits kann die Entwicklung zur Industrie 4.0 einen wesentlichen Beitrag zur Verbesserung der Arbeitsbedingungen und Beschäftigungsmöglichkeiten älterer Arbeitnehmer leisten, indem die Arbeit und Arbeitsorganisation zielgruppenspezifischer gestaltet werden. So können beispielsweise psychische und physische Belastungen mit Hilfe von intelligenten Assistenzsystemen reduziert, die Wissens- und Erfahrungsweitergabe gefördert sowie personelle Ressourcen gezielter eingesetzt werden. Andererseits könnte die Entwicklung zur Industrie 4.0 aber auch zu einer verstärkten Exklusion älterer Arbeitnehmerinnen und Arbeitnehmer führen, denn die Beschäftigten werden mit schnelleren und gravierenderen Veränderungen der Arbeitsgestaltung und -organisation konfrontiert werden. Dementsprechend flexibel und dynamisch werden sich auch die Fähigkeiten und Qualifikationen der Beschäftigten in Zukunft anpassen müssen.

Aus diesen Gründen sind Konzepte für ein demografiesensibles, unternehmensbezogenes und berufsbegleitendes Kompetenzmanagement ein erfolgsentscheidender Faktor für die künftige Innovations- und Wettbewerbsfähigkeit deutscher Unternehmen. Vor diesem Hintergrund wird die mit dem Verbundprojekt ELIAS verfolgte verstärkte Integration von Wissens-, Qualifikations- und Kompetenzentwicklung in die Erwerbsarbeit den negativen Auswirkungen des demografischen Wandels entgegenwirken. Dabei gilt es gleichzeitig die politischen und gesellschaftlichen Rahmenbedingungen sowie die Positionen der beteiligten Interessengruppen wie beispielsweise Gewerkschaften und Arbeitgeberverbände miteinander zu vereinen, sodass eine nachhaltige Basis und ein breitenwirksamer Konsens für die lernförderliche Gestaltung erreicht werden.

Der ELIAS-Ansatz soll somit zum integralen Bestandteil moderner Arbeits- und Produktionssysteme werden und zugleich das Potenzial modernster Informations- und Kommunikationstechnologien ausschöpfen. Zielsetzung ist es, den Kompetenzerwerb und -erhalt über die gesamte Erwerbsbiografie sowie die Erschließung neuer Zielgruppen für die berufliche Bildung maßgeblich zu unterstützen. Eine ingenieurwissenschaftliche Perspektive wird vor dem besonderen Hintergrund gewählt, dass innovative und erfolgreiche industrielle Arbeits- und Produktionssysteme für Dienstleistungen und Sachgüter vorrangig das Ergebnis ingenieurwissenschaftlicher Gestaltung sind.

Für die Neu- und Umgestaltung von Arbeits- und Produktionssystemen wird mit dem ELIAS-Lernförderlichkeitsplaner ein Instrument entwickelt, das die verschiedenen beteiligten Akteure in allen Phasen der Entstehung unterstützt, sodass eine lernförderliche Konfiguration dieser Systeme ermöglicht wird. Dementsprechend erhalten die an der Gestaltung von Arbeits- und Produktionssystemen beteiligten Entscheidungsträger durch ELIAS Empfehlungen für die zu verwendenden Prinzipien, Lernmethoden und -technologien sowie konkrete Werkzeuge für die Mitarbeiterqualifizierung im Prozess der Arbeit. Somit wird mit ELIAS erstmals ein Instrument bereitgestellt, das es ermöglicht, die Entstehung von lernförderlichen Arbeits- und Produktionssystemen aktiv zu steuern.

Die Funktionsweise des ELIAS-Lernförderlichkeitsplaners ist im unteren Teil der Abbildung dargestellt. Die mit Unterstützung des ELIAS-Lernförderlichkeitsplaners entstandenen Arbeits- und Produktionssysteme sind also von vornherein mit entsprechenden Lernmethoden und -technologien verknüpft. Dies wird insbesondere vor dem Hintergrund der entstehenden cyberphysikalischen Produktionssysteme eine notwendige Voraussetzung, um die dort tätigen Menschen für ihr Handeln innerhalb dieser zu befähigen. Die Effekte der eingesetzten LiPA-Methoden und -Technologien werden bestimmt, indem Kompetenz- und Produktivitätsveränderungen in einem definierten Zeitraum nach Einführung gemessen werden. Die so erhobenen Bewertungen der LiPA-Methoden und -Technologien fließen dann wiederum in die kontinuierliche Verbesserung des ELIAS-Lernförderlichkeitsplaners ein. Diese Verbesserung wird zudem durch die ELIAS-Community unterstützt, indem die dort zusammengeführten Experteinnen und Experten und Entscheidungsträger neueste Erkenntnisse und Erfahrungen in den Lernförderlichkeitsplaner integrieren werden.

FIR
Pontdriesch 14–16
52062 Aachen
www.fir.rwth-aachen.de
Ansprechpartner/-in:
Drs. Roman Senderek
Wissenschaftlicher Mitarbeiter – Dienstleistungsmanagement
Tel: 0241 47705225
roman.senderek@fir.rwth-aachen.de

Aachen

50°46'36" N,
6°05'01" O

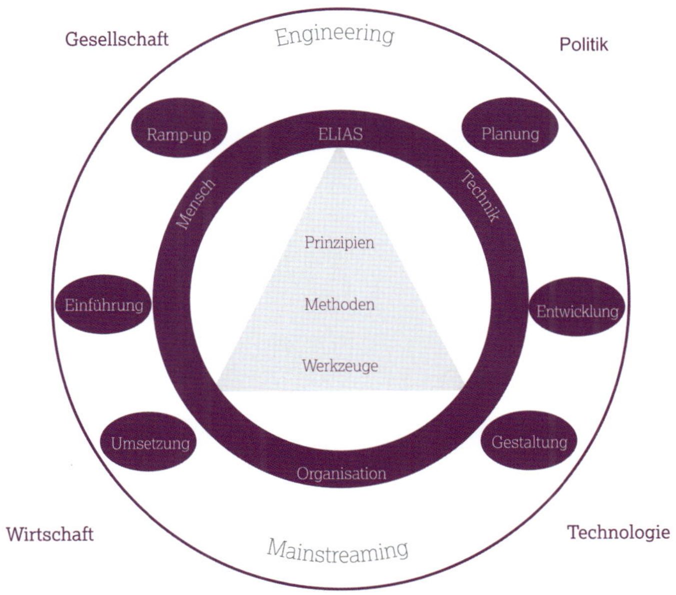

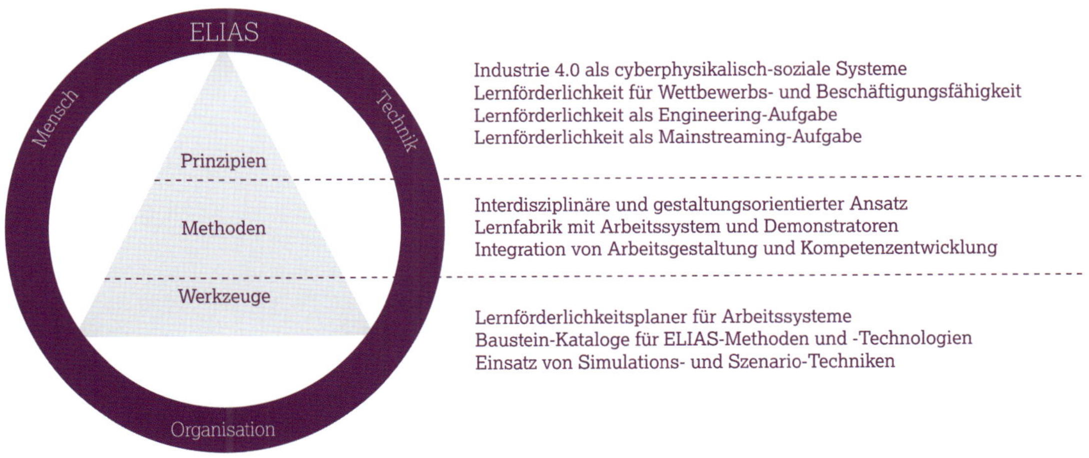

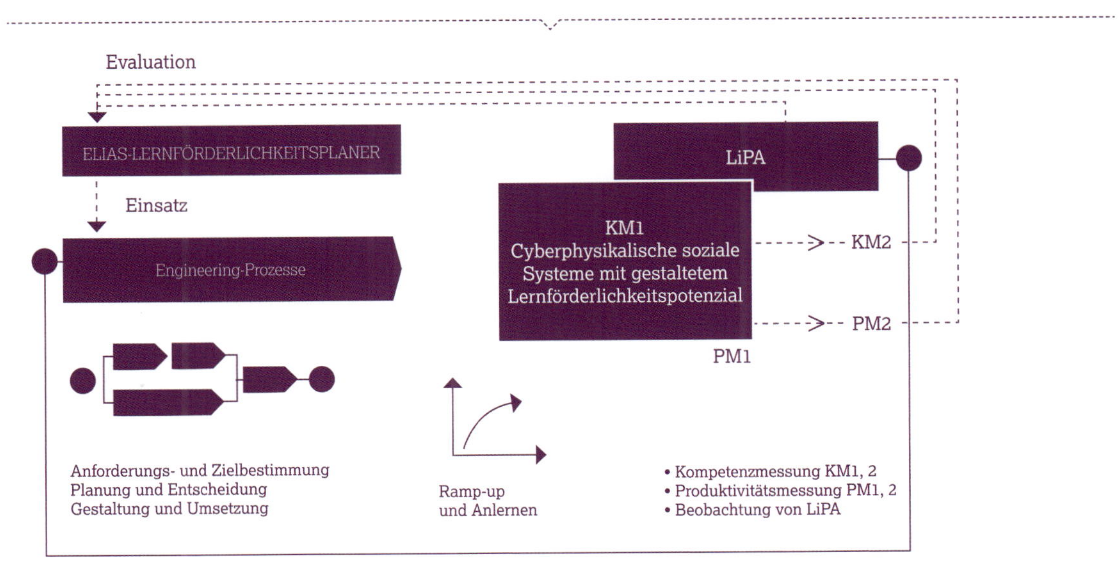

DAQkommunal

Demografieaktive Qualifizierung in Kommunen und Kreisen

Der öffentliche Dienst steht vor großen qualifikatorischen Herausforderungen: Der demografische Wandel, langlebige Trends der Verwaltungsorganisation, die zukünftigen Fachkräftebedarfe und Fachkräfteangebote erfordern neue Strategien und Maßnahmen im Bereich der Personalentwicklung insbesondere bei Qualifikation und Weiterbildung. Die zukünftigen Fach- und Führungskräfte können nicht allein aus dem externen Arbeitsmarkt kommen. Ein erheblicher Teil wird aus der eigenen Belegschaft rekrutiert werden müssen. Personalentwicklung, Mitarbeiterbindung, Qualifizierung und Weiterbildung erhalten in den Kommunen und Kreisen dadurch einen völlig neuen Stellenwert. Erforderlich sind ein strategisches Personalmanagement und eine demografieaktive, auf antizipierte Zukunftsbedarfe ausgerichtete Qualifizierung. Das Projekt „DAQkommunal – Demografieaktive Qualifizierung in Kommunen und Kreisen“ setzt auf der kommunalen Ebene an. Die vier beteiligten Kommunen entwickeln gemeinsam ein strategisches Weiterbildungs- und Qualifizierungskonzept. Berücksichtigung finden dabei die spezifische Verwaltungsstrategie, die Entwicklung der kommunalen Aufgaben, vor allem der zukünftige Personalbedarf sowie die zukünftigen Qualifikations- und Kompetenzanforderungen. Ziel ist es, ein transferfähiges Instrumentarium zu entwickeln, damit die Personalarbeit auf kommunaler Ebene von einer situativ-reaktiven, zu einer strategisch demografieorientierten Personalentwicklung wird. Kommunenübergreifende Weiterbildungsmaßnahmen sollen anschließend gezielt die ermittelten strategischen Qualifizierungsbedarfe decken. Der Erkenntnistransfer in die kommunale Familie wird durch die Einbeziehung kommunaler Verbände und der Sozialpartner sichergestellt. Die beteiligten Kommunen bilden zudem ein Transfer- und Nachhaltigkeitsnetzwerk.

Mehrwert des Projekts

Öffentliche Verwaltungen, insbesondere die kommunale Ebene, verfügen meist nicht über die erforderlichen Ressourcen, um auf mittel- und langfristige Perspektive ausgerichtete Qualifizierungsvorhaben durchführen zu können. In naher Zukunft wird angesichts fortbestehenden Kostendrucks, fortgesetzter Personalreduktion und der andauernden Zuweisung neuer Aufgaben ohne äquivalente Zuteilung neuer Ressourcen, diese Situation fortbestehen. Hieraus resultiert eine Tendenz zu ausschließlich kurzfristigem Personalmanagement. Es leidet die Zukunftsfähigkeit der Kommunen. Das Projekt setzt ein gegenläufiges Zeichen. Bisher konnte das erforderliche Personal ohne zusätzliche Entwicklungsmaßnahmen extern rekrutiert werden. Diese Prämisse entfällt jedoch in Zukunft. Die kommunale Ebene kommt im Regelfall bei Förderprogrammen aufgrund ihrer öffentlichen Aufgaben nicht zum Zuge oder ist von der Antragstellung ausgeschlossen. Folge ist: Es finden sich in der BRD keine mit dem hier beantragten Projekt vergleichbaren Projekte. Ein besonderes Merkmal ist, dass in Form des Weiterbildungs- und Qualifizierungskonzepts gemeinsam mit den Kommunen ein Instrument entwickelt und implementiert wird, mit dem auch nach Ablauf der Projektlaufzeit selbständig und ohne weiteren Einsatz externer Beraterinnen und Berater eine systematische, an strategischen Anforderungen orientierte Personalentwicklung möglich ist. Das Konzept erlaubt in der Zukunft, mit den Schulungsangeboten systematisch mehr Personen zu erreichen, den Lern- und Transfererfolg zu verbessern, insgesamt in der Personalentwicklung schneller und mit geringerem Ressourceneinsatz und zugleich ziel- und strategiegerichteter zu agieren.

Die beteiligten Kommunen profitieren in mehrfacher Weise von den Projektergebnissen:

- einen institutionalisierten Personalentwicklungsprozess eingebunden in die strategische Planung,
- langfristig in allen Bereichen der Verwaltung adäquat qualifiziertes Personal in ausreichender Zahl,
- ein Mehr an Einsatzflexibilität und Motivation der Mitarbeiter(innen),
- eine höhere Attraktivität und Mitarbeiterbindung.

Mit dem Projekt wird ein erheblicher Mehrwert gegenüber bisherigen Standards erzielt.

Projektkonzeption

Das Projekt ist in fünf Module gegliedert. Der Projekt-Kick-off war im September 2012. Das Projekt läuft bis Ende Mai 2014. Zu Beginn ist eine Analyse der momentanen Personalstruktur der beteiligten kommunalen Partner erfolgt. Diese Analyse wird dann zur Prognose der Personalstruktur in fünf, zehn und fünfzehn Jahren verwendet und mit unterschiedlichen Szenarien hinterlegt. In Modul 2 werden gemeinsam mit Vertretern der kommunalen Partner die zukünftigen Aufgaben und Handlungsfelder diskutiert und deren Einflussfaktoren auf und Anforderungen an den zukünftigen Personalbedarf diskutiert. Mittels des Konzepts der Job-Familie werden diese Themen kommunen- und fachübergreifend gebündelt für bestimmte Stellen diskutiert. Das Konzept stellt für die Verwaltung ein innovatives Instrument dar. Die Berechnung des zukünftigen quantitativen und qualitativen Personalbedarfs kann somit in der jeweiligen Verwaltung auf der Ebene von Job-Familien erfolgen und mit dem momentanen Ist-Zustand der Personalstruktur verglichen werden. Hieraus werden dann gemeinsam mit den kommunalen Partnern in Modul 3 Ziele, Instrumente und Prozesse für eine strategische Personalentwicklung abgeleitet. Auf dieser Grundlage werden zukunftsorientierte Schulungsangebote für die jeweilige Verwaltung erarbeitet. Diese werden dann zu einem demografieaktiven Weiterbildungs- und Qualifizierungsprogramm verdichtet. In Modul 4 werden die Schulungen im Rahmen von Pilotmaßnahmen durchgeführt. Nach erfolgreichem Abschluss werden in Modul 5 die Ergebnisse in die Breite getragen und auf einem Kongress mit Vertretern der kommunalen Familie und der Wissenschaft diskutiert. Das Projekt liefert ein zukunftsorientiertes Konzept mit praxisnaher Gestaltung, das umsetzungserprobt und transferbereit ist. Das Projekt DAQ wird im Rahmen des Programms „weiter bilden“ durch das Bundesministerium für Arbeit und Soziales sowie den Europäischen Sozialfonds gefördert.

FOM Hochschule
Leimkugelstr. 6
45141 Essen
www.daq-kommunal.de
www.fom.de

Ansprechpartner/-in:
Prof. Dr. Gottfried Richenhagen
Projektleiter, Professor für allgemeine BWL,
Schwerpunkt Personalmanagement
Tel: 0201 81004449
gottfried.richenhagen@fom.de

Essen

51°27'29" N,
7°00'53" O

Gesamtprojektleitung: FOM Hochschule
Projektpartner: prospektiv Gesellschaft für betriebliche Zukunftsgestaltungen mbH
Projektbeauftragte: prognos

Die Module (M) im Überblick

Kick-off

Modul 1
Personalstrukturanalyse und Kapazitätsprognose

Modul 2
Erarbeitung der zukünftigen Aufgaben und Bedarfe

Meilenstein 1
Job-Familien
Personalstrukturanalyse
Personalprognose
Schulungsrelevante Kompetenzen

Modul 3
Weiterbildungs- und Qualifizierungskonzept

Meilenstein 2
Qualifizierungsprogramm
Personalentwicklungskonzept

Modul 4
Durchführung von Weiterbildungsmaßnahmen

Meilenstein 3
kommunen-übergreifende Schulungen

Modul 5
Kooperation und Transfer

Meilenstein 4
Evaluation,
Dokumentation & Kongress

Projektbeteiligte kommunale Partner: stadt aachen, Stadt Oldenburg i.O., Rheinisch-Bergischer Kreis, Wiesbaden

Gefördert durch: Bundesministerium für Arbeit und Soziales, ESF Europäischer Sozialfonds für Deutschland, Europäische Union

Frauen in Wissenschaft und Forschung

Förderung von Chancengleichheit durch die Projekte STAGES und WHIST

In der wissenschaftlichen und technischen Forschung sind Frauen bislang unterrepräsentiert. Dem möchten die beiden europäischen Projekte STAGES (Structural Transformation to Achieve Gender Equality in Science) & WHIST (Women's careers hitting the target: Gender management in scientific and technological research) entgegenwirken. So haben sie zum einen das Ziel, Frauen zu helfen, ihren Platz auf der Wissenschaftsbühne zu erlangen. Männer sollen dabei keinesfalls benachteiligt werden. Es geht um die angemessene Beteiligung von Frauen und Männern an Entscheidungen darüber, was auf welche Weise erforscht und entwickelt wird. Entsprechend soll das jeweils benachteiligte oder unterrepräsentierte Geschlecht gefördert werden.

Weiterhin soll die Familienfreundlichkeit in Forschungsorganisationen gefördert werden. Durch die Verbesserung der Chancengleichheit und Familienfreundlichkeit soll auch dem demografischen Wandel und dem daraus resultierenden Fachkräftemangel begegnet werden.

Wie wollen wir das erreichen? Ein ganzes Maßnahmenbündel ist das Mittel der Wahl. In einem ersten Schritt (WHIST) wurden verschiedene Maßnahmen an einem Pilotinstitut der Fraunhofer-Gesellschaft ausprobiert und mittlerweile etabliert. Im zweiten Schritt (STAGES) werden diese erfolgreichen Maßnahmen nun in die ganze Fraunhofer-Gesellschaft getragen. Außerdem wird der Austausch aller Fraunhofer-Institute zum Thema Diversity bedarfsorientiert gefördert und das Voneinander-Lernen unterstützt. Dabei werden bewährte Strukturen, wie beispielsweise das Netzwerk der Beauftragten für Chancengleichheit, eingebunden und gestärkt.

Wie sehen die Maßnahmen konkret aus?

- Seminar zur Unterstützung beim Wiedereintritt nach der Elternzeit
- Geschenk bei der Geburt eines Kindes für alle Beschäftigten. Das Geschenk besteht aus einem Strampler (mit Fraunhofer-Logo und dem Schriftzug „Forschungsnachwuchs") sowie einer von der der Institutsleitung unterschriebenen Glückwunschkarte in einer Geschenkbox.
- Seminar zum Thema Diversity: Das Seminar macht die Vorteile von Diversity im Wissenschaftsbetrieb eines Fraunhofer-Instituts sichtbar, die sich aus der Arbeit von Gender-ausgewogenen Teams ergibt. Das Seminar hat einen gemeinsamen Teil für Frauen und Männer, aber auch einen Teil, in dem getrennt Vorteile und Befürchtungen von Gender-Aspekten diskutiert werden.
- Informationen rund um Diversity, Chancengleichheit und Familienfreundlichkeit mit konkreten Angeboten und Fördermöglichkeiten im Intranet
- Toolbox zur Sammlung von Praxisbeispielen aus dem Institutsalltag zur Förderung von Chancengleichheit und Familienfreundlichkeit
- Befragung aller Institute: Bestandsaufnahme existierender Aktivitäten zu Gender Equality und Maßnahmen zur Förderung der Chancengleichheit und zum Nutzen von Gender Diversity
- Austausch der Fraunhofer-Institute untereinander und Austausch mit anderen Forschungsinstituten außerhalb von Fraunhofer (z. B. durch eine Konferenz zu „Gender- und Diversity- Management in Forschungsorganisationen")

Was erhoffen wir uns?

Über die stärkere Beteiligung von Frauen und Männern in den Bereichen des Wissenschaftssystems, in denen sie jeweils unterrepräsentiert sind, wird die Vielfältigkeit der Fragen und Lösungen in diesen Bereichen erhöht. Zur Erhöhung der Vielfalt kommt hinzu, dass Forschungsergebnisse häufig nur dann richtig interpretiert werden, wenn Personen beiden Geschlechts bedacht werden. Darauf aufbauende Entwicklungen treffen dann besser die Bedürfnisse von Frauen und Männern. Davon soll die Wissenschaft und die Fraunhofer-Gesellschaft, als Teil des Wissenschaftssystems, profitieren und letztlich die gesamte Gesellschaft. Durch die Förderung von Chancengleichheit und Familienfreundlichkeit können junge Wissenschaftler und insbesondere Wissenschaftlerinnen ermutigt werden, sich sowohl Kind als auch Karriere zu widmen. Beide Projekte werden von der EU im Rahmen des 7. Rahmenprogramms gefördert.

Fraunhofer-Institut für Arbeitswirtschaft und Organisation IAO
Nobelstraße 12
70569 Stuttgart
www.iao.fraunhofer.de

Ansprechpartner/-in:

Anne Spitzley
Technologie- und Innovationsmanagement
Tel: 0711 9702062
anne.spitzley@iao.fraunhofer.de

Michaela Klemisch
Dienstleistungs- und Personalmanagement
Tel: 0711 9702219
michaela.klemisch@iao.fraunhofer.de

Stuttgart

48°46'32" N,
9°10'58" O

WHIST ist bereits abgeschlossen. Im Projekt WHIST wurden konkrete Aktionen auf der geschaffenen Basis experimentell umgesetzt. Darauf aufbauend sollen nun in STAGES viele kleine strukturelle Veränderungen geschaffen werden.

Projektbeteiligte WHIST

Dipartimento per le Pari Opportunità della Presidenza del Consiglio dei Ministri (Italien), L'Assemblea delle Donne per lo Sviluppo e la Lotta all'Esclusione Sociale (Italien), Università Statale di Milano (Italien), ESA – European Space Agency (Frankreich), Fraunhofer-Gesellschaft zur Förderung der angewandten Forschung (Deutschland), Danish Centre for Studies in Research and Research Policies of the University of Aarhus (Dänemark).

Projektbeteiligte STAGES

Dipartimento per le Pari Opportunità della Presidenza del Consiglio dei Ministri (Italien), L'Assemblea delle Donne per lo Sviluppo e la Lotta all'Esclusione Sociale (Italien), Università Statale di Milano (Italien), Fraunhofer-Gesellschaft zur Förderung der angewandten Forschung (Deutschland), Danish Centre for Studies in Research and Research Policies of the University of Aarhus (Dänemark), Radboud Universiteit Nijmegen (Niederlande), Universitatea Alexandru Ioan Cuza (Rumänien).

Dem Wandel begegnen durch die strukturelle Verbesserung von Chancengleichheit und Familienfreundlichkeit in Wissenschaft und Forschung

GRENZINNOVATOR-COMMUNITIES

Potenziale von altersheterogenen Innovationsteams

Eine Kernherausforderung des demografischen Wandels für Unternehmen ist der Erhalt und die Erzeugung von Wissen durch eine demografieorientierte Personal- und Organisationsentwicklung. Insbesondere im Rahmen der Produkt- und Dienstleistungsentwicklung spielen Ressourcen wie Wissen, Erfahrung und Ideen eine zentrale Rolle. Die zentralen Fragen lauten dabei: Wie können Unternehmen den zunehmenden Innovationsdruck im globalisierten Wettbewerb durch eine Bindung von WissensträgerInnen an das Unternehmen bewältigen und wie kann zugleich der Wissenstransfer von ausscheidenden Älteren hin zu jüngeren Beschäftigten optimal gestaltet werden? Gemeinsames Arbeiten an Innovationen von Akteuren aus verschiedenen Generationen gewinnt somit deutlich an Relevanz.

Das Verbundprojekt WiIPOD entwickelt und erprobt mit dem Instrument der „Wertschätzungsnetzwerke" ein Innovationsinstrument für altersgemischte Communities und aktiviert so intergenerationale Lernprozesse. Dabei werden Beschäftigte aller Altersklassen in Innovationszirkel integriert, die i. d. R. aufgrund von Lebensphasenübergängen die Grenze des Unternehmens temporär oder dauerhaft überschreiten (Auszubildende, junge Eltern, Mitarbeiterinnen und Mitarbeiter auf dem Weg in den Ruhestand). Als Gruppe betrachtet vereinen diese sogenannten Grenzinnovatoren hohe Erfahrungsschätze mit neuen Denkansätzen – ein idealer Nährboden für nachhaltige Innovationen. Das Instrument der „Wertschätzungsnetzwerke" identifiziert, integriert und aktiviert Akteure aus unterschiedlichen Generationen zum gemeinsamen Arbeiten an Innovationen im Rahmen dringender Problemstellungen eines Unternehmens innerhalb von Präsenz- und Onlinesessions. Die Wertschätzungsnetzwerke werden im Unternehmen durch eine wertschätzende Infrastruktur und Workshopreihen etabliert sowie durch Kommunikation über die Grenzen der Kernteilnehmerinnen und Kernteilnehmern hinaus verankert. Die Wertschätzungsnetzwerke sollen in den Unternehmen institutionalisiert werden, um so eine wertschätzungsbasierte und demografiefeste Innovationskultur zu etablieren.

Ein zentrales Charakteristikum des entwickelten Innovationsinstruments ist die Wertschätzung des Innovationsengagements der unterschiedlichen Altersgruppen – sowohl von Seiten des jeweiligen Unternehmens als auch innerhalb des altersgemischten Innovatorenkreises. Die gemeinsame Innovationstätigkeit ermöglicht intergenerationales Lernen sowohl auf individueller als auch auf organisationaler Ebene. Darüber hinaus erwerben die Grenzinnovatoren Kompetenzen, die in einer komplexen, dynamischen Wissensgesellschaft unerlässlich sind.

Wertschätzungsnetzwerke wurden bereits in mehreren Unternehmen aufgesetzt, sukzessive verfeinert und erweitert. Aus den bisherigen Erkenntnissen hervorzuheben ist die produktive Verbindung von analytischer Kompetenz der älteren Mitarbeiterinnen und Mitarbeiter mit der höheren Risikobereitschaft der Jüngeren. Diese Mischung erlaubt die Entwicklung radikalinnovativer Ideen in systematischer Form. Zudem hat sich gezeigt, dass die Zusammenarbeit von Grenzinnovatoren aus unterschiedlichen Fachabteilungen hilfreich ist, um organisationale Schnittstellen und Grenzen zu überbrücken. So können Wertschätzungsnetzwerke von unterschiedlichsten Perspektiven der Grenzinnovatoren profitieren.

Das Konzept der wertschätzungsbasierten Grenzinnovatorcommunities erweist sich als ein sehr flexibles Instrument, das für unterschiedlichste organisationale Gegebenheiten und Innovationsfragestellungen adaptierbar ist. Mit Hilfe des Instruments wurden bereits produktorientierte sowie strategiefokussierte Aufgaben erfolgreich bearbeitet. Neben dem Einsatz als Instrument zur Innovationsentwicklung ist das Konzept auch auf die Personal- und Organisationsentwicklung übertragbar. Die Arbeit in einer heterogenen Gruppe schärft nicht nur die individuelle Fachkompetenz, sondern eignet sich auch, um die Kommunikation und Lösung komplexer Fragen zu erlernen. Zur Organisationsentwicklung wird insofern ein wichtiger Beitrag geleistet, da Wertschätzungsnetzwerke eine Zusammenarbeit über organisationale Grenzen hinaus etablieren und somit zur Entfaltung von inhalts- und aufgabenbezogenen Netzwerken beitragen.

Die in dem Verbundprojekt WiIPOD eng vernetzt arbeitenden Disziplinen sorgen in Zusammenarbeit mit den Partnerunternehmen für eine multiperspektivische Analyse der Wertschätzungsnetzwerke sowie für ihre praxistaugliche Umsetzung.

Der Lehrstuhl für Wirtschaftsinformatik I (Prof. Dr. Kathrin M. Möslein) untersucht Wertschätzungsnetzwerke aus innovationstheoretischer Perspektive als ein integriertes demografiestes Innovationsinstrument.

Das Institut für Soziologie (Prof. Dr. Rainer Trinczek) zielt im Verbundvorhaben darauf ab, das Verhältnis von Innovation und Wertschätzung in Organisationen im demografischen Wandel aus organisations- und arbeitssoziologischer Perspektive zu untersuchen.

Der Lehrstuhl für Persönlichkeitspsychologie und Psychologische Diagnostik (Prof. Dr. Astrid Schütz) fokussiert auf persönlichkeitspsychologische Faktoren in altersgemischten Teams und entwickelt bedarfsgerechte Maßnahmen der Gestaltung innovativer Arbeit.

Friedrich-Alexander-Universität Erlangen-Nürnberg
Lange Gasse 20
90403 Nürnberg
www.grenzinnovator.de

Ansprechpartner/-in:
Anke Wendelken
Projektkoordination/
Wirtschaftsinformatisches Teilprojekt
Tel: 0911 5302881
anke.wendelken@wi1.wiso.uni-erlangen.de

Ronald Staples
Wissenschaftlicher Mitarbeiter/
Soziologisches Teilprojekt
Tel: 09131 8526303
ronald.staples@fau.de

Nürnberg

49°27'00" N,
11°04'39" O

Verbundprojekt WilPOD

- Demografischer Wandel
- Wandel zur Wissensgesellschaft
- Innovations- und Veränderungsdruck

Herausforderungen

- Wissensverlust durch Fluktuation
- Altersheterogene Belegschaft

Intergenerationales Lernen, Zusammenarbeit und Wissenstransfer

Forschungsinstrument Wertschätzungsnetzwerk

- Innovationszirkel / Community of Practice mit Grenzinnovatoren
- Kombination aus Präsenz- und Onlineveranstaltungen
- Temporäre, projektähnliche Organisationsform
- Ziel: Wertschätzung zwischen den Teilnehmern, Intergenerationales Lernen und Zusammenarbeit

Ziel:

Demografieorientierte Ausgestaltung von Innovationsarbeit

Personalmanagement mit HCScore³

Demografiestabiles Personalmanagement mit HCScore³

Unter dem Begriff „Altersstrukturanalyse" findet man mittlerweile eine Vielzahl diverser Instrumente und Methoden. Was also macht den **HCScore³** einzigartig? Zum einem die Nutzerfreundlichkeit beginnend mit Hilfen zum Import der Daten aus allen gängigen Personalverwaltungsprogrammen über Interpretationshilfen zu Kennzahlen ohne vorprogrammierte Benchmark- und Simulationsmodule. Ohne großen Aufwand und Vorerfahrungen können differenzierende Analysen über das gesamte Unternehmen, sämtliche Standorte, Bereiche, Kostenstellen (Knoten) erstellt werden. Schritt für Schritt erfährt die Nutzerin und der Nutzer, wie wenige Anpassungen in der Simulation zu weitreichenden Veränderungen in der Zukunft führen. Spezielle Module zur GAP-Analyse (Fachkräftebedarfsanalyse) oder zur Prognose der Entwicklung der Krankenquote (Gesundheitsmanagement) ermöglichen der versierten Nutzerin und dem versierten Nutzer thematische Handlungsfelder der strategischen Personalpolitik zu bearbeiten. Das Programm basiert auf C# und .Net (DotNEt), enthält eine professionelle Grafikbibliothek und kann sowohl auf Einzelplatzrechnern als auch in Netzwerken betrieben werden.

Die Arbeit mit dem HCScore³ wird erleichtert, indem Standardroutinen anderer Programme, wie des Windows-Explorer, gezielt genutzt werden. Drei Primärmodule stehen der Nutzerin und dem Nutzer zur Verfügung. Im Strukturmodul werden sämtliche Ausprägungen der für die Analyse gewählten Variablen (Standorte, Kostenstellen, Berufe, Stelleninformationen, …) in Knoten zur Verfügung stellt. Die Knoten sind veränderbar, neue Knoten können angelegt und Personen mit den entsprechenden Merkmalen in diese Knoten verlagert werden. Dies ermöglicht der Nutzerin und dem Nutzer differenziertere Analysen über Strukturen, die bislang nicht in der Personal- oder Organisationssystematik vorhanden sind. Eine Lösung, die z. B. für GAP-Analysen zum Fachkräftebedarf besonders wertvoll ist. Ohne großen Aufwand können so z. B. alle Personen deren Stellen zur Berufsordnung „Elektrotechnik" zu zählen sind, über alle Kostenstellen in einen neuen Knoten überführt und dann z. B. nach der Logik von Jobclustern differenziert werden.

In der Realität ermöglicht diese Funktion den Unternehmen eine Vielzahl von praktischen Anwendungsmöglichkeiten, die bis hin zu Fragen des „Offshoring von Stellen" ins Ausland gehen und die Möglichkeit bieten, über Jobclusteranalysen diverse Varianten der strategischen Qualifizierung von Stelleninhabern in neue Funktionen an den alten Standorten zu erlauben. Aber auch einfachere Fragestellungen wie z. B. die Simulation der Personalabgänge spezifischer Professionen über das gesamte Unternehmen sind mit dieser Funktion einfach zu bewältigen.

Das Analysemodul ist der zweite Grundpfeiler. Hier steht der Nutzerin und dem Nutzer eine Vielzahl vorprogrammierter Funktionen zur Verfügung, die mit wenigen Mausklicks Ergebnisse in tabellarischer oder grafischer Form liefern. Per Copy and Paste stehen sämtliche Berechnungen und Grafiken in anderen Programmen, wie PowerPoint oder Excel, zur Verfügung. Für die Analyse können einzelne Knoten, mehrere Knoten im Vergleich oder auch das gesamte Unternehmen herangezogen werden. Die Analyse liefert diverse, leicht interpretierbare Kennzahlen, wie das Durchschnittsalter, die Anzahl der Mitarbeiterinnen und Mitarbeiter oder variable Grafiken zur Altersstruktur. Darüber hinaus aber auch „Lagemaße", wie z. B. die Anzahl der Mitarbeiterinnen und Mitarbeiter Ü50 oder Ü60. Über den Kennzahlenvergleich lassen sich leicht signifikante Unterschiede zwischen den Knoten identifizieren.

Sechs spezifische Indizes, die allesamt aus der öffentlichen Statistik abgeleitet wurden, liefern Vergleichsgrößen zu Risikofaktoren, wie Fluktuation und Mobilität, Gesundheit und Arbeitsfähigkeit oder Wissen. Diese Indizes können für jeden einzelnen Knoten ausgegeben werden und verdeutlichen den spezifischen Handlungsbedarf. Maßnahmen der Gesundheitsförderung, des Wissensmanagements, der Personalbindung oder -rekrutierung können somit „knotengenau" ergriffen werden.

Die Intention des Analysemoduls liegt in der Visualisierung und Dokumentation der Vielschichtigkeit und Vielfältigkeit der betrieblichen Altersstrukturmuster. Zur selben Zeit findet man – je nach Sortierkriterium – nahezu jedes alterstypologische Grundmuster. So steht eine jugendzentrierte Abteilung einer altenzentrierten gegenüber oder beide vereinigen sich in einer Jobfamilie zu einem „twin peak". Die Begründung für solche Muster ist simpel. Die Altersstruktur von Bereichen, Kostenstellen, Jobclustern etc. liegt in der vergangenen Wachstums- bzw. Veränderungsdynamik des Unternehmens und seiner Teileinheiten. Phasen des Wachstums, der Stagnation oder Schrumpfung sind nahezu eins zu eins in der Altersstruktur ablesbar. HCScore³ visualisiert die Vielfältigkeit der Altersstrukturen im Betrieb und bildet die Basis für differenziertes Handeln. Die dritte Säule bildet das Simulationstool. HCScore³ bietet umfangreiche Möglichkeiten der Simulation. Altersspezifische Informationen basieren auf dem Geburtsdatum, Austrittsdaten (ATZ-Eintritt in die passive Phase, Befristung etc.) werden berücksichtigt. Das Simulationsmodul erlaubt spezifische Vorgaben, wie Fluktuation, Personalaufbau, gewünschtes Einstellungsalter etc., und zwar für jeden einzelnen Knoten. Absolute Veränderungen wie z. B. die Personalveränderung in den nächsten ein bis zehn Planungsintervallen können für jeden einzelnen Knoten angegeben werden. Die Rentenformel ist gemäß der aktuellen gesetzlichen Bestimmungen vorprogrammiert. Altershöchstgrenzen für spezifische Tätigkeiten können vorgegeben werden. Der Zeitraum für die Simulation ist frei wählbar. Die Ausgabe der Ergebnisse kann ebenfalls in frei wählbaren Zeitkorridoren (Monat, Quartal, Halbjahr, Jahr) erfolgen. Sämtliche statistischen Kennziffern, Indikatoren etc. werden in der Simulation berechnet und grafisch – teilweise in animierter Form – aufbereitet.

H-Faktor GmbH
Niederhofer Kohlenweg 16
44267 Dortmund
Ansprechpartner/-in:
Udo Kiel
Tel: 0231 31774510
Fax: 0231 31774520
Mobil: 0173 3734987
kiel@h-faktor.org

Dortmund

51°30'51" N,
7°27'50" O

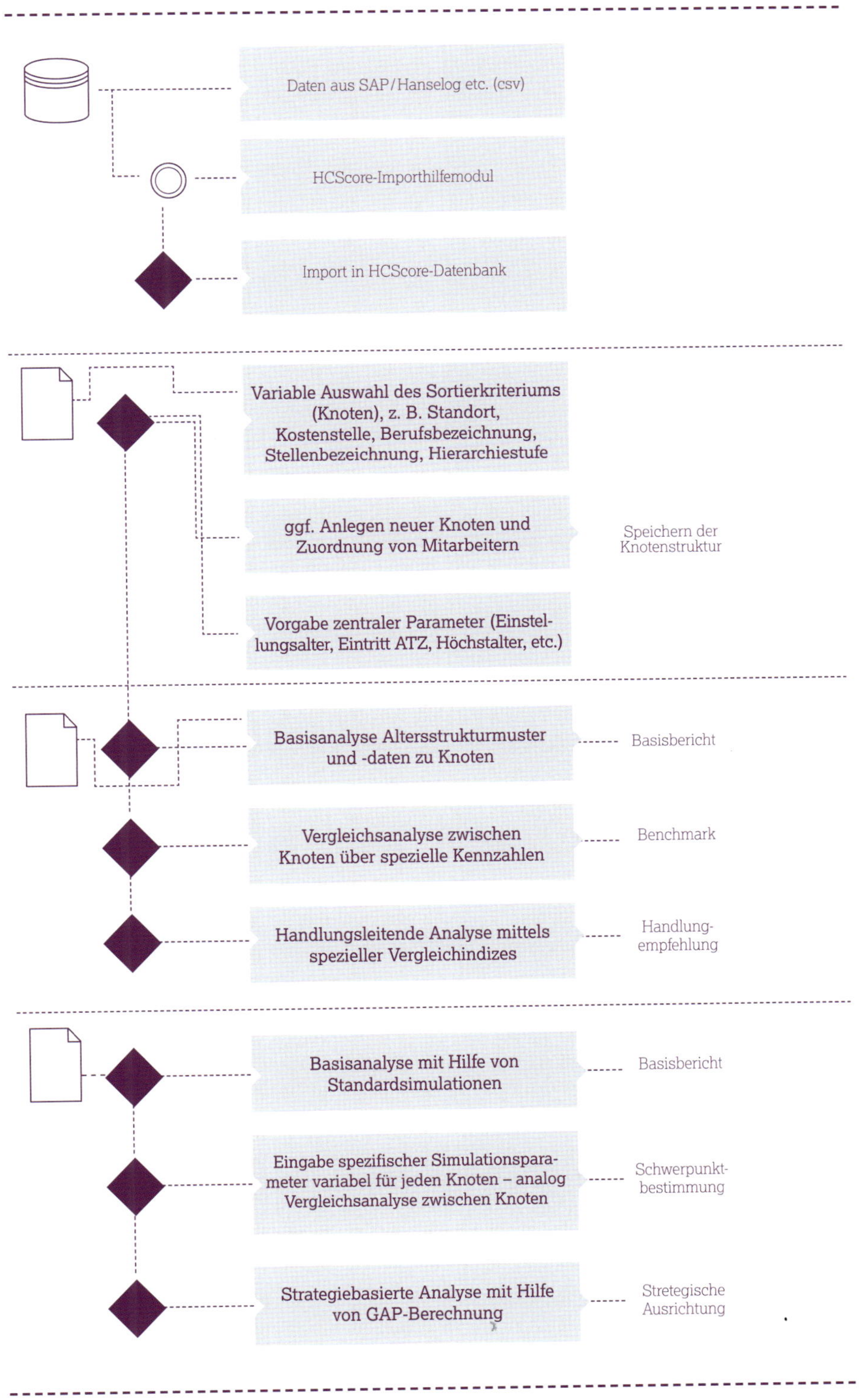

Demografiemanagement

Ganzheitliche Lösungsansätze für das betriebliche Demografiemanagement. Wettbewerbsfähigkeit der deutschen Metall- und Elektroindustrie durch Demografiefestigkeit

Die Wettbewerbsfähigkeit eines Unternehmens hängt stark davon ab, wie passgenau das Unternehmen auf den demografischen Wandel eingeht. Eine einzige, mustergültige Herangehensweise zur Lösung demografischer Herausforderungen existiert jedoch nicht! Ein unüberlegter Aktionismus, wie er gegenwärtig oft beobachtet wird, ist nicht sinnvoll. Die deutschen Unternehmen benötigen innovative und praktisch erprobte Instrumente und Lösungsansätze.

Das **ifaa** unterstützt Unternehmen der Metall- und Elektroindustrie mit einer strukturierten Vorgehensweise bei der Suche nach geeigneten betriebsspezifischen Lösungen und zur Realisierung eines nachhaltigen Demografiemanagements:

a) Begonnen wird stets mit einer **Ist-Analyse.** Um zielgerichtet handeln zu können, muss ein Unternehmen zunächst wissen, wo es steht. Hierzu wird eine einfach handhabbare, eigenentwickelte Altersstrukturanalyse und Qualifizierungsbedarfsermittlung eingesetzt, um sehr genau zu klären, welche Mitarbeiter das Unternehmen zukünftig braucht, um die Unternehmensstrategie langfristig zu erfüllen. Die Altersstrukturanalyse und -prognose liefern konkrete Anhaltspunkte für personalpolitisch entscheidende Fragestellungen: Welche Beschäftigtengruppen und welche Funktionsbereiche sind besonders von der Alterung betroffen? Welche Wissens- und Erfahrungsträger stehen vor der Verrentung? Welche jüngeren Beschäftigten stehen z. B. wann zur Tandembildung mit älteren ausscheidenden Know-how-Trägern bereit, um die Wissensweitergabe zu sichern?

Gegenwärtig verdient die Sensibilisierung der Unternehmensleitungen (vor allem in KMU) besondere Aufmerksamkeit. Die Altersstrukturanalyse wirkt dabei oft als Augenöffner mit Aha-Effekt.

b) Im Anschluss an die Analysephase definiert das Unternehmen mit Experten des ifaa oder der Arbeitgeberverbände die **Ziele zur verbesserten demografiefesten Personalarbeit** und den Weg zum Ziel – nämlich die Ableitung von arbeitswissenschaftlich fundierten, demografiefesten Maßnahmen, einer Umsetzungsstrategie und anschließenden Bewertung der Wirksamkeit der Verbesserungsmaßnahmen. Handlungsbedarf kann sich auf unterschiedlichen Themengebieten ergeben. Erfahrungsgemäß liegt die Betonung auf folgenden Handlungsfeldern eines demografiefesten Betriebs: Ergonomie, Arbeitszeit und Personal (siehe Abbildung). Wie gut einzelne Maßnahmen wirken, hängt stark von der Unternehmenskultur, Führung und Bereitschaft der Beschäftigten ab.

Wichtig dabei: Demografiefeste Personalarbeit unter arbeitswissenschaftlichen Gesichtspunkten bezieht sich nicht nur auf die älteren Beschäftigten, sondern setzt präventiv bereits bei den Jüngeren an. Gestalterische Maßnahmen (z. B. der Arbeitsplatz, die Arbeitsumgebung, die Arbeitszeit) kommen älteren und jüngeren Beschäftigten zu Gute. Es besteht nicht generell die Notwendigkeit zu altersdifferenzierten Arbeitssystemen; wichtiger sind alternsgerechte Arbeitsplätze, eine alternsgerechte Arbeitsorganisation und ein alternsgerechter Personaleinsatz.

Das Institut für angewandte Arbeitswissenschaft e.V. (ifaa) - das Forschungsinstitut der Metall- und Elektro-Industrie zur Gestaltung der Arbeitswelt - unterstützt deutschlandweit die Arbeitgeberverbände und deren Mitgliedsunternehmen bei der Suche und Realisierung demografiefesten betrieblichen Personal- und Organisationsmanagements. Als Vordenker in demografieorientierten Fragestellungen wurden vom ifaa bereits frühzeitig ganzheitliche Lösungsansätze und Hilfsmittel für die unternehmerischen Handlungsfelder entwickelt und in dem Handlungsordner „Der demografiefeste Betrieb" ausführlich beschrieben. Mit unserer praxisorientierten Arbeit zur Demografiefestigkeit der Unternehmen möchten wir dazu beitragen, den Wirtschaftsstandort Deutschland zu stärken.

Institut für angewandte Arbeitswissenschaft e. V. (ifaa)
Uerdinger Straße 56
40474 Düsseldorf
www.arbeitswissenschaft.net

Ansprechpartner/-in:
Prof. Dr.-Ing. Sascha Stowasser
Direktor
Tel: 0211 54226315
s.stowasser@ifaa-mail.de

Düsseldorf

51°13'20" N,
6°47'28" O

Wettbewerbsfähigkeit sichern

Produktivität sichern + steigern

Leistungsfähigkeit der Beschäftigten erhalten und fördern

Konzepte, Strategien, Maßnahmen (kurz-, mittel-, langfristig)
Betrieblicher Rahmen mit individuellem Gestaltungsspielraum

Ergonomie: Arbeitsplatz Arbeitsumgebung (Arbeitsschutz)

Arbeitszeit: Lebenssituations-spezifisch, alternsgerecht

Personal: Entwicklung, Führung, Motivation, Bindung

Demografie: Veränderungen, Rahmenbedingungen, Anforderungen

Unternehmens- und Gesundheitskultur

Führungskräfte (Führung / Vorbild)

Betriebliche Angebote

Beschäftigte Persönliche Lebensführung

Controlling
- Kennzahlen
- Mitarbeiterbefragung

ifaa-Dienstleistungen
- Informationen
- Ausarbeitungen (fachlich, arbeitswissenschaftlich)
- Methoden
- Analysen
- Instrumente / Tools
- Maßnahmen
- Empfehlungen
- Vor-Ort-Unterstützung

Bündelung / Aktivitäten
- Anliegen der Verbände / Mitgliedsunternehmen

Benchmarking der Demografiefestigkeit

Ein Ansatz für einen kennzahlenbasierten Austausch von guten Ideen und eine Kooperation von Unternehmen der Gesundheitswirtschaft in der Region

Unternehmen der Kranken- und Altenpflege sowie der Behinderten- und Jugendhilfe gehören in vielen Städten und Regionen in Rheinland-Pfalz zu den wichtigsten Arbeitgebern. Die Auswirkungen des demografischen Wandels zeigen sich in dieser Branche schon heute verstärkt, etwa in der Schwierigkeit, Fachkräfte zu rekrutieren. Die Beschäftigungsfähigkeit älterer Mitarbeiterinnen und Mitarbeitern zu erhalten und als Arbeitgeber attraktiv zu sein, ist bereits heute zur Sicherung der Wettbewerbsfähigkeit dieser Unternehmen entscheidend.

Mit Hilfe eines Benchmarking-Ansatzes sollen soziale Unternehmen in die Lage versetzt werden einzuschätzen, wie gut sie im Hinblick auf die Herausforderungen des demografischen Wandels aufgestellt sind. Dazu wird gemeinsam mit den Unternehmen ein möglichst aussagekräftiger und gleichzeitig schlanker Indikatorensatz entwickelt. Die Auswertung ermöglicht eine Standortbestimmung der eigenen Aktivitäten und bildet den Ausgangspunkt für eine datenbasierte Strategieentwicklung. Über einen moderierten Austausch können die Unternehmen von den erfolgreichen Ideen der Besten profitieren. Die Unternehmen werden in ergebnisorientierten Strategieworkshops dabei begleitet, die Erkenntnisse aus dem Benchmarking für die eigene strategische Planung zu nutzen.
Ziel ist es, den Beschäftigten mit Hilfe eines demografieorientierten Personal- und Organisationsmanagements Bedingungen zu bieten, um gut, gerne und gesund arbeiten zu können, die Unternehmen so für Fachkräfte und Ausbildungssuchende attraktiv zu machen und letztlich die Zukunftsfähigkeit der Unternehmen zu sichern.

Erlebbare Geschichte des Projekts

Mit Hilfe der folgenden kleinen Geschichte soll die Idee mit ihren wesentlichen Inhalten und Zielen konkret vorstellbar gemacht werden. Petra Müller, Geschäftsführerin eines Altenpflegeheimes mit 40 Mitarbeitern, war zuerst etwas überrascht. Bisher hatte sie immer gedacht, ihr Betrieb sei für den in den Medien omnipräsenten demografischen Wandel gut vorbereitet. Sie hatte eine Laufgruppe ins Leben gerufen, sie schickte ihre Abteilungsleiterinnen und- leiter alle paar Jahre auf Fortbildung und hatte seit einiger Zeit keine Schwierigkeiten mehr, Auszubildende zu finden. Das lag an ihrer Idee der „Azubi-Karte", auf die sie besonders stolz ist. Jede/jeder neue Auszubildende erhielt bei ihr ein Gutscheinheft mit Kino- und Schwimmbadfreikarten, aber auch Gutscheinen für kostenlose Fahrten zu Fachmessen, selbst wählbaren Fachkursen und 14-tägigen Praktika bei anderen Pflegeeinrichtungen. Die Praktika hatte Frau Müller mit einigen befreundeten Einrichtungen vereinbart, um die Breite der Ausbildung zu verbessern. Das hatte sich herumgesprochen, und schon mehrmals hatten sich junge Leute, die eigentlich planten, in der 30 km entfernten Großstadt einen Ausbildungsplatz zu suchen, deshalb bei ihr beworben.

Dann nahm sie mit ihrem Unternehmen am sogenannten Demografie-Benchmarking teil. Als sie den Auswertungsbericht studierte, war Frau Müller zufrieden, ihre Einrichtung im Bereich der guten Ausbildung auf Rang 1 zu entdecken. Doch sie fand auch mehrere Bereiche, in denen ihr Unternehmen ziemlich weit hinten in der Rangliste auftauchte. Vor allem im Bereich der Gesundheitsförderung wies ihr Pflegeheim eine vergleichsweise geringe Beteiligungsquote auf. Frau Müller ärgerte sich tatsächlich schon lange darüber, dass bei dem Lauftreff nur wenige mitmachen. Sie fuhr neugierig zu dem Auswertungsworkshop, an dem Vertreter aller Benchmarking-Teilnehmer anwesend waren. Von den Moderatoren wurde Frau Müller gebeten, vorzustellen, warum ihr Unternehmen eine so hohe Bewerberquote bei Auszubildenden aufweist. Sie stellte ihre Azubi-Karte vor und wurde dazu intensiv befragt. Zwei Einrichtungsleiter sprachen sie an, um sich weiter auszutauschen, mehr über die Azubi-Karte zu lernen und sie eventuell selbst anzubieten. Der Chef eines großen Krankenhauses stellte bei dem Workshop vor, wie es in seinem Unternehmen in Zusammenarbeit mit einer Krankenkasse gelungen war, dass sich fast drei Viertel der Belegschaft an gesundheitsvorbeugenden Maßnahmen beteiligen. Das war für Frau Müller sehr spannend und so wurde vereinbart, diese Ideen iTA INSTITUT FÜR TECHNOLOGIE UND ARBEIT

Institut für Technologie und Arbeit e.V.
Trippstadter Straße 110
67663 Kaiserslautern
Ansprechpartner/-in:
Dr. Frank Eierdanz
Wissenschaftlicher Mitarbeiter
Tel: 0631 2058330
frank.eierdanz@ita-kl.de

Kaiserslautern

49°26'41" N,
7°46'08" O

in den moderierten Qualitätszirkeln detailliert vorzustellen und gemeinsam zu erarbeiten, wie diese Lösung auf andere Unternehmen übertragen werden kann.
Als Frau Müller jetzt, ein Jahr später, den neuen Benchmarking-Bericht liest, ist ihr Pflegeheim in der Gesundheitsförderung um einige Ränge nach oben geklettert. Und die Azubi-Karte wird schon in mehreren Einrichtungen angeboten.

Das beschriebene Vorhaben wird derzeit in der Region Westpfalz mit sieben sozialen Einrichtungen, gefördert vom Land Rheinland-Pfalz und dem Europäischen Sozialfonds, durchgeführt (Laufzeit: 1.1.2013 – 30.6.2014). Im Mittelpunkt stehen dabei die kooperative Entwicklung eines geeigneten Indikatorensatzes und einer Mitarbeiterbefragung sowie der Einsatz von bereits in der Praxis bewährten Bewertungsinstrumenten. Die Auswertung der Daten ermöglicht es, die besten Ansätze „demografiefester Unternehmen" zu identifizieren. Der Benchmarking-Workshop mit allen Teilnehmerinnen und Teilnehmern unterstützt die Übertragung dieser Ansätze auf andere Unternehmen. Im Anschluss an das Entwicklungsprojekt sind ein Transfer und eine Ausweitung des Ansatzes auf weitere Einrichtungen / Branchen vorgesehen.

active ageing

Thüringer Netzwerk Demografie

Das **Thüringer Netzwerk Demografie (TND)** begleitet und unterstützt seit August 2008 Thüringer Unternehmen und deren Beschäftigte bei der Gestaltung und Bewältigung der innerbetrieblichen demografischen Veränderungen, um einen aktiven Beitrag zur Fachkräftesicherung zu leisten. Es wird vom Thüringer Ministerium für Wirtschaft, Arbeit und Technologie aus Mitteln des Europäischen Sozialfonds gefördert.

Das TND ist in der Lage, den Unternehmen fundierte inhaltliche Angebote (Demografie-Check-up, Gütesiegel „Demografieorientiertes Unternehmen", Tagesseminare, Weiterbildung zum „Innerbetrieblichen Demografie-Berater" Kooperations- und Praktika-Börsen im Ingenieurbereich, etc.) zu unterbreiten, die in einer vorangegangenen Erprobungsphase entwickelt wurden und sich mehrfach bewährt haben. Diese werden dennoch an die aktuellen bzw. individuellen Herausforderungen der Unternehmen angepasst.

Die Vernetzungsebene des TND ermöglicht belastbare und verlässliche Kooperationsstrukturen u. a. mit der Regionaldirektion Sachsen-Anhalt-Thüringen, dem Regionalen Transferzentrum „Demografischer Wandel" der Bundesanstalt für Arbeitsschutz und Arbeitsmedizin in Dresden, der AOK Plus sowie weiteren Akteuren aufzubauen und aktiv in die Umsetzung der eigenen Maßnahmen einzubinden.

Überregional ist das TND mit dem ddn – das demographie netzwerk, Deutschlands größtem Unternehmensnetzwerk, verbunden. Das TND agiert somit auch als regionales „ddn-thüringen". Die Mitarbeit in verschiedenen Arbeitskreisen des ddn ermöglicht einen Austausch von Maßnahmen und Methoden von und nach Thüringen.

Die bisherigen Aktivitäten haben dazu beigetragen, dass das TND in Thüringen und darüber hinaus mehr und mehr als kompetenter Ansprechpartner und Expertennetzwerk für demografieorientierte Personalentwicklung wahrgenommen wird.
Dennoch ist der Sensibilisierungs-, Beratungs- und Unterstützungsbedarf in den kleinen und mittleren Unternehmen, insbesondere aber in Kleinstunternehmen, nach wie vor hoch. Ausdifferenzierte Angebote sind notwendig, um eine höhere Breitenwirkung und Wahrnehmung zu erreichen, inhaltlich zu vertiefen, praxisrelevante Ergebnisse verfügbar zu machen und bei Bedarf die Umsetzung in den Unternehmen prozessorientiert zu begleiten.
Neben den Aktivitäten in Thüringen wird – aufgrund ähnlicher Problemlagen innerhalb der Europäischen Union – der transnationale Erfahrungsaustausch fortgeführt.

Das TND verfolgt mit dem Ansatz „Active ageing – Beschäftigungsfähigkeit Älterer stärken" eine Doppelstrategie:
Zum einen werden Thüringer Unternehmen mit den bewährten Instrumenten aktiv unterstützt. Das TND versteht sich dabei als Plattform für Fragen der Personal- und Organisationsentwicklung und hält einen Expertenpool vor, um die Arbeitsfähigkeit zu erhalten, die Fachkräfteressourcen optimal zu nutzen und die Arbeitsprozesse angemessen zu gestalten.
Zum anderen werden die Thüringen-Spezifischen Aktivitäten im transnationalen Kontext transferiert, mit Umsetzungsaktivitäten europäischer Partner abgeglichen, gemeinsame Produkte entwickelt und Handlungsempfehlungen geschaffen.
Das TND versteht sich hier als Best-Practice-Partner, der die in Thüringen entwickelten Tools, Maßnahmen und Umsetzungsaktivitäten im transnationalen Kontext zur Verfügung stellt und weiterentwickelt. Durch das esf-age-network der Europäischen Kommission wurde das TND 2012 evaluiert und als Best-Practice-Beispiel auf europäischer Ebene ausgewählt.

Im „Europäischen Jahr des aktiven Alterns und der Solidarität zwischen den Generationen 2012" hatte das TND eine zusätzliche Aktion gestartet, eine Initiative zur Sensibilisierung von Arbeitgebern für die Aspekte des längeren Verbleibs im Erwerbsleben und zur Steigerung der Beschäftigungsquote Älterer. Die Initiative „Zu gut für die Rente" wurde von September bis Dezember 2012 durchgeführt und bestand aus mehreren Stufen der Ansprache:
Zunächst wurden 2.000 Geschäftsführerinnen und Geschäftsführer Thüringens schriftlich kontaktiert. Das Schreiben enthielt ein Foto mit einem Motiv aus der Seefahrt und einer personalisierten Internetadresse, die die Empfängerin und den Empfänger dazu motivierte, auf diese Seite zu gehen. Hier wurden die Nutzerinnen und Nutzer durch einen Dialog geführt, der ältere Beschäftigte bzw. den längeren Verbleib im Erwerbsleben thematisierte. Je nach Entscheidung der Geschäftsführerin oder des Geschäftsführers, ob ihr / ihm die Aspekte wichtig oder weniger wichtig erscheinen, bestand zum Schluss die Möglichkeit, mehr Informationsmaterial (ein sog. "Rettungspaket") des TND anzufordern. Dieses enthielt ein Anschreiben, das Angebotsheft des TND, ein Postkartenset „Zu gut für die Rente" und zwei Buttons „Zu gut für die Rente". Ziel war, sich intensiver mit den älteren Mitarbeiterinnen und Mitarbeitern auseinanderzusetzen, erste Potenziale zu erkennen und mit dem TND Kontakt aufzunehmen. Mit den Buttons sollte die Geschäftsführung gezielt angeregt werden, sich intensiv mit dem längeren Verbleib des Beschäftigten im Unternehmen auseinanderzusetzen.

Im Jahr 2013 wird diese Kampagne auf der Mitarbeiterebene direkt ansetzen. Derzeit läuft die Vorbereitung zur Auswahl der Unternehmen, zur Klärung der Mitbestimmungspflicht zum Einsatz eines Befragungsinstruments und der Zusammenstellung einer Gesundheitstüte, die diejenigen Beschäftigten erhalten, die an der Befragung teilnehmen werden.

Weitere Informationen können dem Internet unter **www.netzwerk-demografie.de** entnommen werden.

IWT – Institut der Wirtschaft Thüringens
Lossiusstraße 1
99094 Erfurt
www.iw-thueringen.de
Ansprechpartner/-in:
Roswitha Weitz
Geschäftsführerin
Tel: 0361 65319353
roswitha.weitz@iw-thueringen.de

Erfurt

50°58'32" N,
11°01'34" O

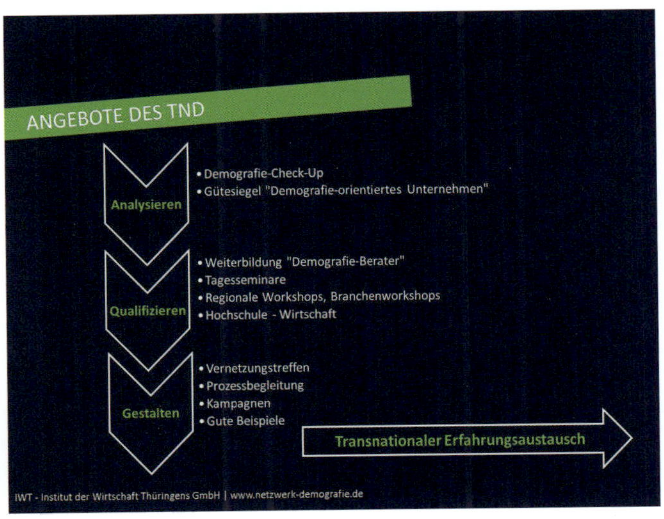

POTENTIAL INDEX Führungskräfte 50+

Perspektiven erkennen – Chancen nutzen – Wandel gestalten

Auch in den Reihen der Fach und Führungskräfte wird er deutlich: Der demografische Wandel. In den kommenden Jahren wird der Anteil an Führungskräften über 50 Jahre in Unternehmen markant wachsen. Gleichzeitig sinkt jedoch die Zahl der qualifizierten Nachwuchsführungskräfte. Trotz dieser Entwicklung herrscht noch in vielen Fällen eine Frühverrentungskultur. Dabei belegen zahlreiche Studien, dass Führungskräfte gerne bereit sind bis zum regulären Renteneintritt, oder sogar darüber hinaus zu arbeiten, wenn die Rahmenbedingungen stimmen. Aber: Auf welche Weise profitieren Unternehmen davon? Wie sollen diese Rahmenbedingungen aussehen? Wie lassen sich Lösungsmodelle an die Bedingungen im Unternehmen anpassen? Wie kann der demografische Wandel zu einer Chance – auch auf Fach- und Führungskräfteebene – werden?

Perspektiven, in der Karrierephase 50+, sind wichtig! Dazu zählen Entwicklungsmöglichkeiten, Angebote zur Flexibilisierung der Arbeitszeit, neue Aufgabenorganisations- und Arbeitsmodelle sowie Strukturen, welche die Freude an der Weitergabe von Erfahrungswissen fördern. Ohne diese Möglichkeiten verschenken Unternehmen wertvolle Chancen. Der wirtschaftliche Schaden daraus ist erfassbar und bezifferbar! Mangelt es Führungskräften 50+ an Wertschätzung und an Möglichkeiten, Potential einzusetzen, dann sinken auch Motivation und Einsatzbereitschaft. Besonders dann, wenn sich Stärken und persönlichen Werte über die Jahre verschoben haben, ohne dass es das Unternehmen bemerkt hat. Nur dort, wo Aufgaben und Rahmenbedingungen an Stärken angepasst sind, kann auch Potential genutzt werden! Und nur dort, wo Unternehmen Erwartungen hören und Bedürfnisse beachten, kann Motivation erhalten und gefördert werden!

Wie entscheidend diese Aspekte für den Unternehmenserfolg sind, ist allgemein bekannt. Welche bedeutende Rolle die Zielgruppe der Führungskräfte 50+ dabei spielt, wird oft noch unterschätzt: Für Führungskräfte ist es besonders wichtig, dass sie motiviert sind und Einsatz zeigen. Sie sind Vorbild für viele Mitarbeiterinnen und Mitarbeiter und ihre Begeisterung für eine Aufgabe spiegelt sich auch in der Motivation des Teams wider. Mit ihrem Verhalten und ihren Werten gestalten sie nicht nur die Unternehmenskultur, sondern sie leben sie auch vor. Sie besitzen den unverzichtbaren Erfolgsfaktor: „Erfahrungswissen". Sie sind sogar die Erfahrungsträger im Unternehmen, denn egal auf welcher Führungsebene, sie tragen die Verantwortung, kennen Abläufe, Unternehmenspraktiken und ihren „Markt" seit vielen Jahren. Sie nutzen ganz besonders die Beziehungen und Synergien, welche sie über lange Zeit im Unternehmen, aber auch extern aufgebaut haben. Sie wissen um die richtigen Kontakte im richtigen Moment und kennen die Abkürzung. In Krisenzeiten sind sie ein entscheidender Stabilisierungsfaktor dank ihrer ausgeprägten Resilienzfähigkeit. Sie besitzen wichtige Schlüsselqualifikationen und ihre Entscheidungsfähigkeit hat sich über viele Jahre gefestigt.

Um als Unternehmen erfolgreich im Wettbewerb zu bestehen, sollten die Erwartungen dieser Zielgruppe bekannt sein und Bedürfnisse durch entsprechende Maßnahmen erfüllt werden! Eine Pilotstudie des **POTENTIAL INDEX** Führungskräfte 50+ in sechs deutschen Unternehmen verschiedener Größe und Branchenzugehörigkeit hat ergeben, dass 75 % der befragten Führungskräfte 50+ gerne ihre Arbeitszeit reduzieren würden. 54 % der Teilnehmenden würden gerne in eine Position wechseln, die speziell auf den Wissenstransfer ausgerichtet ist und 39 % der befragten Führungskräfte 50+ würden zu einem anderen Arbeitgeber wechseln, wenn dieser ihnen die individuelle Gestaltung ihrer Aufgaben und die entsprechenden Rahmenbedingungen dazu böte.

Diesem Ergebnis wird Beachtung geschenkt. **Im Zuge des demografischen Wandels und unter dem Gesichtspunkt der Wirtschaftlichkeit ist es für Unternehmen erfolgsentscheidend, Führungskräfte in ihrer Karrierephase 50+ zukunftsweisend zu managen!**

Im Rahmen dieser Leitidee hat die Krähberg Consulting GmbH den POTENTIAL INDEX Führungskräfte 50+ entwickelt.

Der POTENTIAL INDEX ist ein innovatives Analyse und Reporting Tool, welches mit Hilfe von Befragungen die Erwartungen von Führungskräften 50+ mit den Bedingungen im Unternehmen abgleicht und damit bisher ungenutzte Entwicklungs- und Einsatzpotentiale aufzeigt. Ausgehend von neun relevanten Handlungsfeldern erhebt der Index den Reifegrad und die Akzeptanz bereits vorhandener Maßnahmen und ermittelt, welche Maßnahmen und Aktivitäten zukünftig besonders wichtig für den erfolgreichen Einsatz von Führungskräften 50+ sind. Die Analyse beinhaltet zudem eine Bewertung der Unternehmenskultur und des Arbeitsklimas aus Sicht der Führungskräfte 50+ und ist ausgerichtet an der Aufdeckung von Wirkungszusammenhängen und positiven Nebeneffekten. So liefert der POTENTIAL INDEX eine umfassende und gleichzeitig passgenaue Handlungsanleitung als Ergebnis, um erfolgreiche Maßnahmen zu gestalten!

Die Neuausrichtung und Anpassung der Arbeitswelt 50+ gewinnt als Folge des demografischen Wandels sowie des angehobenen Renteneintrittsalters für jedes Unternehmen an Bedeutung, das zukünftig im Wettbewerb bestehen und den Wandel aktiv mitgestalten möchte. Dabei stehen nicht nur die Führungskräfte, sondern alle Arbeitnehmerinnen und Arbeitnehmer 50+ im Fokus. Jedoch spielt die Zielgruppe der Führungskräfte 50+, aufgrund ihrer Vorbildfunktion und ihres Commitments in Veränderungsprozessen, eine entscheidende Rolle im Unternehmen.

Der POTENTIAL INDEX Führungskräfte 50+ ist das Tool, um den demografischen Wandel - auf Fach- und Führungskräfteebene - zur Chance zu machen! Wir möchten Unternehmen ermutigen und unterstützen, JETZT zu handeln!

Krähberg Consulting GmbH
Schloss Krähberg
64759 Sensbachtal
www.kraehberg.de

Ansprechpartner/-in:
Tabea Figura
Tel: 06068 94160
Fax: 06068 941666
t.figura@kraehberg.de

Sensbachtal

49°32'5" N,
9°00'43" O

50+

„Um berufserfahrene Fach- und Führungskräfte langfristig im Unternehmen zu halten und zu motivieren, wird in Zukunft das klassische Repertoire nicht mehr ausreichen! Unternehmen sollten sich die Frage stellen, wie pflegen wir unsere Führungskräfte 50+ besser?"

(Personalverantwortlicher, Experteninterviews 2013 im Rahmen der Pilotstudie)

Demogra-fitte Pflege

Demografiefest in die Zukunft

Die Alterung der Gesellschaft bedeutet für Krankenhäuser nicht nur eine steigende Zahl an versorgungs- und pflegebedürftigen Menschen – auch die eigenen medizinischen und pflegerischen Fachkräfte werden älter. Dieser Herausforderung stellt sich das St. Joseph-Stift Bremen (SJS) in einem zukunftsweisenden Projekt, extern begleitet durch die Demografieberaterinnen U. Laacks und Dr. A. Röhr.

Als Projekteinstieg erfolgte 2010 die Erfassung des demografischen IST-Zustandes im Pflegebereich in Form einer vertieften Altersstrukturanalyse. Dabei wurden Alter, Bereiche, Hierarchie, Berufsgruppen, Fehlzeiten, Fort- und Weiterbildung und die regionale Lage auf dem Pflegemarkt erfasst. Die Auswertung ergab, dass in zwölf Jahren ein Drittel der pflegenden Beschäftigten (gesamt 448 Köpfe) in den Ruhestand geht. Neben dieser Erkenntnis steht für die katholische Klinik fest, dass der Bedarf an Pflege und Gesundheitsversorgung bei steigender Lebenserwartung wachsen wird. Die eigene Belegschaft altert und die Jugend ist weniger motiviert, den Pflegeberuf zu ergreifen. Fach-Pflegebereiche sind schon heute schwerer nachzubesetzen. Neben der Altersstrukturanalyse zeigten drei Mitarbeiterbefragungen zu Wissensweitergabe, Schichtdienstgestaltung und mit Über-55-Jährigen folgende Ergebnisse:

- Hoher Altersdurchschnitt im Bereich Gynäkologie und den Fachpflegebereichen Zentral-OP und Anästhesie
- In einzelnen Bereichen gibt es hohe Fehlzeiten, in anderen Bereichen kommt es wiederum kaum zu Fehlzeiten
- Die Fachkräftequote in der Pflege lag bei 98 % Examinierten
- Bewerbungssituation in der Pflege ist rückläufig
- Renteneintrittsalter liegt im Durchschnitt bei 60,5 Jahren, woraus resultiert, dass in zehn Jahren ein Drittel der Pflegekräfte das SJS verlässt.

Aus dem frühen Renteneinstiegsalter, der unterschiedlichen Fehlzeitensituation, der hohen Examinierten-Quote und dem regionalen Nachwuchsthema resultierten drei wesentliche Handlungsfelder: Wissensmanagement, Gesundheitsmanagement und Personalstrategie. Die drei Projektgruppen sind mit Absicht bunt gemischt. Um sich berufsübergreifend und mitarbeiternah den Themen zu nähern, suchen die 23 Projektmitglieder nicht nur positions- und fachübergreifend sondern vor allem altersübergreifend nach Lösungsansätzen. Ziel ist die Förderung einer Unternehmenskultur, in der ein Altern möglich und gewünscht ist. Eine altersgerechte Arbeitsplatzgestaltung soll ermöglicht werden, die nicht stigmatisiert, sondern allen Mitarbeiterinnen und Mitarbeitern zugutekommt.

Wissen sichern und weitergeben

Das gegenseitige Voneinanderlernen soll besonders unterstützt werden, damit wichtige Erfahrungen nicht verloren gehen und Fachwissen bewahrt wird. Deshalb ist eine wesentliche Aufgabe des Projektteams „Wissensmanagement" der Aufbau einer Wissensstafette als Instrument zur gezielten Übergabe zwischen berufsjungen und demnächst ausscheidenden Mitarbeiterinnen und Mitarbeitern. Im Fokus stehen dabei die über 55-Jährigen. Zudem werden Rotationsmodelle zwischen Partnerstationen erprobt und eine Checkliste für ungeplante Funktionswechsel in wissensrelevanten Bereichen erstellt. Auch die Steuerung der Qualifizierung ist von wesentlicher Bedeutung. Die interne, stationsbezogene Fort- und Weiterbildung wird praxisnah und alter(n)sgerecht ausgebaut und die eigenen Fachkräfte, Praxisanleiter, Therapeuten und internen Experten gezielt geschult. Länger abwesende Mitarbeitende werden in der Abwesenheitsphase zu Fort- und Weiterbildung eingeladen und erhalten regelmäßig Informationen aus der Klinik.

Länger und gesund in der Pflege arbeiten

Einen weiteren Schwerpunkt des Projekts stellt die Einführung eines betrieblichen Gesundheitsmanagements dar. Für die Mitarbeitenden des SJS werden kostengünstige und umfangreiche Kurse als Betriebssport aus den Gesundheitssportbereichen „Allgemeiner Präventionssport" (z. B. Power-Gymnastik), „Muskel-Skelettsystem" (Gerätetraining) und „Entspannung und Stressbewältigung" (Yoga) angeboten. Um leistungsgewandelten älteren Mitarbeitenden eine Perspektive bieten zu können, wurde ein betriebliches Eingliederungsmanagement eingeführt. Zudem wird an der Optimierung der Arbeitsorganisation und dem Schichtdiensteinsatz gearbeitet. Bestimmende Themen sind verlässliche Freizeit, Pausenzeiten und Tandem-Stationen als Springerpool. Langfristig soll dies die Arbeitszufriedenheit erhöhen und die gesundheitlichen Belastungen reduzieren.

Demografiefeste Personalstrategie – den roten Faden für die Zukunft legen

Alle Maßnahmen zur Gewinnung von Auszubildenden kamen auf den Prüfstand. Stationsbezogen werden die Qualifikationsprofile neu definiert und Perspektiven für einen vermehrten

Krankenhaus St. Joseph-Stift Bremen

Krankenhaus St. Joseph-Stift Bremen GmbH
Schwachhauser Heerstraße 54
28209 Bremen
Ansprechpartner/-in:
Bianca Brümmer
Teamleitung Pflege Station 4.3/4.4
Tel: 0421 3471704
bbruemmer@sjs-bremen.de

Bremen

53°04'33" N,
8°48'26" O

Einsatz von Hilfskräften (KPH, Serviceassistenten), spezifischen neuen Berufsfeldern (OTA, ATA) sowie Expertenfunktionen erarbeitet. Zudem wurde eine stationsbezogene Qualifikationsmatrix entwickelt und Arbeitsspitzen ermittelt.

Ein hoher Anteil der ausscheidenden Mitarbeitenden äußerte bereits Interesse an einer Tätigkeit nach der Berentung. Auch hierfür wird die Beratungskompetenz in der Personalabteilung gezielt auf Ü55-Themen geschult.

Dreimal im Jahr findet mit allen Pflege-Leitungskräften ein Demografiedialog statt. Ziel ist der Transfer der in den Teilprojekten erarbeiteten Themen, die Arbeit an der Haltung sowie die Anpassung der Maßnahmen an die bereichsspezifischen Abläufe. Leitungskräfte lernen sowohl die körperliche als auch organisatorische Arbeits- und Beschäftigungsfähigkeit der Pflegekräfte wahrzunehmen. Ein Personalkonzept zum lebensphasengerechten Arbeiten ist erstellt, das nicht nur Rücksicht auf die gewandelten Bedürfnisse der Älteren nimmt, sondern auch die Bedürfnisse junger Familien berücksichtigt und die Wünsche der Generation Y aufgreift. Die flexible Dienstplangestaltung soll künftig von allen Pflegekräften verstärkt umgesetzt werden. Die Leitungskraft vor Ort behält das Wissen und die Qualifizierung ihrer Mitarbeitenden im Auge. Dazu ist eine Qualifikationsmatrix entwickelt und ins Mitarbeiterjahresgespräch integriert worden.

Workshopreihe Arbeitgeberattraktivität

Lebensphasenorientierte Personalpolitik als unternehmerischer Attraktivitätsvorteil im demografischen Wandel zum Finden und Binden von Beschäftigten

Die „traditionelle" Personalpolitik orientiert sich vornehmlich an den ersten 20 Jahren des Berufslebens (zwischen dem 20. und dem 45. Lebensjahr) ohne differenzierte Betrachtung unterschiedlicher Lebens- und Berufssituationen. Die lebensphasenorientierte Personalpolitik erweitert den Blickwinkel auf die gesamte Lebensarbeitszeit und wählt somit einen individuellen bzw. zielgruppenspezifischen Ansatz. So stehen beispielsweise bei Beschäftigten in den Dreißigern eher monetäre Ziele, das Festlegen des Karriereweges und auch die Vereinbarkeit von Beruf und Familie im Vordergrund. Bei Beschäftigten im Alter über 50 Jahre rücken hingegen immer mehr die Anerkennung des individuellen Erfahrungswissens und der nahende Ruhestand in den Fokus. Hier wird deutlich, dass Mitarbeiterinnen und Mitarbeiter, abhängig von den jeweiligen Lebensphasen, unterschiedliche berufliche und private Ziele und Bedürfnisse haben. Insbesondere vor dem Hintergrund des stetig ansteigenden Bedarfes an Fachkräften, welchem aufgrund des demografischen Wandels eine abnehmende Zahl von qualifizierten Personen gegenübersteht, wird dieser Ansatz der Lebensphasenorientierung auch bei der Gestaltung der Arbeitgeberattraktivität immer wichtiger.

Zur Entwicklung erfolgreicher Arbeitgeberattraktivität dürfen demnach nicht nur Querschnittsmaßnahmen („Gießkannen-Prinzip") entwickelt und implementiert werden, es müssen auch lebensphasenspezifische Angebote (z. B. flexible Arbeitszeitmodelle, Kinderbetreuung, Weiterbildung) geschaffen werden. Um erfolgreiche Maßnahmen umzusetzen, sollten sich Auswahl und Ausdifferenzierung der Instrumente an den Zielen und Bedürfnissen der jeweiligen Lebensphasen der Mitarbeiterinnen und Mitarbeiter orientieren.

Hier setzt das im Rahmen des Projektes „InnoFaktor" (www.innofaktor.de) entwickelte Konzept einer Workshopreihe an. Diese hat zum Ziel,

- Entwicklungspotenziale bei der lebensphasenorientierten Arbeitgeberattraktivität zu identifizieren,
- konkrete Handlungsmaßnahmen für das Personalmanagement des Unternehmens zu erarbeiten, um diese Potenziale auszuschöpfen,
- sowie bereits bestehende Merkmale der Arbeitgeberattraktivität für die jeweiligen Berufs- und Altersgruppen zu ermitteln.

Ausgangspunkt ist im Idealfall eine (bereits durchgeführte) Analyse und Interpretation der Altersstruktur der Belegschaft in den beteiligten Unternehmen. Hierdurch können bereits frühzeitig Handlungsbedarfe bei der Arbeitgeberattraktivität identifiziert (z. B. im Falle einer hohen Fluktuation) und anhand der identifizierten Belegschaftszusammensetzung erste Schwerpunkte für Maßnahmen der lebensphasenorientierten Personalpolitik gesetzt werden.

Aufbauend auf der Analyse der Altersstruktur und eventuell identifizierter Handlungsfelder wird eine Workshopreihe explorativer Konzeption durchgeführt, die auf eine „mehrdimensionale" Betrachtung der unternehmensbezogenen Arbeitgeberattraktivität sowohl aus Sicht der Mitarbeiterinnen und Mitarbeiter als auch aus Perspektive der Führungskräfte setzt. Die Zusammensetzung der Workshopteilnehmenden erfolgt entsprechend den Ergebnissen der vorangegangenen Analyse der Altersstruktur und unter Berücksichtigung von z. B. Führungsquote und/oder Frauenquote.

Hierfür werden zunächst zwei Analyse-Workshops durchgeführt, jeweils für die Mitarbeiterinnen und Mitarbeiter sowie für Führungskräfte. Aufbauend auf theoretischen „Inputs" zu den Grundlagen der Arbeitgeberattraktivität und der lebensphasenorientierten Personalpolitik sind die Teilnehmerinnen und Teilnehmer gefordert. Zum einen wird eine an das „Cockpit Arbeitgeberattraktivität" (Bertelsmann Stiftung) angelehnte Befragung durchgeführt und direkt in den Workshops ausgewertet, um quantitative Ergebnisse zu erhalten. Zum anderen werden durch die Arbeit in Kleingruppen auch umfangreiche qualitative Ergebnisse erarbeitet.

Die Ergebnisse aus beiden Workshops werden insbesondere vor dem Hintergrund der unterschiedlichen Perspektiven (Mitarbeiterinnen und Mitarbeiter, Führungskräfte) analysiert und für den Zusammenführungsworkshop konsolidiert. Im Zusammenführungsworkshop werden diese Ergebnisse zunächst präsentiert und auf neutraler Ebene verglichen, um neben der Schaffung eines gemeinsamen Informationsstands auch Transparenz und ein gegenseitiges Verständnis zu schaffen. Auf Basis der Ergebnisse und anhand unterschiedlicher Methoden wie einer Ursache-Wirkungs-Matrix, Leitfäden oder moderierter Kleingruppenarbeiten werden konkrete Maßnahmen und Instrumente erarbeitet, die abschließend in Handlungsplänen fixiert werden. Diese wiederum können im Anschluss an die Workshopreihe gemeinsam mit der Prospektiv GmbH auf betrieblicher Ebene umgesetzt werden.

Prospektiv Gesellschaft für betriebliche Zukunftsgestaltungen mbH
Kleppingstraße 20
44135 Dortmund
www.prospektiv.de
Ansprechpartner/-in:
Arne Brand
Wissenschaftlicher Mitarbeiter
Tel: 0231 55697620
brand@prospektiv-do.de

Dortmund

51°30'51" N,
7°27'50" O

Durch die Teilnahme der Beschäftigten an den Workshops und die heterogene Zusammensetzung der Workshopteilnehmenden (Altersstruktur, Azubi, Frauen- oder Führungsquote) ist es dabei möglich, zum einen zielgruppenspezifische Ansätze des Personalmanagements zu erarbeiten, zum anderen aber auch allgemeingültige Handlungsfelder für das Unternehmen zu identifizieren. Weitere Vorteile, die die Workshopreihe für Unternehmen und insbesondere für KMU bietet:

- Einfache und schnell umsetzbare Lösung
- Nicht nur analyse-, sondern auch handlungsorientiert
- Aufgrund der hohen Teilnehmerzahlen werden belastbare und im Unternehmen kommunizierbare Ergebnisse erarbeitet

Die Ergebnisse der bisher durchgeführten Workshops zeigen, dass der eingeschlagene Weg der lebensphasenorientierten Personalpolitik erfolgversprechend ist. In vielen Unternehmen bestehen trotz zum Teil bereits vorhandener Maßnahmen weiterhin Potenziale bei dem Erhalt und der Steigerung der Arbeitgeberattraktivität. Insbesondere bei der Orientierung von personalpolitischen Aktivitäten an den Lebensphasen der Mitarbeiterinnen und Mitarbeiter gibt es noch ungenutzte Möglichkeiten. Die Workshops sind dabei als Einstieg in einen umfassenderen Prozess zur Steigerung der lebensphasenorientierten Arbeitgeberattraktivität zu verstehen.

Analyseworkshops
Mitarbeiter/-innen und Führungskräfte (jeweils 1 Tag)

Ziele:
- Identifikation von bestehenden und potenziellen Merkmalen der lebensphasenorientierten Arbeitgeberattraktivität
- Erarbeitung von quantitativen und qualitativen Ergebnissen

Methodik:
- Befragung und Vor-Ort-Auswertung
- Kleingruppenarbeit

Zusammenführungsworkshop (1 Tag)

Ziele:
- Tranzparenz und gegenseitiges Verständnis schaffen
- Erarbeitung von Instrumenten und Konzepten zur Steigerung der (lebensphasenorientierten) Arbeitgeberattraktivität
- Erstellen eines Handlungsplans

Methodik:
- Ursache-Wirkungs-Matrix
- Leitfäden
- Kleingruppenarbeit

Umsetzung in den Unternehmen anhand des Handlungsplans

Reflect & Move

Gestalten Sie Ihre Arbeitsstätte der Zukunft! Mehrgenerationen- und Gesundheitskonzepte als strategische Erfolgsfaktoren in Unternehmen

Anforderungen an Führungskräfte, Mitarbeiterinnen und Mitarbeiter wachsen stetig. Vitalität und altersintegrierte Modelle werden zu strategischen Erfolgsfaktoren und sind angesichts der demografischen Entwicklung in Unternehmensstrukturen mit einzubeziehen. Das Gesamtsystem „Individuum, Team und Organisation" gilt es zu analysieren und gemeinsam Lösungen zum Erhalt der Arbeits- und Wettbewerbsfähigkeit zu entwickeln. Dabei wird z. B. die Verbindlichkeit und Nachhaltigkeit der Maßnahmenumsetzung durch agile Methoden des Projektmanagements erhöht.

Nutzen für Unternehmen und Gesellschaft

Die Arbeitsstätte der Zukunft sichert die Attraktivität des Wirtschaftsstandortes Deutschland. Gesunderhaltung, Umverteilung von Arbeit sowie Vereinbarkeit von Familie und Beruf entwickeln sich zum Selbstverständnis in Unternehmen:

- Führungskräfte werden als Impulsgeber und Multiplikatoren in die Verantwortung genommen und befähigt zusätzlich zur strategischen Zielerreichung ihren Fokus auf eine gesundheits- und mitarbeiterorientierte Führung zu richten.

- Das gemeinsame Erschließen individueller Ressourcen, Bedürfnisse und Chancen über Alters- und interkulturelle Unterschiede hinweg erhöht Effizienz, Mitarbeiterbindung und -motivation.

- Fachexpertisen und Einzelmaßnahmen medizinischer Dienste, Sozial-/Pflegeberatungen, Krankenkassen, Berufsgenossenschaften, Sportvereine und Kinderbetreuungsstätten werden zu einem sinnvollen Ganzen im Vitalitätszentrum vereint. Der Einsatz von Self-Tracking-Programmen (Quantified Self) als innovativen Vorsorgeinstrumenten wird geprüft und bedarfsgerecht angewandt.

Gestalten Sie Ihre Arbeitsstätte der Zukunft!

Die Gestaltung der vitalen Arbeitsstätte beginnt mit dem Kick-Off in Form eines World Cafés. Auftraggeber, Führungskräfte, HR- und Mitarbeitervertreter entwickeln ein gemeinsames Verständnis für Hintergrund und Zielsetzung des Projekts. Sicherung der Erwerbstätigkeit von älteren Mitarbeiterinnen und Mitarbeitern in Zeiten des schnellen technischen und gesellschaftlichen Wandels, Arbeitszeitmodelle für Vereinbarkeit von Familie und Beruf, Gesundheitsangebote für Führungskräfte und Mitarbeiterinnen und Mitarbeiter und erfolgreiche Einbindung von Know-how-Trägern im Ruhestand sind erfahrungsgemäß hoch priorisierte Themen. Final wird eine Maßnahmen-Landkarte mit Umsetzungsplan erarbeitet.

Fit als Team

Die Führungskraft stellt den Mitarbeiterinnen und Mitarbeitern die geplanten Aktivitäten vor und erarbeitet gemeinsam mit ihnen ein Maßnahmenboard (z. B. Einführung eines wertschätzenden Dialogs, Einsatz der Mitarbeiterinnen und Mitarbeiter nach persönlichen Ressourcen, gesunde Arbeitsbedingungen). Die Aktivitäten werden spezifiziert, terminiert, Verantwortlichkeiten bestimmt und Sprint-Ziele festgelegt. Das Team reflektiert wöchentlich vor dem Maßnahmenboard den Umsetzungserfolg. Um Verbindlichkeit und Nachhaltigkeit der Aktivitäten zu erhöhen, wird in einem drei- bis vierwöchigen Zyklus der Status der Sprint-Zielerreichung aus den jeweiligen Teams an den Steuerkreis Vitalität berichtet und es werden Entscheidungen für das weitere Vorgehen getroffen.

Entwicklung einer demografieorientierten Führungskultur

Die Kopplung an bereits bestehende Fortbildungsprogramme im Unternehmen geschieht bewusst und flechtet Gesundheitskompetenz sowie mitarbeiterorientierte Frühung mit ein. Die Seminare: „Vital und erfolgreich führen" und „Alters- und kulturübergreifende Zusammenarbeit" werden in die Führungskräftequalifizierung integriert und das jährliche Mitarbeitergespräch und Führungskräftefeedback um diese Themen erweitert. Die Führungskräfte reflektieren die Auswirkungen ihres Führungsstils auf das Befinden und die Motivation ihrer Mitarbeiterinnen und Mitarbeiter. In der Verantwortung als Impulsgeber und Multiplikatoren planen sie nachhaltige Verbesserungen ihrer aktuellen Berufs- und Lebenssituation. Sie erkennen Wege, ihre mentale und körperliche Fitness realistisch einzuschätzen und diese erfolgreich zu verbessern. Ergänzend haben sich systemisches Gesundheits- oder Schattencoaching und Teilzeitmodelle als Angebote bewährt.

Kollegiale Beratung der Führungsmannschaft

Die Führungskräfte stellen Umsetzungserfolge und -misserfolge aus den eigenen Teams dar, bewerten Wirkung und Nachhaltigkeit ihrer Implementierungsaktivitäten sowie die Auswirkungen auf die zu Beginn des Prozesses vereinbarten Erfolgsparameter. Auf dieser Basis erarbeiten sie weitere Schritte zur Verstetigung und Stabilisierung der gesundheits- und mitarbeiterorientierten Unternehmenskultur.

Vitalitätszentrum

Zum Erhalt der Arbeits- und Leistungsfähigkeit werden den Arbeitnehmern beispielsweise Informations- und Fortbildungsveranstaltungen, Gesundheitschecks, ergonomische Arbeitsplatzgestaltung, Gesundheitstage, Sport-, Ernährungs- und Entspannungsprogramme, Sozial-/Pflegeberatung und Kinderbetreuungsmöglichkeiten angeboten.

Boxenstopp

Auftraggeber, Führungskräfte und HR-Vertreter bewerten gemeinsam mit Schlüsselpersonen aus der Mitarbeiterschaft (Sounding Board) den Umsetzungserfolg des Gesamtprozesses. Neben den zu Prozessbeginn vereinbarten wirtschaftlichen Parametern werden auch Return on Investment sowie Auswirkungen auf Stimmung und Leistungskultur im Unternehmen bewertet. Bei Bedarf werden weitere Schritte zur Sicherung der Zielerreichung vereinbart.

Was uns als Reflect & Move beflügelt

Umsetzungserfolg ist unser klares Ziel: Führungskräfte und Mitarbeiterinnen und Mitarbeiter sind die Experten für ihre Situation und übernehmen eigenverantwortlich die Lösungsfindung. Reflect & Move unterstützt den individuellen Veränderungsprozess mit Wirtschafts-, Psychologie- und Sportwissenschafts-Expertise. Wertschätzung als kostenloses Gut beflügelt die Gesunderhaltung sichtlich. Genau hier setzen wir in unserer Zusammenarbeit an. Ferner liegt uns soziale Verantwortung sehr am Herzen. Wir investieren in die Mitarbeiterinnen und Mitarbeiter von morgen: 2 % unseres Honorars fließen in gemeinnützige Projekte für Kinder.

Reflect & Move
Methfesselstraße 14
20257 Hamburg
www.reflectandmove.de

Ansprechpartner/-in:
Tanja Teiwes
Geschäftsführerin
Tel: 01578 5951341
info@reflectandmove.de

Hamburg

53°33'02" N,
09°59'36" O

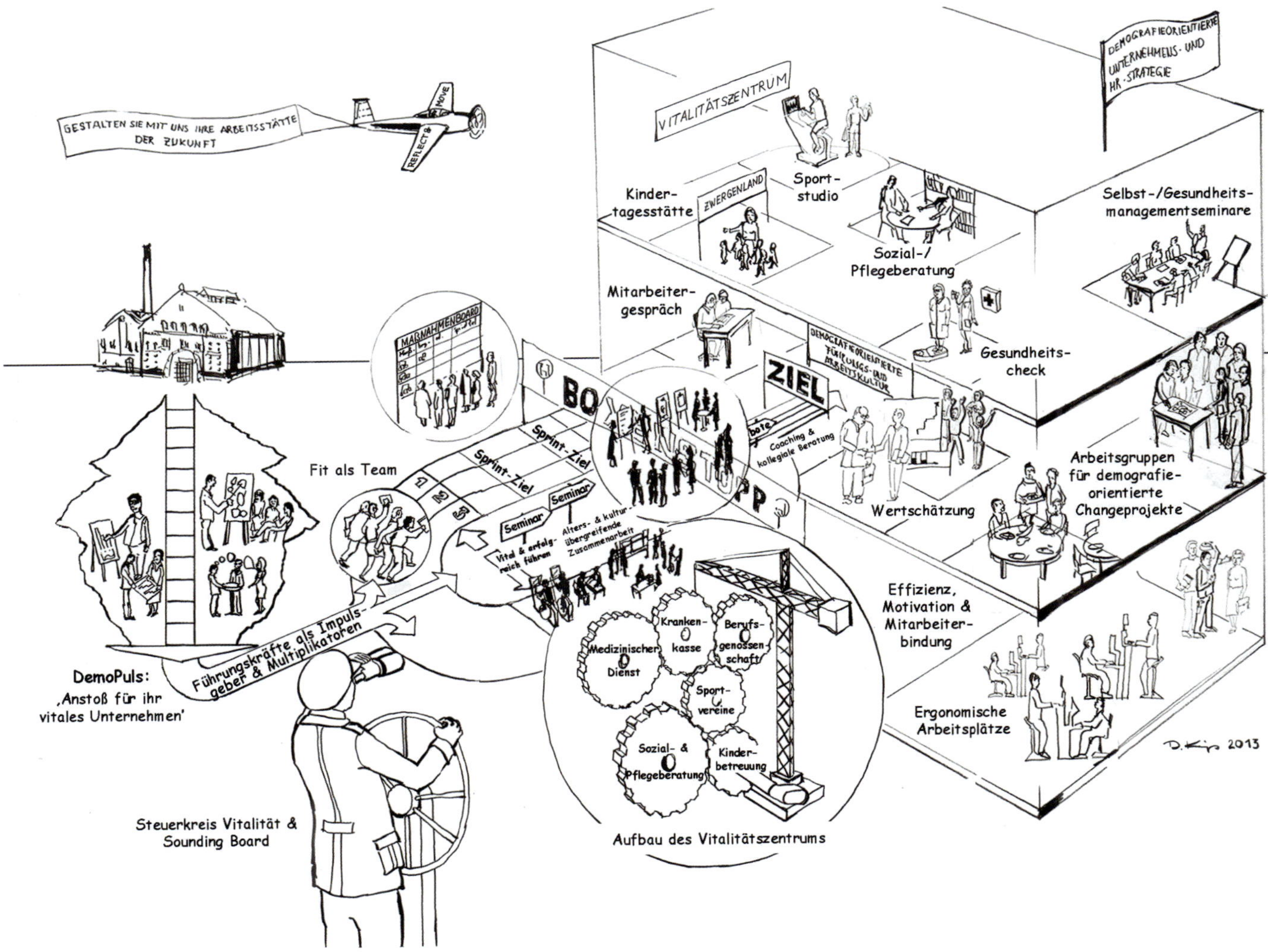

Potenzial-Assessment

Potenzial-Assessment für (angehende) Führungskräfte – ein Analyseinstrument des Kompetenznetzwerks Gesunde Betriebe Rhein-Hunsrück

Der Regionalrat Wirtschaft Rhein-Hunsrück e. V. arbeitet seit 1995 als politisch unabhängige Wirtschaftsförderungseinrichtung im ländlich strukturierten Rhein-Hunsrück-Kreis. Das Besondere an unserer Institution ist, dass sich Betriebe aller Branchen und Größen zusammengefunden haben, um mit den Kommunen gemeinsam die Region voranzubringen. Wir verstehen uns als Träger der klassischen Wirtschaftsförderung und der Regionalentwicklung sowie als Wirtschaftsnetzwerk.

Seit 2009 betreiben wir auf Anregung aus der Mitgliedschaft ein eigenes Demografienetzwerk – das Kompetenznetzwerk Gesunde Betriebe Rhein-Hunsrück, kurz KGB. Damit bieten wir eine Plattform für den Erfahrungsaustausch und die Entwicklung neuer Ideen zur Bewältigung der Folgen des demografischen Wandels auf die Fachkräftebasis in unserer strukturschwachen Region. Neben verschiedenen anderen Teilprojekten ist auch das Potenzial-Assessment als Idee bei einem Netzwerktreffen entstanden.

Die meisten Betriebe im Rhein-Hunsrück-Kreis zählen zu den KMU und sind organisatorisch und finanziell nicht in der Lage, professionelle Agenturen mit der Führungskräfteidentifikation zu beauftragen. Dennoch besteht ein Bedarf, die richtigen Personen im Unternehmen zu finden und zu Führungskräften weiterzuentwickeln, um den erfolgreichen Fortbestand zu sichern, aber auch um mögliche Unternehmensnachfolger zu bestimmen.

In einem Arbeitskreis, bestehend aus Personalverantwortlichen und Inhabern regionaler Unternehmen unterschiedlicher Branchenzugehörigkeit wurde gemeinsam mit einer professionellen Personalberatungsagentur das Konzept entwickelt, erprobt und in die Umsetzung geführt.

Warum und wozu ein Potenzial-Assessment?

Was steckt in unseren Mitarbeiterinnen und Mitarbeitern?

Wer hat das Zeug zur Führungskraft?

Eine fundierte Antwort auf diese Fragen liefert das exklusiv für das Kompetenznetz Gesunde Betriebe Rhein-Hunsrück – KGB – entwickelte Potenzial-Assessment. Damit identifizieren die Unternehmen schon heute die Führungskräfte von morgen. Und sie sichern sich ihre Leistungsträgerinnen und Leistungsträger. Denn das Erkennen der Leistungspotenziale ermöglicht, die Mitarbeiterinnen und Mitarbeiter gezielt zu entwickeln.

Das wiederum sichert die Zukunftsfähigkeit der Unternehmen und erhöht ihre Attraktivität als Arbeitgeber. Mit dem Potenzial-Assessment gewinnen somit Mitarbeiter und Unternehmen neue Perspektiven.

Das Besondere: Das KGB-Kompetenzmodell, Basis der Potenzialanalyse, ist ein von Unternehmen aus dem KGB-Netzwerk entwickeltes Kompetenzmodell.

Es umfasst diese Kompetenzen: unternehmerisches Denken und Handeln, Ergebnisorientierung, Motivierungskraft, Organisationsfähigkeit, Problemlösungsfähigkeit, Kommunikation, Kooperation, Konfliktfähigkeit sowie Leistungsmotivation.

Damit sind die Anforderungen an zukünftige Führungskräfte branchenübergreifend, aber mittelstandsorientiert auf den Punkt gebracht.

Die Methode: Assessment-Center + Online-Assessment

Die Teilnehmer des Potenzial-Assessments durchlaufen an einem Tag typische Aufgaben aus dem Alltag einer Führungskraft. Dazu gehören: eine Fallbearbeitung, ein Mitarbeitergespräch, die Präsentation einer Projektidee sowie eine Gruppendiskussion mit Verhandlungscharakter. Die Einschätzung der individuellen Führungspotenziale erfolgt also aufgrund des aktuell gezeigten Verhaltens in Führungssituationen. Dabei werden die Teilnehmerinnen und Teilnehmer von geschulten Assessoren beobachtet und bewertet.

Ergänzend führen die Teilnehmerinnen und Teilnehmer vorab eine Selbsteinschätzung durch. Basis dieses speziell entwickelten Online-Assessments ist ebenso das KGB-Kompetenzmodell. Damit wird nach dem Assessment-Center der Abgleich der Mitarbeitereinschätzung mit der Einschätzung der Assessoren möglich. Optional verfügbar ist auch eine Online-Fremdeinschätzung.
Damit haben Führungskräfte und Unternehmer die Möglichkeit, ihre Führungskandidatinnen und -kandidaten auf Basis ihrer Alltagserfahrungen einzuschätzen.

Qualitätskonzept: Von der Diagnose zur Entwicklung

Mit diesem integrativen Ansatz erfüllt die KGB-Potenzialanalyse die professionellen und qualitativen Anforderungen an ein Potenzial-Assessment bestmöglich. Gerade die Kombination von Selbst- und Fremdeinschätzung trägt der Wertschätzung der Mitarbeiterinnen und Mitarbeiter und dem Entwicklungsgedanken Rechnung.

Regionalrat Wirtschaft Rhein Hunsrück e. V.
Koblenzer Straße 3
55469 Simmern
Tel: 06761 970397
Fax: 06761 970399
info@rhein-hunsrueck.de
www.rhein-hunsrueck.de

Ansprechpartner/-in:
Dipl.-Geograph Achim Kistner
Geschäftsführer
kistner@rhein-hunsrueck.de

Simmern

49°59'05" N,
7°31'45" O

Somit entsteht eine fundierte Basis, um in einem gemeinsamen Gespräch zwischen Mitarbeiterinnen bzw. Mitarbeitern und Führungskraft Entwicklungsziele zu definieren sowie konkrete Förder- und Weiterbildungsmaßnahmen zu planen und umzusetzen.

Die Qualitätssicherung erfolgt durch das begleitende Unternehmen proceed aus Ludwigshafen.

Organisatorisches

Das Potenzial-Assessment wird mit fünf bis sechs Teilnehmern an einem Veranstaltungsort in der Region durchgeführt. Start ist um 9 Uhr – Ende gegen 18:30 Uhr.

Kosten

Die Kosten betragen durch das ehrenamtliche Engagement von Personalern und Inhabern regionaler Unternehmen, die sich als Assessoren schulen lassen, nur einen Bruchteil dessen, was üblicherweise für ein Assessment-Center zu zahlen ist.

Nutzen für Mitarbeiterinnen und Mitarbeiter und Unternehmen

- Sicherung des Führungsnachwuchses
- Bindung der Leistungsträgerinnen und Leistungsträger
- Individuelle Förderung der Mitarbeiterinnen Mitarbeiter
- Förderung der Arbeitszufriedenheit
- Positionierung als attraktiver Arbeitgeber

Personalmanagement in der Hightech-Industrie

Regionales demografieorientiertes Personalmanagement

„Sinn"-volle Demografieberatung – sensibel und intelligent wie Sensoren

Prinzipien der Sensorik als Erfolgsfaktor für einen neuen Clusterservice zur Unterstützung eines demografieorientierten Personal- und Organisationsmanagements in Hightech-Unternehmen.

Sensoren sind die Sinnesorgane der Technik. Sensoren fühlen, steuern, regeln, messen und lassen so Technik sensibel und intelligent werden. Die Querschnittstechnologie Sensorik nimmt daher eine zentrale Rolle für alle Hochtechnologien ein: Kaum ein elektrisches Produkt oder ein technisches System funktioniert heute ohne die Steuerungselemente, die die Sensorik als technologisches Rückgrat der Hightech-Welt liefert. Inspiriert von den Prinzipien einer Hightech-Branche gestaltet das Cluster Sensorik seine Demografieberatung ebenfalls „sinn"-voll.

Die Strategische Partnerschaft Sensorik e. V. (SPS) baut in ihrer Funktion als Clustermanagement seit dem Jahr 2012 im Projekt „DEMOCLUST – Regionales demografieorientiertes Personalmanagement in der Hightech-Industrie" eine „Demografieberatung" als neues Dienstleistungsangebot auf. Der Service richtet sich an die 60 Netzwerkmitglieder und 200 Partner aus Wirtschaft und Wissenschaft des bayerischen Clusters und unterstützt insbesondere die zahlreichen kleinen und mittelständischen Hightech-Unternehmen (KMU) bei der Einführung eines demografieorientierten Personal- und Organisationsmanagements.

Das interdisziplinäre Projektteam von DEMOCLUST greift in seinem innovativen Lösungsansatz die Sprache der Technologie auf: Die Demografieberater lassen sich von den Prinzipien der Sensorik leiten. Um Personal- und Organisationsmanagement ebenso sensibel und intelligent – so wie Sensoren in der Technik wirken – in einem Netzwerk zu gestalten, setzen die Demografieberater alle Sinnesorgane ein. Zusammen mit Unternehmen erarbeiten die Demografieberater mit Feingefühl für künftige Herausforderungen, Branchentrends und Unternehmensentwicklungen einen individuellen Demografie-Fahrplan. Gemeinsam steuern, messen und regeln die Akteure neue Maßnahmen im Bereich Personal- und Organisationsmanagement.

Die Hightech-Branche Sensorik und ihre demografischen Herausforderungen

Als Querschnittstechnologie nimmt die Sensorik mit hoher Wachstums- und Innovationsdynamik eine Schlüsselfunktion ein: Sie unterstützt zahlreiche andere Branchen, deren Zukunftspotenziale zu entfalten. Die Region Oberpfalz stellt mit einer Vielzahl an innovativen Unternehmen einen internationalen „Hotspot" der KMU-geprägten Branche dar. Gerade diese KMU sind von den demografischen Entwicklungen betroffen. Zu wenig qualifizierte Nachwuchskräfte, der Wettbewerb um das schrumpfende Bewerberpotenzial in Konkurrenz zur Großindustrie und zu Metropolregionen sowie nicht ausreichend vorhandene Kapazitäten für die Kompetenzentwicklung von Fachkräften wirken innovationshemmend. Die Demografieberatung der SPS ist für Sensorik-Unternehmen ein ergänzender Bestandteil im Bereich ihres Personal- und Organisationsmanagements.

Das Cluster Sensorik – ein praxisnahes Entwicklungs- und Erprobungsfeld für innovative regionale Demografieberatung

Die SPS mit Sitz in der Oberpfalz (Regensburg) baut seit 2006 das Cluster Sensorik auf. Alle Akteure des Clusters Sensorik nicht nur bei technologischen Fragestellungen zu beraten, sondern auch umfassend im Bereich Personal- und Organisationsmanagement zu unterstützen, ist – insbesondere im Hinblick auf die oben erläuterten Herausforderungen – ein Ziel des Netzwerkmanagements. Für das Verbundprojekt DEMOCLUST liefert das Cluster ein praxisnahes Entwicklungs- und Erprobungsfeld für innovative Lösungsansätze. DEMOCLUST nutzt diese innovative regionale Vernetzungsstruktur für ein nachhaltiges Demografiemanagement. Basis bilden die im Cluster Sensorik gewachsenen Kooperationsstrukturen. Sämtliche Forschungs- und Entwicklungsaktivitäten zielen auf den Arbeitsalltag der Unternehmen ab – von der Bedarfserhebung über die Gestaltung von Konzepten bis zu deren Erprobung und Verstetigung. Als Value Partner sind zahlreiche namhafte Großunternehmen, regionale Verbände und Initiativen sowie Hochschulexperten eingebunden.

Die Demografieberatung im Cluster Sensorik agiert in folgenden Aktionsfeldern:

- Rekrutierung: Mitarbeiterinnen und Mitarbeiter finden und gewinnen
- Diversity Management: Vielfalt im Unternehmen nutzen
- Employer Branding: Attraktivität als Arbeitgeber steigern
- Aus- und Weiterbildung: Innovationsfähigkeit stärken
- Work-Life-Balance: Vereinbarkeit von Familie und Beruf verbessern
- Gesundheitsmanagement: Betriebsgesundheit fördern
- Vernetzung: Schnittstellen zu Wirtschaft, Wissenschaft und Politik nutzen

Diese Aktionsfelder stellen die Bausteine der Demografieberatung dar, die im jeweils individuell erforderlichen Ausmaß von den Netzwerk-Akteuren in Anspruch genommen werden können.

Beratungskompetenz durch Selbstqualifizierung

Konzeptioneller Grundgedanke von DEMOCLUST ist es, Beratungskompetenz durch eine unmittelbar im Beratungsprozess stattfindende Selbstqualifizierung zu erlangen. Eine Qualifizierung der Demografieberater erfolgt nicht durch Teilnahme

Strategische Partnerschaft Sensorik e. V.
Bayerisches Clustermanagement Sensorik,
BioPark III
Josef-Engert-Straße 13
93053 Regensburg

Ansprechpartner/-in:

Stefanie Fuchs
Strategische Partnerschaft Sensorik e. V.
Bayerisches Cluster-management Sensorik
BioPark III
Tel: 0941 63091613
Fax: 0941 63091610
democlust@sensorik-bayern.de
www.sensorik-bayern.de
info@democlust.de
www.democlust.de

„Sinn"-volle Demografieberatung – Sensibel und intelligent wie Sensoren

Demografieberatung im Netzwerk der Strategischen Partnerschaft Sensorik e. V.

Vernetzen

Wir vernetzen Sie mit regionalen Akteuren, Experten und Praktikern. Knüpfen Sie wertvolle Kontakte und finden Sie mit uns den richtigen Ansprechpartner für Ihre individuellen Fragen.

Messen

Wir beraten Sie mit unserer Branchenkenntnis für eine nachhaltige Entwicklung Ihres Unternehmens. Messen Sie Ihren Erfolg, um sich strategisch am Markt zu positionieren.

Fühlen

Wir analysieren – mit dem notwendigen Feingefühl – die demografischen Herausforderungen, die Sie erwarten. Entwickeln Sie mit uns Ihren individuellen „Demografie-Fahrplan".

Steuern

Wir beraten Sie offen und transparent. Steuern Sie, auf Basis gegenseitigen Vertrauens, mit uns Ihre Unternehmensentwicklung.

Regeln

Wir garantieren Ihnen eine kompetente Beratungsleistung. Unsere Demografieberater sind nach den Regeln eines definierten Kompetenzprofils qualifiziert.

an einem vorgegebenen Lehrgangskonzept. Die kontinuierliche Interaktion mit Netzwerk-Akteuren, deren Beratungsbedarf und der Austausch mit (Demografie-)Experten ist Grundlage der Profilbildung der Demografieberater.

Regionale Vernetzung und Zusammenarbeit mit (Demografie-)Experten stehen zudem im Fokus des neuen Clusterservice. Die SPS bietet eine Plattform für die „Community of Practice" (CoP). Offene Aus- und Weiterbildungsreihen sowie regelmäßige Netzwerktreffen wie der Praxis-Treff „DiaLogisch" unterstützen den Austausch zwischen Praktikern und „Demografie-Know-how-Trägern". Für ausgewählte Themenbereiche sieht sich die Demografieberatung in Lotsenfunktion, die als Schnittstelle zwischen regionalen Experten und den Clusterunternehmen Kontakte vermittelt.

Projektpartner:

- Strategische Partnerschaft Sensorik e. V. (Projektleitung)
Innovationsförderung und -sicherung für KMU im Cluster Sensorik, Regensburg
- Verein für Sozialwissenschaftliche Beratung (SoWiBeFo e. V.)
Handlungsforschungsdesigns und Kommunikation im Forschungsfeld, Regensburg
- Hofmann Leiterplatten GmbH
Entwicklung und Erprobung einer demografiefesten Fachkräftesicherung, Regensburg
- Universität Passau, Lehrstuhl für Internationales Management
Konzepte für eine nachhaltige Kompetenzerweiterung in Clustern, Passau

dir vor,
Zukunft ist jetzt!

Die Zukunft analysieren und gestalten – mit vernetztem Denken und Handeln

Als Gesundheitsdienstleister mit 12.000 Mitarbeiterinnen und Mitarbeitern spürt auch die Techniker Krankenkasse (TK) die demografische Herausforderung täglich in vielen Bereichen des Unternehmens. Der demografische Wandel fördert die Innovationsfähigkeit und fordert eine erhöhte Flexibilität in der Unternehmenssteuerung. Verstärkte Serviceorientierung, alternsgerechte Arbeitsplätze und flexible Arbeitszeitmodelle auf Personalebene – die sich verändernden Produkte und Strukturen sind Indikatoren und Vorreiter neuer gesellschaftlicher Entwicklungen zugleich. Der Realität, vielmehr den möglichen Zukunftsszenarien ins Auge zu blicken, birgt die Möglichkeit, sinnvolle und nachhaltige Handlungsoptionen zu identifizieren und Entwicklungen des Unternehmens abzuschätzen. Dass die Auswirkungen der demografischen Entwicklung nicht zwangsläufig negativ sind, dass es flexible Handlungsoptionen und Chancen gibt, hat die TK in ihren Systemen konsequent erkundet. Doch wie schafft man es, unternehmensinterne Experten und Entscheider für die demografischen Entwicklungen zu sensibilisieren? Aus Sicht der Personalentwicklung ist diese Frage so zu beantworten: Indem man sie einlädt, sie inspiriert und ihnen die Möglichkeit bietet, ihre Vorstellungen und Erfahrungen einzubringen und in einem gemeinsamen Lösungsprozess umzusetzen. Was passiert genau in diesem Prozess, welches sind die Bausteine und welchen Nutzen haben andere Unternehmen davon?

1. Wir laden Experten und Entscheider aus verschiedenen Abteilungen des Unternehmens ein und überwinden durch vernetztes Denken die Intransparenz. Gerade bei komplexen Themen wie dem demografischen Wandel gibt es zu Beginn keine gemeinsame Diskussionsgrundlage, stattdessen herrschen unterschiedliche Modelle der Realität in den einzelnen Fachabteilungen vor. Der Blick auf das Ganze fehlt, es gibt keine Übersicht, lediglich Teilerkenntnisse. In einem Zukunftsworkshop verknüpfen wir systematisch die Denkweisen und Erfahrungen aller Beteiligten.
2. Wir konzentrieren uns auf bestehende Ressourcen und entwickeln Wege, diese zu stärken. Ziel des vernetzten Denkens und Handelns ist es, die Zukunftsfähigkeit des Personalmanagements (in unserem Fall) zu sichern.
3. Wichtige Impulse kommen aus der flexiblen Altersstrukturanalyse, mit der das Personalmanagement das Unternehmen als Ganzes in seiner dynamischen Entwicklung verstehen und interpretieren kann. Es bekommt dadurch ein klares Gesamtbild von den bevorstehenden Herausforderungen und deren Relevanz für die Personalpolitik.

Erweiterte Altersstrukturanalyse

Die erweiterte Altersstrukturanalyse dient der Planung von realistischen Zukunftsszenarien. Sie richtet den Fokus auf Prognosen, die für die Branche und das Unternehmen interessant sind und dann zu einem einheitlichen Modell zusammengeführt werden, z. B.:

• Vergangenheitswerte (retrospektive Organisations- und demografische Entwicklung)
• Fortschreibung des Ist-Zustands mit Einstellungen und Fluktuation
• Zu erwartende Bevölkerungsentwicklung

Durch Verteilung bestehender Daten in den Altersgruppen (z. B.: Bildungstage, AU-Fälle, bEM-Fälle) entsteht im ersten Schritt eine deskriptive Darstellung der aktuellen Altersstruktur. Durch Fortschreibung wird ein Zukunftsbild entworfen, von dem eine klare und zielgerichtete Prognose

Techniker Krankenkasse
22305 Hamburg
Ansprechpartner/-in:
Dipl-Psych., M.Sc. Heiko Schulz
Projektleitung PE-Beratung
und Gesundheit
Tel: 040 69093096
heiko.schulz@tk.de

Hamburg

53°33' N,
10°0' O

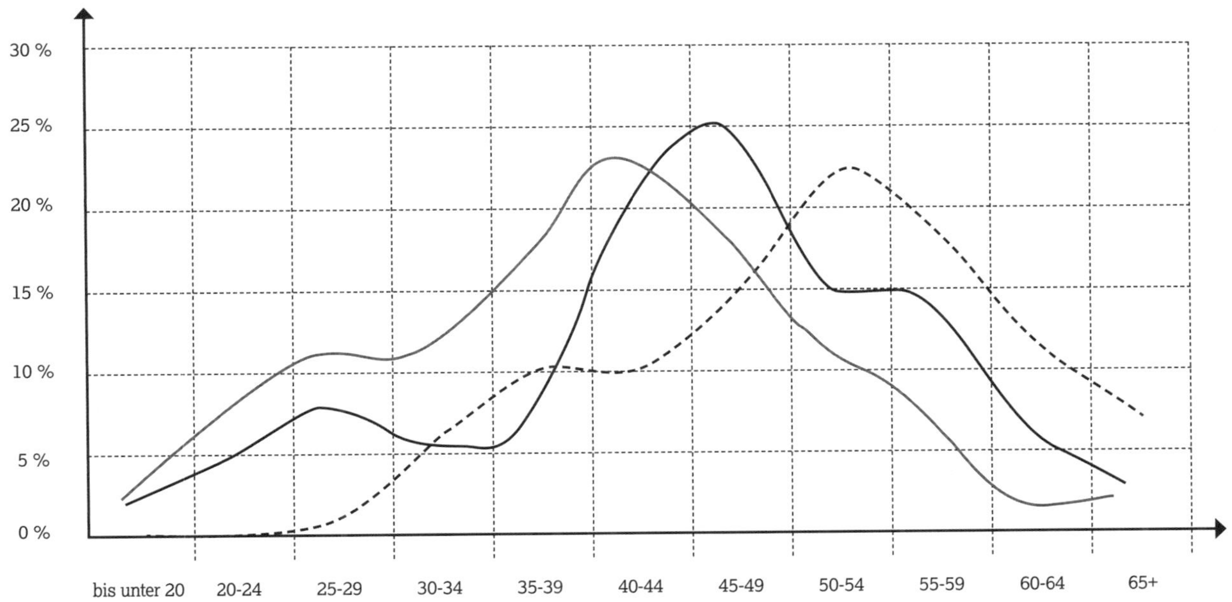

Altersstrukturanalyse in drei Verläufen
grau = Ist-Zustand
gestrichelt = feste Altersstruktur in zehn Jahren
violett = flexible Altersstruktur

über die Entwicklung der Belegschaft in den nächsten Jahren jedoch noch nicht abgeleitet werden kann. Dafür eignet sich der nächste Schritt: Durch die Einbindung weiterer bedeutsamer Faktoren öffnet sich die Aufmerksamkeit und die Zukunft kann gestaltet werden: Beim Personal sind dies z. B. die Erhöhung des Renteneintrittsalters, Fluktuation oder die Inanspruchnahme der Lebensarbeitszeit, bei den Kunden der altersbedingte Gesundheitszustand, bei der Gesellschaft die Erhöhung des Lebensalters, die zu pflegenden Angehörigen oder das Bildungsniveau der Schulabgänger.

Abteilungsübergreifender Zukunftsworkshop: Analysieren und Gestalten

Wenn Experten und Entscheider aus verschiedenen Abteilungen des Unternehmens Daten interpretieren und in verschiedenen Szenarien denken, ermitteln sie Lösungen jenseits der eigenen Fachrationalität. In diesem Setting liegt der Akzent auf den Ressourcen der vernetzten Gruppe. Ziel ist es, sie in den Dialog zu bringen. Das hier vorgestellte Modell hat eine klare Prozessarchitektur:

- Erster Schritt: Ist-Zustand in den einzelnen Fachabteilungen beschreiben
- Zweiter Schritt: Prognose und Zukunftsentwurf entwickeln
- Dritter Schritt: Maßnahmenvorschläge durch Kreativmethoden (z. B.: Storytelling, World Café, Szenariotechnik) erarbeiten.

Ergebnis: Entschleunigung des demografischen Wandels

Die konsequente Vernetzung der Sichtweisen kann Synergien erzeugen, die die Zukunft des Unternehmens real verändern können. Das Ergebnis ist beeindruckend: Mit Hilfe dieses Modells kann ein Szenario entwickelt werden, bei dem die demografische Dynamik deutlich verlangsamt ist (s. Abbildung).

Ein Beispiel: demokratiefest durch lebensphasenorientierte Personalpolitik

Aus diesen veränderten Blickwinkeln kann die TK reale personalpolitische Konsequenzen ziehen. Lebensphasenorientierung bedeutet, die Mitarbeiterinnen und Mitarbeiter sehr individuell zu behandeln und dort abzuholen, wo sie stehen. Die Chancen liegen in der Vielfalt der Beschäftigten. Ressourcen wie z. B. Erfahrungswissen nutzt die TK gezielt und setzt vermehrt auf altersgemischte Teams. So können Kompetenzen aller Altersgruppen zielgerichtet vernetzt werden. Gleichzeitig gelingt damit eine Personalentwicklung, die bedarfsgerecht auch ältere Mitarbeiterinnen und Mitarbeiter fördert. Und nicht zuletzt erfüllt die TK damit den Anspruch einer lernenden Organisation – und das aus Sicht des einzelnen Mitarbeiters ein Leben lang.

Zusammenfassung und Nutzen

Das Vorgehen ist einfach wie effektiv: Es greift auf Bewährtes zurück, knüpft eng an den personalpolitischen Alltag an, fokussiert auf Machbares und ist streng lösungsorientiert.

Prozessoptimierung

Die umfassende Prozessoptimierung vermeidet Fachkräftemangel in Unternehmen und Institutionen

Trotz weltweiter Konjunktursorgen finden deutsche Produkte und Dienstleistungen reißenden Absatz. Grund dafür sind innovative, hochwertige und nach individuellem Kundenwunsch gestaltete Produkte und Dienstleistungen zu einem angemessenen Preis-Leistungs-Verhältnis.

Die demografische Entwicklung bedroht aber unseren Erfolg: Es fehlen qualifizierte Mitarbeiterinnen und Mitarbeiter, um die in immer komplexeren Prozessen ablaufende Entwicklung, Produktion und Vermarktung unserer Produkte und Dienstleistungen voranzutreiben bzw. den Nutzen öffentlicher Institutionen für die Gesellschaft zu erhöhen und effizient zu erbringen. Dieser Entwicklung ist vielfältig zu begegnen. Ein sehr wirksamer Weg ist die bekannte Prozessoptimierung. Es bedarf hier aber einer verbesserten Form, die mit dem Begriff „umfassende Prozessoptimierung" bezeichnet werden soll:

• Betrafen die Ziele bisher Kostenreduktion, Zeitverkürzung und Qualitätssteigerung, kommen in der umfassenden Prozessoptimierung die optimale Ausschöpfung der Potenziale sowie die Motivation der Mitarbeiterinnen und Mitarbeiter hinzu, welche zueinander in der rechten Balance stehen müssen. So wird z. B. vor dem Hintergrund langfristiger gesundheitlicher Aspekte die bisher angestrebte Minimierung von Bewegung nicht mehr alleiniges Ziel sein können.

• Arbeiteten Organisations- und IT-Expertinnen und -Experten bisher weitestgehend unabhängig voneinander, so arbeiten sie in der umfassenden Prozessoptimierung eng verzahnt miteinander. Dies ist notwendig, weil in der komplexen Unternehmenswelt nicht alle Prozessteile sinnvoll in einem IT-System abzubilden sind sowie die Balance zwischen den Standardprozessen der IT-Welt und der notwendigen Flexibilität des jeweiligen Unternehmens / der Institution gefunden werden muss. Eine ganzheitliche Schulung vermittelt Mitarbeiterinnen und Mitarbeitern nicht nur den Umgang mit dem IT-System, sondern mit dem gesamten Prozess.

• Großen Change-Projekten, z. B. der Einführung eines ERP-Systems, geht, anders als bisher, eine weitgehende organisatorische Prozessverbesserung voran. Erst wenn die Mitarbeiterinnen und Mitarbeiter sich an die neuen Prozesse gewöhnt haben und diese in aller Konsequenz ausfüllen, erfolgt die Abbildung der Prozesse im ERP-System. Dies ist die Grundlage für einen dann folgenden Prozess der kontinuierlichen Verbesserung, mit dem die Prozesse weiter effizienter und effektiver gestaltet werden.

• Die umfassende Prozessoptimierung erlaubt die wirksame Beherrschung der Folgen des demografischen Wandels über mehrere Stellhebel:

i. Mitarbeiterinnen und Mitarbeiter haben mehr Zeit für wertschöpfende Tätigkeiten: Wenn die Zeitverschwendung in den Prozessen eliminiert wird, also nicht wertschöpfende Tätigkeiten herausgenommen werden, können die Mitarbeiterin oder der Mitarbeiter mehr leisten, ohne sich dafür mehr anstrengen zu müssen.

ii. Weniger qualifizierte Mitarbeiterinnen und Mitarbeiter können Teilprozesse bearbeiten: Häufig verrichten Mitarbeiterinnen und Mitarbeiter Tätigkeiten, für die sie überqualifiziert sind. Mit optimierten Prozessen kann man bestimmte Aufgaben bzw. Teilprozesse an weniger qualifizierte Mitarbeiterinnen und Mitarbeiter delegieren. So bekommen höher qualifizierte Mitarbeiterinnen und Mitarbeiter mehr Zeit für die ihrer Qualifikation entsprechenden Tätigkeiten.

iii. Führungskräfte haben mehr Zeit für ihre Führungsaufgaben: Bei unklaren Prozessen besteht die Tendenz der Delegation nach oben, und die Führungskraft wird über Gebühr mit operativen Aufgaben belastet, sodass kaum Zeit für die eigentliche Führungsarbeit bleibt. Mit wohldefinierten und geschulten Prozessen hingegen können die Mitarbeiterin und der Mitarbeiter ihre Aufgaben selbstständig erledigen.

iv. Die Work-Life-Balance wird verbessert: Wegen ihrer Fähigkeiten erhalten qualifizierte Mitarbeiter mehr Arbeit, die sie meist nur mit Überstunden und Urlaubsverzicht erledigen können. Wenn durch Prozessoptimierung Verschwendung eliminiert ist, Aufgaben delegiert sind und geordneter gearbeitet wird, können Überstunden nachhaltig abgebaut und der Urlaub eher zu den gewünschten Terminen genommen werden.

v. Die Motivation wächst: Wenn eine Mitarbeiterin bzw. ein Mitarbeiter infolge unklarer oder nicht vorhandener Prozesse unsicher ist, spürbar zu lange für ihre bzw. seine Arbeit braucht und häufig Fehler macht, so demotiviert sie bzw. ihn dies. Eine verbesserte Situation durch Prozessoptimierung erzeugt Erfolg und motiviert Mitarbeiterinnen und Mitarbeiter. Auch weniger qualifizierte und ältere Mitarbeiterinnen und Mitarbeiter erleben durch die Teilhabe an der Arbeit und am Erfolg mehr Motivation.

vi. Die Leistungsfähigkeit älterer Mitarbeiterinnen und Mitarbeiter steigt: Genauso, wie man durch Prozessoptimierung Arbeiten bzw. Teilpro-

TIMCONCEPT
total improvement management

TIMCONCEPT GmbH
Schirmerweg 32
81245 München
Ansprechpartner/-in:
Dr.-Ing. Jörg Starke
Geschäftsführer
Tel: 089 3889820
Fax: 089 38898328
Mobil: 0172 8617891
starke@timconcept.de

München

48°08'14" N,
11°34'32" O

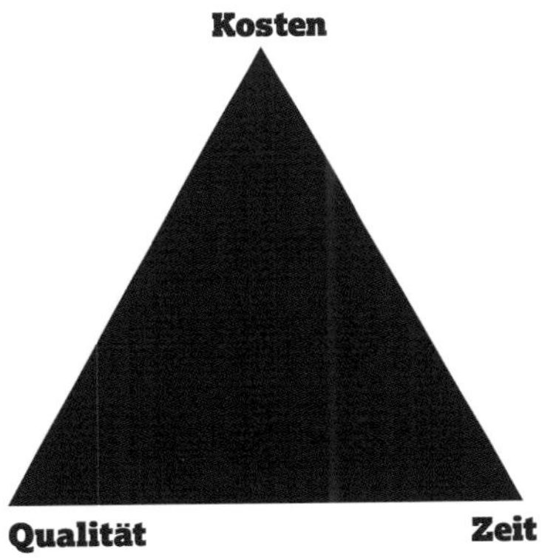

Das magische Dreieck der klassischen Prozessoptimierung

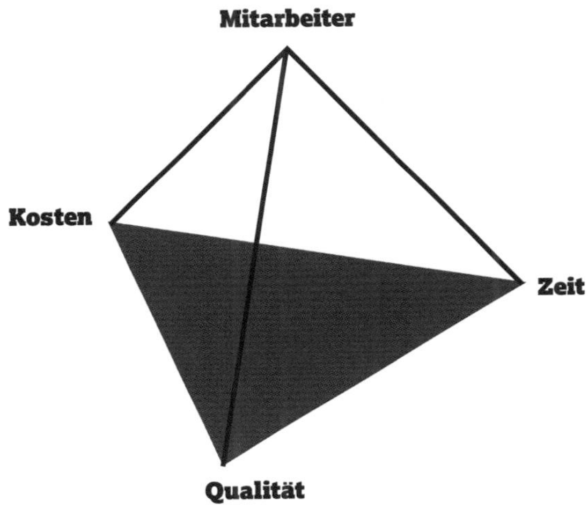

Die magische Pyramide der umfassenden Prozessoptimierung

zesse an weniger qualifizierte Mitarbeiterinnen und Mitarbeiter delegiert, kann man auch ältere, in ihrer Leistungsfähigkeit eingeschränkten Mitarbeiterinnen und Mitarbeitern bestimmte Aufgaben zuordnen und ihre Arbeitskraft sowie ihr Wissen sinnvoll nutzen.

vii. Neue Mitarbeiterinnen und Mitarbeiter werden schneller produktiv: Sie brauchen bei schlecht gestalteten und dokumentierten Prozessen viel mehr Zeit, um sich in die komplexe Materie des neuen Arbeitsplatzes einzuarbeiten und nehmen Vorgesetzte und Kolleginnen und Kollegen viel mehr in Anspruch. Die Prozessoptimierung, die sorgfältige Dokumentation und Schulung hingegen erlauben eine effiziente und effektive Einarbeitung, die die neue Mitarbeiterin oder den neuen Mitarbeiter zusätzlich mehr motiviert.

viii. Die psychische und physische Leistungsfähigkeit der Mitarbeiterinnen und Mitarbeiter bleibt über ihr gesamtes Arbeitsleben weitestgehend erhalten: Wenn bei der Gestaltung der Prozesse bewusst langfristige Aspekte berücksichtigt und Arbeitsplätze, Aufgabeninhalte sowie Leistungsanforderungen adäquat ausgestaltet werden, lassen sich Verluste in der psychischen und physischen Gesundheit der Mitarbeiterinnen und Mitarbeiter eindämmen.

Somit hat die umfassende Prozessoptimierung zwei positive Effekte: Mitarbeiterinnen und Mitarbeiter arbeiten effizienter, Ihre Leistungsfähigkeit lässt weniger nach, und das Unternehmen/die Institution kann mehr Umsatz schaffen/Leistung erbringen, ohne sich qualifiziertes Personal auf dem Arbeitsmarkt suchen zu müssen. Wegen der Attraktivität der Arbeitsplätze sowie höherer Motivation können qualifizierte Mitarbeiterinnen und Mitarbeiter gehalten und – sofern doch notwendig – leichter vom Markt rekrutiert werden.

Das Super-Team

Was ist das Geheimnis von erfolgreichen Teams?

Die Vielfalt und Kompetenzen der Mitarbeiterinnen und Mitarbeiter? Die organisationalen Rahmenbedingungen? Oder beides? Aus Sicht der Mitarbeiterinnen und Mitarbeiter ist die Ausstattung mit genügend Ressourcen wie Geld, Zeit und organisationaler Unterstützung wichtig. Aus Sicht der Organisation müssen die Mitarbeiterinnen und Mitarbeiter kompetent sein und effizient zusammenarbeiten. Sowohl Wissenschaftler als auch Praktiker neigen gern dazu, einen der beiden Faktoren zu betonen und den anderen zu vernachlässigen, vor allem vor dem Hintergrund demografischer Diversität.

In diesem Kontext verfolgen Wissenschaftler unter der Leitung von Prof. Dr. Ricarda Bouncken (Lehrstuhl für Strategisches Management und Organisation der Universität Bayreuth) und Prof. Dr. Manfred Bornewasser (Institut für Psychologie der Universität Greifswald) gemeinsam die Idee, auf spielerische Art und Weise die Wirkungen, Zusammenhänge und Resultate im Management von Teamarbeit aufzuzeigen. Ziel ist es, die Wechselwirkungen zwischen Mitarbeitern und Organisation auf Basis der neusten Erkenntnisse betriebs- und sozialwissenschaftlicher Forschung transparent zu vermitteln und einen Zugang zu den oft komplexen Forschungsergebnissen zu schaffen.

Die Praxis

Der demografische Wandel lässt die Befürchtungen einer überalternden Belegschaft sowie einer geringeren Innovationsfähigkeit in der Gesellschaft wachsen. Es ist ein weit verbreiteter Mythos, dass Menschen mit zunehmendem Alter ihre Leistungsfähigkeit einbüßen. Ältere Menschen können häufig aufgrund ihrer Routine und Erfahrung mit jüngeren nicht nur mithalten, sondern sie sogar übertreffen. Das Thema Arbeit im Alter bedarf einer Neubewertung, in welcher bewusst auf die spezifischen Schwächen der Älteren Rücksicht genommen wird, aber auch ihre besonderen Stärken sichtbar gemacht und gezielt genutzt werden. Erfolgreiche Teamarbeit ist jedoch nicht allein vom Alter der Teammitglieder abhängig. Deshalb berücksichtigt „Das Super-Team“ neben demografischen Merkmalen (Alter und Geschlecht) auch aufgabenorientierte (Bildung und Berufserfahrung) und soziale (Rollen und Werte) Aspekte. Unterschiede in diesen individuellen Merkmalen bilden eine spezifische Teamkonstellation heraus, welche die Qualität der Zusammenarbeit und das Teamergebnis positiv oder negativ beeinflusst. Zusätzlich entscheiden häufig die organisationalen Rahmenbedingungen (Autonomie, Kontrolle, Standardisierung) darüber, ob der Alltag in Arbeitsgruppen eher durch Konflikte und Brüche oder durch Kreativität und Synergie bestimmt wird. Beide Ebenen (Mitarbeiter und Organisation) sowie ihre Wechselwirkungen werden auf der wissenschaftlichen Ebene intensiv erforscht und im Strategiespiel „Das Super-Team“ vermittelt.

Die Forschung

In einer groß angelegten Expertenbefragung ermitteln derzeit Wissenschaftlerinnen und Wissenschaftler der Universitäten Greifswald und Bayreuth individuelle und strukturelle Erfolgsfaktoren für die Arbeit in Entwicklungsteams des verarbeitenden Gewerbes. Eine Reihe von relevanten Aspekten wird dafür in komplexen Gleichungen modelliert und für spezifische Erfolgsprognosen aufgearbeitet. Dabei werden aktuelle und etablierte Konzepte (z. B. Diversitätsmanagement, Group-Faultlines, Team-Work-Quality) und neueste Befunde in einen Multi-Level-Ansatz integriert. Dieses schafft die Möglichkeit, gleichzeitig individuelle und strukturelle Merkmale zu analysieren und differenzierte Erfolgsprognosen zu erstellen.

Das Ergebnis

Das Ziel der Prognose besteht darin, für eine bestimmte und vorgegebene Aufgabe „Das Super-Team“ aus einem bestehenden Personalpool zu bilden. Dafür werden bestimmte Personen ausgewählt und ein Schwerpunkt im Management dieses Teams gesetzt. Ein vorstellbares Szenario wäre zum Beispiel: „Sie arbeiten als Manager in einem mittelständischen Unternehmen, das im Bereich Maschinenbau tätig ist. Ihr Auftraggeber, ein Windradhersteller, beauftragt Sie mit der Weiterentwicklung eines bestehenden Windrad-Typs. Die genauen Anforderungen und Spezifikationen gibt Ihnen der Auftraggeber vor. Stellen Sie für diese Aufgabe **Das Super-Team** zusammen und wählen Sie einen Schwerpunkt für das Management dieser Arbeitsgruppe!“.

Für die resultierende Teamkonstellation wird eine Erfolgsprognose gegeben, die auf einfache Weise alte und neue wissenschaftliche Ergebnisse vermittelt. In dem vorgenannten Szenario könnte beispielsweise ein Team aus einem berufserfahrenen „Macher“, einem älteren „Koordinator“ und einem jungen „Kreativen“ bei einem Managementschwerpunkt von hoher Autonomie ausgewählt werden. Die Erfolgsprognose für die Mitglieder in diesem „Super-Team“ wäre entsprechend gut und wird durch verständliche Argumente, mögliche Problembereiche und Empfehlungen ergänzt: „Die gewählte Rollenverteilung der Mitarbeiter erhöht die Chancen für den Erfolg des Projektes.“ „Das gewählte Team hat einen hohen Erfahrungsschatz, ohne dass auf die Motivation und Leistungsfähigkeit der Jüngeren verzichtet wird. Dies wirkt sich in der Regel positiv auf die Zeitspanne und die Qualität des Produktes aus.“ „Die Altersstruktur des Teams könnte zu Konflikten führen, steigert aber auch die Chance, dass Wissen und Erfahrung von Jüngeren und Älteren geteilt wird.“ Die als Management gewählte „Autonomie“ ist in dieser Teamkonstellation eher ungünstig: „Autonomie würde in diesem Team die Herausbildung von Teamgeist mindern.“ „In der gegebenen Teamzusammensetzung fördert jedoch Standardisierung [… und eine hohe Verständnis- und Aufgabenkontrolle] den Zusammenhalt im Team und ermöglicht den erfolgreichen Abschluss des Projektes.“

Durch wiederholtes Durchspielen verschiedener Szenarien und das Vergleichen der jeweiligen Ergebnisse werden die grundlegenden Erfolgsfaktoren für Teamarbeit und -erfolg transparent und leicht erlernbar.

Universität Bayreuth
Universitätsstraße 30
95440 Bayreuth
www.derobino.de

Ansprechpartner/-in:
Dipl.-Psych. Martin Ratzmann
Wissenschaftliche Mitarbeiterin
Tel: 0151 23009481
martin.ratzmann@uni-bayreuth.de

Universität Greifswald
Institut für Psychologie
Dr. Anne Köhn
Franz-Mehring-Straße 47
17487 Greifswald

Bayreuth

49°56'53" N,
11°34'42" O

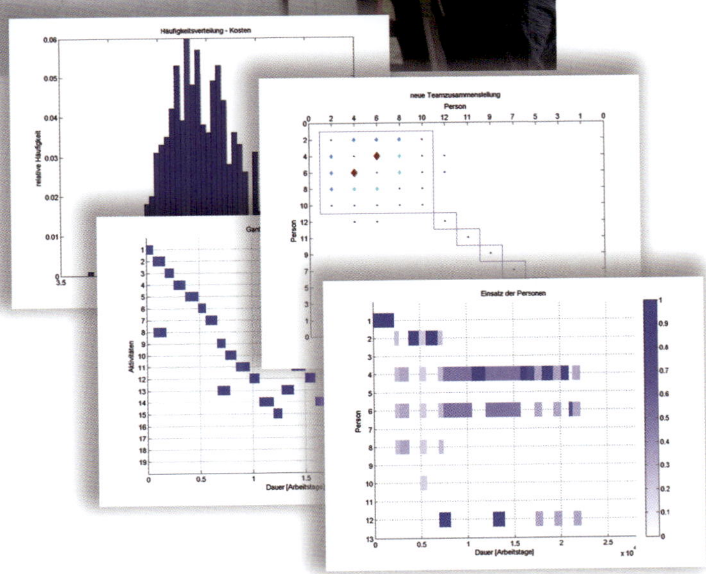

RISK.ANT

Risiken für Personal- und Wissensverlust frühzeitig und systematisch sichtbar machen

Wissen und Erfahrung der eigenen Mitarbeiterinnen und Mitarbeiter beeinflussen die Marktposition eines Unternehmens erheblich und spielen auch für die Entwicklung neuer Produkte, Verfahren und Dienstleistungen eine wichtige Rolle. Das betriebsnotwendige Wissen liegt dabei fast immer implizit – in der Regel in den Köpfen der Mitarbeiterinnen und Mitarbeiter – vor und ist damit an bestimmte Personen gebunden. Bedingt durch den demografischen Wandel wird für die Zukunft damit gerechnet, dass die Zahl der Erwerbspersonen deutlich zurückgehen wird. Bereits heute besteht in einigen Branchen und Regionen ein Mangel an qualifizierten Fachkräften. Während also der Wettbewerb um Fach- und Führungskräfte zunimmt, steigt damit auch die Wahrscheinlichkeit, dass qualifiziertes Personal ein Unternehmen unerwartet verlässt. Zudem gehen viele ältere Mitarbeiterinnen und Mitarbeiter in absehbarer Zeit in den Ruhestand, sodass deren Erfahrungswissen rechtzeitig gesichert werden sollte. Auch der Wandel zur Wissensökonomie macht Wissen zu einem immer bedeutsameren Produktionsfaktor. Damit das betriebsnotwendige Know-How dem Unternehmen auch langfristig zur Verfügung steht und eine entsprechende Produktivität erreicht wird, müssen Unternehmen ihren Beitrag zur Gesunderhaltung ihres Personals sowohl im Bereich der physischen als auch der psychischen Gesundheit leisten. Vor diesem Hintergrund werden zwei Tatsachen besonders deutlich: zum einen, wie eng die unternehmensinternen Bereiche Personalentwicklung, Wissens- und Innovationsmanagement miteinander verknüpft sind, und zum anderen, dass es sich hierbei um strategische Themen handelt, die mit Weitblick bearbeitet werden müssen. Dennoch unterschätzen besonders kleine Unternehmen die Herausforderungen des demografischen Wandels immer noch, wobei ein Manko die zumeist wenig ausgeprägte strategische Herangehensweise an die genannten Themen ist.

Mit Hilfe des neu entwickelten Verfahrens RISK.ANT („Risiken antizipieren") können Risiken für Personalfluktuation und Wissensverluste systematisch und frühzeitig identifiziert werden. Gleichzeitig gibt RISK.ANT erste Hinweise auf Maßnahmen, mit denen man den identifizierten Risiken begegnen kann. Das Verfahren ist denkbar einfach: Online bewerten Personalverantwortliche in einer Checkliste insgesamt 30 Faktoren für eine von ihnen ausgewählte Person. Zu den Faktoren gehören u. a. Alter, Qualifikation, Gehaltsniveau, Integration im Unternehmen, Arbeitszeitgestaltung, Aufstiegsmöglichkeiten, Aufgabenstruktur, Vertretungsregelung usw. Nachdem alle Faktoren bewertet und gespeichert worden sind, zeigt RISK.ANT mittels Ampelfunktionen die auf den ersten Blick erkennbaren „Risikofaktoren" an (siehe Abbildung). Als riskant wird ein Faktor eingestuft, wenn dessen Bewertung negativ von dem im System gespeicherten Optimum abweicht. Wird ein Risikofaktor erkannt, gibt das System auch erste Hinweise dazu, mit welchen Maßnahmen man dem Risiko begegnen kann. Optional können Mitarbeiter ihre Situation auch aus ihrer eigenen Sicht bewerten, so dass Fremd- und Eigenbewertung miteinander verglichen werden können. Auch die Profile mehrerer Mitarbeiter können nebeneinandergelegt oder zu einem Gesamtprofil verschmolzen werden. An der Entwicklung von RISK.ANT waren mehrere kleine bzw. mittelständische Unternehmen als Tester und Erstnutzer beteiligt. Den Mehrwert von RISK.ANT sehen die Unternehmen vor allem in der einfachen, aber systematischen Vorgehensweise, mit der gezielt die Themen aufgezeigt werden, wo tatsächlich Handlungsbedarf besteht. Gerade dort, wo das Tagesgeschäft wenig Zeit für tiefergehende strategische Betrachtungen lässt, stellt RISK.ANT aus Sicht der Nutzer eine geeignete Anleitung zur Selbsthilfe dar – besonders für kleinere Unternehmen ohne eigene Personalabteilungen.

Da die strategische Betrachtung von Personalrisiken für viele Unternehmen bisher noch wenig im Fokus steht, möchte RISK.ANT mit Blick auf die künftigen demografischen Herausforderungen Unternehmen sensibilisieren und zum rechtzeitigen Handeln ermutigen.

RISK.ANT

- ist individuell für einzelne Mitarbeiterinnen und Mitarbeiter, insbesondere Schlüsselpersonen, anwendbar,
- ist übersichtlich und leicht zu handhaben,
- macht Risiken systematisch transparent,
- ermöglicht ein frühzeitiges präventives Gegensteuern,
- setzt keine Vorkenntnisse im Bereich Personalentwicklung voraus,
- ist kostengünstig und zeitsparend.

Weitere Informationen zu RISK.ANT finden sich unter **www.riskant.eu**. Dort finden sie auch eine kostenlose Testversion.

Winnovatos

Winnovatos wurde von Inhaber Tobias Schmidt nach langjähriger leitender Tätigkeit in Wirtschaftsförderung und Kommunalberatung im August 2011 als start up gegründet. Winno-vatos steht für Wirtschaft, Wissenschaft, Innovation, Gewinn, Osnabrück - und den Namen des Gründers. Winnovatos unterstützt Kommunen, Unternehmen und Hochschulen u. a. dabei, den Herausforderungen des demografischen Wandels gezielt zu begegnen. Ein Schwerpunkt der Arbeit ist es, Instrumenten zur Risikofrüherkennung in verschiedenen Bereichen (z. B. Personal, Wissen, Innovation usw.) zu entwickeln.

WINNOVATOS

Winnovatos – Tobias Schmidt Strategieberatung
Heinrichstr. 34
49080 Osnabrück
www.riskant.eu
www.winnovatos.de

Ansprechpartner/-in:
Tobias Schmidt
Inhaber
Tel: 0160 97230337
schmidt@winnovatos.de

Osnabrück

52°16'44" N,
8°02'35" O

RISK.ANT Bewertung für Mitarbeiter 1

Risikofaktor: 81
Differenz: – 67
Prozentsatz: 54,7 %
Break Even: 74 (50 %)
Optimum: 148

Mittleres Risiko

Für die bewertete Person liegen mehrere und zum Teil nicht zu unterschätzende Risikofaktoren vor. Während die Risikosituation insgesamt zwar noch zufriedenstellend ist, gibt es bei einzelnen Risikofaktoren deutlich Handlungsbedarf. Mittelfristig können einzelne Risikofaktoren, aber auch eine Kombination mehrerer Faktoren, bei einem unveränderten Status quo zu einem deutlich erhöhten Gesamtrisiko für einen Weggang dieser Schlüsselperson führen. Nach dem Login werden der Auswertungstext und die einzelnen Ampeln komplett angezeigt.

Nr.	Faktoren	Ausprägung Risikoampel	Thema / Handlungsfeld	Beispiel / Maßnahme
1	Alter	45 < 55 Jahre		
2	Betriebszugehörigkeit	> 15 Jahre		
3	Qualifikationsniveau	hoch	**Stellenspezifische Weiterbildung**	Prüfen, ob Tätigkeit und Arbeitsanforderung der Qualifikation entsprechen / Inhaltliche Anreicherung der Arbeitsstruktur und Übertragung von Verantwortung
4	Strategische Bedeutung der Tätigkeit	mittel		
5	Erfahrung (Anteil implizites Wissen)	hoch	**Wissenstransfer**	Weitergeben von Wissen durch Mentoring, Lerntandems und Handbücher, Checklisten / Fahrplan für Wissenstransfer erarbeitet

Wirtschaftsförderung

Kreativität und Innovation in Lengerich

Innovation konzentriert sich in unserem Projekt auf Innovationen in Betrieben. Jede Innovation beginnt mit einer Invention, also einer kreativen Leistung. Die produktive, betriebswirtschaftlich erfolgreiche Anwendung macht die Invention zur Innovation. Innovationen können Produkte und Dienstleistungen neu entwickeln oder verbessern, Innovationen können sich auf die technische Erstellung von Leistungen, auf die Organisation und auf das Marketing konzentrieren. Während die Bedeutung von Innovationen für Betriebe unbestritten ist, werden der demografische Wandel und besonders der Einfluss des demografischen Wandels auf die Innovationsfähigkeit von Betrieben immer noch unterschätzt. Dennoch wurden bereits eine Vielzahl von Werkzeugen entwickelt und eingesetzt: Kreativitätstraining und Whiteboards an den Bürowänden, Softwarelösungen und Organisationsentwicklung, Problemlösungsblätter mit Ishikava-Diagramm und unternehmensweite Ideenwettbewerbe. Diese Werkzeuge sind zu einem guten Teil sorgfältig konzipiert und konnten Erfolge bewirken. Hier ist also keine Kritik an der Entwicklung und Anwendung von Werkzeugen intendiert. Aber gerade, dass trotz gut ausgearbeiteter Werkzeuge die Förderung von Innovation im demografischen Wandel auf eine jahrzehntelange Diskussion zurückblicken kann, stimmt nachdenklich.

Vor diesem Hintergrund stellt sich die Frage: Was funktioniert? Diese Frage wurde im Rahmen des Projektes „Kreativität und Innovation im demografischen Wandel – KrIDe.de" mit verschiedenen Ansätzen angegangen, und dabei haben wir auch sehr früh angesetzt. Die demografische Botschaft wird über wissenschaftliche Veranstaltungen und Texte vermittelt, doch damit erreicht man etliche Zielgruppen nicht. Vorträge und Texte sind abstrakt, und viele erfolgreiche Unternehmer und Verantwortliche in Betrieben wollen handeln und lernen, vor allem aber durch eigenes Tun und eigene Erfahrung und weniger durch Vorträge und Texte. Beim Transfer im demografischen Wandel sind nicht nur rationale Argumente gefragt – im Gegenteil, häufig zeigt die eigene Erfahrung eine viel größere Überzeugungskraft. Doch wie kann ein (jüngerer) Mensch eigene Erfahrungen mit der Demografie, also z. B. mit der Lebenswelt älterer Beschäftigter und älterer Kunden sammeln?

Man kann die Erfahrung am „eigenen Leibe" machen, indem man in den „Age-Explorer" schlüpft und so in den Bewegungsabläufen sowie im Sichtfeld als auch hörtechnisch stark eingeschränkt ist. Diese Art Anzüge sind zwar nicht neu, wohl aber die Einsatzweise und Erkenntnisgewinnung im Bereich des Einzelhandels.

Im Rahmen der Vorbereitungen für die Transferveranstaltung „Arbeitsplatz für die Zukunft – Wandel gestalten" für KrIDe.de durch das KrIDe-Kernteam und den Transferpartner BVMW sollte auch ein Age-Explorer vom Meyer-Hentschel Institut zum Einsatz kommen. Diese Möglichkeit hat sich die Werbegemeinschaft Lengerich zusammen mit der Wirtschaftsförderung zunutze gemacht und auf diese Weise ganz neue Perspektiven erlangt, die für die Zukunft – sowohl des Kunden als auch des Geschäftsinhabers – eine immer größer werdende Bedeutung bekommen.

Unmittelbar nach der KrIDe-Transferveranstaltung im Februar 2013 wurde dies in die Tat umgesetzt:

Mit dem Age-Explorer wurden fünf Stationen angelaufen und dem „Quick-Test" unterzogen. Gestartet wurde die Aktion im Fotohaus Kiepker. Nachdem dann mit dem Reformhaus Klatt, der Sonnenapotheke und dem Café Samocca drei weitere Stationen angelaufen worden waren, erfolgte der Abschluss in der Volksbank. Mit dem „Demografie-Quick-Test" wurden in jeder Filiale bestimmte Aufgaben erledigt. So lässt sich z. B. erkennen, wo Gänge zu schmal sind für einen Rollator, wo Waren zu weit unten oder zu weit oben im Regal stehen, um sie zu erreichen, wo Beschriftungen zu klein sind, um sie zu entziffern, wo Kontraste zu gering sind oder die Beleuchtung ungünstig ist etc.

In allen Geschäften stellte sich heraus, wie aufwendig es bereits ist, den „Age-Explorer" anzulegen. Der Alterssimulationsanzug besteht aus Hose, Weste und Jacke, jeweils mit Gewichten ausgestattet, Ellenbogen- und Knieschonern, Kopfhörern sowie einem Helm und Handschuhen. Allein die Weste ist 8 Kilo schwer und simuliert so ein Weniger an Muskeln. Immer wieder an diesem Tag wird klar, dass man mit dem Helm große Probleme hat, die Farben auf Plakaten oder Produkten zweifelsfrei zu identifizieren.

Ganz alltägliche Dinge, wie z. B. Kleingeld aus dem Portemonnaie zu nehmen oder gar abzuzählen, stellen sich mit den Handschuhen als echte Herausforderung dar. Man ist auf die Hilfe von Mitarbeiterinnen und Mitarbeitern der Geschäfte angewiesen.

Auch das Zubinden der Schnürsenkel stellt sich als Schwerstarbeit dar, kaum zu schaffen ohne eine Sitzmöglichkeit im Geschäft.

Die Eindrücke der Trägerinnen und Träger des Age-Explorers waren vielseitig. Einer erklärte, er habe ein höheres Sicherheitsbedürfnis, ähnlich wie in der Dunkelheit. In jeder Filiale gab es noch Optimierungsmöglichkeiten. Die aus der Aktion gewonnenen Erkenntnisse eröffnen u. a. die Chance, Arbeitsplätze, Produkte und Abläufe zukunftsfähig zu gestalten.

In Zeiten des demografischen Wandels müssen sich Geschäftsinhaber einerseits mit einer immer älter werdenden Käuferschaft und andererseits einer entsprechend älter werdenden Mitarbeiterschaft befassen. Erkenntnisse darüber, wie ihr Geschäft in dieser Hinsicht aufgestellt ist, ohne aufwendige Befragungen durchzuführen, sind also von enormem Wert.

Diese für die beteiligten Einzelhändler beeindruckende Demografie-Erlebnisveranstaltung wurde nicht nur von Funk (Radio RST: www.kride.de/kride/content/veroeffentlichungen.php) und Presse (Westfälische Nachrichten und Wir in Lengerich), sondern auch bereits vom Einzelhandelsverband NRW mit großem Interesse zur Kenntnis genommen und hat im Ideenwettbewerb 2013 „Internationaler Tag der Idee" ein derart gutes Voting erhalten, dass die Wirtschaftsförderung für die Werbegemeinschaft Lengerich zur Auszeichnung nominiert wurde. Weitere Transferveranstaltungen für den Einzelhandel sind in der Planung.

Wirtschaftsförderung der Stadt Lengerich
Tecklenburger Straße 2
49525 Lengerich
www.lengerich.de

Ansprechpartner/-in:
Gabi Albers
Bürgermeisterbüro / Wirtschaftsförderung
Tel: 05481 33418
g.albers@lengerich.de

Lengerich

52°11'23" N,
7°51'09" O

Age-Explorer© an der Kaffeemaschine bei Velux© Velux und Meyer-Hentschel-Institut, Saarbrücken 2011

YOUNECT

Regionale Talentpools für Netzwerke. Eine Win-Win-Win-Win-Win-Win-Situation im demografischen Wandel

„Die Idee des Talentpools ist einleuchtend. Stellt sich die Frage, warum es so etwas nicht schon früher gab." (Grit Leithäuser, Radiozentrale GmbH)

Bei Olympia gibt es Gold, Silber und Bronze. Im Bewerbungsverfahren gibt es hingegen nur Gold. Eine Bewerberin oder ein Bewerber gewinnt, alle anderen verlieren. Das war schon immer so ... Aber Absagen sprechen sich herum und vertreiben Fachkräfte aus Regionen und Branchen. Dabei sind zweit- und drittplatzierte Bewerberinnen und Bewerber meistens genauso gut qualifiziert wie die Erstplatzierten, nur Nuancen waren entscheidend wie spezifische Fachkenntnisse. Das wissen alle. Aber was passiert mit den gut ausgebildeten und fähigen Fachkräften, die nicht eingestellt werden konnten? Nichts. Gute Bewerberinnen und Bewerber erhalten eine Absage. Das ist Verschwendung im ganz großen Stil. Massenhaft ungenutztes Potenzial überall, wo Bewerbungsprozesse durchgeführt werden. Eine besonders wertvolle Ressource im demografischen Wandel.

„Silber- und Bronzemedaillengewinner sollten statt einer Absage eine Einladung erhalten." DIE WELT 12.08.2012

Aktuell nutzen bereits über 30 Netzwerke mit Hunderten Unternehmen regionale Talentpools YOUNECT. Das mittelfristige Potenzial liegt bei Hunderten Regionen, Clustern und Tausenden Innungen und Verbänden. Fast jedes der rund vier Millionen deutschen Unternehmen ist in Netzwerken aktiv. Regionale Talentpools halten gute Bewerberinnen und Bewerber in der Region und verhindern die Verschwendung von Bewerber- und Fachkräfte-Ressourcen.

Talentpools für Netzwerke sind webbasierte Portale. Bewerberinnen und Bewerber mit Potenzial erhalten eine Einladung in den Talentpool derselben Region oder Branche. Empfohlen werden nur Kandidatetinnen bzw. nur Kandidaten, die das empfehlende Unternehmen bei freien Kapazitäten selbst eingestellt hätte. Bewerberinnen und Bewerbern steht es natürlich frei, die Einladung anzunehmen. Bei Interesse stellen sie ihre Bewerbungsunterlagen selbst ein. Personalverantwortliche haben damit keinen Aufwand und geben keine personenbezogenen Daten weiter. Der Hauptnutzen besteht im Recruiting: Personalverantwortliche entdecken ohne Aufwand wertvolle Bewerbungen. Neue Bewerberinnen und Bewerber werden allen Unternehmen dieses Netzwerkes vorgestellt. So erreichen Bewerberinnen und Bewerber auch Unternehmen, die sie gar nicht kennen. Besonders mittelständische Unternehmen erhalten Zugang zu Fachkräfte-Potenzial.

Kleine und mittlere Unternehmen (KMU) und Hidden Champions werden von vielen Talenten gar nicht gefunden. Sie sind groß in ihrer Nische, oft Weltmarktführer, aber klein auf dem Bewerbermarkt. Im Schatten der Giganten werden KMU nicht wahrgenommen. Weit über 90 % der Unternehmen sind für Bewerberinnen und Bewerber unsichtbar. Unternehmen hinter Mauern nimmt man nicht wahr. Die großen Namen und Regionen profitieren. Die weniger werdenden Experten und Talente haben zunehmend die Wahl. Sie entscheiden sich für Unternehmen, die sie kennen und die ihren Vorstellungen entsprechen. Es locken die Städte. Vor allem mittelständische Unternehmen aus ländlichen und nicht urbanen Gegenden verlieren im Wettbewerb um geeignete Kräfte.

Gegen die Unsichtbarkeit setzen immer mehr Unternehmen auf eine positive Arbeitgebermarke und Employer Branding. Wenn nun dieses Personalmarketing gut umgesetzt wird, dann bewerben sich auf ein attraktives Stellenangebot mehr kluge und engagierte Köpfe. Auf den ersten Blick ein Erfolg, auf den zweiten jedoch Verschwendung. Denn nur ein Kopf darf bleiben, die anderen rollen. Dass eine Absage an Bewerberinnen und Bewerber imageschädigend ist, haben viele Unternehmen noch nicht erkannt. Dabei ist klar, dass das absagende Unternehmen in schlechter Erinnerung bleibt. Das enttäuschende Erlebnis wird vielfach weitergetragen und sogar anderen von einer Bewerbung abgeraten. Der Talentpool kann Personalmarketing optimal ergänzen. Selbst eine Absage kann positiv wahrgenommen werden durch eine Empfehlung, die immer positiv überrascht.

Zusätzlich können Lehrer, Dozenten, Professoren, Trainer, Mentoren und Coaches Empfehlungen aussprechen. Sie kennen Schüler und Absolventen durch jahrelange Begleitung besonders gut und wissen genau um ihre Schlüsselkompetenzen. Als Mitglied in einem regionalen Talentpool können Bildungspartner ihre Schützlinge direkt an heimische Unternehmen empfehlen.

„Die Empfehlung eines bekannten Personalkollegen aus einem befreundeten Unternehmen oder eines Mentors einer anerkannten Ausbildungsstätte ist das beste Zeugnis, das Bewerber vorlegen können." (Hans-Jürgen Nissen, Sennheiser electronic)

Die klassische Win-Win-Situation ist im Talentpool eine sechsfache Win-Situation, und das mit nur einer Aktion – der Empfehlung.
Win 1: Region, Cluster, Verband als Initiator präsentiert sich innovativ und vorausschauend.
Win 2: Empfehlende Unternehmen: Trotz Absage reden Bewerberinnen und Bewerber positiv über das Unternehmen. Durch die Weiterempfehlung wird die Arbeitgebermarke gestärkt.
Win 3: Rekrutierende Unternehmen: Zugang zu Fachkräften, die bereits vorausgewählt sind und die in dieser Region arbeiten wollen.
Win 4: Bewerberinnen/Bewerber: Mit einer Bewerbung werden viele Unternehmen erreicht.
Win 5: Bildungspartner können Schüler und Absolventen direkt an Unternehmen empfehlen. Das stärkt ihr Image und die regionale Verwurzelung.
Win 6: Region: Bewerberinnen und Bewerber bleiben erhalten und sorgen für Wertschöpfung und Investitionen.

„Die Recruiting-Idee ist so clever und sinnvoll, dass der Talentpool schnell Einlass in das Bewerbermanagement unserer Mitglieder gefunden hat. Unbürokratisch lassen sich zeitsparend Stellen besetzen." (Andrea Peters, Geschäftsführerin media.net berlinbrandenburg)

Regionen und Unternehmen können dem demografischen Wandel begegnen. Ein Bewerber oder eine Bewerberin, die oder der zunächst eine Absage erhielt, bekommt nun eine Anfrage zum Vorstellungsgespräch. Das ist wahre Wertschätzung. Der Talentpool bietet Unternehmen die Möglichkeit, sich gezielt bei Fachkräften vorzustellen. Der Aufwand ist dabei für alle Beteiligten minimal. Veränderte Rahmenbedingungen auf dem Bewerbermarkt müssen auch zu veränderten Verhalten führen. Ein starkes Netzwerk ist gefragt für das gemeinsame Gewinnen und Binden von Talenten im demografischen Wandel.

YOUNECT GmbH
Kärntener Straße 8
10827 Berlin
www.younect.de

Ansprechpartner/-in:
Martin Gaedt
Gründer und Geschäftsführer
Tel: 030 76768672
gaedt@younect.de

Berlin

53°31'07" N,
13°24'29" O

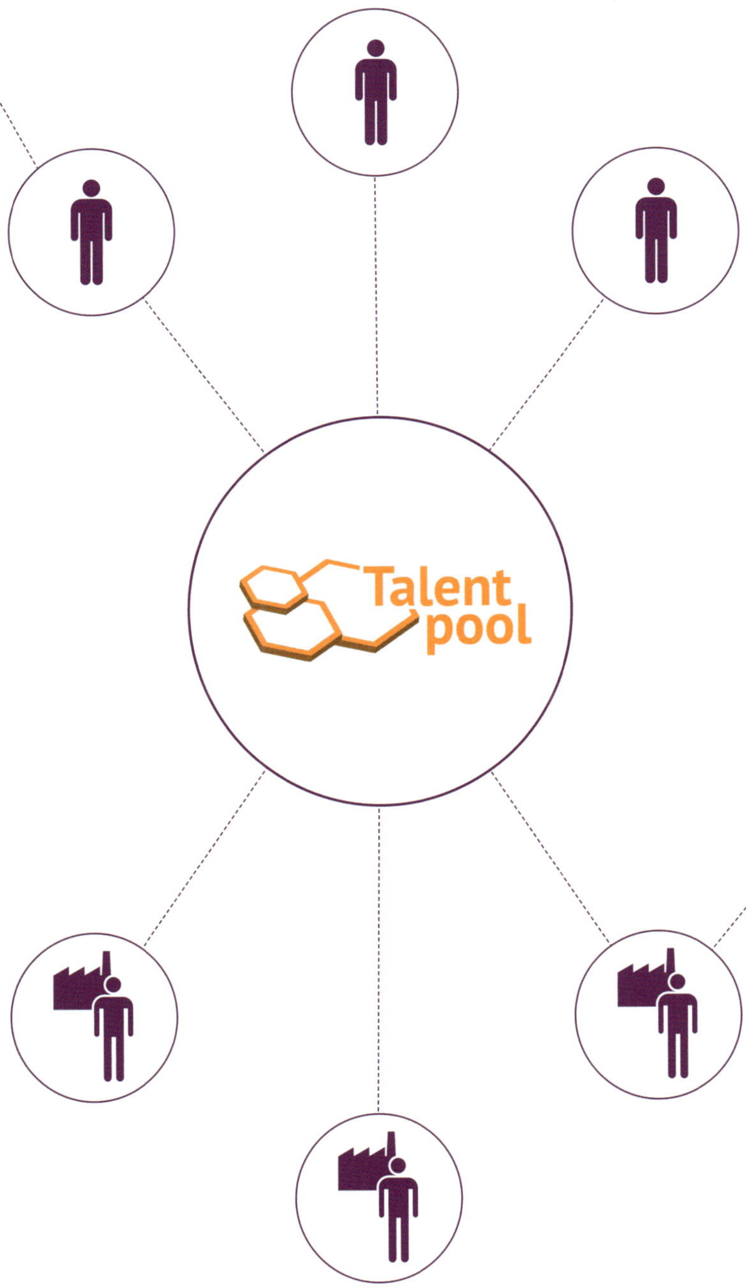

Alternsgerechte Konzepte zu Gesundheit und Arbeitsfähigkeit

Die Leistungsfähigkeit der Mitarbeiterinnen und Mitarbeiter kann nur dann erhalten werden, wenn demoaktive Arbeitskonzepte entwickelt und in Unternehmen produktiv und innovativ eingesetzt werden. Das Thema dieser Kategorie bilden alternsgerechte Konzepte hinsichtlich Gesundheit und Arbeitsfähigkeit der Arbeitnehmer vor dem Hintergrund des betrieblichen Wandels.

Auch zu dieser Kategorie wurden Beiträge aus ganz Deutschland eingereicht. Die Prospektiv GmbH, die ZF Friedrichshafen AG und das Burnon-Zentrum dienen als Wegweiser in dieser Kategorie. Im Themenschwerpunkt alternsgerechte Konzepte zu Gesundheit und Arbeitsfähigkeit werden gesundheitserhaltende und alter(n)s-gerechte Arbeitsbedingungen sowie die psychische Gesundheit als Rahmenbedingungen für eine erfolgreiche Nutzung der demografischen Chance in Augenschein genommen und an gelungenen Beispielen vorgeführt. Die körperliche und geistige Beweglichkeit, nachhaltige Beschäftigungsmaßnahmen und Gesundheitsaspekte sowie der präventive Erhalt der Arbeits- und Beschäftigungsfähigkeit unterliegen hier einer eingehenden Betrachtung.

05

Alternsgerechte Konzepte zu Gesundheit und Arbeitsfähigkeit

176 **Feuer und Flamme im Job – bis zur Rente**
Förderung der psychischen Gesundheit als Rahmenbedingungen für einen erfolgreichen demografischen Wandel

178 **Alternsgerechte und demenzfreundliche Architektur**
Architektonische Konzepte unterstützen ein selbstbestimmtes Leben im Alter

180 **Mensch-Rechner-Schnittstelle**
Blickbasierte Eingabe für ältere Computerbenutzer – das Aus für die Computermaus?

182 **Man lernt immer dazu**
Programm zur Förderung der körperlichen und geistigen Beweglichkeit im demografischen Wandel

184 **Potenziale, Gesundheit und Beruf**
Ein Gruppenangebot der Ländlichen Erwachsenenbildung in Niedersachsen e.V.

186 **Belastungs- und qualifizierungsorientierte Demografie-Analyse**
Präventiver Erhalt der Arbeits- und Beschäftigungsfähigkeit durch die Zusammenführung von Altersstrukturanalyse, Qualifizierungsbedarfen und belastungsorientierter Arbeitsplatzbewertung

188 **myGreenSpace**
Ein Wald im Wohnzimmer

190 **Serious Games für Ältere**
An Apple a Day Keeps the Doctor Away

192 **M3 – markt- und mitarbeitergerechte Montage**
Alternsgerechte Gestaltung einer Montagelinie für Nutzfahrzeuggetriebe

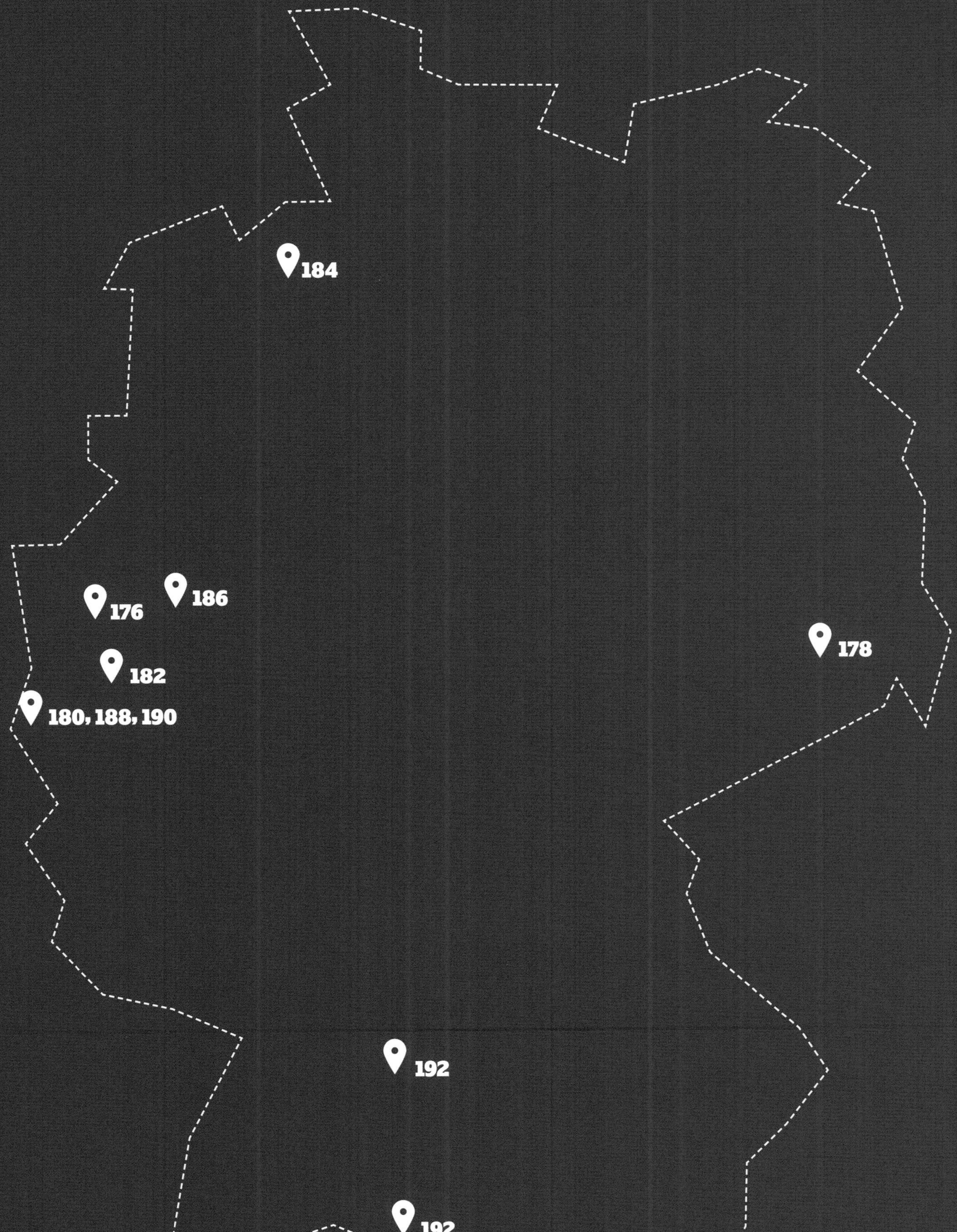

184
176
186
182
180, 188, 190
178
192
192

Feuer und Flamme im Job – bis zur Rente

Förderung der psychischen Gesundheit als Rahmenbedingung für einen erfolgreichen demografischen Wandel

In den Jahren 2008 bis 2010 hat das Bundesministerium für Bildung und Forschung mit Kofinanzierung aus Europäischen Sozialfonds das Projekt „pragdis" gefördert. Darin ging es um den präventiven Arbeits- und Gesundheitsschutz in modernen flexiblen Beschäftigungsstrukturen. Was bei den Untersuchungsergebnissen besonders ins Auge sprang: Auffallend viele Beschäftigte hatten psychische Probleme. Deutlich weniger als die Hälfte der damals Befragten meint die Belastungen des Arbeitsalltags bis zur Rente aushalten zu können. Jeder Zehnte hat gesagt: „Eigentlich müsste ich jetzt schon aufhören" (bei einem Durchschnittsalter von 45 Jahren!).

Somit war die Schlussfolgerung der Forscher der Technischen Universität Dortmund: Wir brauchen ein interdisziplinäres Angebot für Unternehmen und Beschäftigte, welches von der Sensibilisierung über Prävention und Therapie bis hin zur Wiedereingliederung bzw. Rehabilitation beratend und unterstützend agiert. Denn: Wie soll ein demografischer Wandel erfolgreich funktionieren, wenn ein großer Teil der Beschäftigten aufgrund von psychischen Problemen und sonstigen stressbedingten Erkrankungen viele Jahre vor dem offiziellen Rentenalter frühberentet wird oder resigniert und frustriert die letzten Beschäftigungsjahre „absitzt"?

Entsprechend ist aus dem damaligen Projektkontext das Burnon-Zentrum entstanden. Das Burnon-Zentrum ist ein privatwirtschaftliches, interdisziplinäres Anbieternetzwerk, welches sich sowohl an Unternehmen als auch an Beschäftigte richtet und ebenso über Multiplikatoren wie beispielsweise Krankenkassen und Interessenvertreter der Wirtschaft informiert, aufklärt und berät.

Was genau ist die Idee des Burnon-Zentrums?

Experten der verschiedenen Fachrichtungen, die zum Themenkontext der psychischen Gesundheit und des Umgangs mit psychischer Belastung einen qualifizierten Beitrag leisten können, kooperieren in einem Netzwerk im Interesse der Kunden. Gesundheitspsychologen, Psychotherapeuten, (Arbeits-)Mediziner, Arbeitswissenschaftler, Betriebswirte, Sportwissenschaftler etc. arbeiten je nach Kundenwunsch und -bedarf zusammen, wenn es darum geht, Arbeitsbedingungen zu analysieren, gesundheitsförderlich zu gestalten, persönliche Resilienzfaktoren zu stärken und Bedingungen zur Förderung der Arbeitsfähigkeit umzusetzen. Durch die Zusammenführung von psychologisch-medizinischem und betriebswirtschaftlichem Denken wird sichergestellt, dass die betrieblichen Interessen bei der Unterstützung genauso im Vordergrund stehen wie die sozialen Themenstellungen.

Das Motto des Burnon-Zentrums ist: Feuer und Flamme sein für einen Job, der Spaß macht – und das bis zur Rente!

Um diesem Motto gerecht zu werden, werden Unternehmen unterstützt durch:

- Sensibilisierungsmaßnahmen (z. B. Vorträge, Aktionstage zur psychischen Gesundheit, Aktionstage zur Sensibilisierung der Führungskräfte)
- Beratung beim Präventionsmarketing (Die Förderung der psychischen Gesundheit ist in vielen Unternehmen ein heikles Thema, da Überforderung, Versagen, Schwäche oder „zu-alt für-den-Job-sein" häufig mit dem Thema assoziiert werden. Präventions- und Unterstützungsmaßnahmen sollten entsprechend mit einem Präventions-Marketing-Mix geplant und begleitet werden, um erfolgreich sein zu können.)
- Unterstützung bei der Situationsanalyse (z. B. schriftliche Mitarbeiterbefragungen, Workshops, Befragung innerbetrieblicher Experten, persönliche Check-ups zur psychischen Gesundheit)
- Konzeption, Beratung und Unterstützung bei der Verhältnisprävention (z. B. Moderation von Change-Prozessen, Führungskräftequalifizierung zu Fragen des gesunden Führens oder der Motivation älterer Beschäftigter)
- Konzeption, Beratung und Unterstützung bei der Verhaltensprävention (z. B. Stressmanagement-Workshops, Work-Life-Balance-Coaching)
- Unterstützung von „gefährdeten" Beschäftigten (z. B. psychologische Sprechstunden, Sozialberatung, Hilfe bei der Vermittlung von Therapeuten)
- Unterstützung beim betrieblichen Eingliederungsmanagement (Wiedereingliederungs-Coaching/-Mentoring)

Die Angebote an Einzelpersonen beziehen sich auf

- Beratung und Orientierung (z. B. Wie geht es mir eigentlich? Ist noch alles im grünen Bereich?)
- Coaching zum Erhalt der Arbeitsfähigkeit, zur Stärkung der Resilienz sowie zum Stressmanagement
- Coaching zur Reflexion der beruflichen Perspektiven bis ins „hohe Alter" (z. B. Was kann und will ich noch erreichen? Mache ich eigentlich das, was ich kann und will und was heute meinen Werten entspricht?)
- Therapie bzw. Beratung und Unterstützung bei der Suche nach geeigneten Therapeuten/Therapieeinrichtungen
- Coaching zur Vorbereitung auf das BEM.

Das Burnon-Zentrum agiert durch den Netzwerk-Ansatz bundesweit mit einem Schwerpunkt in NRW.

Durch die lösungs- und ressourcenorientierte Arbeit in Unternehmen und mit den Beschäftigten werden Beschäftigungsfähigkeit, psychische Gesundheit und Motivation bis zum Rentenalter und darüber hinaus unterstützt. Der demografische Wandel bleibt damit weiterhin für die Betriebe eine Herausforderung – aber keine drohende Gefahr.

Burnon-Zentrum
Konrad-Adenauer-Platz 17
40885 Ratingen
www.burnon-zentrum.de

Ansprechpartner/-in:
Dr. Dagmar Siebecke
Leiterin
Tel: 02102 5519468
siebecke@burnon-zentrum.de

Ratingen

51°17'44" N,
6°51'08" O

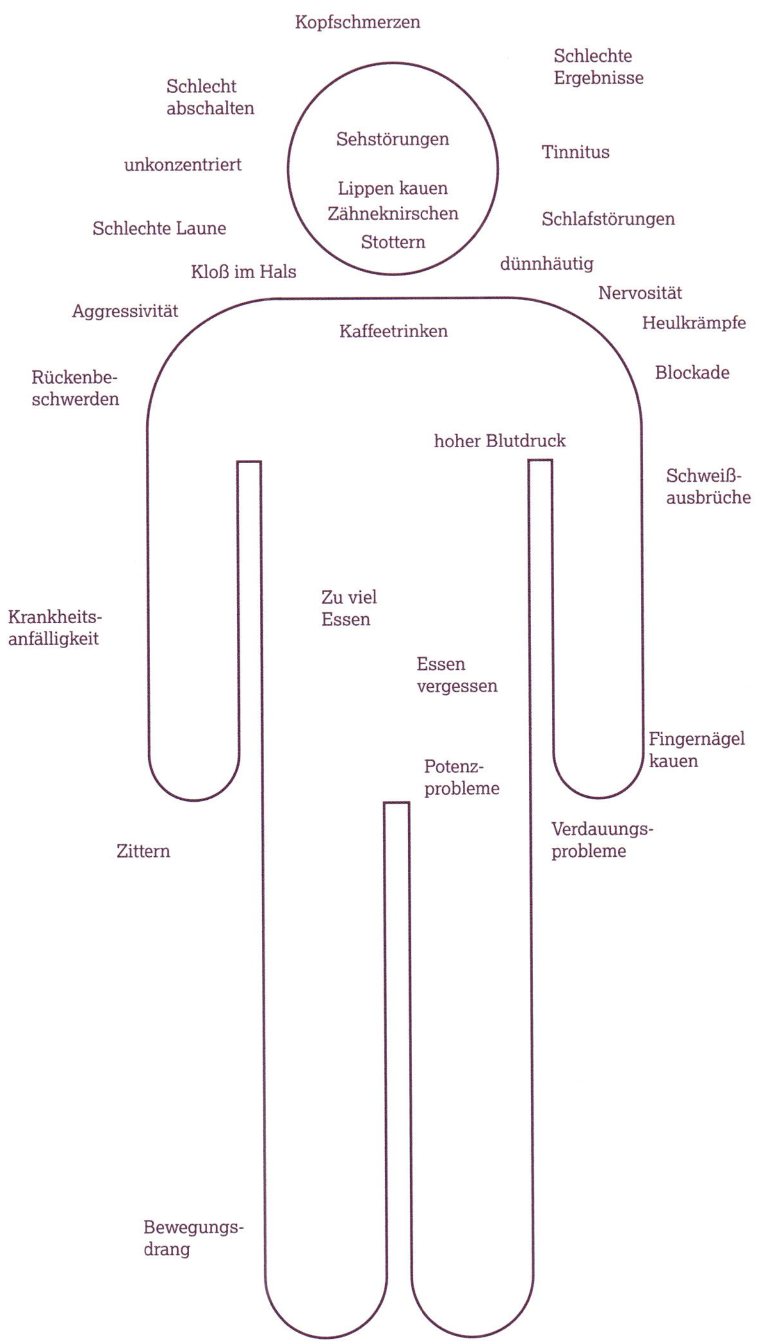

- Interdisziplinäre Beratung
- Betriebliche Bedarfsanalyse
- Moderation von Veränderungsprozessen
- Führungskräftefortbildung
- Stressmanagement-/ Resilienz-Training
- Check-up zur psychischen Gesundheit
- Psychologische Sprechstunde

Alternsgerechte und demenzfreundliche Architektur

Architektonische Konzepte unterstützen ein selbstbestimmtes Leben im Alter

Die alternde Bevölkerung Deutschlands verändert viele Lebensbereiche. Alternsgerechte Dienstleistungen und Technologien werden selbstverständlich. Auch die Architektur und die Gestaltung unserer gebauten Umwelt müssen die Anforderungen des demografischen Wandels berücksichtigen.

Mit zunehmendem Alter steigt das Risiko des Auftretens von funktionellen und sensorischen Einschränkungen sowie von demenziellen Erkrankungen an. Dadurch kommen viele ältere Menschen zunehmend mit ihrer baulichen Umwelt in Konflikt: So können sie sich beispielsweise aufgrund von Mobilitätsbeeinträchtigungen nicht mehr selbstständig in ihrem Wohnquartier bewegen, da sie Stufen, Schwellen oder Steigungen nicht bewältigen können. Die kognitiven Einbußen einer Demenz erschweren es ihnen, den Weg nach Hause zu finden.

Die Gestaltung der gebauten Umwelt hat somit einen maßgeblichen Einfluss darauf, ob ältere Menschen ihr Leben selbstständig führen können. Die Erfüllung des Wunsches, im Alter selbstständig im gewohnten und vertrauten häuslichen Umfeld zu verbleiben, hängt wesentlich von den architektonischen Merkmalen der eigenen Wohnumgebung ab. Deren Architektur muss auftretende Einschränkungen und Erkrankungen der Bewohner kompensieren und therapeutisch wirksam werden. Um die Mobilität zu erhalten und zu fördern, ist es beispielsweise wichtig, auf physische Barrieren wie Stufen oder Schwellen weitgehend zu verzichten und Hilfestellungen wie Handläufe und Geländer zur Unterstützung des Gleichgewichts und des sicheren Gangs vorzusehen. Einschränkungen der Sehfähigkeit können durch eine geeignete Beleuchtung sowie den Einsatz von Leuchtdichte und Farbkontrasten kompensiert werden.

Beim Auftreten demenzieller Erkrankungen ist es besonders wichtig, die Orientierung zu unterstützen. Einfache Grundrisse mit markanten Referenzpunkten sowie Beschilderungen und Leitsysteme bieten dafür Ansatzpunkte.

Es wird empirisch ermittelt, welche baulichen und gestalterischen Maßnahmen in der Architektur dazu beitragen, die individuelle Selbstständigkeit zu fördern und somit die Lebensqualität zu erhalten. Auf einer wissenschaftlichen Basis werden Grundlagen zur Gestaltung einer baulichen Umwelt geschaffen, die weitgehend allen Menschen eine Nutzung ohne besondere Erschwernis und grundsätzlich ohne fremde Hilfe ermöglicht. Älteren Menschen wird es trotz physischer und kognitiver Einschränkungen möglich sein, selbstständig in ihrem eigenen häuslichen Umfeld zu verbleiben und sich unabhängig in ihrem Wohnquartier zu bewegen. Aber auch in Institutionen, wie beispielsweise Altenpflegeeinrichtungen, ist eine die Selbstständigkeit unterstützende Architektur von hoher Bedeutung. Es gibt keine Hinweise darauf, dass das Bedürfnis, selbstbestimmt den Tagesablauf zu gestalten und eigene Entscheidungen zu treffen, mit zunehmendem Alter oder auch nach dem Auftreten demenzieller Erkrankungen weniger stark ausgeprägt ist als bei jüngeren Menschen. Demzufolge gehört die Ermittlung der Merkmale einer demenzfreundlichen Architektur in stationären Altenpflegeeinrichtungen zu den Untersuchungszielen der Forschergruppe. Aber auch in Krankenhäusern gewinnt eine demenzfreundliche Gestaltung an Bedeutung. Ältere Menschen verursachen mehr als die Hälfte der jährlichen Krankenhausfälle in Deutschland. Viele von ihnen haben eine Demenz und sind deshalb im Krankenhaus überfordert und desorientiert. Eine architektonisch ablesbare, Informationen vermittelnde Umgebung, die das richtige Einordnen der eigenen Person in die zeitlichen und örtlichen Gegebenheiten erleichtert, kann dazu beitragen, den Heilungsprozess zu verbessern. Auch die sich oftmals an den Krankenhausaufenthalt anschließende Pflegeheimeinweisung kann durch eine die Selbstständigkeit und Orientierung fördernde Architektur vermieden werden. Die wissenschaftliche Untersuchung von Merkmalen dieser Architektur ist ein weiteres Untersuchungsziel der Nachwuchsforschergruppe.

Der Lösungsansatz zur Gestaltung des demografischen Wandels besteht darin, wissenschaftlich fundierte Gestaltungsrichtlinien für eine alternsgerechte und demenzfreundliche Architektur bereitzustellen. Diese können bei allen Neubau-, Umbau- und Erhaltungsmaßnahmen angewandt werden. Durch die frühzeitige Integration der wissenschaftlichen Erkenntnisse werden die Kosten von später notwendigen baulichen Anpassungsmaßnahmen reduziert. Zudem wird eine langfristige und nachhaltige Nutzung von Gebäuden und städtischem Raum ermöglicht. Eine alternsgerechte und demenzfreundliche Architektur und Umweltgestaltung fördert die soziale Integration, Teilhabe und das Wohlbefinden älterer Menschen und ist damit für die Gestaltung des demografischen Wandels von hoher Bedeutung.

Viele Gestaltungsmerkmale einer alternsgerechten und demenzfreundlichen Architektur sind noch nicht vollständig bekannt. Diese zu ermitteln, ist Ziel der von der Deutschen Forschungsgemeinschaft (DFG) geförderten Emmy Noether-Nachwuchsgruppe „Architektur im demografischen Wandel", die unter der Leitung von Frau Dr.-Ing. Gesine Marquardt an der Technischen Universität Dresden forscht.

TECHNISCHE UNIVERSITÄT DRESDEN

Dr.-Ing. Gesine Marquardt
Technische Universität Dresden,
Fakultät Architektur
01062 Dresden
www.a-i-dw.de

Ansprechpartner/-in:

Dr.-Ing. Gesine Marquardt
Nachwuchsgruppenleiterin Emmy-Noether-Nachwuchsgruppe Architektur im demografischen Wandel
Tel: 0351 46335578
gesine.marquardt@tu-dresden.de

Dresden

51°02'57" N,
13°44'18" O

Alternsgerechte und demenzfreundliche Architektur: Im Krankenhaus, im Altenpflegeheim und zu Hause.

Mensch-Rechner-Schnittstelle

Blickbasierte Eingabe für ältere Computerbenutzer – das Aus für die Computermaus?

Ein steigender Anteil älterer Arbeitnehmerinnen und Arbeitnehmer und eine zunehmende Technisierung von Arbeitsprozessen sind aktuelle Entwicklungen, die von Unternehmen berücksichtigt werden müssen, um auch zukünftig wettbewerbsfähig zu bleiben. Aktuellen Studien zufolge ist der Computer branchenübergreifend das wichtigste Arbeitsmittel, sodass eine effektive, effiziente und zufriedenstellende Benutzung einen starken Einfluss auf den wirtschaftlichen Erfolg von Unternehmen haben kann. Die alternsgerechte Gestaltung der Mensch-Rechner-Interaktion mit dem Ziel, die Gesundheit und Arbeitsfähigkeit älterer Arbeitnehmerinnen und Arbeitnehmer zu fördern, stellt somit ein wichtiges Forschungsfeld dar.

Im Rahmen wissenschaftlicher Studien sind Modelle und Methoden für eine altersdifferenzierte, an die Fähigkeiten, Fertigkeiten sowie individuellen Anforderungen und Bedürfnisse des Benutzers anpassbare Mensch-Rechner-Schnittstelle entwickelt und prototypisch umgesetzt worden. Dazu sind basierend auf dem exemplarischen Anwendungsgebiet „Projektmanagement", die vier Adaptionsdimensionen 1) Schriftgröße, 2) Layout von Netzplänen, 3) Visualisierungshilfen zur Navigation in Netzplänen und 4) Eingabegeräte identifiziert sowie anhand prototypischer Systemkonzepte in empirischen Versuchsreihen systematisch hinsichtlich ergonomischer sowie altersspezifischer Aspekte untersucht und bewertet worden.

Es konnte gezeigt werden, dass traditionelle Einstellungen der Benutzungsschnittstelle, bspw. hinsichtlich der Schriftgröße oder der Anordnung und Darstellung von Informationen, sowie traditionelle Eingabegeräte, wie man sie an den meisten Arbeitsplätzen antrifft, für ältere Arbeitnehmerinnen und Arbeitnehmer schnell zur Barriere werden können. Häufig bereitet ihnen insbesondere die Interaktion mit der Computermaus aufgrund altersbedingter Veränderungen massive Schwierigkeiten. Der Doppelklick per linker Maustaste wird mitunter zum unüberwindlichen Hindernis. Der Einsatz alternativer, innovativer Eingabegeräte zur Verbesserung der Interaktion zwischen Mensch und Rechner beschreibt somit insbesondere für ältere Benutzer einen wichtigen Ansatzpunkt.

Innovative, direkte Eingabegeräte, wie ein berührungssensitiver Touchscreen sowie eine blickbasierte Eingabe, bei der der Mauszeiger über die Blickposition des Benutzers gesteuert wird, stellen hier vielversprechende Möglichkeiten dar (s. Abbildung).

In einer umfangreichen Studie mit 90 Probanden zwischen 20 und 75 Jahren konnte das große Potenzial der touchbasierten sowie blickbasierten Eingabe insbesondere für ältere Computerbenutzer nachgewiesen werden. So konnte die ausgewählte Experimentalaufgabe von den Benutzern mit dem Touchscreen sowie der Blicksteuerung deutlich schneller und mit geringerer mentaler Beanspruchung bearbeitet werden. Leistungsunterschiede zwischen jüngeren und älteren Benutzern, welche bei der Eingabe mit Hilfe der Computermaus stark ausgeprägt waren, konnten so kompensiert werden. Auch Fragebogenergebnisse bestätigen den positiven Einfluss dieser Eingabegeräte auf die Zufriedenheit und die subjektiv empfundene Leistungsfähigkeit der Benutzer.

Darüber hinaus können aus dieser Studie sowie weiteren durchgeführten Studien zur ergonomischen Anpassung der Benutzungsschnittstelle insbesondere hinsichtlich visueller Aspekte (Schriftgröße, Layoutgestaltung, Visualisierungshilfen, s. o.) folgende übergeordnete Ergebnisse abgeleitet werden:

- Unabhängig vom Alter der Benutzer kann durch eine ergonomische Anpassung der Soft- und Hardware die Leistungsfähigkeit erhöht und die Beanspruchung reduziert werden.
- Leistungsunterschiede zwischen jüngeren und älteren Benutzer können durch eine ergonomisch gestaltete Schnittstelle kompensiert werden.
- Anstelle einer altersdifferenzierten Gestaltung der Mensch-Rechner-Interaktion kann häufig ein Design-for-All-Ansatz verfolgt werden, welcher jüngeren sowie älteren Benutzern zugutekommt.
- Jüngere Benutzer können ergonomisch ungünstig gestaltete Schnittstellen besser durch Technikerfahrung und Leistungsfähigkeit kompensieren, während ältere Benutzer auf eine ergonomische Gestaltung der Mensch-Rechner-Schnittstelle angewiesen sind.

Die Ergebnisse der Studien machen deutlich, welches große Potenzial die ergonomische, alternsgerechte Gestaltung der Mensch-Rechner-Schnittstelle für die effektive, effiziente und zufriedenstellende Benutzung sowie daraus folgend den wirtschaftlichen Erfolg eines Un-

Institut für Arbeitswissenschaft der RWTH Aachen
Bergdriesch 27
52062 Aachen
www.iaw.rwth-aachen.de

Ansprechpartner/-in:
Dr.-Ing. Dipl.-Inform. Nicole Jochems
stellv. Abteilungsleiterin der Forschungsgruppe Ergonomie und Mensch-Maschine-Systeme
Tel: 0241 8099485
n.jochems@iaw.rwth-aachen.de

Aachen

50°46'36" N,
6°05'01" O

ternehmens haben kann. Durch die ergonomische, alternsgerechte Gestaltung der Mensch-Rechner-Schnittstelle können altersbedingte Leistungsveränderungen kompensiert, die häufig vorhandene Technikbarriere reduziert und die Erfahrung und Kompetenz der älteren Arbeitnehmer und Arbeitnehmerinnen optimal eingesetzt werden. Dieses Potenzial sollte erkannt und genutzt werden!

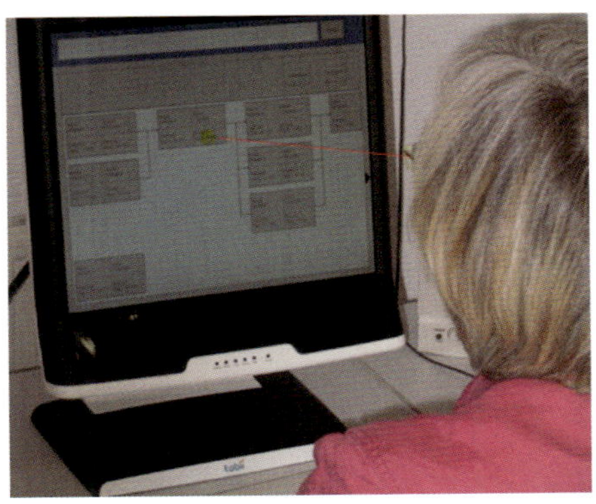

Die hier beschriebenen Arbeiten sind im Rahmen des von der DFG geförderten Schwerpunktprogramms 1184 „Altersdifferenzierte Arbeitssysteme“ am Institut für Arbeitswissenschaft (IAW) der RWTH Aachen im Teilprojekt „Altersdifferenzierte Adaption der Mensch-Rechner-Interaktion“ entstanden. Das Institut für Arbeitswissenschaft befasst sich im Rahmen von Forschungs-, Transfer- und Beratungsprojekten bereits seit mehr als zehn Jahren mit den Auswirkungen der demografischen Entwicklung auf Unternehmen und ihre Beschäftigten. Dabei werden in enger Kooperation mit Partnern aus Industrie und Forschung innovative Methoden und Werkzeuge zur integrierten Arbeitsgestaltung auf organisationaler, technischer und personaler Ebene entwickelt. Darüber hinaus ist das IAW Partner in mehreren BMBF/ESF-geförderten Verbundprojekten, z. B. zum Thema Innovationsfähigkeit im demografischen Wandel (INNOKAT und derobino), und koordiniert erfolgreich das DFG-Schwerpunktprogramm „Altersdifferenzierte Arbeitssysteme“.

Man lernt immer dazu

Programm zur Förderung der körperlichen und geistigen Beweglichkeit im demografischen Wandel

Was sollte erreicht werden? Zielbestimmung

Maßnahmen zum demografischen Wandel gehen von der Grundannahme aus, dass Lernen einen lebenslangen Prozess darstellt – auch im Arbeitsleben. Vor diesem Hintergrund stellt sich die Frage, wie die Beschäftigten befähigt werden können, ihre Kompetenzen zu erhalten und weiter zu entwickeln, um mit den veränderten Arbeitsanforderungen im Verlaufe des gesamten Berufslebens erfolgreich umzugehen.
Hauptziel des Programms ist, die Beschäftigungsfähigkeit der Mitarbeiterinnen und Mitarbeiter in Unternehmen zu sichern, um den Herausforderungen des demografischen Wandels kompetent gerecht werden zu können.

Zu diesem Zweck ist ein ganzheitliches Konzept zur Sicherung der Beschäftigungsfähigkeit entwickelt worden, das die Bausteine Gesundheitsverhalten, körperliche Beweglichkeit und geistige Beweglichkeit umfasst (vgl. Abbildung).

Angesichts der wachsenden Komplexität der Arbeitswelt gehören die geistigen Fähigkeiten der Beschäftigten zu den wichtigsten personalen Ressourcen, um den Arbeitsanforderungen gerecht zu werden. Da bestimmte geistige Fähigkeiten im Alterungssprozess nachlassen können, gewinnt im demografischen Wandel die Frage immer mehr an Bedeutung, durch welche Fördermaßnahmen die geistige Beweglichkeit der Beschäftigten erhalten und verbessert werden kann.

Da die körperliche Leistungsfähigkeit nachweislich einen positiven Einfluss auf die geistigen Fähigkeiten hat, ist der Baustein „körperliche Beweglichkeit" in das Programm integriert.
Als dritter Baustein ist die „Förderung des individuellen Gesundheitsverhaltens" herangezogen worden, da die Gesundheit eine wesentliche Ressource darstellt, die wachsenden physischen und psychischen Arbeitsbelastungen dauerhaft zu bewältigen.

Was wurde gemacht? Festlegung der Inhalte

Das Modul „Förderung des individuellen Gesundheitsverhaltens" ist einerseits darauf ausgerichtet, die gesundheitsförderliche Bedeutung von Bewegung zu vermitteln sowie das individuelle Gesundheitsverhalten zu reflektieren und gesundheitsförderlich zu gestalten. Andererseits werden die Bedingungen der Stressentstehung und Stresswirkungen erläutert sowie Möglichkeiten eines adäquaten Umgangs mit Stresssituationen eingeübt.

Das Modul „Förderung der geistigen Beweglichkeit" beinhaltet zum einen die Reflexion individueller Alter(n)sbilder und deren Bedeutung für den Kommunikationsprozess im Berufsalltag. Zum anderen werden im ersten Schritt für jene geistigen Fähigkeiten, die kennzeichnend für die Arbeitstätigkeiten der Beschäftigten sind, PC-unterstützte Memo- und Problemlösetechniken und die mentale Trainingsform vermittelt und eingeübt. Im zweiten Schritt werden die Beschäftigten angeleitet, ein individuelles Bewegungsprogramm zur Förderung der geistigen Beweglichkeit zusammenzustellen.

Das Modul „Förderung der körperlichen Beweglichkeit" zielt einerseits darauf ab, durch individuelle Bewegungsdosierung die körperliche Fitness (wie Ausdauer, Kraft, Koordination) zu trainieren, um den Erhalt der (alltagskonformen) Beweglichkeit zu sichern. Andererseits werden die Beschäftigten unterstützt, gesundheitlich relevante Bewegungsaktivitäten auszuwählen und dauerhaft individuell angepasst umzusetzen.

Wie wurde es gemacht? Merkmale der Module

Das Programm ist ressourcenorientiert (Orientierung an den personalen Stärken), anwendungsorientiert (Orientierung an den konkreten kognitiven Arbeitsanforderungen) und partizipationsorientiert (Orientierung an den Teilnahmeerwartungen und Zufriedenheitseinschätzungen) konzipiert.

Für die einzelnen Module ist kennzeichnend, dass die Beschäftigen (a) für das Modulthema sensibilisiert werden und ihr eigenes Verhalten reflektieren lernen, (b) über die themenrelevanten Grundlagen informiert werden und (c) anhand von Praxisübungen Handlungsempfehlungen ausprobieren und ein individuelles, passendes Programm entwickeln.

Wie wurde überprüft? Check-up

Der Check-up ist interdisziplinär ausgerichtet und erfasst medizinische, psychologische und sportwissenschaftliche Daten. Zum Gesundheitsverhalten werden ein medizinischer Check-up (z. B. Blutbild, Ruhe-EKG, Lungenfunktionstest) und ein PC-gestützter Erholungstest durchgeführt. Die körperliche Beweglichkeit wird mit einem standardisierten apparativen Fitnessparcours erhoben und die geistige Beweglichkeit mit dem d2-Test erfasst.

Wie wurde das Programm umgesetzt? Programmdurchführung

Das Programm ist in Kooperation mit Rhein Energie Köln entwickelt und in einer Fortbil-

Kölner Institut für angewandte Gesundheitswissenschaften
Hansaring 88, 50670 Köln
www.gesund-ev.de
Institut für Prävention und Nachsorge GmbH (IPN)
Kirchstr. 13, 50996 Köln
www.ipn.eu

Ansprechpartner/-in:
Prof. Dr. Henning Allmer
1. Vorsitzender
Tel: 02238 83248
henning.allmer@gesund-ev.de

Elmar Trunz-Carlisi
Institutsleiter
Tel: 0221 39093010
elmar.trunz@ipn.eu

Köln

50°56'17" N,
6°57'25" O

dungsveranstaltung 2012 umgesetzt worden. In einer Informationsveranstaltung sind die Zielsetzungen, die Vorgehensweise und der Nutzen für die Beschäftigten vorgestellt worden. An dem 13-wöchigen Programm haben 18 Gruppenleiterinnen/Gruppenleiter (Alter 50+) verschiedener Tätigkeitsbereiche teilgenommen, die eine Multiplikatorenfunktion ausüben. Die Module „Gesundheitsverhalten“ und „geistige Beweglichkeit“ haben in der Arbeitszeit als Kompakteinheiten stattgefunden, für das Modul „körperliche Beweglichkeit“ sind Termine nach Dienstschluss festgelegt worden.

Was wurde erreicht? Evaluation

Die Auswertung der Ergebnisse der Check-ups hat gezeigt, dass das Programm zur Verbesserung der körperlichen Fitness in allen getesteten Bereichen (insbesondere Rumpfmuskelkraft und Koordination) und zur Verbesserung der geistigen Beweglichkeit (Zunahme der d2-Mengenleistung) der Beschäftigten geführt hat. Aufgrund der programmbegleitenden Befragungen ist festzustellen, dass die Programminhalte bei den Beschäftigten auf ausgesprochen positive Resonanz gestoßen sind (Zunahme der Zufriedenheitswerte), und das Programm als gut geeignet zur Erhaltung der Beschäftigungsfähigkeit eingeschätzt wird.

Das Programm „Man lernt immer dazu“ ist eine wissenschaftlich erprobte Maßnahme, mit der das Gesundheitsverhalten gefördert und die körperliche und geistige Beweglichkeit der Beschäftigten im demografischen Wandel gesichert werden kann.

Potenziale, Gesundheit und Beruf

Ein Gruppenangebot der Ländlichen Erwachsenenbildung in Niedersachsen e.V., Assessment und Coaching Center Nord-West

Der negative Einfluss von Arbeitslosigkeit auf die Gesundheit wird in der Fachliteratur vielfach beschrieben. Viele Erwerbslose befinden sich in einem Kreislauf aus Arbeitslosigkeit und Krankheit. Gesundheitliche Einschränkungen gelten dabei im Fachjargon der SGB-II-Träger als „persönliches Vermittlungshemmnis" bei der Integration in den Arbeitsmarkt. Eine Arbeitsförderung kann somit nicht losgelöst von Gesundheitsförderung betrachtet werden, sondern muss mit dieser verknüpft werden. Darüber hinaus dominieren heutzutage Schlagzeilen über den krankmachenden Einfluss des Arbeitsstresses, gerade auf psychischer Ebene. Um die Arbeitsfähigkeit zu erhalten, sind für ein modernes betriebliches Gesundheitsmanagement ganzheitliche Gesundheitsprogramme gefragt.

Das Förderangebot „Potenziale, Gesundheit und Beruf" wird von der LEB für Gruppen mit 7 – 12 Personen angeboten (sowohl als Maßnahme für Erwerbssuchende unter Auftrag der zuständigen Jobcenter sowie als freies Angebot für alle Interessierten und in abgewandelter Form als betriebliches Gesundheitsmanagement).
Mit einem ganzheitlichen Ansatz unterstützt die LEB die Teilnehmenden dabei, unter Berücksichtigung körperlicher, sozialer und psychischer Aspekte (gem. der WHO-Gesundheitsdefinition), die Vereinbarkeit von Gesundheit und Berufstätigkeit zu verbessern. Die Entstehung und Erhaltung von Gesundheit steht dabei im Zentrum. Der Umgang mit Belastungs- und Stresssituationen wird ausführlich bearbeitet und durch praktische Übungen erlebbar. Zusammen mit dem Teilnehmenden werden individuelle berufliche Interessen, Fähigkeiten und Neigungen ermittelt sowie positiv bestärkende Gesundheitsfaktoren auf der körperlichen, sozialen und psychischen Seite (Ressourcenorientierung im Sinne der Salutogenese) in den Blick genommen.

Das Angebot umfasst dabei zwei Phasen (Phase 1 = 3 Wochen, Phase 2 = 9 Wochen). Die erste Phase beinhaltet die Entwicklung eines persönlichen Stärkenprofils und umfasst einen Zeitraum von drei Wochen. Dabei stellt die Durchführung eines klassischen beruflichen Potenzial-Assessment-Centers (PAC), welches um den Aspekt der Ressource Gesundheit erweitert wird, den ersten Schritt dar. In einem PAC werden durch handlungsorientierte, berufsrelevante Aufgaben die Fähigkeiten und Potenziale der Teilnehmenden sichtbar. Professionelle Assessorinnen und Assessoren der LEB beobachten und dokumentieren den Prozess. Durch einen Abgleich von Selbst- und Fremdeinschätzung werden die Teilnehmenden dabei mit ins Boot geholt. Ein Feedback über die einzelnen Aufträge stärkt die Teilnehmenden in ihrem Selbstbewusstsein.

Neben dem PAC werden die Teilnehmenden bei der Reflexion ihrer gesundheitlichen und beruflichen Situation unterstützt und angeleitet. Dazu erarbeiten sie innerhalb von Lern- und Trainingseinheiten zum Thema „Gesundheit und Beruf" Techniken im Umgang mit Stress- und Belastungssituationen. Es geht weiterhin zum einen um das Herausarbeiten individueller Ressourcen wie Problemlösekompetenz, Ich-Identität, vorhandener sozialer Unterstützungsnetzwerke etc. und zum anderen geht es um die Klärung, wie diese Ressourcen protektiv im Sinne einer Gesundheitsprävention genutzt werden können. Ein Training personaler Kompetenzen (TpK) rundet die erste Phase ab.

Bei der sich anschließenden zweiten Phase werden die Teilnehmenden individuell in Form von Einzelcoachings in ihrer beruflichen und privaten Entwicklung begleitet und unterstützt. Ziel ist die Erarbeitung realistischer Berufsperspektiven im Rahmen der individuellen gesundheitlichen Möglichkeiten auf Basis der PAC-Ergebnisse. Darüber hinaus soll das gesundheitliche Bewusstsein gestärkt sowie das Gesundheitsverhalten verbessert werden.

Alle Ergebnisse werden in Form eines Abschlussberichtes, bestehend aus einem Potenzial-Assessment-Bericht und einem Perspektivkonzept, dokumentiert. Am Ende der Maßnahme werden zur Anschlusssicherung ggf. Übergabegespräche mit der jeweiligen Fallmanagerin bzw. dem jeweiligen Fallmanager und dem Teilnehmenden geführt.

Verknüpfung von Arbeits- und Gesundheitsförderung zur Arbeitsmarktintegration

Ländliche Erwachsenenbildung in Niedersachsen e. V.
Assessment und Coaching Center Nord-West
Bahnhofstraße 18
26160 Bad Zwischenahn
www.assessment-center.leb.de

Ansprechpartner/-in:
Marina Krone
Tel: 04403 9847816
Fax: 04403 9847824
krone@leb.de
zwischenahn@leb.de

Bad Zwischenahn

53°11'01" N,
8°00'35" O

Wochenübersicht

	Montag	Dienstag	Mittwoch	Donnerstag	Freitag
8.00 h	Eingangsrunde / Intro: Gesundheit und Wohlbefinden	Eingangsrunde / Intro: Soziale Aspekte und Gesundheit	Eingangsrunde / Intro: Körperliche Aspekte und Gesundheit	Eingangsrunde / Intro: Innere Werte und Gesundheit	Eingangsrunde / Intro: Mentale Aspekte und Gesundheit
10.30 h	Gesundheitsaspekte Meine Gesundheit „Was tut mir gut?" Abgleich von gesundheitlichem und beruflichem Ist- und Sollzustand	Gesundheitsaspekte Stressbewältigung „Wie nehme ich Stresswarnsignale wahr?" Berufliche Belastungssituationen und Stressbewältigung	Gesundheitsaspekte Typologien „Welcher (Gesundheits-) Typ bin ich?" Analyse geeigneter Berufsfelder	Gesundheitsaspekte Zielformulierung und Zeitmanagement „Wie organisiere und strukturiere ich meinen Alltag?" Effektiver Arbeitsalltag & Struktur im Alltag	Gesundheitsaspekte Visionen / Ziele „Was will ich für meine Gesundheit tun?" Schriftliche Erarbeitung von Zielen zu Gesundheit und Berufswahl
13.30 h	Entspannungs- und Aktivierungsübungen	Entspannungs- und Aktivierungsübungen	Entspannungs- und Aktivierungsübungen	Entspannungs- und Aktivierungsübungen	Entspannungs- und Aktivierungsübungen

Belastungs- und qualifizierungsorientierte Demografie-Analyse

Präventiver Erhalt der Arbeits- und Beschäftigungsfähigkeit durch die Zusammenführung von Altersstrukturanalyse, Qualifizierungsbedarfen und belastungsorientierter Arbeitsplatzbewertung

Die Auswirkungen des demografischen Wandels sind bereits für die meisten Unternehmen deutlich spürbar. Sie stellen fest, dass ihre Belegschaften einerseits immer älter werden und sie andererseits aufgrund des sinkenden Arbeitskräfteangebots zunehmend Schwierigkeiten bekommen, ihre Ersatzbedarfe vom externen Arbeitsmarkt zu rekrutieren. Dies führt dazu, dass dem Erhalt der Arbeits- und Beschäftigungsfähigkeit der eigenen Belegschaft eine noch größere Bedeutung zukommt. Im Wesentlichen sind dafür drei Komponenten zu berücksichtigen:

• Das Alter der Beschäftigten
Das bloße Alter der Beschäftigten ist kein Hinweis auf verminderte Leistungsfähigkeit, aber es ist in Kombination mit anderen Variablen (z. B. Qualifikationsniveau) ein wichtiger Indikator, um zukünftige Qualifizierungsbedarfe durch Verrentungen zu erkennen.

• Das Qualifikationsniveau der Beschäftigten an den einzelnen Arbeitsplätzen
Das Qualifikationsniveau bildet ab, wie gut die einzelnen Mitarbeiterinnen und Mitarbeiter die Tätigkeit am jeweiligen Arbeitsplatz beherrschen. Für die Arbeits- und Beschäftigungsfähigkeit ist eine systematische belastungsausgleichende Arbeitsplatzrotation vorteilhaft. Dafür ist es erforderlich, dass Mitarbeiterinnen und Mitarbeiter mehrere Tätigkeiten ausüben können.

• Die physischen und psychischen Belastungen an den Arbeitsplätzen
Gerade in den gewerblichen Bereichen der Unternehmen sind die Arbeitsplätze häufig mit Belastungen verbunden, die die Wahrscheinlichkeit einer gesundheitlichen Beeinträchtigung der Mitarbeiterinnen und Mitarbeiter bei längerer Ausführungsdauer erhöhen. Zu nennen sind hier vor allem ungünstige Arbeitszeiten (z. B. Nachtschicht), belastende Umgebungsbedingungen (Lautstärke, Wärme, Kälte etc.), einseitige körperliche Belastungen (z. B. Arbeiten im Stehen) oder Zwangshaltungen (z. B. Arbeiten über Kopf/Schulter) sowie psychische Belastungen (z. B. Akkord).

Im Rahmen des Verbundprojekts InnoFaktor hat die Prospektiv GmbH in Zusammenarbeit mit der ARTEMIS Kunststoff- und Kautschuktechnik GmbH ein Tool entwickelt, welches alle drei oben dargestellten Komponenten auf einen Blick abbilden kann. Dieses Tool verknüpft erstmals die Ergebnisse der bislang einzeln eingesetzten Demografie-Werkzeuge der Altersstrukturanalyse, der Qualifikationsbedarfsanalyse und der belastungsorientierten Arbeitsplatzbewertung und trägt somit maßgeblich zu gesundheitserhaltenden und alter(n)sgerechten Arbeitsbedingungen sowie zum präventiven Erhalt der Arbeits- und Beschäftigungsfähigkeit bei.

Ausgangsbasis ist hier eine Qualifikationsmatrix, welche das Qualifikationsniveau sämtlicher Mitarbeiterinnen und Mitarbeiter hinsichtlich der unterschiedlichen Tätigkeiten und Arbeitsplätze abbildet. Jede dieser Tätigkeiten und jeder dieser Arbeitsplätze werden hinsichtlich ihrer jeweiligen Belastungen entlang der Kategorien „Arbeitszeiten", „Umgebungsbedingungen", „Muskel / Skelett" und „Arbeitsorganisation" (hier handelt es sich im Wesentlichen um psychische Belastungen) gemessen und bewertet.

Jede Kategorie besteht aus einzelnen Belastungs-Items, die je nach Intensität der am Arbeitsplatz auftretenden Belastungen mit einem Punktwert versehen werden. Zudem fließt in die Arbeitsplatzbewertung ein, ob die auftretenden Belastungen bereits durch einzelne (z. B. ergonomische) Maßnahmen reduziert wurden. Außerdem kann auf diese Weise erhoben werden, ob Arbeitsplätze durch zusätzliche weitere Maßnahmen gesundheitsfördernder gestaltet werden können.

Die so entstehenden Punktwerte werden visuell in Form einer Ampel abgebildet (rot = hohe/sehr hohe Belastung; gelb = mittlere Belastung; grün = geringe/keine Belastung). Die Belastungshöhe gibt Aufschluss darüber, inwiefern mit einer dauerhaften Ausübung der Tätigkeit eine Beeinträchtigung der Arbeits- und Beschäftigungsfähigkeit wahrscheinlicher wird.

In der Kopfzeile der Qualifikationsmatrix wird die Auswertung der Arbeitsplatzbewertung in den vier Kategorien je Tätigkeit farblich abgebildet. Auf diese Weise ist auf den ersten Blick zu erkennen, welche Mitarbeiter an welchen Arbeitsplätzen wie stark belastet sind. In Kombination mit dem Alter der Mitarbeiter und den Daten der Altersstrukturanalyse der einzelnen Bereiche bietet die derart weiterentwickelte Matrix

a) einen Überblick über den Qualifikationsstand der einzelnen Beschäftigten und damit die Möglichkeit, im Falle anstehender Verrentungen Qualifizierungsbedarfe zu erkennen und eine systematische (Weiter-)Qualifizierungsplanung zu etablieren und

b) die Möglichkeit, die Personaleinsatzplanung dahingehend zu optimieren, dass durch eine planvolle Arbeitsplatz-/Tätigkeitsrotation einseitigen physischen wie psychischen Belastungen präventiv entgegengewirkt werden kann.

Mithilfe dieses Tools ist es somit möglich, den Anforderungen des demografischen Wandels hinsichtlich der Arbeits- und Beschäftigungsfähigkeit der Beschäftigten gerecht zu werden. Durch die Zusammenführung der Ergebnisse der drei wesentlichen Demografie-Werkzeuge Altersstrukturanalyse, Qualifizierungsbedarfsanalyse und belastungsorientierter Arbeitsplatzbewertung wird zusammengebracht, was zusammengehört.

Präventiver Erhalt der Arbeits- und Beschäftigungsfähigkeit durch die Zusammenführung von Altersstrukturanalyse, Qualifizierungsbedarfen und belastungsorientierter Arbeitsplatzbewertung prospektiv Gesellschaft für betrieblich Zukunftsgestaltungen mbH

InnoFaktor menschen.wissen.innovationen.

Prospektiv Gesellschaft für betriebliche Zukunftsgestaltungen mbH
Kleppingstraße 20
44135 Dortmund
www.prospektiv.de

Ansprechpartner/-in:
Kai Rosetti
Wissenschaftlicher Mitarbeiter
Tel: 0231 55697617
Kleppingstraße 20
44135 Dortmund
rosetti@prospektiv-do.de

Dortmund

51°30'51" N,
7°27'50" O

Produktion 1

Bewertung der Belastung auf Basis von **Vollzeit**

	Vorbereitung	Maschine Bedienung + Einrichtung	Schweißen	Endbearbeitung
Arbeitszeit				
Umgebungsbedingungen				
Muskel/Skelett				
Arbeitsorganisation				

Nr.	Name	Status	Alter	AK	Vorbereitung – Grad der Beherrschung	Maschine Bedienung + Einrichtung – Grad der Beherrschung	Schweißen – Grad der Beherrschung	Endbearbeitung – Grad der Beherrschung
1	Meier, Michael	S	29	< 35 J.	1		2	2
2	Schulze, Sebastian	S	35	35–49 J.		2	2	1
3	Schmidt, Stefan	S	58	50+ J.	3	3		4
4	Müller, Max	S	60	50+ J.	4	4	3	

Durchschnittsalter 45,5 Jahre

Stand: 2013		MA	MA	MA	MA
IST	4	1	1	0	1
IST	3	1	1	1	0
IST	2	0	1	2	1
IST	1	1	0	0	1
Anzahl MA GESAMT	4				
Zukünftiger Stand in	5	Jahren			
Verrentungsalter	63	Jahre			
IST 2008	4	0	0	0	0
IST 2008	3	0	0	0	0
IST 2008	2	0	1	2	1
IST 2008	1	1	0	0	1
Anzahl MA GESAMT	2				

myGreenSpace

Ein Wald im Wohnzimmer

Stellen Sie sich vor, Sie vermissen die Natur, aber Sie können Ihre Wohnung nicht verlassen. myGreenSpace hilft in solchen Fällen, das psychische Wohlbefinden zu verbessern.

Mit myGreenSpace bringen wir Ihnen die Natur näher. Eine Szenerie aus der Natur wird auf der kompletten Wand eines Wohnzimmers angezeigt. In unserem Beispiel ist es ein Wald, den eine Bewohnerin oder ein Bewohner wie durch ein großes Fenster betrachten kann. Die Perspektive verändert sich, je nachdem wo sie / er sich vor der Wand befindet. Die Bewohnerin oder der Bewohner hat das Gefühl, sie / er stehe im Wald. Auch Klänge fließen in das Erlebnis mit ein. So ist z. B. das Zwitschern von Vögeln zu hören. Aber durch Klänge können auch Informationen auf eine unaufdringliche Art und Weise vermittelt werden.

Das Vogelzwitschern kann etwas bedeuten und Sie über ein bestimmtes Ereignis informieren oder Ihnen ein Gefühl von Zeit geben, indem es in regelmäßigen Abständen zu hören ist. Teile der visuellen Darstellung können ebenfalls Informationen übermitteln. In unserem Beispiel werden kleine Waldgeister angezeigt. Sie könnten für die Anzahl der neuen E-Mails stehen, oder für die Anzahl der Freunde, die gerade in einem sozialen Netzwerk online sind. Oder aber sie dienen als Erinnerung für Tabletten, die die Bewohnerin oder der Bewohner einnehmen muss.

Allein die Bewohnerin oder der Bewohner weiß, was alle diese visuellen und auditiven Elemente bedeuten. Für jemanden, der nicht eingeweiht ist, sind die Klänge z. B. Teil der Szenerie. Vor allem auf großen Bildschirmen, wie in unserer Anwendung, gibt es viele Gründe, warum man nicht möchte, dass bestimmte Informationen im „Klartext" dargestellt werden. Vielleicht möchte der Bewohner an die Einnahme von Medikamenten erinnert werden, fühlt sich aber stigmatisiert durch Geräte, die man gemeinhin mit Gesundheitstechnik verbindet. Über myGreenSpace können diese Informationen subtil bereitgestellt werden; sie sind allgegenwärtig, können aber auch einfach ignoriert werden.

Neben der Waldszene könnten auch weitere Szenen, wie zum Beispiel ein Strand oder ein einsamer Bergsee, angezeigt werden. Neue Szenen werden in einem Onlineshop käuflich zur Verfügung gestellt. Nutzerinnen und Nutzer könnten eines Tages vielleicht sogar Szenen mit einer speziellen 3-D-Kamera selbst aufnehmen. Diese können dann auf der Wand anzeigt und auch mit Freunden ausgetauscht werden.

Fortschritte im Bereich der Displaytechnologien zeigen, dass die Realisierung unseres Konzeptes im Hinblick auf ökonomische und ökologische Kriterien in greifbare Nähe rückt. Für kleinere Displays existieren bereits Technologien, die einen Bruchteil der Energie aktueller klassischer Displays benötigen, da sie nur dann Energie verbrauchen, wenn sich das Dargestellte ändert, und vor allem da sie keine Hintergrundbeleuchtung benötigen. Außerdem versprechen höhere Auflösungen und neue 3-D-Displaytechnologien, die auch ohne 3-D-Brille funktionieren, einen realistischeren und komfortableren Eindruck der dargestellten Szenen.

Gerade ältere Menschen haben oft eine hohe emotionale Bindung zur Natur. Das Gefühl, sich nicht mehr frei bewegen zu können, um Orte zu besuchen, die ihnen wichtig sind, kann zu Depressionen führen. Natürlich kann myGreenSpace die Natur nicht ersetzen. In Fällen jedoch, wo schlicht keine Möglichkeit besteht, in die Natur zu gehen, kann myGreenSpace eine echte Verbesserung der Lebensqualität und der psychischen Gesundheit darstellen.

RWTH Aachen University,
Human-Computer Interaction Center

www.comm.rwth-aachen.de

Ansprechpartner/-in:

Dipl.-Ing. Kai Kasugai
Wissenschaftlicher Mitarbeiter
Tel: 0241 8025500
kasugai@comm.rwth-aachen.de

Aachen

50°46'36" N,
6°05'01" O

Serious Games für Ältere

An Apple a Day Keeps the Doctor Away

Der demografische Wandel stellt unsere Sozialsysteme vor die Herausforderung, mehr Ältere durch wenige Jüngere für längere Zeit adäquat zu versorgen. Ein Ansatz zur Senkung der durch Muskel-Skelett-Erkrankungen verursachten Kosten ist die computergestützte Bewegungsförderung. Mittels einer Kombination aus Kamera und Computerprogramm können Bewegungen eines Menschen mühelos erfasst und die Häufigkeit und die Qualität der Bewegungsausführung rückgemeldet werden.

Viele Menschen spielen gerne, häufig und regelmäßig. Um die Motivation für Bewegung zu erhöhen, kombinieren wir die computergestützte Bewegungsförderung mit einer unterhaltsamen Spielumgebung. Nach dem Premack-Prinzip steigt durch die Integration der medizinisch sinnvollen Bewegungsförderung mit den nachhaltig motivierenden Eigenschaften eines Spiels nicht nur die Nutzungshäufigkeit und Nutzungsintensität, sondern auch der erlebte Spaß am regelmäßigen und immer erfolgreicheren Spiel und den darin integrierten Übungen.

Damit die Spielumgebung akzeptiert und gerne genutzt wird, greifen wir auf das Modell der partizipativen Entwicklung zurück. Dabei werden die Nutzerinnen und Nutzer in alle Phasen des Entwicklungsprozesses einbezogen und steuern vielfältige Anregungen zu bestehenden oder neue Spielszenarien, ebenso wie Verbesserungsvorschläge für die Umsetzung der Spiele bei.

Der Erfolg ist schon jetzt sichtbar. Ein gemeinsam mit Älteren entwickelter Spielprototyp ist mit über 50 Nutzerinnen und Nutzern unterschiedlichen Alters getestet worden. In einem Obstgarten spielen die Nutzerinnen und Nutzer um Punkte, die durch das Pflücken von Obst (Greifbewegungen) und Gemüse (Bückbewegungen) gesammelt werden. Die Bewertung des Spiels fiel über alle Altersgruppen hinweg ausgezeichnet aus. Es zeigte sich, dass gerade Ältere das Spiel gerne zur Bewegungsförderung in ihrer häuslichen Umgebung nutzen möchten. Durch die frühe Integration in den Entwicklungsprozess konnte das Spiel so gestaltet werden, dass auch Ältere ohne besondere Erfahrung im Umgang mit Technik die Bedienung einfach und anregend finden und sich sogar eine eigenständige Nutzung zu Hause wünschen. Die Anerkennung ihrer Zuarbeit bereits in der Entwicklungsphase war für die ältere Generation wertvoll.

Die Testnutzerinnen und -nutzer haben den Spielprototyp nicht nur positiv bewertet, sondern zugleich zwei neue und wertvolle Verbesserungsvorschläge unterbreitet: Als Erstes ist vorgeschlagen worden, dass in Ergänzung zum Spiel eines Nutzers gegen den Computer ein Mehrspieler-Spiel angeboten werden soll. In diesem sollen die Spieler entweder miteinander spielen (kooperativ) oder sich aneinander messen können (wettbewerbsorientiert). Gerade Ältere erhoffen sich durch die Mehrspielerkomponente neben einer höheren Motivation für Spiel und Training vor allem einen intensiveren Kontakt zu ihren Kindern und Enkeln durch die Möglichkeit des gemeinsamen Spielens.

Als Zweites ist vorgeschlagen worden, mehrere Spieler an unterschiedlichen Orten durch eine Bild- und Tonübertragung miteinander zu vernetzen. Hintergrund ist, dass die Befragten dieses Spiel auch gerne nutzen und mit anderen spielen möchten, selbst wenn sie in ihrer Mobilität eingeschränkt sind. Zwar ist dann ein Besuch bei Freunden oder Angehörigen nicht mehr jederzeit möglich, jedoch ermöglicht die vernetzte Spielumgebung eine spielerische gemeinsame Aktivität und soziale Teilhabe.

Diese beiden Anregungen werden derzeit in einem neuen Spielkonzept vereint und umgesetzt. Parallel zum Entwicklungsprozess werden wir erneut und regelmäßig Nutzertests durchführen und kontinuierlich die Rückmeldungen in das Spiel einarbeiten.

Serious Games für Ältere sind eine Chance, den durch den demografischen Wandel verursachten Kosten im Gesundheitssystem effizient zu begegnen. Durch einen partizipativen Entwicklungsprozess können diese Serious Games einerseits so gestaltet werden, dass sie von allen Nutzerinnen und Nutzern und insbesondere von Älteren ohne Erfahrung im Umgang mit Technik leicht bedient werden können. Andererseits sind Ansätze identifiziert worden, die trotz des Einsatzes von computergestützten Verfahren die soziale Inklusion fördern und eine aktive Teilhabe am Leben ermöglichen.

**RWTH Aachen University,
Human-Computer Interaction Center**

www.comm.rwth-aachen.de

Ansprechpartner/-in:

Dipl.-Inform. Philipp Brauner
Innovative Approaches for Meeting
the Demographic Change
Tel: 0241 8025481
philipp.brauner@rwth-aachen.de

Aachen

50°46'36" N,
6°05'01" O

M3 – markt- und mitarbeitergerechte Montage

Alternsgerechte Gestaltung einer Montagelinie für Nutzfahrzeuggetriebe

Ausgangssituation

Die Zahnradfabrik Friedrichshafen AG (ZF) ist ein weltweit führender Hersteller von Nutzfahrzeuggetrieben. Das Unternehmen orientiert sich an den Leitbildern der Nachhaltigkeit und der Wirtschaftlichkeit. Bereits im Jahr 2008 initiierte die ZF das Projekt **M3 – markt- und mitarbeitergerechte Montage**, um mitarbeiter- und gesellschaftsbezogene Unternehmenswerte mit veränderten Marktanforderungen in Übereinstimmung zu bringen. Ausgangspunkt für das M3-Projekt war eine Anpassung der Montagekapazität, welche eine Neugestaltung der Montageabläufe und -einrichtungen erforderte. Dies war Anlass, durch eine umfassende Anwendung arbeitswissenschaftlicher Erkenntnisse und deren Integration in das Produktionssystem die Arbeitsbedingungen der Werker weiter zu verbessern, damit diese den Anforderungen des demografischen Wandels genügen. Das M3-Projekt ist durch das Fraunhofer-Institut für Arbeitswirtschaft und Organisation fachlich begleitet worden.

Projektansatz

Die Planungsgrundsätze des M3-Projekts beruhen auf zwei Säulen, um markt- und mitarbeiterbezogene Anforderungen zu integrieren. Die Marktanforderungen leiten sich aus dem bewährten ZF-Produktionssystem ab; Anforderungen zur altersgerechten Arbeitsgestaltung ergeben sich aus arbeitswissenschaftlichen Erkenntnissen. Aufgabe war es, Gestaltungsprinzipien für eine markt- und mitarbeitergerechte Montage zu erarbeiten. Diese sollten den Leitsätzen des bewährten ZF-Produktionssystems gerecht werden, insbesondere im Hinblick auf „Mitarbeiter und Teamorientierung".

Eine alternsgerechte Gestaltung von Produktionssystemen ermöglicht die Einbindung von Werkerinnen und Werkern mit unterschiedlichen Leistungsvoraussetzungen. So können junge Werkerinnen und Werker ein Berufsleben lang tätig sein, ohne ein erhöhtes Risiko, arbeitsbedingt zu erkranken oder mangels ausreichender Qualifizierung ihre Beschäftigungsfähigkeit einzubüßen. Die Arbeitsfähigkeit der Werkerinnen und Werker wird gefördert, indem Belastungswechsel und Lernanforderungen in der Arbeitstätigkeit geschaffen werden. Dadurch wird eine Spreizung der intra-individuellen Leistungsvoraussetzungen verringert, was auf lange Sicht einen flexiblen Personaleinsatz im Arbeitssystem erheblich einschränken würde.

Vorgehen und Ergebnisse

In einer ersten Projektphase ist der Montagebereich einer arbeitswissenschaftlichen Analyse unterzogen worden, um den Gestaltungsbedarf zu identifizieren. Für den nachfolgenden Planungsprozess sind die Analyseergebnisse anhand von anforderungsspezifischen Planungsgrundsätzen aufbereitet worden. In der zweiten Projektphase galt es, die Planungsgrundsätze in konkreten technisch-organisatorischen Lösungen umzusetzen. Des Weiteren ist ein Bewertungsinstrument für die Gestaltungslösungen entwickelt worden, das neben Gestaltungsmerkmalen sämtliche Kostenstellen bzw. Arbeitsplätze umfasst. Die Planungsgrundsätze sind an prototypischen Arbeitsplätzen erprobt und so die Güte der Grundsätze sowie deren praktische Umsetzbarkeit evaluiert worden. Die Planungen sind bei der Neu- und Umgestaltung zweier Montagelinien realisiert worden. Bei der Planung der Montagesysteme hat das Projektteam arbeitswissenschaftliche Erkenntnisse bezüglich Ergonomie, Arbeitspsychologie und Arbeitsorganisation berücksichtigt.

Die erarbeiteten ergonomischen Gestaltungsprinzipien umfassen u. a.:

- eine anthropometrische Gestaltung der Greifräume und Sichtbedingungen, um Bewegungsabläufe durch eine geeignete Anordnung von Arbeitsgegenständen und -mitteln zu harmonisieren,
- eine Verringerung von muskuloskelettalen Fehlbeanspruchungen beim Heben, Tragen

ZF Friedrichshafen AG

Alfred-Colsman-Platz 1
88045 Friedrichshafen
www.zf.com

Ansprechpartner/-in:

Günther Stauber
Leiter Montage Automatische Schaltgetriebe
Tel: 0175 4319018
guenther.stauber@zf.com

Friedrichshafen

47°39'15" N,
9°28'45" O

Stuttgart

48°46'32" N,
9°10'58" O

Fraunhofer-Institut für Arbeitswirtschaft und Organisation

Nobelstraße 12, 70569 Stuttgart
www.iao.fraunhofer.de

Ansprechpartner/-in:

Dr. Martin Braun
Tel: 0711 9702176
martin.braun@iao.fraunhofer.de

und Schieben schwerer Teile durch den Einsatz von Hilfsmitteln,
- eine optimierte Lastenhandhabung durch konsequenten Einsatz von Lastenmanipulatoren und Fördereinrichtungen,
- eine angemessene Dimensionierung der Bewegungsfreiräume am Arbeitsplatz sowie der Verkehrs- und Zugangswege,
- eine Optimierung des Verkehrsflusses durch konsequente Trennung der Wege für Transportfahrzeuge und Fußgänger,
- eine weitere Reduzierung des Unfallrisikos durch Quetsch- und Stoßstellen usw.

Ergonomisch gestaltete Montagesysteme sind eine Voraussetzung für die Anwendung arbeitsorganisatorischer Gestaltungsprinzipien. Sie tragen ursächlich bei, Dequalifikation und Leistungswandlung zu vermeiden. Dies gelingt durch:
- eine Gewährleistung der Anforderungsvielfalt in den Tätigkeiten,
- eine Vollständigkeit der Tätigkeit,
- eine Rotation über anforderungsverschiedene Tätigkeiten,
- eine tätigkeitsspezifische Qualifizierung der Werker als Voraussetzung für Rotation,
- eine Beteiligung der Werker bei der Ausgestaltung ihrer persönlichen Arbeitsbedingungen.

Fazit

Im M3-Projekt haben Montageleitung, Arbeitsplaner und Betriebsräte zusammengearbeitet, um adäquate Gestaltungslösungen für eine markt- und mitarbeitergerechte Arbeitsweise zu identifizieren. In zahlreichen Workshops von Arbeitsplanern und IAO-Experten ist geklärt worden, inwiefern die Planungsgrundsätze sachgerecht umgesetzt worden sind. Die intensive Einbindung von Schichtmeisterinnen und Schichtmeistern in das Projekt hat günstige Voraussetzungen geschaffen, damit arbeitswissenschaftliche Erkenntnisse nicht nur Umsetzung in technischen Arbeitsbedingungen fanden, sondern in die Belegschaft diffundierten und dort diskutiert wurden. Durch die Einbeziehung aller Projektgruppen und im Rahmen einer breit angelegten Vorgehensweise konnten gemeinsame Ziele definiert und erreicht werden. Bewährte Unternehmensleitsätze sind respektiert und Neuerungen mit Augenmaß umgesetzt worden. Letztlich leistete das Projekt einen wertvollen Beitrag zur betrieblichen Zukunftssicherung, indem es die Anforderungen des technischen Wandels, der demografischen Entwicklung und der sich verschärfenden Wettbewerbslage antizipierte.

Integration und soziale Partizipation

Integration und Partizipation von Mitarbeiterinnen und Mitarbeitern werden immer bedeutender im demografischen Wandel. Ziel ist es, Arbeitnehmerinnen und Arbeitnehmer stärker in die Gestaltung des Arbeitsprozesses und der Produkte mit einzubeziehen, um die Produktivität und Innovationsfähigkeit in Unternehmen zu steigern.

Insbesondere die Integration und Inklusion von Potenzialgruppen (Mitarbeiterinnen und Mitarbeiter ab 50 Jahre, Frauen, Migranten, Behinderte etc.) sowie die Produktivitätsaktivierung dieser gehören zu den größten Herausforderungen und Gestaltungsaspekten der zukünftigen Arbeitswelt, die das Christlich-Soziale Bildungswerk Sachsen e. V., das Krankenhaus St. Joseph-Stift Bremen GmbH und die User Interface Design GmbH schon heute angehen. Anwendungsorientierte Beispiele der partizipativen Umstrukturierung von bspw. Kindertagesstätten, die Planung und Gestaltung der beruflichen Ausstiegsphase und Lösungsansätze zur Unterstützung der Mobilität im Alter werden hier aufgezeigt sowie Chancengleichheit für alle eingefordert. Durch diese Projekte wird der Generations-, Alters-, Geschlechts- und interkulturellen Diskriminierung entgegengewirkt.

06

Integration und soziale Partizipation

198 **Wohngemeinschaft für Menschen mit Demenz**
Innovative Assistenz in Wohngemeinschaften für demenziell beeinträchtigte Menschen

200 **Vom KinderGARTEN zum GenerationenPARK im Dorf**
Partizipative Umstrukturierung von Kindertagesstätten zum Anlaufpunkt für alle Generationen

202 **Von Unternehmen für Unternehmen**
Der integrativ-partizipative Ansatz des Demografie-Netzwerks

204 **Deutscher Familienverband**
Familien- und Bürgerschaftsaktivierung als Handlungsinstrument im Rahmen der Demografiekrise

206 **Tablet-Computer für Senioren**
Kommunikation und digitale Möglichkeiten für ältere Menschen

208 **Der digitale Wandkalender**
Aktivierung älterer Menschen mit leichten kognitiven Einschränkungen zur Teilhabe am gesellschaftlichen Leben

210 **Die virtuelle Seniorenuniversität**
Eine interaktive eLearning-Plattform

212 **MobiNa**
Die mobile Notfallassistenz und Kommunikationsplattform für Menschen im Alter

214 **Generationskonflikt? Von wegen!**
Ein Begegnungs-Projekt

216 **Palliativversorgung**
Der Allgemeinwissenansatz in der Hospiz- und Palliativarbeit

218 **St. Joseph-Stift Krankenhaus**
Planung und Gestaltung der beruflichen Ausstiegsphase am Beispiel von Mitarbeitenden der Pflege über 55 Jahren im Krankenhaus St. Joseph-Stift (SJS)

220 **Eltern vor Ort**
Interkulturell sensible Elternkooperation am Übergang Schule – Beruf

222 **Wertschätzung schafft Motivation**
Ein Plädoyer für mehr Lob in der (Arbeits-)Welt

224 **Distance Dinner**
Ein gemeinsames virtuelles Abendessen

226 **OHNE ALTERN GEHT ES NICHT**
Warum man dem demografischen Wandel nicht ohne eine Antwort auf Altersdiskriminierung begegnen kann

228 **Teenhold**
Grund und Boden für Jugendliche

230 **ZeitBank 55+**
Eine Initiative zur Erhaltung der Lebensqualität und zur Förderung der Selbstorganisation und Nachbarschaftshilfe

232 **Oberlausitz-Leben**
Mit Kreativität, Mut und Begeisterung die regionale Zukunft gestalten – das geht nur gemeinsam

234 **Zukunft Kreuzmatt**
Chancengerechtigkeit für alle Kinder und Jugendlichen ermöglichen!

236 **FrauenZeitAlter**
Ein partizipatives Projekt gegen die Vereinzelung von und zur Förderung alternativer Beteiligungsformen für Frauen

238 **Studienkompass**
Arbeitswelt im Wandel: Deutschland braucht mehr Akademiker – wie Studierende der ersten Generation den Schritt an die Hochschule wagen

240 **studiVergleich**
Steigerung der Hochschulabsolventenquote durch studiVergleich

242 **Musik & Motorik**
Wie Klavierunterricht bei Kindern mit Behinderung Handkoordination, Fingerbewegung und Lesefähigkeit beeinflusst

244 **inDAgo**
Menschzentrierter Ansatz zur Unterstützung der Mobilität im Alter

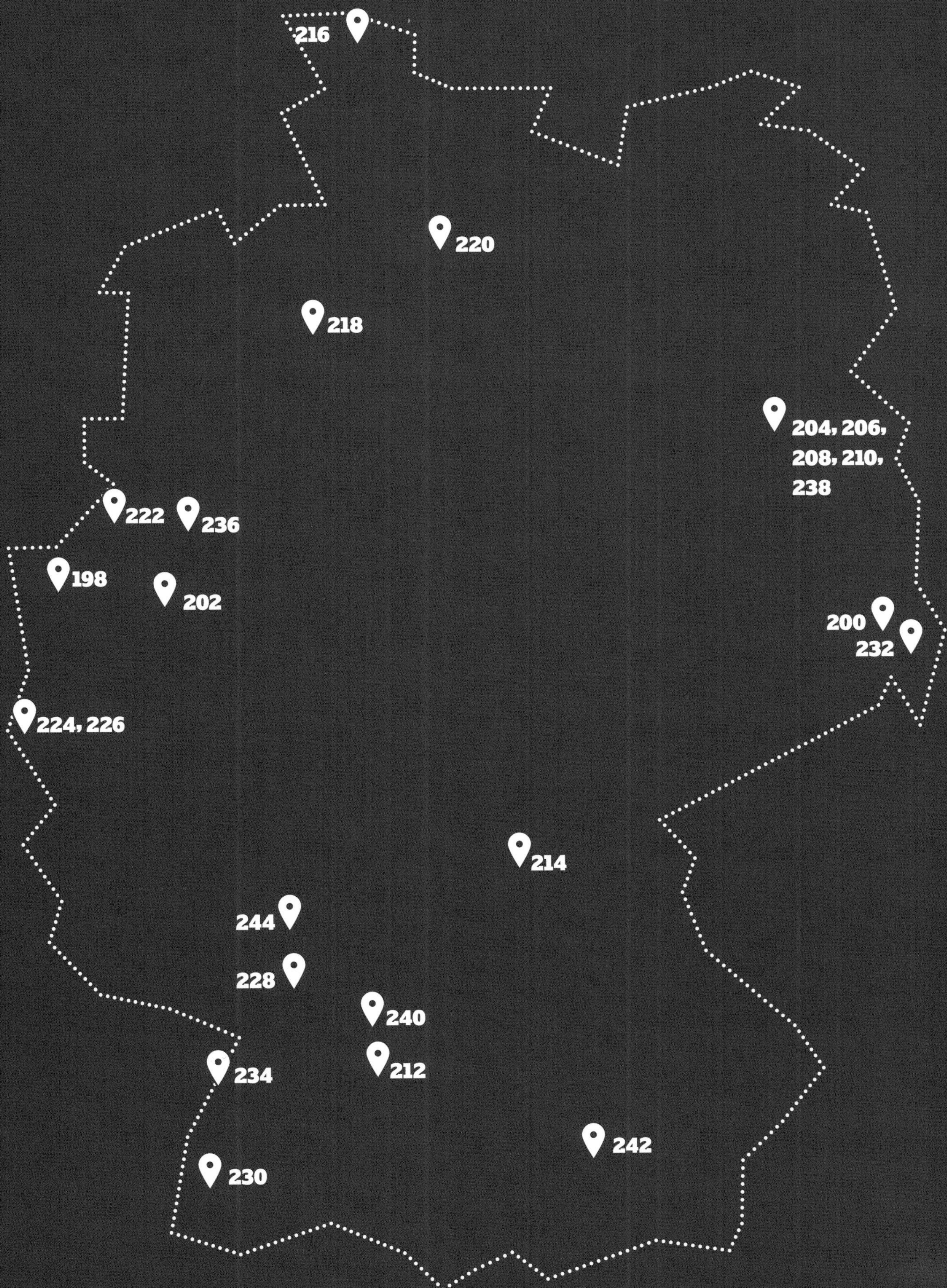
216
220
218
204, 206,
208, 210,
238
222
236
198
202
200
232
224, 226
214
244
228
240
234
212
242
230

Wohngemeinschaft für Menschen mit Demenz

Innovative Assistenz in Wohngemeinschaften für demenziell beeinträchtigte Menschen

Die **ambulanten Wohngemeinschaften für Menschen mit Demenz – Leben und Betreuung in assistierender Umgebung** – wurde 2007 in Duisburg eröffnet und bietet in drei Wohngemeinschaften Platz für 21 Bewohner. Bei dem Angebot handelt es sich um einen ambulanten Dienst der **ALPHA gGmbH** – einen ambulanten (geronto-)psychiatrischen Pflegedienst. Bis zu sieben demenziell beeinträchtigte Menschen leben in einem nach neuesten fachlichen Gesichtspunkten gestalteten Gebäude in einer familiären Atmosphäre zusammen. Das selbstbestimmte Leben und die noch vorhandene Eigenständigkeit der Bewohner in allen lebenspraktischen Angelegenheiten unter Berücksichtigung ihrer Biografie stehen ganz im Vordergrund. Das Besondere: Der Einsatz von technischen Assistenzsystemen als Bestandteil der Milieugestaltung in den Wohngemeinschaften.

Das Milieu gestaltet sich über vier wesentliche Bausteine

Inhaltliche Konzeption

Ein philosophischer Überbau stellt die „Eden-Alternative“ dar. Das inhaltliche Konzept beschreibt die akzeptierende Haltung gegenüber den Bewohnerinnen und Bewohnern. Ein wesentliches Prinzip ist, dass die Bewohnerinnen und Bewohner nicht als kranke Menschen gesehen werden, sondern als Menschen mit einer kognitiven Beeinträchtigung, die es erforderlich macht, sie in bestimmten Bereichen ihres Lebens zu unterstützen und zu begleiten.

Personelles Konzept

Zur Unterstützung der Bewohnerinnen und Bewohner steht sowohl tagsüber als auch nachts eine Alltagsbegleitung zur Verfügung, die eine Art Manager des Alltags für die demenziell beeinträchtigten Bewohnerinnen und Bewohner darstellt. Die ständig anwesenden Bezugspersonen sind für das Gemeinschaftsleben und alle auftauchenden Fragen und Probleme genauso zuständig wie für die Körperpflege und die Reinigung der Kleidung.

Vorhandene Ressourcen und Fähigkeiten werden über die Alltagsbegleitung stimuliert und auf diese Weise erhalten oder sogar „reaktiviert“.

Räumliche Gestaltung

Der individuelle Hilfebedarf der einzelnen Bewohnerin und des einzelnen Bewohners stellt an die Gebäudekonzeption und die Ausstattung besondere Anforderungen. Jede Bewohnerin und jeder Bewohner benötigt seinen Raum, in den sie/er sich zurückziehen kann, Ruhe findet und seinen persönlichen Neigungen nachgehen kann. In diesem Raum findet aber auch Pflege statt, sonstige Hilfen im Rahmen eines individuellen Planes können in intimer Atmosphäre geleistet werden. Jeder richtet sein „Zuhause“ nach seinem eigenen Geschmack selbst ein. Die Einrichtung mit individuellen Gegenständen erleichtert den Bewohnerinnen und Bewohnern die Orientierung innerhalb der Wohngruppe. Die Räumlichkeiten sind nach neuesten farblichen Gesichtspunkten gestaltet. Zum Beispiel sind die Decken in einem speziellen Grün gehalten, um den Bewohnerinnen und Bewohnern Sicherheit im offenen Raum zu geben und die Orientierung zu erleichtern.

Technische Assistenz

Der vierte wesentliche, innovative Konzeptbaustein ist der Einsatz von technischen Assistenzsystemen in der Wohnumgebung. Zur optimalen Versorgung und Betreuung der Bewohner sind die ambulanten Wohngemeinschaften mit verschiedenen technischen Assistenzsystemen ausgestattet, die die Mitarbeiter unterschwellig in ihrer täglichen Arbeit unterstützen und somit zur Verbesserung des Betreuungsprozesses beitragen. Ziel ist es, allen Bewohnerinnen und Bewohnern zur Steigerung der eigenen Qualität des Lebens und der Sicherheit im Rahmen des Wohnraumkonzeptes intelligente technische Assistenzmöglichkeiten anzubieten. Die Etablierung eines intelligenten Umgebungsnetzwerkes setzt einen neuen Standard für seniorengerechtes Wohnen. Die Möglichkeit des Einsatzes entsprechender technischer Hilfsmittel schafft eine Umgebungsassistenz, die die Lebensqualität erhöht, die eigene Selbstständigkeit fördert und eventuell notwendige freiheitseinschränkende Maßnahmen weitgehend überflüssig macht. Dazu gehören z. B. eine automatische Herdabschaltung, Kontakte an Türen und Fenstern sowie ein Telefonsignalisierungssystem. Beispielsweise können über ein Terminal die Mitarbeitenden den Aktivitätsgrad in den Bewohnerzimmern einsehen. Die Darstellung erfolgt in einer 24-Stunden Übersicht. Verschiedene Farben weisen auf den jeweiligen Aktivitätsgrad hin. Die Außentüren der Wohngemeinschaft sind grundsätzlich offen und jede Bewohnerin und jeder Bewohner kann die Wohngemeinschaft verlassen. Über einen einfachen Schalter kann die Tür aktiv werden, d. h. die Tür ist immer noch offen. Verlässt nun jedoch eine Bewohnerin oder ein Bewohner die WG, so erhält der Mitarbeiter eine Sprachmitteilung auf das tragbare Telefon (z. B. Zugangstür WG 2). Ein farbliches Signal (grün/rot) an der Decke/Wand zeigt den Besuchern/Mitarbeitern an, ob die Signalisierung aktiv ist. Verlässt eine Bewohnerin oder ein Bewohner nachts sein Bett, schaltet sich automatisch ein Nachtlicht ein, welches unter dem Bett installiert ist, um möglichen Stürzen vorzubeugen. Die installierten Bewegungsmelder am Bett und im Bad senden bei Aktivierung ein Signal an das tragbare Telefon einer Mitarbeiterin oder eines Mitarbeiters, so weiß dieser z. B., ob eine Bewohnerin oder ein Bewohner nachts aufgestanden ist.

Die technischen Assistenzsysteme werden unter dem Themenfeld Ambient Assisted Living (AAL) bei der ALPHA gGmbH gemeinsam mit verschiedenen Partnern erforscht und erprobt. Die Leitidee dieser Systeme ist die Ausstattung der Umgebung mit intelligenter und assistieren-

ALPHA

ALPHA gGmbH
Allgem. und psychiatr. Hauskrankenpfl.
Ehrenstraße 19 a
47198 Duisburg
www.gemeinsam-anders-stark.de/alpha

Ansprechpartner/-in:
Alexander Rolvering
Kaufmännische Leitung
Tel: 02066 9938915
Fax: 02066 9938910
a.rolvering@sozialwerk-st-georg.de

Duisburg

51°25'58" N,
6°46'15" O

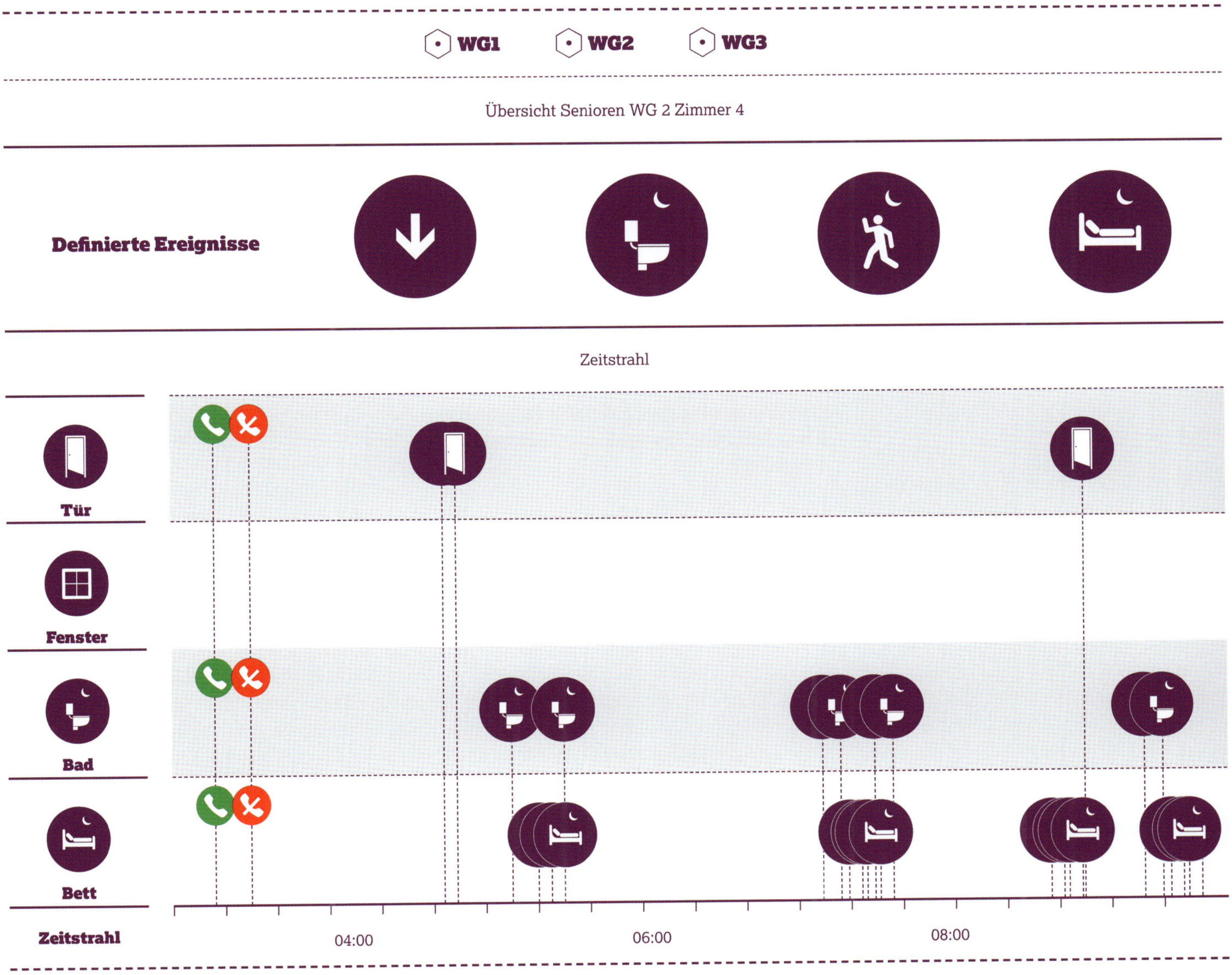

der Technik mit dem Ziel, die Mitarbeiterinnen und Mitarbeiter in ihrer alltäglichen Arbeit zu unterstützen und die Bewohnerinnen und Bewohner zu mehr Selbstständigkeit zu befähigen und vor Bevormundung zu schützen. AAL kann dazu beitragen, bestehende und zukünftige Herausforderungen im Bereich der Alten- und Behindertenhilfe zu bewältigen sowie zeitgemäße und nachhaltige Unterbringungs- und Betreuungskonzepte zu ermöglichen. Selbstverständlich werden sämtliche assistierenden Hilfen nur auf Wunsch und mit Einwilligung der Bewohner bzw. ihrer Angehörigen/gesetzlichen Betreuer eingesetzt. Wichtig ist, dass alle technischen Komponenten je nach Bedürfnissen der Bewohnerinnen und Bewohner individuell ab- und zuschaltbar sind und sich deren Einsatz immer nach den Bedarfen und Anforderungen der Bewohnerinnen und Bewohner orientiert. Ausgerichtet auf die individuellen Bedürfnisse der Menschen mit demenziellen Beeinträchtigungen sollen darüber hinaus zukünftig weitere modulare Unterstützungssysteme angeboten werden.

Vom KinderGARTEN zum GenerationenPARK im Dorf

Partizipative Umstrukturierung von Kindertagesstätten zum Anlaufpunkt für alle Generationen im Dorf

Die ländlichen Räume Sachsens sind besonders geprägt vom demografischen Veränderungsprozess und dem damit verbundenen Strukturwandel. Der Bevölkerungsrückgang und die Entwicklung der Bevölkerungsstruktur führen zu einer veränderten Nutzung von Infrastrukturen wie Kindertagesstätten. Gab es 1991 noch ca. 3.500 Kindertagesstätten im ländlichen Raum Sachsens, waren es entsprechend statistischen Auswertungen 2009 nur noch 2.000. Aus der Bedarfsplanung für Kindertagesstätten wird deutlich, dass ab 2014 eine Nutzungserweiterung notwendig wird, um den wirtschaftlichen Anforderungen (Auslastung, Unterhaltung sowie Erhalt qualifizierter Arbeitsplätze) gerecht zu werden. An der Vielzahl bereits vollzogener Kindertagesstätten-Schließungen ist der Handlungsbedarf konkret erkennbar.

Im vorliegenden Projekt wird modellhaft untersucht, wie Kindertagesstätten in ländlichen Regionen durch Umnutzungsmaßnahmen erhalten bleiben können. Modellhafte Darstellungen möglicher Nutzungserweiterungen, z. B. in der Daseinsfürsorge und im ehrenamtlichen Engagement, werden im Rahmen des Projektes in drei ausgewählten Modellregionen Sachsens in jeweils ausgewählten Kindertagesstätten in unterschiedlicher Trägerschaft (öffentliche oder freie Trägerschaft) untersucht. Gemeinsam mit professionellen und ehrenamtlichen, regionalen Akteuren wird in den jeweiligen Gebietskulissen ein Netzwerk entstehen, das die nötigen Voraussetzungen für den Erhalt und die Stabilisierung dieser sozialen Infrastruktur vor Ort sichern möchte. Es geht darum, die Kindertagesstätten als soziales Zentrum und als Bildungszentrum für das gesellschaftliche Leben im Dorf zu erhalten, generationsübergreifende Betreuungsangebote zu erschließen sowie als Freizeit- und Kommunikationszentrum auszubauen.

Folgende Ziele werden verfolgt:

- Etablierung von beteiligungsorientierten Prozessen in den Kindertagesstätten in unterschiedlicher Trägerschaft und unterschiedlichen Rahmenbedingungen auf der Basis von erarbeiteten Handlungsempfehlungen, einem Ideenkatalog und best-practice-Beispielen, wie Kindertagesstätten als oftmals einzige soziokulturelle Infrastruktur im Ort mit Hilfe neuer Nutzungsstrategien personell, finanziell und strukturell erhalten werden können.

- Eigenverantwortliche Umsetzung der erarbeiteten Ansätze durch die Akteure vor Ort unter gezielter Begleitung durch das CSB und durch externe Experten.
- Ausbau einzelner Einrichtungen zu Kompetenzzentren, die künftig als Erfahrungsträger für andere Kindertagesstätten fungieren.

Die Ziele werden mittels folgender abgeleiteter Aufgabenstellungen verfolgt

- Installation einer Arbeitsgruppe in jeder ausgewählten Einrichtung
- Potenzialermittlung, einschließlich einer Analyse des bisherigen Nutzungskonzeptes und der Wirtschaftlichkeit
- Prägung von kreativen Prozessen (u. a. Zukunfts-, Dorfwerkstätten, Workshops oder andere Methoden zur Ideengenerierung) zur Erarbeitung eines Best-Practice-Kataloges auf Grundlage der Ergebnisse der Arbeitsgruppen
- Bildung und Beratung der relevanten Akteure durch externe Fachleute zu ausgewählten Themen (z. B. Fördermöglichkeiten, Antragstellung, Motivation zum und im Ehrenamt, Freiwilligenarbeit)
- Überprüfung, wirtschaftliche Bewertung und Qualifizierung der Ansätze hinsichtlich Übertragbarkeit, Erarbeitung regionaler Handlungsempfehlungen und einer Ideensammlung
- Schaffung der Voraussetzungen in den Einrichtungen zur Selbstinitiierung der zukünftigen Veränderungsprozesse und Erprobung ausgewählter zukunftsweisender Ideen durch die Einrichtungen selbst sowie Rückschluss in Vorbereitung der ausgewählten Einrichtungen auf ihre Funktion als Kompetenzzentrum

Umsetzung der Aufgaben

Die Projektlaufzeit beträgt zwei Jahre. Für die Projektidee wurden Fördermittel beantragt. Die Umsetzung ist ab 01.01.2014 geplant.

Im gesamten Prozessverlauf werden die Mitarbeiterinnen und Mitarbeiter der Kindertagesstätten aktiv durch CSB und externe Experten begleitet. Einzubeziehende Akteure sind die verantwortlichen Träger der Einrichtungen, kommunale Vertreter, Jugendamt, Leiterinnen und Leiter und Erzieherinnen und Erzieher der Kindertagesstätten sowie die Bewohner der Gemeinden und regionale Multiplikatoren aus Politik und Wirtschaft. Die Erarbeitung des Projektes erfolgt zwischen den Kooperationspartnern konsensorientiert im Sinne einer nachhaltigen Projektrealisierung. Die erforderlichen Arbeitschritte werden zwischen den Projektpartnern abgestimmt. Alle kooperierenden Partner werden gleichberechtigt an der Projektrealisierung beteiligt.

Für den kreativen Prozess der Erarbeitung einer individuellen Themenlandschaft werden Veranstaltungsdesigns und -methoden wie Zukunftswerkstatt, World Café oder Marktplatzszenarien, für die Bildungsveranstaltungen Lehrmethoden im Workshop-Design gewählt.

Erwartete Ergebnisse

- Aus den initiierten und angeleiteten, beteiligungsorientierten Prozessen werden im Ergebnis Handlungsempfehlungen, eine Themenlandschaft und Best-Practice-Beispiele kommuniziert und publiziert
- Aus dem Prozess der Entwicklung von Alternativen werden die Mitarbeiterinnen und Mitarbeiter der Kindertagesstätten und Akteure gestärkt hervorgehen, um die Umsetzung der erarbeiteten Ansätze erfolgreich zu bewerkstelligen
- Empfehlungen für tragfähige Strukturen, welche die Umsetzung der Handlungsempfehlungen ermöglichen. Ansätze für eine Umnutzung bzw. alternative Nutzungen der Kindertagesstätten können bspw. sein: Profilschärfung

Christlich-Soziales Bildungswerk Sachsen e. V.
Kurze Straße 8
01920 Nebelschütz OT Miltitz
www.csb-miltitz.de
Ansprechpartner/-in:
Peter Neunert
Geschäftsführer
Tel: 035796 97110
info@csb-miltitz.de

Miltitz

51°14'49" N,
14°10'55" O

der ländlichen Kindertagesstätten, Familien-Erlebnis-Freizeitangebote, Seniorenbetreuung, Versorgungsaufgaben, Seniorenakademie, Wohnraumanpassungsberatung, Ansiedlung von Dienstleistungen, Schaffung von Räumen für soziokulturelle und Bildungsangebote, Erweiterung der Betreuung der Kindertagesstätten auf neue Zielgruppen, Ehrenamtsbörse zur Vermittlung ehrenamtlicher Tätigkeiten, Vereinsarbeit, Seniorenbegleitung, Vereinsarbeit u. v. m.

Nachhaltigkeit

Im Anschluss an die modellhaften Untersuchungen und die abgeleiteten Handlungsempfehlungen werden die Einrichtungen die gemeinsam erarbeiteten Strategien langfristig umsetzen und damit zur Nachhaltigkeit des Projektes, aber auch insbesondere zur nachhaltigen Entwicklung der sozialen Infrastruktur im ländlichen Raum beitragen. Durch die Möglichkeit der Adaption der gewonnenen Ergebnisse durch andere Einrichtungen ist eine nachhaltige Wirkung des Projektes nicht nur punktuell, sondern für den gesamten ländlichen Raum Sachsens und darüber hinaus zu erwarten.

Mit diesem Instrument wird aufgezeigt, wie über Kindertagesstätten in Zusammenarbeit mit weiteren kommunalen Entscheidungsträgern ein nachhaltiger Impuls für eine demografiefeste Entwicklung in einer Region initiiert werden kann und damit ein langfristiger wirtschaftspolitischer und sozialer Mehrwert geschaffen wird.

Von Unternehmen für Unternehmen

Der integrativ-partizipative Ansatz des Demografie Netzwerks

Das **bundesweite Demografie Netzwerk e. V. (ddn)** ist ein gemeinnütziger Verein von Unternehmen für Unternehmen. 2006 wurde das Netzwerk aus der Initiative Neue Qualität der Arbeit heraus von 42 Unternehmen gegründet. Inzwischen zählt ddn über 350 Mitgliedsunternehmen und -institutionen mit einer Personalverantwortung für über zwei Millionen Beschäftigte. Das Spektrum der Mitglieder reicht von KMU über DAX-Konzerne bis hin zu Kommunen, Forschungseinrichtungen und Verbänden.

Ziel der Mitglieder ist es, Lösungen für die Herausforderungen des demografischen Wandels zu entwickeln und einen öffentlichen Bewusstseinswandel zum Thema Älterwerden in Beschäftigung anzustoßen. Die ddn-Mitglieder versammeln sich hinter den zehn goldenen Regeln des Vereins, die eine nicht diskriminierende, altersneutrale Personalpolitik, eine ausgewogene Altersstruktur der Belegschaft, eine ganzheitliche Gesundheitsförderung und den Wissenstransfer zwischen den Generationen proklamieren.

Das Herzstück des vom **BMAS** geförderten Vereins bilden die thematischen Facharbeitskreise sowie die regionalen Netzwerke des ddn. In den elf Facharbeitskreisen arbeiten die Mitglieder des ddn gemeinsam an betrieblichen Fragestellungen und entwickeln Expertise zur Problemlösung. Die 17 regionalen Netzwerke stellen Knotenpunkte dar, über die die Expertise der Facharbeitskreise vornehmlich kleinen und mittleren Unternehmen zur Verfügung gestellt wird. Ein wissenschaftlicher ddn-Beirat mit renommierten Experten stellt sicher, dass neue Erkenntnisse und Erfahrungen laufend in die Arbeit integriert werden. Der Bogen der Themen spannt sich von Arbeitsgestaltung und Gesundheitsmanagement über Unternehmenskultur und Rekrutierungspolitik bis hin zur betrieblichen Altersvorsorge.

Der integrativ-partizipative Ansatz des Demografie Netzwerks

Fortschreitende Globalisierung, die Entwicklung zur Wissensökonomie und der demografische Wandel stellen Unternehmen vor vielfältige Herausforderungen. Für das Personalmanagement stellt vor allem der Wandel des Arbeitsmarktes von der Anbieter- zur Nachfrageorientierung eine Zäsur dar. Alternsgerechte Arbeitsbedingungen bis zum Renteneintrittsalter, gesundheitliche Maßnahmen zur Prävention und zur Verbesserung der Arbeitsfähigkeit, Arbeitgeberattraktivität sowie Lern- und Wissenstransferprozesse werden zu Notwendigkeiten – ganz besonders für KMU.
In dieser Situation brauchen die Unternehmen kontinuierliche Austauschmöglichkeiten, Beratung und Begleitung, die sie in einer spezifisch kollegialen Form auf dem Markt nicht erhalten. Der innovative Lösungsansatz und die Philosophie des ddn liegen darin, Betroffene zu Partnern zu machen. In diesem Modell agiert ddn als Ermöglicher eines selbstgesteuerten Problemlösungsprozesses auf dem Weg zum demografiefesten Unternehmen. Zukunftswerkstätten, Kongresse und Symposien, Publikationsreihen oder Tools und Handlungshilfen sind neben den Treffen der Arbeitskreise und Regionalnetzwerke exemplarische Instrumente, die dabei eingesetzt werden.

ddn organisiert diesen Prozess, berät zu Inhalten, moderiert bei der Festlegung der thematischen Schwerpunkte – aber hält sich aus den konkreten Entscheidungen heraus. Die beteiligten Akteure bestimmen selbst Themen und Tempo. Indem die Betroffenen in den Unternehmen zu den Beteiligten eines selbstgesteuerten Lern-, Vergleichs- und Innovationsprozesses werden, steigt die Compliance, also die Bereitschaft, sich an die als richtig erkannten Lösungen zu halten.

Die vertrauensbildende Wirkung ähnlicher Ausgangssituationen und gemeinsamer Interessenlagen innerhalb eines Netzwerks von Unternehmen für Unternehmen erleichtert die Organisation der kollegialen Begleitung. Durch

Das Demografie Netzwerk e. V. (ddn)
Friedrich-Henkel-Weg 1–25
44149 Dortmund
www.demografie-netzwerk.de
Ansprechpartner/-in:
Dr. Rainer Thiehoff
Geschäftsführender Vorstand ddn
Tel: 0231 90712846
thiehoff@ddn-netzwerk.de

Dortmund

51°30'51" N,
7°27'50" O

die im ddn gewachsene Vertrauenskultur kann nicht nur explizites Fakten-Wissen, sondern vor allem ansonsten schwer kommunizierbares implizites Hintergrundwissen in Form von Erfahrungswissen und Routinen vermittelt werden. Der Prozess der Einführung innovativer arbeitsorganisatorischer Personal- und Qualifizierungskonzepte wird hierdurch nachhaltig unterstützt.

ddn ermöglicht durch regelmäßige Arbeitstreffen der Facharbeitskreise und Regionalnetzwerke einen kontinuierlichen Wissenstransfer von Unternehmen zu Unternehmen und fördert auf Basis des breiten Spektrums der Mitglieder das Systemgrenzen überschreitende Denken und Handeln. Ressourcen und Potenziale der beteiligten Unternehmen werden aktiviert und innovative praxisorientierte Lösungen unterstützt.

Fazit

Mit dem dargestellten Ansatz einer branchen- und betriebsgrößenübergreifenden kollegialen Entwicklung von Lösungen unterscheidet sich ddn von den Angeboten von Kammern oder Verbänden. Im ddn arbeiten Unternehmen in einem Netzwerk gemeinsam an Lösungen, betreiben Know-how-Transfer und die Erfahrenen begleiten die Einsteiger. Der durch ddn bundesweit moderierte Austauschprozess entlang unterschiedlicher Wissenstransferangebote erfasst von der Arbeitsgestaltung bis zur betrieblichen Altersvorsorge alle relevanten Fragestellungen betrieblichen Demografie-Managements und führt zu Ergebnissen, die für das einzelne Unternehmen allein so nicht möglich sind.

Der für ddn handlungsleitende integrativ-partizipative Ansatz, mit dessen Hilfe Unternehmen Lösungen aus der Praxis für die Praxis erarbeiten, bewältigt die Herausforderungen des demografischen Wandels schneller, zielgerichteter und produktiver, da bereits bei der Konzipierung von Lösungen der partizipative und selbstgesteuerte Umsetzungsprozess in den Blick genommen wird.

Ein stetiges Mitgliederwachstum macht deutlich, dass die Aktivitäten des ddn einen steigenden Bedarf an branchen- und unternehmensgrößenübergreifender Vernetzung, neutralem Know-how-Transfer und innovativem Problemlösen erfolgreich befriedigen. Vom Ansatz des ddn profitiert indes nicht nur das einzelne Unternehmen. Der gesellschaftliche Beitrag besteht in einer erhöhten Wettbewerbsfähigkeit der Volkswirtschaft sowie der Entlastung der Sozialsysteme.

Deutscher Familienverband

Familien- und Bürgerschaftsaktivierung als Handlungsinstrument im Rahmen der Demografiekrise

Die Geburtenrate sinkt und Kinder zu haben gehört längst nicht mehr zur Normalbiografie vieler junger Paare. Das hat Auswirkungen auf uns alle. Die Sozialversicherungen leiden zunehmend unter dem Ungleichgewicht der Generationen, Familien haben immer mehr gesellschaftliche Lasten zu tragen, der Fachkräftemangel zehrt an der Leistungsfähigkeit unserer Wirtschaft und der Wegzug von jungen Familien in Ballungszentren führt zur allmählichen „Vergreisung", zur sozialen Verarmung und wirtschaftlichen Destabilisierung vieler Kommunen.

Eine nachhaltige und verlässliche „Demografiepolitik" ist die zentrale Herausforderung der Gegenwart und die wichtigste Weichenstellung für die Zukunft. Denn allein unsere Kinder sind die Zukunft des Gemeinwesens. Familien sorgen durch die Erziehung der nächsten Generation für Innovation in Wirtschaft, Politik und Kultur. Sie schaffen damit die Grundvoraussetzung für die Fortexistenz von Staat und Gesellschaft, für ihre Stabilität und Erneuerung zugleich.

Woraus besteht die Idee?

Der Deutsche Familienverband (DFV) will mit dem Handbuch „Kommunaler Demografie-Check" (Print, E-book, Internetversion) Ideen und Handlungsanleitungen zur Bewältigung des demografischen Wandels entwickeln. Die föderale Struktur des Deutschen Familienverbandes mit vielen Ortsvereinen bietet eine gute Möglichkeit zur Durchführung eines multiorganisationalen und partizipativen Bündnisses zur Ausarbeitung unterschiedlicher Handlungs-, Beteiligungs- und Finanzierungsinstrumente in Form eines praxistauglichen Handbuchs.

Die Ausarbeitung des Demografie-Checks soll sich an mehreren, nicht abgeschlossenen Handlungsfeldern orientieren

a) Handlungsfeld Leitidee-Entwicklung
b) Handlungsfeld Förderung und Unterstützung von Familie und Senioren
c) Handlungsfeld Betreuung, Schule, Lebens-langes Lernen
d) Handlungsfeld Vereinbarkeit von Familie, Senioren und Beruf
e) Handlungsfeld Wohnen und Wohnraum
f) Handlungsfeld Kultur, Freizeit, Dienstleistungen
g) Handlungsfeld Prävention und Gesundheit
h) Handlungsfeld Integration und Inklusion von Migranten
i) Handlungsfeld Beteiligungsinstrumente
j) Handlungsfeld Finanzierungsinstrumente
k) Handlungsfeld Nachhaltigkeit

Ziel und Innovationsgehalt der Idee

Das Ziel des Handbuchs „Kommunaler Demografie-Check" ist die Heranführung und Hilfestellung zur Entwicklung einer nachhaltigen, demografiesensiblen Kommunalgesamtstrategie, die mit einer breiten Beteiligung der örtlichen Partner realisiert werden kann:

- Aktivierung und Vernetzung des kommunalen Bürgerengagements
- Erhalt, Schaffung und kontinuierliche Verbesserung von kommunalen Familien- und Seniorenangeboten
- Unterstützung des Aufbaus einer Kultur der Wertschätzung für Eltern, Kinder und ältere Menschen
- Kommunale Gesundheitsförderung für Familien und Senioren
- Kommunale Familien- und generationenübergreifende Projekte
- Ideen für die Vereinbarkeit von Familie und Beruf
- Familien- und seniorengerechte Ausgestaltung des Wohnumfeldes
- Ideen für Beteiligungsformen zu Demografiefragen
- Schaffung von Verbindlichkeit zwischen Kommune, Partnern und Bürgern
- Bündelung vorhandener und Initiierung neuer Projekte
- Neue Formen der kommunalen Projektfinanzierung (Crowdfunding, Crowdinvesting, Public Private Partnership, Sponsoring, Corporate Volunteering, usw.)

Das Handbuch Kommunaler Demografie-Check bietet Kommunen und Partnern vor Ort ein Ideenpotenzial im Umgang mit dem demografischen Wandel. Durch die Umsetzung der Ideen können negative Konsequenzen aus dem Demografiewandel gemildert und in den meisten Fällen positive Effekte für die Fortentwicklung der Kommune und des örtlichen Lebens gezogen werden, was zur Attraktivitätssteigerung der Gemeinde, zu Zuwanderung und sukzessive zu Steuermehreinnahmen und sinkenden Sozialausgaben führt und damit die Kommune zu einem attraktiven Standort für Familien und Unternehmen macht.

Deutscher Familienverband

Deutscher Familienverband
Luisenstraße 48
10117 Berlin
www.deutscher-familienverband.de

Ansprechpartner/-in:
Siegfried Stresing
Bundesgeschäftsführer
Tel: 030 30882960
post@deutscher-familienverband.de

Berlin

53°31'07" N,
13°24'29" O

Tablet-Computer für Senioren

Kommunikation und digitale Möglichkeiten für ältere Menschen

In den letzten Jahren lässt sich eine rasante Technikentwicklung konstatieren. Zahlreiche neue oder weiterentwickelte Produkte werden für immer mehr Menschen verfügbar. Viele Technik-/ Computerunerfahrene haben dadurch Schwierigkeiten sich mit den für sie neuen technischen Geräten vertraut zu machen. Dies betrifft häufig ältere Menschen, die u.a. neben mangelnder Technikaffinität zusätzlich auch eingeschränkte motorische Voraussetzungen mitbringen.

Durch die Kooperation von **EIN SE** („EINS") und dem **SeniorenComputerClub Berlin-Mitte (SCC)** soll ein Tablet-Computer entwickelt werden, welcher sich an den besonderen Bedarfen und Anforderungen von Computer-Einsteigern besonders von älteren bis alten Menschen an ein technisches Gerät orientiert.

Die Basis des Projektes bildet dabei die Annahme, dass ein Tablet-Computer mit Android in angepasster Form einen wesentlich einfacheren Zugang zur Materie bietet als ein herkömmlicher Personal Computer mit bspw. Windows. Dabei notwendige Anpassungen werden sowohl die Software als auch die Hardware betreffen.

Beispiele für Modifikationen sind:
- Veränderung der Softwareoberfläche (z. B. größere Bedienelemente)
- Eindeutigere Kennzeichnung der Aufgaben von Elementen auf der Softwareoberfläche
- Vergrößerung der Hardware-Bedienelemente
- Griffige Gehäuseoberfläche

aber auch:

- Anpassung der Verpackung mit speziellen Gebrauchsanweisungen
- Umfangreiches Handbuch

Der Zielgruppe soll mit dem aus diesen Erkenntnissen entsprungenen und den damit erreichten Anpassungen am Gerät der Einstieg in
- die Nutzung des Internets,
- die Verwendung von Diensten wie Videotelefonie und
- das Lesen elektronischer Bücher und Post

erleichtert werden.

Dies soll als Grundbaustein für mehr soziale Aktivitäten, bessere und häufigere Kommunikation mit Freunden und Verwandten und die Steigerung der allgemeinen Lebensqualität dienen.

Die EINS stellt dem SCC dazu kostenfrei ihre bisherigen Eigenentwicklungen und -produktionen zur Verfügung, sodass fundierte Daten über das Nutzungsverhalten und die Herangehensweise der Mitglieder an einen solchen Computer gesammelt und für den weiteren Projektverlauf aufgearbeitet werden können.

Alle Maßnahmen werden momentan nicht kommerziell durchgeführt und beruhen auf dem Engagement des SCC und der EINS SE.

Die EINS SE („EINS") ist ein mittelständisches Unternehmen mit Sitz in Berlin, welches Tablet-Computer mit Android sowie andere Geräte der Unterhaltungselektronik herstellt.

Der SeniorenComputerClub Berlin-Mitte (SCC) ist eine Abteilung des **KREATIVHAUS e. V.** mit Sitz in Berlin, dessen Mitglieder sich zusammenfinden, um ihre Erkenntnisse und Erfahrungen im Umgang mit Computern zu teilen und diese älteren Menschen zu vermitteln.

WWW. CAT-SOUND. COM

EINS SE
Helmholtzstraße 2-9
10587 Berlin
www.cat-sound.com

Ansprechpartner/-in:
Toni Löffler
Projektleiter
Tel: 033 222756290
tloeffler@eins-se.eu

Berlin

53°31'07" N,
13°24'29" O

Der digitale Wandkalender

Aktivierung älterer Menschen mit leichten kognitiven Einschränkungen zur Teilhabe am gesellschaftlichen Leben

Obwohl die Autoren zahlreicher Studien zur Lebenssituation älterer Menschen zu dem Schluss kommen, dass nicht von einer generellen Vereinsamung im Alter gesprochen werden kann (Schulze, 1998; Lehr, 1991; Schmidt-Denter, 1988), steht das Älterwerden häufig in Zusammenhang mit einem tendenziellen Rückzug aus dem gesellschaftlichen Leben. Ursachen hierfür sind neben der Verringerung des sozialen Netzwerkes durch Austritt aus dem Berufsleben, Tod und Wegzug der Kinder die gefühlte Unfähigkeit, neue Kontakte durch aktive Teilhabe an der Gesellschaft aufzubauen (Elbing, 1991). Weitere Ursachen für die Reduzierung sozialer Kontakte ist der mit zunehmendem Alter häufig nachlassende Gesundheitszustand, der mit den „Möglichkeiten für Handlungs- und Dispositionsspielräumen verbunden ist" (Backes Clemens, 2003) und die nachlassende Mobilität als Indikator für eine unabhängige Lebensführung (Anders, 2009).

Dabei sind insbesondere für ältere Menschen mit leichten kognitiven Einschränkungen ein stabiles soziales Netzwerk und die Teilhabe am gesellschaftlichen Leben aufgrund nachlassender Selbstständigkeit und des besonderen Hilfebedarfs der Betroffenen von großer Bedeutung. Demnach erhöht sich aufgrund der Zunahme von Diagnosen wie leichte kognitive Einschränkungen (engl. MCI: mild cognitive impairment) und deren potenzieller Entwicklung zu einer Demenz der Bedarf an Angeboten, die diese Personengruppe und deren Aktivierung zur gesellschaftlichen Teilhabe in den Fokus stellten.

Ein Lösungsansatz ist die Entwicklung eines digitalen Wandkalenders, der dem Senior mit leichten kognitiven Einschränkungen an seine Bedürfnisse angepasste Informationen bereitstellt. Dabei wird in Zusammenarbeit mit lokalen Anbietern Veranstaltungen, die den Senior interessieren könnten, auf dem Kalender dargestellt. Dies sind beispielsweise kulturelle Angebote örtlicher Veranstalter wie Theateraufführungen.

Weiterhin hat der Senior die Möglichkeit, die Programme lokaler Sportvereine und Seniorengruppen wie verschiedene Kurse in seinem Kalender abzurufen. Dazu gehören beispielsweise Gymnastikkurse, Freizeitangebote wie Maler- oder Töpferkurse oder Lernangebote.

Der Senior hat die Möglichkeit, sprachgesteuert oder durch Touchbedienung die Veranstaltung auszuwählen und sich genauere Informationen zu Art, Ort und Zeit der Veranstaltung abzurufen. Weiterhin kann er sich den Weg zur Veranstaltung anzeigen lassen und durch die Verbindung zu einem Drucker direkt ausgeben lassen. Dabei kann er angepasst an seine Mobilität und physischen Fähigkeiten zudem wählen, ob er lieber zu Fuß gehen, das Auto oder Fahrrad oder öffentliche Verkehrsmittel nutzen möchte und ob der Weg besonderen Bedürfnissen wie Barrierefreiheit entsprechen muss. Wird für die Aktivität eine Eintrittskarte benötigt, so wird diese ebenfalls an den Drucker gesendet. Zusätzlich ist das System selbstlernend und erkennt anhand der ausgewählten Veranstaltung, welche Art von Aktivitäten der Senior favorisiert.

Eine weitere Funktion des Wandkalenders ist die Speicherung von Geburtstagen, die entweder vom Senior selbst oder von dessen Angehörigen direkt am Kalender oder durch Senden der Informationen von einem Smartphone an das Gerät eingetragen werden können. Die Geburtstage werden auf dem Kalender angezeigt und sind mit den Kontaktdaten der Person hinterlegt. Dadurch kann der Senior über die Sprachsteuerung den Kontakt auswählen und durch die Verbindung zu seinem Telefon direkt anrufen und gratulieren. Zusätzlich zur Aktivierung hilft der Kalender durch Erinnerung an wichtige Termine, wie z. B. einen Arztbesuch oder den Besuch eines Freundes, und an die Einnahme von Medikamenten, den Alltag des Seniors zu strukturieren, und vermittelt ihm damit ein Sicherheitsgefühl.

Das System motiviert damit den Senior mit leichten kognitiven Einschränkungen zur Teilhabe am gesellschaftlichen Leben und gibt ihm die Möglichkeit, zum einen die Verbindung zu bereits bestehenden Kontakten wie Verwandten und Freunden zu fördern und zum anderen neue soziale Kontakte zu knüpfen.

Anika Steinert ist Wissenschaftliche Mitarbeiterin in der Forschungsgruppe Geriatrie der Charité – Universitätsmedizin Berlin (CFGG). In der Arbeitsgruppe Alter+Technik werden verschiedene Verbundprojekte durchgeführt, in denen die CFGG zusammen mit Technikpartnern die Konzeption, die Nutzereinbindung und die Evaluation plant und durchführt. Aktuelle Forschungsaktivitäten beinhalten die Entwicklung technischer Assistenzsysteme und Serviceangebote für Senioren im Bereich der häuslichen Umgebung (Ambient Assisted Living) oder in medizinischen Anwendungsfällen.

Forschungsgruppe Geriatrie der Charité – Universitätsmedizin Berlin
Reinickendorfer Straße 61
13347 Berlin
geriatrie.charite.de
Ansprechpartner/-in:
Anika Steinert
Wissenschaftliche Mitarbeiterin
Forschungsgruppe Geriatrie
Tel: 030 450553736
anika.steinert@charite.de

Berlin

53°31'07" N,
13°24'29" O

Literatur
Anders, J. (2009). Mobilität im Alter und Immobilitätssyndrom. In: W. Renteln-Kruse, Medizin des Alterns und des alten Menschen. Hamburg: Steinkopff Verlag, S. 84-97
Backes, G. M.; Clemens, W. (2003). Lebensphase Alter. Weinheim und München: Juventa Verlag.
Elbing, E. (1991). Einsamkeit: Psychologische Konzepte, Forschungsbefunde und Treatmentansätze. Hogrefe Verlag.
Lehr, U. (1991). Psychologie des Alterns. Heidelberg: Quelle & Meyer.
Schmidt-Denter, U. (1988). Soziale Entwicklung: ein Lehrbuch über soziale Beziehungen im Laufe des menschlichen Lebens. Weinheim: Psychologie Verlags Union.
Schulze, B. (1998). Kommunkation im Alter – Theorie, Studien, Forschungsperspektiven (Bd. 39). Wiesbaden: Westdeutscher Verlag.
Wagner, M.; Schütze, Y.; Lang, R. F. (2010). Soziale Beziehungen alter Menschen. In: U. Lindenberger; J. Smith; K. U. Mayer; P. Baltes, Die Berliner Altersstudie. Berlin: Akademie Verlag.

Die virtuelle Seniorenuniversität

Eine interaktive eLearning-Plattform

„Lebenslanges Lernen" – dieses Leitbild gewinnt vor dem Hintergrund des demografischen Wandels immer mehr an Aktualität. Dabei ist die Lebensphase Alter heute nicht mehr ausschließlich die Phase fehlender Leistungen und Defizite, sondern markiert genauso einen Freiraum, der gefüllt werden will. Dass in diesem Zusammenhang Lernerfolge bis ins hohe Alter möglich sind, wird von aktuellen wissenschaftlichen Ergebnissen untermauert.

Schon heute absolvieren immer mehr Senioren im Rentenalter ein Universitätsstudium und unter den knapp 40.000 eingeschriebenen Gasthörern für Einzelvorlesungen finden sich vor allem ältere Menschen über 60 Jahren. Zurzeit bieten 50 deutsche Hochschulen ein oft als „Studium Universale" bezeichnete Seniorenstudium an. Jedoch können diese Bildungsangebote von mobil eingeschränkten älteren Menschen nicht oder nur schwer besucht werden. Auch an Kultur und Wissenschaft interessierte Senioren, die nicht in Ballungsgebieten wohnen und keine seniorengerechte Bildungsinfrastruktur in unmittelbarer Nähe haben, finden schwer anspruchsvolle kompetente Lernumgebungen. Die bestehenden eLearning-Angebote der Universitäten sind nicht barrierefrei, an junge Studierenden und deren Bedürfnisse adressiert und oftmals nur unterstützend zum Präsenzunterricht.

Ein Lösungsansatz ist der Aufbau einer interaktiven eLearning-Plattform, die breit gefächerte Lernangebote für eine ältere Benutzergruppe bietet. Diese stellt zielgruppenspezifisch aufbereitete Informationsinhalte und langfristig angelegte Weiterbildungsmöglichkeiten zur Verfügung. Besonders wird dabei auf eine barrierefreie, übersichtlich strukturierte Gliederung der Internetplattform geachtet. Die Plattform muss auch von Senioren mit leichten kognitiven, feinmotorischen, visuellen und/oder auditiven Defiziten bedient werden können, was durch eine Adaptierbarkeit von Schriftgröße, Lautstärke und verschiedenen Bedienmöglichkeiten gewährleistet wird.

Auch die didaktischen Konzepte der Vorlesungen und Seminare (Medieneinsatz, Geschwindigkeit, Lernmaterialien) an ältere Menschen und deren Vorlieben angepasst sind.
Mithilfe von Audio-Video-Technik können Senioren eine Vielfalt von Lernangeboten nutzen. Sie können sich zu kompletten Studiengängen, Kursen über mehrere Wochen, Gruppenseminaren und Live-Vorlesungen für mehrere Hundert Teilnehmer anmelden. Diese werden aufgezeichnet und stehen als Lehr- und Lernmaterialien nachträglich zur Verfügung. Es ist möglich, nutzergenerierte Lernmaterialien zu erstellen und untereinander einfach auszutauschen. Diese Lehr-, Lernmaterialien und Vorlesungen/Kurse können durch alle Nutzerinnen und Nutzer bewertet werden.

Wie in einer normalen Universität können die Nutzerinnen und Nutzer verschiedene Räume betreten, wie z. B. eine Mensa, in der man sich austauschen kann, eine Bibliothek mit einem Archiv an aufgezeichneten Vorlesungen, sowie Verlinkungen zu Literatursuchmaschinen und verschiedensten Seminar- und Vorlesungsräumen. Diese werden in einer 3-D-Umgebung ansprechend virtuell gestaltet. Das Schwarze Brett unterrichtet dabei über aktuelle Veranstaltungen (auch außerhalb der eLearning-Umgebung) und lädt zu privat und institutionell organisierten Arbeitsgruppen ein.

Forschungsgruppe Geriatrie der Charité – Universitätsmedizin Berlin
Reinickendorfer Straße 61
13347 Berlin
geriatrie.charite.de
Ansprechpartner/-in:
Marten Haesner
Wissenschaftlicher Mitarbeiter
Tel: 030 450553736
marten.haesner@charite.de

Berlin

53°31'07" N,
13°24'29" O

Der Lösungsvorschlag ist eine eLearnin-Plattform, die auch auf mobilen Endgeräten adaptierbar ist, sodass eine mobile Unabhängigkeit gewährleistet wird. Das internetbasierte Angebot wird herkömmliche Volkshochschulkurse oder Seniorenuniversitäten nicht ersetzen, sondern ergänzen und diese für andere Gruppen zugänglich machen. Damit könnte die bislang umfassendste Lernmöglichkeit für Senioren in Deutschland entstehen.

Marten Haesner ist Wissenschaftlicher Mitarbeiter in der Forschungsgruppe Geriatrie der Charité – Universitätsmedizin Berlin (CFGG). In der Arbeitsgruppe Alter+Technik werden verschiedene Verbundprojekte durchgeführt, in denen die CFGG zusammen mit Technikpartnern die Konzeption, Nutzereinbindung und Evaluation plant. Aktuelle Forschungsaktivitäten beinhalten die Entwicklung technischer Assistenzsysteme und Serviceangebote für Senioren im Bereich der häuslichen Umgebung (Ambient Assisted Living) oder in medizinischen Anwendungsfällen.

MobiNa

Die mobile Notfallassistenz und Kommunikationsplattform für Menschen im Alter

Im Zuge des demografischen Wandels gibt es immer mehr Senioren, zu deren größten Wünschen es zählt, so lange wie möglich daheim leben zu können. Mit zunehmendem Alter sinkt allerdings das körperliche Leistungsvermögen, was wiederum das Risiko von Unfällen im Haushalt erhöht. Die Angst, zu Hause zu verunglücken und keine Hilfe zu erhalten, führt somit vor allem bei allein lebenden Senioren zu dem Entschluss, ihre Selbstständigkeit aufzugeben. MobiNa, die mobile Notfallassistenz und Kommunikationsplattform des Fraunhofer IPA, kann dazu beitragen, dass die Einzelnen länger selbstbestimmt zu Hause leben können.

Durch fest installierte Sensoren im Wohnraum ist es möglich, Unfälle, wie etwa der Sturz einer Person, diskret und zuverlässig zu detektieren und entsprechend darauf zu reagieren. Die Sensoren übermitteln die Position der verunglückten Person an den Roboter MobiNa, der daraufhin autonom auf diese zusteuert und über Bildschirm, Kamera, Mikrofon und Lautsprecher Kontakt zu einer Notfallzentrale aufnimmt. Die Servicemitarbeiterinnen und -mitarbeiter der Notfallzentrale entscheiden gemeinsam mit der verunglückten Person über weitere Maßnahmen oder rufen gegebenenfalls direkt den Notdienst.

MobiNa kann aber noch mehr. Der mobile Roboter dient ebenso als Kommunikationsplattform und lässt sich als Telepräsenzsystem sogar fernsteuern, wenn diese Funktion durch den Besitzer freigegeben wird. Freunde und Verwandte können den Roboter mit handelsüblichen Smartphones und Tablets anrufen. MobiNa fährt dann aktiv auf seinen Nutzer zu und schafft somit eine völlig neues Kommunikationserlebnis. Darüber hinaus lassen sich Termine für die regelmäßige Kontaktaufnahme zu verschiedenen Personen anlegen. Dabei hat der Roboter im Gegensatz zu gewöhnlichen Erinnerungsfunktionen von Telefonen oder Computern immer die Möglichkeit, den Nutzer gezielt aufzusuchen und aktiv an ein anstehendes Ereignis zu erinnern.

MobiNa als mobiles Kommunikationssystem ermöglicht nicht nur die einfache Kontaktaufnahme durch Videotelefonie zu Freunden, Bekannten und in Notfällen zu Servicemitarbeiterinnen und -mitarbeitern der Notfallzentrale. Auch visuell teilt der kleine Roboter dem Benutzer seine Aktionszustände mit. So weist ein blinkendes Rot darauf hin, dass der Roboter gerade zu einem Notfall fährt. Ein langsam pulsierendes Grün bedeutet beispielsweise, dass der Roboter seinen Einsatz erfolgreich absolviert hat und zu seiner Basis zurückkehrt. Weißes Licht kann den Ort ausleuchten helfen. Servicemitarbeiterinnen und -mitarbeiter der Notfallzentrale vermögen damit die Situation leichter zu beurteilen.

Bei der mobilen Notfall- und Kommunikationsassistenz MobiNa wurden nicht nur einfache Bedienung, ein intuitives Konzept und ansprechendes Design berücksichtigt. Auch der Markttauglichkeit wurde mit Komponenten aus der Serienproduktion Rechnung getragen. So liegen die Kosten der funktionalen Hardwarekomponenten, ausschließlich des Designs, bereits beim Prototyp unter 1000 Euro. Ein solches Robotersystem könnte damit zum Preis eines aktuellen, hochwertigen Roboterstaubsaugers auf den Markt kommen.

Fraunhofer IPA
Nobelstraße 12
70569 Stuttgart
www.ipa.fraunhofer.de/Mobiler_Notfallassistent.2206.0.html

Ansprechpartner/-in:
Ralf Simon King
Wissenschaftlicher Mitarbeiter / Haushalts- und Assistenzrobotik
Tel: 0711 9701260
rsk@ipa.fhg.de

Stuttgart

48°46'32" N
9°10'58" O

Generationskonflikt? Von wegen!

Ein Begegnungs-Projekt

In unserem Projekt geht es darum, junge und alte Menschen zusammenzubringen und ein generationenübergreifendes Miteinander zu erleben. Jugendliche kommen mit alten Heimatfilmen, volkstümlicher Musik und der Etikette der alten Schule in Berührung – Seniorinnen und Senioren werden gefordert sein, sich auseinanderzusetzen mit Medien der heutigen Zeit, dem Musik- und Modegeschmack der Jugendlichen und mit deren Lebensstil. Beide Seiten werden Geduld aufbringen müssen mit der Konfrontation unterschiedlicher Auffassungen von Leben, Tod, Arbeit, Glaube und Geschmack – sodass ein Miteinander entstehen kann, geprägt von Achtung, Respekt, herzlichem Umgang und Verständnis.

Mehrere Partner fanden sich für dieses Vorhaben zusammen

Die Graf-Stauffenberg-Realschule Bamberg aktivierte Jugendliche der 9. Jahrgangsstufe zur Teilnahme (insgesamt acht Mädchen und acht Jungen), beantragte Fördergelder und kümmerte sich um die organisatorischen Rahmenbedingungen. Alexandra Eyrich gestaltet Inhalte und Aktivitäten für die Begegnungen. Sie leitet die Akademie „vielfalt de luxe" in Bamberg und ist Märchenpädagogin, Erzählkünstlerin, Fachberaterin für soziale Kompetenz … Sie moderiert die Treffen und sorgt für Gesprächsanlässe und gemeinsame Beschäftigungen.

Die Teilnehmenden der älteren Generation…

… leben im AWO-Seniorenzentrum in Bamberg (Hauptsmoorstraße 26), das unser Vorhaben unterstützt und gerne bereit war, interessierte Seniorinnen und Senioren für die Teilnahme zu gewinnen und das uns auch Räumlichkeiten zur Verfügung stellt.

Das Projekt wird finanziell gefördert vom Kultur- und Schulservice der Stadt Bamberg.
Insgesamt sind zehn Zusammenkünfte geplant. Das erste Treffen fand am 08. April 2013 mit dem Thema „Geschichten erzählen" statt. Es war die erste Begegnung, weshalb wir mit einer Vorstellungsrunde begannen, dann ließen wir uns von Alexandra Eyrich in den Bann des Märchens „Froschkönig" ziehen. Danach kamen Schülerinnen und Schüler sowie Seniorinnen und Senioren miteinander ins Gespräch. Wir bildeten kleine Gruppen und jeder wählte sich einen Gegenstand aus, den er mit einer Geschichte oder einem Ereignis aus seinem Leben verknüpfte, und erzählte dazu.

Das zweite Treffen am 22. April 2013 führte uns bei Musik, Tanz und Gespräch zusammen. Ein Alleinunterhalter spielte Unterhaltungsmusik, Jung und Alt kamen bei Kaffee und Kuchen ins Gespräch und es fand sich sogar ein „generationenübergreifendes" Tanzpaar und ganz viele (alle, die noch laufen konnten) beteiligten sich an einer Polonaise.
Alle sind gespannt, was die weiteren Treffen an Erlebnissen und Erfahrungen bringen werden.

Wir freuen uns, mit diesem Projekt einem Kreis junger Menschen besondere Erfahrungen außerhalb des üblichen Unterrichtsgeschehens bieten zu können, und hoffen auf bereichernde Erlebnisse für alle Beteiligten.

Graf-Stauffenberg-Realschule
Kloster-Langheim-Straße 11
96050 Bamberg

STADT BAMBERG

Graf-Stauffenberg-Realschule Bamberg
Kloster-Langheim-Straße 11
96050 Bamberg
gsr-bamberg.by.to

Ansprechpartner/-in:
Andrea Welscher
stellvertretende Schulleiterin
Tel: 0951 9146200
welscher@gsr-bamberg.de

Bamberg

49°53'30" N,
10°53'30" O

Palliativversorgung

Der Allgemeinwissenansatz in der Hospiz- und Palliativarbeit

Die Palliativversorgung rückt durch den demografischen Wandel zunehmend in den Fokus. Aus diesem Grund hat sich aus dem kürzlich gegründeten Verein „Institut für allgemeine ambulante Palliativversorgung (IFAAPV)" eine Projektgruppe herausgebildet. Der Zweck des Vereins ist die Förderung palliativer Strukturen und der Allgemeinbildung zur Verbesserung der allgemeinen ambulanten palliativen Versorgung (AAPV) von Menschen am Lebensende. Die Projektleitung trifft sich seit Anfang 2012 monatlich, um einerseits die Planung und das Konzept des Projektes zu entwickeln und andererseits bereits wichtige Kontakte zu Projektpartnern zu knüpfen. Die Jugendlichkeit der Organisation bringt es mit sich, dass zum heutigen Zeitpunkt weder eine Internetpräsenz noch ein Logo vorhanden sind. Unser Ansatz: Viele Menschen möchten zu Hause sterben. Um dies zu ermöglichen, bedarf es der flächendeckenden Palliativversorgung unter Einbezug aller Bürgerinnen und Bürger. Aufgrund der steigenden Anzahl alter Menschen sind dabei die besonderen Belange alter, multimorbider und dementer Menschen zu berücksichtigen. Bisher wird in Deutschland nur die spezialisierte ambulante Palliativversorgung (SAPV) von Sterbenden zu Hause und im Pflegeheim gesondert vergütet und von spezialisierten SAPV-Teams erbracht.

Zurzeit erhält nur jeder zehnte, der eine palliativmedizinische Betreuung benötigt, diese ambulant. Daher hat der 114. Deutsche Ärztetag bessere Rahmenbedingungen für eine flächendeckende allgemeine ambulante Palliativversorgung (AAPV) gefordert. Diese flächendeckende allgemeine ambulante Palliativversorgung für alle, die sie brauchen, kann vor dem Hintergrund demografischer Entwicklungen nur durch die Befähigung der Akteure des Gesundheitswesens und zivilgesellschaftliche Verantwortungsübernahme gelingen. Es bedarf der Weiterbildung innerhalb des bestehenden sozialen und professionellen Netzes alter Menschen. Zudem müssen sich vorhandene palliative Angebote vernetzen und gemeinsam unterstützende Strukturen schaffen.

Analog zur Rettungskette zielt der Allgemeinwissenansatz zur Befähigung eines jeden zu palliativer Umsorgung auf der einen Seite darauf ab, Basiswissen um Palliative Care an alle im Gesundheitswesen Tätigen zu vermitteln. Auf der anderen Seite sollen alle Bürger vom Kindesalter an mit Hilfe weitergebildeter ehrenamtlicher Multiplikatoren aus der Hospizarbeit, ein Grundwissen zu Fragen der Begleitung und Umsorgung am Lebensende erhalten. Diese in der Rettungskette „Ersthelfer" genannten erkennen den Bedarf und handeln entsprechend. Eine telefonische Palliativberatung im Sinne eines Palliativ-Notruftelefons kann auftretende Fragen dieser Einzelpersonen, wie auch von professionellen Helfern (Pflegepersonal in Pflegeheimen, der häuslichen Krankenpflege, Hausärzte, etc.) beantworten und im Bedarfsfall Ansprechpartner vor Ort vermitteln. Somit wird die reibungslose Versorgung des Patienten und die damit einhergehende Netzwerkbildung gefördert. Ein solches Palliativ-Telefon dient als Vervollständigung des Allgemeinwissenansatzes, um Akteuren vor Ort Sicherheit in ihren Handlungen zu ermöglichen. Dafür werden bereits vorhandene Strukturen genutzt. Unter anderem werden 24-Stunden-Rufbereitschaften bereits von unterschiedlichsten Akteuren der Hospiz- und Palliativarbeit parallel angeboten. Hier erscheint eine Abstimmung für die Schonung von Ressourcen aller Dienste notwendig.

Die Innovation des Projektes liegt in der Wissensvermittlung für breite Bevölkerungskreise, in Kombination mit einem niedrigschwelligen telefonischen Beratungsangebot. Das geplante Modellprojekt wird zur flächendeckenden Wissensvermittlung und der Verbesserung von Palliativversorgung in Schleswig-Holstein beitragen. Eine Übertragbarkeit auf andere Bundesländer ist durch die Anpassungsfähigkeit des Konzepts möglich..

Das Projekt umfasst die Aus- und Weiterbildung im Bereich Palliative Care, mit dem Schwerpunkt der Versorgung alter, multimorbider und dementer Menschen, also geriatrischer Patienten. Es soll zur verbesserten Unterstützung ebendieser Patientengruppe führen. So kann ein menschenwürdiges Sterben am Ort der Wahl des Betroffenen, nämlich ihrem Zuhause, ermöglicht werden. Dabei soll es egal sein, ob das Zuhause die eigene Wohnung oder aber ein Pflegeheim ist. Palliative Care ist mittlerweile in vielen Institutionen wie Krankenhäusern und Heimen etabliert und hat dort eine Professionalisierung erfahren. Das Wissen um den Umgang mit Menschen am Lebensende darf aber nicht alleine Institutionen vorbehalten sein, sondern muss nun wieder zum Allgemeingut werden.

Literatur

1. Schmidt, Christoph. Der Hausarzt im Spannungsfeld von Betroffenenorientierung und Unternehmertum in der ambulanten Palliative Care. In: Wegleitner, Heimerl, Heller: Zu Hause sterben – der Tod hält sich nicht an Dienstpläne. Hospiz Verlag 2012.
2. Kuklau, Nadine. Ehrenamtliche der Hospizarbeit als Fachleute für das Alltägliche. Hospizzeitschrift 2012; 53: 17–21.
3. Meissner, Marc. Versorgung Sterbender – Mehr allgemeine Palliativmedizin. Deutsches Ärzteblatt Heft 23, 10. Juni 2011.
4. Bollig, Georg. Palliative Care für alte und demente Menschen lernen und lehren LIT-Verlag, Berlin 2010.
5. Bollig, Georg; Heller, Andreas. Palliative-Care-Wissen für alle! Verbreitung von Palliative Care in der Bevölkerung. Der Allgemeinwissen-Ansatz und „Letzte Hilfe"-Kurse. Praxis Palliative Care 17/2012: 45–45.

ZAD
Zentrum für alternsgerechte Dienstleistungen

Institut für allgemeine ambulante Palliativversorgung (IFAAPV)
Flensburger Str. 60
24837 Schleswig

Ansprechpartner/-in:
Dipl. Sozialpädagogin Nadine Kuklau
nadine.kuklau@googlemail.com

Dr. Georg Bollig
Tel: 0152 22717180
bollig.georg@gmx.de

Schleswig

54°30'55" N,
9°34'11" O

Versorgungsketten

1. Die Rettungskette Chain of Survival	Frühe Erkennung und Notruf	Frühe Herz-Lungen-Wiederbelebung	Frühe Defibrillation	Erweiterte lebensrettende Maßnahmen
2. Die Kette der Palliativversorgung Chain of Palliative Care	Wissen um Palliative Care und Erkennung des Bedarfs	Allgemeine Palliative Care	Ambulante/ konsiliarische Palliative Care	Staionäre/ spezialisierte Palliative Care

Lösungsansatz: Befähigung der Bevölkerung Schleswig-Holsteins zur allgemeinen ambulanten Palliativversorgung alter Menschen

St. Joseph-Stift Krankenhaus

Planung und Gestaltung der beruflichen Ausstiegsphase am Beispiel von Mitarbeitenden der Pflege über 55 Jahren im Krankenhaus St. Joseph-Stift (SJS)

Ausgangssituation

Um sich aktiv den demografischen Herausforderungen zu stellen, hat sich die Pflege des SJS 2010 für die Durchführung des Großprojektes „demogra-fitte Pflege im St. Joseph-Stift" entschieden. Die Konsequenzen des demografischen Wandels sind vielfältig und werden in der Klinik in drei wesentlichen Arbeitsgruppen bearbeitet: Wissensmanagement, Gesundheitsmanagement und Personalstrategie. Das 23-köpfige Projektteam ist mit Absicht bunt gemischt. Um sich berufsübergreifend den Themen zu nähern, wird im Team nicht nur positions- und fachübergreifend, sondern vor allem altersübergreifend nach Lösungsansätzen gesucht.

Als Projekteinstieg erfolgte die Erfassung des demografischen IST-Zustandes im Pflegebereich in Form einer vertieften Altersstrukturanalyse. Dabei wurden erfasst: Alter, Bereiche, Hierarchie, Berufsgruppen, Fehlzeiten, Fort- und Weiterbildung und regionale Lage auf dem Pflegemarkt.

Zusammen mit den Ergebnissen zweier Befragungen von Mitarbeiterinnen und Mitarbeitern zu Wissensweitergabe und Schichtdienst ergaben sich für die Förderung einer Unternehmenskultur, in der ein Altern möglich und gewünscht ist, folgende Bereiche mit besonderem Handlungsbedarf:

- Hoher Altersdurchschnitt im Bereich Gynäkologie und in den Fachpflegebereichen Zentral-OP und Anästhesie
- In einzelnen Bereichen gibt es hohe Fehlzeiten, in anderen Bereichen kommt es wiederum kaum zu Fehlzeiten
- Bewerbungssituation ist in der Pflege rückläufig
- Renteneintrittsalter liegt im Durchschnitt bei 60,5 Jahren, woraus resultiert, dass in zehn Jahren ein Drittel der Mitarbeitenden der Pflege das Krankenhaus verlässt.

Da mit den aktuell über 55-jährigen Mitarbeitern in wenigen Jahren eine solch große Gruppe des Personalstamms wegfällt und ein drohender Wissensverlust in einzelnen Bereichen zu befürchten steht, ist in der Strategiegruppe die Entscheidung für den Fokus auf die Mitarbeiterinnen und Mitarbeiter in der Lebensphase über 55 Jahre gefallen.

Vorgehensweise

Um zielgerichtet auf die Gruppe der „Ü55" eingehen zu können, wurde diese zahlenmäßig erfasst und die „Säulen" bzw. die besonderen Wissensträger innerhalb der Zielgruppe identifiziert. Die insgesamt 43 Mitarbeitenden arbeiten in unterschiedlichen Abteilungen, mit besonders brisanten Ausmaßen in den Bereichen Gynäkologie/Entbindung, Anästhesie und Zentral-OP.

Damit das alterssensible Thema wertschätzend aufgegriffen wird, fand ein Workshop mit Leitungskräften zur Einbindung und Akzeptanzsteigerung statt. Außerdem wurde die Zielgruppe selbst befragt. In den Interviews mit der Ü55-Gruppe sollten nicht nur deren Bedürfnisse erhoben werden, sondern auch eine Wertschätzung des Geleisteten zum Ausdruck gebracht und eine Hinführung zur Wissensweitergabe erreicht werden. Aus den Gesprächen ergab sich die Festlegung auf drei Handlungsfelder:

1. Arbeitszeitmodelle
2. Wissensweitergabe
3. Stellennachbesetzung

An folgenden Herangehensweisen wurde und wird im Moment gearbeitet

1. Schichtmodelländerung/Nachtdienst-Tandems, Wunsch-Nachtdienste, stationsbezogener Springerpool und Verlängerung der Pausenzeiten. Schulung der Leitungskräfte für die Durchführung einer „bedürfnisorientierten Dienstplanung" im Team. Ergänzung des Jahresgespräches mit Mitarbeiterinnen und Mitarbeitern um Ü55-relevante Fragestellungen.

2. Aufbau eines Instrumentes „Wissensstafette" zur Übergabe an jüngere Mitarbeiterinnen und

Krankenhaus St. Joseph-Stift Bremen

Krankenhaus St. Joseph-Stift Bremen GmbH
Schwachhauser Heerstraße 54
28209 Bremen
www.sjs-bremen.de
Ansprechpartner/-in:
Bianca Brümmer
Teamleitung Pflege Station 4.3/4.4 .
Tel: 0421 3471704
bbruemmer@sjs-bremen.de

Bremen

53°04'33" N,
8°48'26" O

Mitarbeiter, bevor die älteren Kolleginnen oder Kollegen aus dem Dienst ausscheiden; Erstellung einer Checkliste für ungeplante Funktionswechsel in wissensrelevanten Bereichen (z. B. plötzliche Nachbesetzung einer Leitungsstelle); stationsbezogene, praxisnahe und alter(n)sgerechte Fort-und Weiterbildung vor Ort (von Fachkräften für Fachkräfte durch Pflegende, Therapeuten und Mediziner)

3. Stellennachbesetzungsplanung für Mitarbeiterinnen und Mitarbeiter Ü55 in den Fachpflegebereichen: frühzeitige interne Übergabe (gezieltes Werben von Mitarbeiterinnen und Mitarbeitern für Fachweiterbildung mit konkreter Perspektive), Schaffung von Übergabe-Tandems als standardisiertes Personalentwicklungsinstrument.

Ergebnis / Nutzen

Die entstandenen Instrumente sind mit viel Eigenengagement und großer Beteiligung von Mitarbeiterinnen und Mitarbeitern entstanden und werden daher auch von den Mitarbeiterinnen und Mitarbeitern durch eine hohe Identifikation getragen. Dass das Thema Ü55 und seine Ideen auch auf Leitungsebene durch das Krankenhausdirektorium getragen und gesteuert werden, ist für die Verankerung der Instrumente und den notwendigen Veränderungsprozess im Haus ebenfalls sehr wichtig. Um das Ziel nicht aus den Augen zu verlieren, wird der Umsetzungsprozess zusätzlich extern begleitet. Der fachübergreifende Ansatz zum Thema Ü55 hat eine deutliche Sensibilisierung für das Thema auch in anderen Berufsgruppen geschaffen und den Generationendialog befördert. Der Ausstieg der älteren Mitarbeiterinnen und Mitarbeiter wird durch eine konkrete Planung steuerbar und trägt zu einer wertschätzenden Kultur mit Älteren und Jüngeren bei.

Das Thema „Die alternde Mitarbeiterin und der alternde Mitarbeiter“ wird im SJS auch unter dem Aspekt der Zunahme von psychischen und physischen Belastungen im Pflegebereich berücksichtigt. Die älteren Mitarbeiterinnen und Mitarbeiter lange gesund und trotzdem leistungsfähig im Betrieb zu halten, ist aufgrund des künftigen Fachkräftemangels ein wesentlicher Bestandteil im Blickfeld des Projektteams. Neben der Einführung eines Betriebssports, angepasst an die besonderen Bedürfnisse der Pflege, rückt vor allem ein an Lebensphasen orientiertes Personalkonzept in den Vordergrund. Durch veränderte Arbeitszeitmodelle besteht die Möglichkeit einer personenbezogenen Einsatzplanung. Dieses impliziert eine verbesserte Mitarbeiterzufriedenheit und eine dadurch reduzierte Fehlzeitenquote im Pflegedienst. Auf die gewandelten Bedürfnisse der Älteren einzugehen und ihre Wünschen nach verbindlicher Freizeit und längeren Erholungsphasen nachzukommen, hat hierbei Priorität.

Eltern vor Ort

Interkulturell sensible Elternkooperation am Übergang Schule – Beruf

Warum braucht man interkulturell sensible Elternkooperation am Übergang Schule – Beruf?

Studien wie PISA belegen: Beim Thema Lernerfolg ist der Einfluss der Familie etwa doppelt so stark wie der der Schule. Umfragen in Deutschland zeigen, dass Jugendliche auch bei ihrer Berufswahl nach wie vor am stärksten von ihren Eltern beeinflusst werden. Aber was, wenn diesen das Schul- und Berufsbildungssystem aufgrund einer anderen Herkunft fremd ist? Dabei geht es nicht um eine Randgruppe: In Großstädten wie Hamburg hat inzwischen fast jedes zweite Kind einen Migrationshintergrund. Hier setzt das Hamburger Projekt **Eltern vor Ort** an, indem es Familien und Schulen berät, Akteure in Hamburger Stadtteilen unterstützt sowie aktive Eltern zu ehrenamtlichen Elternmoderatoreninnen und -moderatoren qualifiziert. Das erworbene Wissen geben diese an andere Eltern bei „Elterntreffs" und Infoveranstaltungen weiter. Durch die Weitergabe des Erlernten in den Communities ist auch ein umfangreicher Wissenstransfer in Gesellschaftsgruppen gesichert, die von der Schule ggf. nicht erreicht werden können. Übergeordnetes Ziel ist, durch eine zielgruppengerechte Ansprache von Eltern, Schulen, Stadtteileinrichtungen und anderen Akteuren die Berufswahlkompetenz und die Ausbildungsbeteiligung Jugendlicher mit Migrationshintergrund zu erhöhen und den Übergang von der Schule in die Berufswelt für Jugendliche erfolgreich zu gestalten.

Das Projekt in Kürze

Das Projektvorhaben wird aus den Mitteln des Europäischen Sozialfonds (ESF) und der Stadt Hamburg finanziert. **Eltern vor Ort** arbeitet in Hamburger Quartieren mit besonderem Förderbedarf sowie in den Stadtteilschulen, die sich in der Nähe dieser Quartiere befinden. Drei Zielgruppen stehen im Vordergrund: Eltern mit Migrationshintergrund, Eltern mit Migrationshintergrund als Multiplikatoreninnen und Multiplikatoren sowie Stadtteilschulen. Weitere Zielgruppen sind Stadtteileinrichtungen und lokale Akteure am Übergang Schule-Beruf.

Was hat das Projekt bewirkt?

Inzwischen kann man feststellen, dass sich Elterntreffs und Elterninformationsveranstaltungen als geeignete Instrumente erwiesen haben, um Eltern aus gebildeten wie bildungsfernen Schichten zu erreichen und als Partner für die Berufsorientierung ihrer Kinder zu gewinnen. Insgesamt zählen momentan über 40 Personen zu den Moderatorinnen und Moderatoren des Projekts Eltern vor Ort. Als Ergebnis organisierten die geschulten Eltern über 300 Elterntreffs und erreichten über 2000 Teilnehmerinnen und Teilnehmer. Darüber hinaus wurden durch beide Beratungsformate – Einzel- und Gruppenberatungen durch Projektmitarbeiterinnen und -mitarbeiter vor Ort – im Jahr 2012 über 300 ratsuchende Eltern oder Familien erreicht.

Das **Eltern-vor-Ort**-Beratungsangebot hat sich inzwischen in allen fünf Quartieren etablieren können. Durch eine enge Anbindung an bestehende lokale Beratungs- und Unterstützungsstrukturen fungieren die Einzel- und Gruppenberatungen von Familien als ein wichtiges Ergänzungsangebot in der jeweiligen „Bildungskette" nach dem Motto: Wir werden von Professionellen empfohlen – wir empfehlen Professionelle weiter. Allmählich kann man auch von den ersten Effekten der Mund-zu-Mund-Propaganda unter den Familien sprechen: Ratsuchende, die mit der Beratung im Projekt zufrieden sind, bringen andere Familien mit.

Was die Wirksamkeit des Projekts im Schulkontext anbelangt, kann man von den ersten kleineren Erfolgen sprechen, die vor allem die Haltung der Schulen, konkret der Schulleitungen und einzelner Lehrkräfte, betreffen. Das Projekt sieht sich als außerschulischer Dienstleister und betrachtet das Thema als Bestandteil der allgemeinen Schulentwicklung, die – wie aus Studien und der Projektpraxis bekannt ist – sehr langsam und oft nur mühsam vorankommt. An allen sechs Projektschulen konnten die Bestandsaufnahme sowie deren Auswertung durchgeführt werden. Als Ergebnis dieser Aktivitäten wurden mit fünf Projektschulen Kooperationsvereinbarungen auf der Ebene der Schulleitungen unterzeichnet und Umsetzungsschritte mit den Mitgliedern der Aktionsteams geplant und durchgeführt. Um diese Prozesse anschaulicher und messbarer zu machen, vereinbaren die Projektschulen mit **Eltern vor Ort** Jahrespläne mit konkreten Zielen, die Schritt für Schritt unter Beteiligung der zuständigen Aktionsteams erfüllt werden. Die vereinbarten Ziele sind von Schule zu Schule unterschiedlich und können Übersetzungen von Briefen, Einladungen und anderer Materialien in verschiedene Migrantensprachen bis hin zur Durchführung mehrsprachiger Elternabende zum Thema Übergang Schule – Beruf sowie Qualifizierung von Eltern mit Multiplikatorenfunktion beinhalten.

KWB Koordinierungsstelle Weiterbildung und Beschäftigung e. V.
Haus der Wirtschaft
Kapstadtring 10
22297 Hamburg
www.kwb.de/elternvorort
Ansprechpartner/-in:
Dr. Alexei Medvedev
Projektleitung
Tel: 040 334241346
medvedev@kwb.de

Hamburg

53°33'02" N,
09°59'36" O

Wie wird die Projektarbeit weiterentwickelt?

Das Projektteam strebt eine dauerhafte Verankerung, im Idealfall Verstetigung, des Themas in der Metropolregion Hamburg an. Auf diesem Wege stehen mehrere Umsetzungsschritte auf der Agenda.

Dazu gehört beispielsweise eine Verschriftlichung der im Rahmen des Projekts entwickelten Produkte. Ein weiterer Schritt in diese Richtung ist eine Weiterentwicklung der Materialien wie z. B. eine revidierte Auflage des **Handbuches für interkulturelle Elternarbeit** bis Ende 2013. Ein wichtiger konzeptioneller Punkt wird außerdem ein systematischer Ausbau der Projektaktivitäten und Angebote in Richtung Übergang Grundschule – weiterführende Schulen sein. Der Grund dafür ist, wie oben ausführlicher dargestellt, dass sich eine enge Fokussierung der Projektarbeit direkt auf den Übergang von der Schule in den Beruf aus unterschiedlichen Gründen oft als verspätet erweist und nicht das ganze Spektrum elterlicher Beratungs- und Informationsbedarfe abdecken kann. Auch eine intensivere Verlagerung der Projektangebote in die Schule wird ein wichtiges Thema bleiben.

Hauptsache ist, Elternarbeit wird nicht zum Selbstzweck, sondern behält Jugendliche weiter im Fokus.

Wertschätzung schafft Motivation

In jeder Lebensphase! Ein Plädoyer für mehr Lob in der (Arbeits-)Welt

Loben Sie genug? Natürlich tun Sie das. Sie zeigen Ihren Mitarbeiterinnen und Mitarbeitern sowie Kolleginnen und Kollegen, dass Sie nicht unzufrieden mit ihnen sind. Das kann jeder an Ihrem Verhalten spüren. Und werden Sie genug gelobt? Nein? Damit sind Sie nicht alleine. Laut Mitarbeiterbefragungen der AOK (s. Fehlzeiten-Report 2011) gaben 55 % der Befragten an, selten oder nie von ihrem Chef Lob wahrzunehmen. Eine von der WirtschaftsWoche in Auftrag gegebene Studie ergab, dass 65 % der befragten Managerinnen und Manager keine gebührende Anerkennung im Job erfahren und sich mehr Lob wünschen.

Die Ergebnisse zeigen: Deutschland ist ein Land der Anerkennungsmuffel. Wir loben nicht, lassen Anerkennung oft nur implizit erspüren und können schlecht mit erhaltenem Lob umgehen.
Richtig schwierig wird die Lob-Thematik beim Umgang mit älteren Beschäftigten. Dass ein Älterer nach jahrelanger Erfahrung seinen Job gut macht, ist selbstverständlich. Einen Newcomer, der seinen ersten Vortrag hält, kann man leicht loben. Aber sollte man einem Senior, der seinen 500. Vortrag hält, noch Anerkennung zum Ausdruck bringen? Kann man als Vorgesetzter oder gar als junger Mitarbeiter so vermessen sein, ältere Kollegen zu loben?

Es gibt Führungsratgeber, die genau davor warnen: „Vermeiden Sie, ältere Mitarbeiterinnen und Mitarbeiter in irgendeiner Form zu bewerten – auch, sie zu loben! Denn das wirkt arrogant. Machen Sie sich klar, dass Ihnen als junger Mensch die Bewertung eines Älteren im Grunde nicht zusteht.“
Da stellt sich die (rhetorische) Frage: Brauchen ältere Beschäftigte weniger Lob?

Um dies zu beantworten, betrachten wir zunächst die Effekte: Lob und Anerkennung …
- erhöhen Selbstwertgefühl und Selbstwirksamkeitserwartung,
- motivieren,
- sind Ressourcen psychischer Gesundheit.

Selbstwertgefühl und Selbstwirksamkeitserwartung

Ältere Beschäftigte können auf zahllose Möglichkeiten zurückblicken, in denen sie erlebten, was sie wert sind und was sie bewegen können. Ihr Selbstwertgefühl sollte gefestigt sein. In unserer anerkennungsarmen Arbeitswelt ist das aber nicht selbstverständlich. So stellt sich häufig sogar das Gegenteil einer gesunden Selbstwirksamkeitserwartung ein: Resignation. Aber auch bei Beschäftigten, die auf ein erfolgreiches Berufsleben zurückblicken, kann mit zunehmendem Alter das Selbstbewusstsein gefährdet sein. Das Selbstwertgefühl sinkt, wenn sie beobachten, dass die eigene Leistungsfähigkeit nachlässt. Oder wenn sich das Gefühl einschleicht, den eigenen hohen Ansprüchen nicht mehr gerecht zu werden. Schnell entsteht Angst, nicht mehr gut genug zu sein. Eine negative Motivationsspirale kann entstehen, die es frühzeitig zu durchbrechen gilt.

Quellen der Motivation

Junge Menschen bauen intrinsische Motivation vor allem durch die Möglichkeit auf, sich stetig weiterzuentwickeln. Die Begeisterung für neue, interessante Inhalte trägt ebenfalls dazu bei.
Mit zunehmendem Alter, gedämpfter Euphorie und erreichter Größe verlieren diese internen Motivationsaspekte aber an Kraft.
Bei älteren Beschäftigten – insbesondere, wenn

Meuter und Team GmbH, glänzende Kommunikation
Tungerloh-Pröbsting 20
48712 Gescher
Ansprechpartner/-in:
Anja Meuter
Geschäftsführung
Tel: 02542 8789540
ameuter@meuter.de

Gescher

51°57'25" N,
7°00'20" O

die Verrentung in greifbare Nähe kommt – ist zum Teil ein Abflauen des Engagements zu beobachten: Investitionen in die Berufstätigkeit werden als nicht mehr lohnend erachtet.

Ressourcen psychischer Gesundheit

Burn-Out ist keine Frage des Alters. Laut Daten des AOK-Fehlzeiten-Reports 2011 liegt die Anzahl von Burn-Out-bedingten Arbeitsunfähigkeitstagen bei Beschäftigten zwischen 35 Jahren und dem Rentenalter auf etwa gleich hohem Niveau. Emotionale Ressourcen psychischer Gesundheit sind folglich für alle Altersstufen gleich wichtig.
Somit spricht nichts dafür, dass ältere Beschäftigte Lob und Anerkennung nicht mehr benötigen. Positives Feedback und eine freundliche Würdigung der eigenen Person und Leistungen tun jedem gut – Alt und Jung.

Die Macht des Lobens – eine neue Initiative

Vor dem Hintergrund dieser Überlegungen hat das Unternehmen Meuter und Team GmbH – glänzende Kommunikation im Münsterland beschlossen, eine Lob-Kultur-Revolution anzuzetteln. Die Kommunikationsagentur will einen Gegenpol setzen zur Ansicht vieler Arbeitgeber „Nicht gemeckert ist genug gelobt".
Unter dem Motto „Mehr Lob für die Welt" hat Meuter und Team eine Kampagne entwickelt, um Anerkennung wieder mehr Ausdruck zu verleihen. Die Agentur motiviert Kunden, Institutionen und Netzwerkpartner: „Verschenken Sie etwas Unbezahlbares: Persönliche Anerkennung. Schon ein kleines Lob kann Menschen erfreuen. Und loben kann jeder von uns – jeden Tag!"
Um das „Lobspenden" möglichst einfach zu machen, hat die Agentur Lob-Sets entwickelt und verschenkt: mit schön gestalteten Lobkarten zur großzügigen Verteilung und einer Anleitung zum erfolgreichen Loben. Auf der begleitenden Webseite www.lob-fuer-die-welt.de kann jeder Besucher Lobkarten online verschicken. Die Webseite erklärt die Idee der Kampagne und wird laufend ergänzt.
Viele Kunden haben sich die Anregung schon zu Herzen genommen und Lobkarten an ihre Mitarbeiter verteilt. Anja Meuter, Geschäftsführerin der Agentur Meuter und Team, freut sich über die positiven Reaktionen: „Einige Chefs sind überrascht, wie sehr sich Mitarbeiter über diese Form der Anerkennung freuen – eine kleine Geste mit großer Wirkung. Vor allem jüngere Führungskräfte haben sich erstmals getraut, ältere Mitarbeiter zu loben. Die Lobaktion kann helfen, Barrieren zu überwinden – vor allem bei der Wertschätzung älterer Mitarbeiter."

Unterstützer gesucht

Je fester die Kultur der Anerkennung in das Unternehmensleitbild und in die Personalentwicklung eingebunden ist, desto nachhaltiger kann sie wirken. Deshalb wirbt die Agentur für mehr Lob als Teil einer wertorientierten Unternehmenskultur und sucht Unterstützer der Initiative. Darüber hinaus steht Meuter und Team Unternehmen und Institutionen gern bei der Entwicklung geeigneter Maßnahmen zur Seite.

Distance Dinner

Ein gemeinsames virtuelles Abendessen

In vielen Familien ist das gemeinsame Abendessen ein wichtiges soziales Ereignis. Trotzdem gibt es in unserer modernen Gesellschaft viele, vor allem ältere Menschen, die an diesem Ereignis aus verschiedenen Gründen nur schwer teilnehmen können. Distance Dinner ist ein gemeinsames virtuelles Abendessen, das durch einfach bedienbare und gut in die Umgebung integrierte Technik Abhilfe schaffen kann.
Die Art, wie wir leben und arbeiten, hat sich in den vergangenen Jahrzehnten drastisch verändert. Neue Informations- und Kommunikationstechnologien, kombiniert mit dem Wunsch nach persönlicher Flexibilität, haben zu signifikanten Änderungen in den Organisationsstrukturen von Firmen weltweit geführt. Diese ökonomischen Transformationsprozesse wurden von drastischen Änderungen der Familienstrukturen und Wohnsituationen begleitet.

Vor allem die persönliche Lebenssituation wird stark durch kontinuierliche soziale und demografische Veränderungen beeinflusst. Dies zeigt sich weltweit in einer steigenden Zahl von Single-Haushalten. Dieser Trend macht sich nicht nur in der arbeitenden Bevölkerung bemerkbar. Viele ältere und chronisch kranke Menschen leben alleine, oft in großer räumlicher Entfernung zu anderen Familienmitgliedern. Statistiken zeigen, dass alte Menschen mit steigendem Alter zunehmend alleine wohnen, so leben ca. 44 % der zwischen 65- und 70-Jährigen in Single-Haushalten. Dieser Anteil wird mit dem prognostizierten demografischen Wandel weiter steigen.

Videokonferenzen haben sich in der modernen Arbeitswelt bereits als Kommunikationsmedium etabliert. Auch im privaten Bereich wird der Videochat viel genutzt, für alte Menschen hat sich diese Technik allerdings aus mehreren Gründen nicht durchgesetzt. Zum einen verfügen gängige Videochat-Programme oft über viel zu kleine Darstellungen, als dass ein Mensch mit verminderter Sehkraft das Gegenüber erkennen könnte. Zum anderen bestehen technische Hürden, die ältere Menschen davon abbringen, die Systeme zu nutzen oder sie erst zu erlernen. Eine Videokonferenz ist zudem eine für den älteren Menschen ungewohnte Art der Kommunikation und ist, anders als das Telefon, kaum in den Alltag integriert.
Distance Dinner ist eine Installation, die zwei räumlich getrennten Personen ein gemeinsames Abendessen auf einfache und natürliche Art und Weise ermöglicht. Die dazu auf beiden Seiten benötigte Technik ist fast unsichtbar in eine an den Esstisch grenzende Wand integriert. Das Videobild des Gegenübers wird derart angezeigt, dass es so erscheint, als ob der Esstisch des Gegenübers direkt in den eigenen Esstisch übergeht. Die Darstellung des Tisches und des Videobildes des Gegenübers in Lebensgröße sorgt für eine realistische Erscheinung und ein erhöhtes Anwesenheitsgefühl.

Traditionelle Kommunikationstechnologien sind meist zur Förderung eines zielorientierten Informationsaustauschs entwickelt worden. Bei Distance Dinner liegt der Fokus auf der Unterstützung sozialer Interaktion und dem Gefühl der Verbundenheit und des Beisammenseins von sich nahestehenden Menschen.

Die meisten anderen Systeme funktionieren durch verschiedenartige stationäre Peripheriegeräte oder durch mobile Endgeräte. Das scheint eine naheliegende Lösung zu sein, allerdings zeigen empirische Studien, dass viele Nutzer unaufdringliche Technologien bevorzugen, die sich nahtlos in ihren Wohnraum einfügen und wenig auffallen. Distance Dinner definiert daher eher einen Ort, an dem kommuniziert werden kann, ohne dass es sich peripherer Geräte bedient. An diesem Ort kann der Bewohner nun auf natürliche, spontane und informelle Art und Weise mit den Mitmenschen kommunizieren.

RWTH Aachen University,
Human-Computer Interaction Center
www.comm.rwth-aachen.de
Ansprechpartner/-in:
Dipl.-Inform. Felix Heidrich
Wissenschaftlicher Mitarbeiter
Tel: 0241 8025481
heidrich@comm.rwth-aachen.de

Aachen

50°46'36" N,
6°05'01" O

OHNE ALTERN GEHT ES NICHT

Warum man dem demografischen Wandel nicht ohne eine Antwort auf Altersdiskriminierung begegnen kann

Warum wir in Deutschland viel gegen den demografischen Wandel unternehmen und doch nichts für eine Besserung tun.

Die Tatsache, dass wir in einer alternden Gesellschaft leben, ist hinreichend bekannt. Fast täglich gibt es in den Medien neue Berichte, die sich auf die unterschiedlichsten Facetten des demografischen Wandels beziehen (Renten, Verknappung der Krankenversorgung, aussterbende Dörfer, etc.). Parallel dazu haben sich Wissenschaft, Wirtschaft, Politik und Interessenverbände dazu verschrieben, Lösungen für große gesellschaftliche Herausforderungen zu finden.

Eine Sache wird jedoch neben all den vielversprechenden Ansätzen und Konzepten häufig gänzlich ignoriert: Es handelt sich dabei um den Fakt, dass es in der (deutschen) Gesellschaft eine weit verbreitete, unterschwellige Form von Altersdiskriminierung (englisch „ageism“) gibt, die tief in unserem gesellschaftlichen Leben institutionalisiert ist. Altern wird grundsätzlich als „Abnahme“, als Defizit, als negative Entwicklung im Vergleich zum ewig jungen Standard betrachtet – ohne eigene Entwicklungsidentität, obwohl Altern in vielen Bereichen als Synonym für Erfahrung, Reife und Weisheit steht.

Gelingt es nicht, Diskriminierung vom Konstrukt „Alter“ zu entkoppeln, wird es nicht gelingen, den Herausforderungen des demografischen Wandels zu begegnen.
Vorgestellt wird ein Konzept, wie man das Phänomen der Altersdiskriminierung in Deutschland wissenschaftlich untersuchen kann, um auf Basis dieser Erkenntnisse maßgeschneiderte Maßnahmen zu konzipieren.

Das Paradoxon der Altersdiskriminierung, oder warum wir uns selbst bekämpfen

Altersdiskriminierung beschreibt die Diskriminierung von Menschen aufgrund ihres Alters. Obwohl diese Art der Diskriminierung alle Alterskohorten betrifft, werden negative Auswirkungen meistens mit älteren Menschen assoziiert. Im Vergleich zu anderen Formen der gesellschaftlich nicht mehr tolerierten Diskriminierung, wie Sexismus oder Rassismus, ist „ageism“ (Altersdiskriminierung) bislang noch nicht im öffentlichen Bewusstsein angekommen. In der Gesundheitsversorgung und dem Arbeitsmarkt wird exemplarisch sichtbar, was für Vorurteile aufgrund von Alter vorherrschen oder welche negativen Attribute man Alter (in diesem Fall Kosten für die Gemeinschaft) zuschreibt. Da Altersdiskriminierung oft unbewusst oder implizit abläuft, ist ein Bewusstsein dafür nicht vorhanden. Und genau da liegt das Problem: Ohne das Bewusstsein, dass wir Menschen aufgrund ihres Alters diskriminieren, wird es nicht oder nur schwer gelingen, Alter konstruktiv zu konzeptualisieren. Gelingt es nicht, sensibilisierende Maßnahmen zu ergreifen, verpasst man die Chance, in unserer Gesellschaft grundsätzlich umzudenken und Altern zu einem bewussten wertvollen Bestandteil unseres Lebens zu machen.

Die Frage nach den Gründen für Altersdiskriminierung ist komplex. Seit circa 40 Jahren wird vor allem im englischsprachigen Raum das Phänomen „ageism“ als soziales Phänomen beforscht. Altersdiskriminierung basiert dabei maßgeblich auf einem Schubladendenken: „wir“, die Jüngeren, gegenüber „denen“, den Älteren. Dieses fest etablierte Modell von „Altersgruppen“ nehmen wir als gegeben hin, obwohl faktisch klar ist, dass es keine definierten Grenzen gibt, ab wann man alt ist, und

RWTH Aachen University,
Human-Computer Interaction Center
www.comm.rwth-aachen.de
Ansprechpartner/-in:
Anne Kathrin Schaar M.A.
Wissenschaftliche Mitarbeiterin
Tel: 0241 8025480
schaar@comm.rwth-aachen.de

Aachen

50°46'36" N,
6°05'01" O

obwohl Altern zudem ein dynamischer Prozess ist, der keine fixen Grenzen kennt.

Dass das Phänomen der Altersdiskriminierung auch in Deutschland existiert, zeigte erst jüngst eine Forsa-Umfrage der Antidiskriminierungsstelle des Bundes zum Thema Altersdiskriminierung in Deutschland. Jeder fünfte Befragte gab an, bereits einmal in seinem Leben Diskriminierung aufgrund seines Alters erfahren zu haben.

Ageism we don't want it here, ageism we don't need it here...

Wie so oft ist mit dem Erkennen eines Problems zwar ein wichtiger Schritt getan, wie aber dieses Problem dann tatsächlich lösen? In Deutschland wird das Thema Altersdiskriminierung bereits seit einigen Jahren immer wieder in groß angelegten (Print-) Kampagnen thematisiert und versucht, in die Öffentlichkeit zu tragen. Im letzten Jahr fand z. B. eine große Kampagne gegen Altersdiskriminierung unter dem Titel „Im besten Alter. Immer" von der Antidiskriminierungstelle des Bundes statt. Weitere Kampagnen, wie z. B. die der Caritas („Experte fürs Leben" 2010), unterstreichen das Expertenwissen und die Lebenserfahrung Älterer, mit dem Ziel, die Solidarität zwischen den Generationen zu steigern.

Diese Maßnahmen sind jedoch nur ein Anfang. Um Altersdiskriminierung grundlegend aus unserer Gesellschaft zu verbannen, ist mehr notwendig: Wir schlagen deshalb eine neuen Forschungsansatz vor. Dieser Ansatz basiert auf einer Open-Innovation-Plattform, die von einer interdisziplinären (BWL, Design, Sozialwissenschaft, Informatik) Forschergruppe begleitet werden soll und gezielt die Bevölkerung auffordert, Lösungsansätze zu entwickeln, wie man Altersdiskriminierung in Deutschland begegnen muss. So könnten zum einen bottom-up-getriebene Maßnahmen generiert werden, die den Problemen dort begegnen, wo sie sind. In der Open-Innovation-Plattform werden Vorschläge zu einer Neugestaltung des Alters- und Alternsbild gesammelt und gemeinsam mit den beteiligten Forschern in neue Geschäftsmodelle, Projekte, etc. umgesetzt. Begleitend werden die entwickelten Lösungsansätze partizipativ evaluiert und beforscht. Auf diesem Weg gelingen zwei Dinge: a) Entwicklung lebensnaher Lösungsansätzen und Projekte, und b) die lebensnahe Erforschung des Themas Altersdiskriminierung in Deutschland.

Die Autorin dankt der Idea League Doctoral School on Aging und Sustainability, in deren Kontext die Idee für diesen Ansatz entstanden ist. Dank gilt in diesem Zusammenhang auch Annteje Guedon (TU Delft) und Louise Connell (Imperial College, London), mit deren Unterstützung die Idee entwickelt wurde.

Teenhold

Grund und Boden für Jugendliche

Dimitri Hegemann – Jugendzar des Deutschen Städtetages und Inhaber des legendären Tresor Club in Berlin – sagt: „Es gibt allein in Deutschland über 200 Kleinstädte mit dem gleichen grundsätzlichen Problem“:

Zerstörerische Jugendliche bis zum 20. Lebensjahr

Kleinstadtflucht der Jugendlichen ab dem 20. Lebensjahr

Dieses Problem führt zu immensen negativen strukturellen Verwerfungen – der Überalterung der „Provinz“, der Überfüllung der Großstädte, dem Auseinanderbrechen von Familien, „Brain-Drain“ in der Kleinstadt und „Brain-Stau“ in der Großstadt. Dies hat weiter viele ungenutzten Ressourcen auf dem Land zur Folge und andererseits viele Menschen, die sich nicht in der Großstadtfremde zurechtfinden oder gar vereinsamen.

Das Teenhold-Konzept bietet hier eine Lösung, indem es allen Jugendlichen einer Stadt die Sicherheit bietet, Eigentum an Grund und Boden, sprich Freiraum zu erhalten, um somit Interesse und Eigeninitiativen zu fördern – oder überhaupt zu ermöglichen. Die neue Rechtsform eines Teenhold's gibt allen Jugendlichen einer Stadt für drei Jahre ein zeitlich befristetes Eigentum an der Gesellschaft „Teenhold HeimatStadt GmbH“, die wiederum alleinige Eigentümerin einer Immobilie (Jugendzentrum) ist.

Der Teenhold überträgt somit den uneingeschränkten Besitz einer geeigneten Immobilie an die entsprechenden Jahrgänge einer Stadtgemeinde. Jeder örtlich gemeldete Jugendliche erhält zu seinem 18. Geburtstag ein (1) Anteilschein an der „Teenhold HeimatStadt GmbH“ und ist somit Miteigentümer des Teenhold's bis zur Vollendung des 21. Lebensjahres. Er oder sie teilt sich den Besitz mit den übrigen in der Stadt gemeldeten Jugendlichen dieser drei Jahrgänge. Die Eigentümerschaft ändert sich täglich, mit neuen 18-Jährigen als Zugängern und 22-Jährigen als Abgängern.

Alle „Teenholder“ erhalten die gleichen Rechte und bestimmen in Jahresversammlungen, wie in einem ordentlichen Unternehmen, einen neuen Vorstand (Leiter, Kassenwart), Dividendenausschüttung und sonstige Großentscheidungen, z. B. Nutzungsplan oder Grundstückstausch. Sie erhalten somit uneingeschränkte Gestaltungsfreiheit, aber auch volle Verantwortung. Das Unternehmen „Teenhold HeimatStadt GmbH“ besitzt und verwaltet die Immobilie (Jugendzentrum) mit der einzigen Auflage, den Wert der Immobilie zu erhalten und nicht durch Kreditaufnahmen zu belasten. Jegliche Gewinne dürfen nach Abzug aller Kosten frei an die Eigentümer (Teenholder) anteilig ausbezahlt werden. Nicht ausgezahlte Dividenden bleiben als Grundkapital in dem Unternehmen.

Im Wesentlichen wird die Immobilie (Jugendzentrum) für Veranstaltungen, Versammlungen, Workshops und Probenräume genutzt. Jegliche Wohnnutzung ist nicht gestattet – die Immobilie muss in der Regel um 2 Uhr morgens geschlossen werden. Um eine minimale öffentliche Aufsicht zu gewährleisten, führt die Stadt eine monatliche Grundreinigung durch und beauftragt einen „Treuhänder/Mentor“ als Zeugen und Kontaktperson der Stadtverwaltung, der zu jeder ordentlichen Versammlung anwesend ist.

Durch die temporäre Eigentumsübertragung der Einrichtung an alle Jugendlichen der Stadt ergeben sich folgende entscheidende Vorteile, gegenüber einem sonst von der öffentlichen Hand verwalteten Jugendangebot:

Vorteile für die Kommunalverwaltung:
a. Kostenneutral beim Immobilienerwerb – oft im Bestand (Eigentum der Kommune) oder Schenkung von Bürgern / Unternehmen
b. Kostenneutral im Unterhalt – kein Zubau, nur Reinigung / Reparaturkosten müssen von der Kommune getragen werden
c. Kostenneutral in der Verwaltung – keine Gehaltskosten für permanente Jugendarbeit, nur Aufsichtskosten einer Vertrauensperson (Teilzeitmentor)

Vorteile für die Jugendlichen:
a. Sicheres Mandat durch verbrieftes Eigentum – Rechtssicherheit für einen selbstverwalteten Versammlungsort
b. Niedriger Mietpreis – nur Unkostenbeitrag muss entrichtet oder erwirtschaftet werden
c. Einführung der Jugendlichen in das Wirtschaften und die Organisation (learning by doing) – Inkubationsplattform für Jungunternehmen mit dem Ziel, sich lokal anzusiedeln (Bands, Start-up, Vereine)
d. Ideologiefreier Raum (i. e. kein Sportverein, kein politischer oder religiöser Verein)
e. Teenager-Antizipation – Vorfreude auf garantierte Teilhabe der unter 18-Jährigen

Vorteile für die Gesellschaft:
a. Innovationsförderung – Nutzung von jugendlicher Kreativität – keine Verschwendung von wertvoller Freizeit durch TV- und Facebook-Konsum
b. Ortsverbundenheit – lokale Organisation und Integration der neuen Generationen
c. Nachhaltigkeit – keine Seilschaften durch rotierende / nachwachsende Eigentümer und solide Wirtschaftlichkeit

spaceAgent
architecture
urban planning
virtual space products

TEENHOLD

spaceAgent Architects
52 Great Eastern Street
GB-London EC2A 3EP
Tel: +44 20 70996136
mail@spaceagent.com
www.spaceagent.com
London – Heidelberg – Brüssel

Ansprechpartner/-in:
Matthias Hamm
Dipl.-Ing.(FH) AADipl RIBA AKH
Director / Architect
mail@teenhold.de
www.teenhold.de

Heidelberg

49°24'44" N,
8°42'36" O

Möglicher Standort – Teenhold Schwedt GmbH

ZeitBank 55+

Eine Initiative zur Erhaltung der Lebensqualität und zur Förderung der Selbstorganisation und Nachbarschaftshilfe

Die **ZeitBank55+** trägt vorrangig zur Sicherung der Lebensqualität im Alter bei. Sie ermöglicht es den Menschen in einer Gemeinde, ihre Talente und Fähigkeiten auch im Alter zu entfalten, Zeitguthaben für einen späteren Bedarf anzusparen und mit gutem Gefühl Nachbarschaftshilfe in Anspruch zu nehmen. Die ZeitBank55+ kann als gemeinnütziger Verein oder als selbstständige Abteilung innerhalb eines bereits bestehenden Vereins – z. B. eines Krankenvereins – organisiert sein.

Wir Menschen in Deutschland werden immer älter. Das bedeutet, dass es immer mehr fitte Bürgerinnen und Bürger gibt, die in der Lage und bereit sind, sich aktiv in das gesellschaftliche Leben einzubringen. Andererseits wächst mit der steigenden Lebenserwartung der Druck auf die Finanzierbarkeit des Sozialsystems. So gewinnen Eigenverantwortung und Eigenvorsorge an Bedeutung.

Füreinander da sein

Die Zeitbankmitglieder leisten sich gegenseitige Hilfestellung und Unterstützung zur besseren Bewältigung der Aufgaben im Alltag. Aber auch gemeinsame Unternehmungen und Freizeitaktivitäten sind wichtige Elemente.

Mit dem Alter werden manche Dinge ein bisschen mühsamer, dann ist man froh, wenn man Menschen hat, die einem hilfreich zur Seite stehen. Beim Einkaufen, wenn einem das Tragen schon mühsam ist, oder beim Schneeschippen im Winter. Dafür kennt man sich selbst gut aus mit dem Computer oder organisiert gerne Feste und gemeinsame Fahrten … So hat sicher jeder Mensch etwas, das er einbringen kann, und bestimmt auch etwas, wobei er gern Hilfe annimmt.

Lebensqualität in den eigenen vier Wänden

Für den älteren Menschen ist das Bedürfnis, möglichst lange weitgehend unabhängig in den eigenen vier Wänden und in der vertrauten Umgebung zu verbleiben, nach wie vor ein zentrales Anliegen. Eine lebendige, nachbarschaftliche Hilfestellung kann viel dazu beitragen, die Lebensqualität im Alter in der eigenen Wohnung lange genießen zu können, ohne auf kostenintensive, professionelle Hilfe angewiesen zu sein.

Zeit sparen

In der ZeitBank55+ unterstützen sich Menschen gegenseitig. Für die Hilfen, die man gibt, bekommt man Zeit auf einem Stundenkonto gutgeschrieben. Und wenn man selbst Hilfe in Anspruch nimmt, „bezahlt“ man mit diesen angesparten Stunden.

Ziel ist es also, die Stunden nicht nur für später aufzusparen, sondern schon frühzeitig ein gegenseitiges Geben und Nehmen einzuüben.

Für Menschen, die kein Guthaben (mehr) ansparen können, gibt es den Stundenblock zu kaufen. So kann man seine „gekauften“ Stunden ausgeben, der Helfer bekommt die Stunden auf sein Konto.

Und so funktioniert's:

Bei Eintritt in die ZeitBank55+ füllt jedes Neumitglied eine Liste aus und gibt bekannt, welche Hilfen benötigt werden und welche geleistet werden können.

Jedes Mitglied erhält einen Ausweis, die Vereinssatzung, die Vereins-Spielregeln und für den Mitgliedsbeitrag auch gleich einen Stundenblock mit fünf Stunden Zeitguthaben.

Wenn man Hilfe in Anspruch nehmen will, vermittelt das ZeitBankBüro eine Helferin oder einen Helfer. Diese bzw. diesen gibt man für seine Hilfe für jede Stunde einen Scheck vom Stundenblock. Diese Stunden lässt sich die Helferin oder der Helfer vom ZeitBankBüro auf ihr bzw. sein Stundenkonto buchen.

Wenn man selbst für jemanden einen Hilfsdienst leistet, bekommt man dafür Stunden auf sein Konto gutgeschrieben. So kann man ein „Stunden-Guthaben“ ansparen. Diese Guthaben-Stunden kann man wieder für Hilfe, die man selbst in Anspruch nimmt, verwenden. Übers Internet oder über direkte Anfrage beim Vereinsvorstand kann man seinen „ZeitBank-Kontostand“ einsehen.

Das ZeitBankBüro wird von einem Zeitbankmitglied geführt. Dort werden Neuzugänge registriert und von dort wird auch organisiert, dass jedem neuen Mitglied genau erklärt wird, wie die ZeitBank55+ funktioniert: wie man das Beitrittsformular ausfüllt, wie eine Hilfeleistung vermittelt wird, wie man die Schecks ausfüllt usw.

Bei den ZeitBank55+-Stammtischen treffen sich die ZeitBank-Mitglieder und informieren sich gegenseitig über benötigte oder angebotene Hilfsdienste. Zudem können sich bei diesen Stammtischen Interessenten über die ZeitBank55+ informieren.

Ein Verein für alle Generationen im Ort

Die „ZeitBank55+“ ist privat, überparteilich und überkonfessionell. Grundlage ist die gelebte Nächstenliebe in allen Lebensbereichen: Sachebene, Beziehungsebene, Sinnbereich. Die ZeitBank55+ motiviert ihre Mitglieder zu einem verstärkten Füreinander-da-Sein und übernimmt damit einen wichtigen Beitrag zur sozialen Verantwortung und Entlastung der öffentlichen Sozialbudgets.

Mitglieder in der ZeitBank55+ können Menschen aller Generationen sein, wobei die Hauptzielgruppe bei der Generation ab einem Alter von 55 Jahren liegt.

SPES Zukunftsmodelle e. V.
Okenstr. 15
79108 Freiburg
www.spes.de

Ansprechpartner/-in:
Ingrid Engelhart
Geschäftsführerin
Tel: 0761 5144244

Freiburg

47°59'41" N,
7°50'59" O

Oberlausitz-Leben

Mit Kreativität, Mut und Begeisterung die regionale Zukunft gestalten – das geht nur gemeinsam

Das Bündnis Zukunft Oberlausitz ist eine Initiative von unterschiedlichen Menschen – Unternehmern, Politikern, Wissenschaftlern, Künstlern, Zukunftsdenkern, Kreativen, Ideenentwicklern, Kritischen, Humorvollen, Flexiblen und Interessierten allgemein. Es ist keiner Partei oder Religion verpflichtet; jedoch aufgeschlossen für weiter- und konstruktiv denkende und handelnde Menschen, die sich für die Region auf unterschiedlichste Weise engagieren. Es geht davon aus, dass miteinander auch in der Oberlausitz eine zukunftsoffene kreative Atmosphäre gelingen kann, wie sie bisher eher in Städten wie Dresden oder Berlin zu finden ist. Denn das ist es, was junge gebildete Menschen anzieht.

Ein Vorhaben dabei ist die Entwicklung und Organisation einer fluiden und ganzheitlichen regionalen Oberlausitzer Lebens-Kommunikations-Plattform (Oberlausitz-Leben) in Form einer für Lebensentscheidungen von jungen und älteren Menschen und Familien relevanten regionalen Kommunikations- und Integrations-Plattform.

Angesichts des allgemeinen Bevölkerungsrückgangs in Deutschland (sowie darüber hinaus Europas generell) gibt es einen zunehmenden Wettbewerb der Regionen darum, sich insbesondere für junge und gut gebildete Menschen attraktiv zu machen. Neben traditionellen Faktoren wie guten Arbeitsangeboten spielen dabei zunehmend auch neue und erweiterte Werte wie Selbstverwirklichung, attraktive Wohn- und Kulturmöglichkeiten, vielseitige Bildungs-, Kreativitäts- und Kommunikationsangebote, aber auch regionales Image und regionale Identität eine Rolle.

Hintergrund dafür ist der durch die neuen Kommunikations- und Wissensmedien (Internet) ausgelöste Übergang zur interaktiven Netzwerk-, Wissens- und Kreativitätsgesellschaft.

Ländliche Räume wie die Oberlausitz (inklusive ihrer Mittelstädte) kommen dadurch in eine neue, paradoxe Situation: Dank gesünderer Naturräume, günstiger Wohn- und Arbeitsraumpreise und der Möglichkeiten der neuen Medien bieten sie eigentlich hervorragende Möglichkeiten für kreative Menschen. Doch um diese neuen regionalen Chancen zu realisieren, brauchen sie eine neue Selbstorganisationsqualität und Kommunikationsintensität. Die ganze Intensität des Lebens, die in ländlichen Räumen nun zunehmend besser lebbar ist als in großen Städten, muss verdichtet, sichtbar gemacht und für möglichst viel Selbstbeteiligung der Menschen vorbereitet werden. Nur dann wirkt sie ausreichend attraktiv nach innen (neue regionale Identität), um hier aufgewachsene Menschen zum Hierbleiben oder Zurückkommen zu motivieren, wie auch nach außen (neues regionales Image), um Zuwanderer aus anderen Regionen anzuziehen.

Junge gut gebildete Menschen, von denen die Zukunft jeder Region abhängt, orientieren sich in ihren persönlichen und familiären Standortentscheidungen mehr und mehr daran, wo und wie für sie ein lebendiger Reichtum an vielfältigen, flexiblen und gut kommunizierten Arbeits-, Bildungs-, Entwicklungs-, Kultur-, Kreativitäts-, Freizeit- und Erholungsmöglichkeiten wahrnehmbar ist.

Die Oberlausitz hat zwar in all diesen einzelnen Bereichen gute Voraussetzungen, doch im Wettbewerb der Regionen bisher schlechte Karten darin, sie attraktiv, modern und ganzheitlich zu kommunizieren.

Das Bündnis Zukunft Oberlausitz zielt daher insbesondere darauf, dies zu ändern und eine fluide und kulturell-kreative regionale Kommunikations- und Integrations-Plattform zu entwickeln.

Stadt Ebersbach-Neugersdorf und Integralis e.V.

www.zukunft-oberlausitz.com

Ansprechpartner/-in:

Dr. Maik Hosang
Dr. Stephan Meyer
Franziska Schubert
ifis@gmx.net

Hochkirch

48°08'12" N,
11°34'11" O

Zukunft Kreuzmatt

Chancengerechtigkeit für alle Kinder und Jugendlichen ermöglichen!

Im Wohngebiet Kehl Kreuzmatt wurden Ende der 1950er Jahre Wohnhäuser für Angehörige der französischen Streitkräfte sowie ein Kindergarten und eine Grundschule errichtet. In den 24 Wohnblocks, die damals gebaut wurden, sind ca. 420 Wohnungen untergebracht. Nach dem Abzug der französischen Streitkräfte wurde preisgünstiger Wohnraum geschaffen für Familien mit Migrationshintergrund, für Alleinerziehende und solche, die günstigen Wohnraum benötigen.

Der Stadtteil ist kinderreich. Während der Anteil der unter sechsjährigen Kinder in der Gesamtstadt bei 5,2 % liegt, beträgt er in der Kreuzmatt 7,5 %. Der Anteil der Altersgruppe der sechs bis 18-Jährigen liegt in der Gesamtstadt bei 18 %, in der Kreuzmatt bei 26 %. Dies zeigt, dass in der Kreuzmatt viele kinderreiche Familien wohnen, die zudem durch eine schwache Einkommenssituation gekennzeichnet sind.

In der Kreuzmatt sind viele Familien aufgrund ihrer materiellen und sozialen Lebenssituation von Armut betroffen. Kinder und Jugendliche bis 19 Jahre sind am häufigsten Leistungsbezieher nach SGB II. 45 % der Kinder und Jugendlichen in der Kreuzmatt leben mit Transferleistungen. Ein weiterer statistisch signifikanter Faktor ist der Anteil ausländischer Bewohnerinnen und Bewohner. Ihr Anteil liegt in der Kreuzmatt bei 38 %, während ihr Anteil in der Gesamtstadt im Jahr 2009 bei 15 % lag.

Manche Kinder des Kindergartens und der Schule können sich nur schlecht artikulieren, haben Sprachschwierigkeiten, sind nicht in der Lage, sich auf eine Sache zu konzentrieren. Nur 52 % der Kinder, die die Josef-Guggenmos-Schule besuchen, erhalten eine Gymnasial- oder Realschulempfehlung. Diese Zahl liegt deutlich unter dem Schnitt der Gesamtstadt, der bei 73 % liegt. Somit haben die Kinder aus der Kreuzmatt deutlich schlechtere Bildungschancen als Kinder aus anderen Stadtvierteln oder Ortschaften. Ihre Bildungschancen gilt es gezielt zu verbessern.

Einrichtung einer lokalen Bildungslandschaft

Alle Institutionen, die mit Kindern und Jugendlichen arbeiten, sollten miteinander im Bereich der Bildung kooperieren, damit die Zukunft der Kinder und Jugendlichen im Bildungsbereich gewährleistet werden kann. Verbesserte Bildungskonzepte ermöglichen die Verknüpfung mehrerer gesellschaftlicher Lernorte, damit die Chancenstruktur für die Bildung für alle Kinder und Jugendlichen erhöht werden kann. Eine vielfältige Zusammenführung verschiedener Professionen ist gerade für diejenigen Kinder und Jugendlichen notwendig, die von Benachteiligungen betroffen sind.

Projektidee

Eine Reduktion des Bildungsbegriffs auf unterrichtliches Lernen und Stoffkunde lässt andere Bildungsfelder, wie Familie, Peergroups, Jugendarbeit, Jugendhilfebereiche, außen vor. Dem wollen wir mit dem Projekt zur Einrichtung einer lokalen Bildungspartnerschaft zwischen den einzelnen Bildungseinrichtungen und in Einbeziehung von Unternehmen entgegenwirken. Übergänge zwischen dem Kindergarten in die Grundschule, zwischen den verschiedenen Einrichtungen und weiterführenden Schulen, wollen wir gemeinsam im Auge behalten und Brüche vermeiden. Unternehmen sowie die berufsbildenden Schulen und Jugendsozialarbeitsträger bilden einen weiteren Eckpunkt des Projektes. Die Ausbildungsreife der Jugendlichen, die eine Berufsausbildung anstreben, soll verbessert werden, dem drohenden Fachkräftemangel kann mit einer Gewinnung von kompetenten Auszubildenden für Berufe im Handwerk und der Industrie entgegengewirkt werden.

Projektziele

Übergeordnetes Ziel des Projektes

• Ist die Verbesserung der Chancengerechtigkeit bei von Benachteiligung und Ausgrenzung bedrohten Kindern und Jugendlichen aus dem Wohngebiet Kreuzmatt.

Innerhalb von fünf Jahren sollen folgende Ziele konzeptionell umgesetzt sein:

• Eltern erhalten Unterstützung bei ihrem Bildungs- und Erziehungsauftrag.

Stadt Kehl
Großherzog-Friedrich-Straße 16
77694 Kehl
www.kehl.de

Ansprechpartner/-in:
Nanine Delmas
Fachbereichsleiterin
Tel: 07851 881200
n.delmas@stadt-kehl.de

Kehl

48°34'16" N,
7°48'32" O

Kehler Informations-Management

- Frühkindheitspädagogik im Kindergarten und in der Tagespflege ist als Bildungseinrichtung anerkannt.
- Schule begreift sich als Lebenswelt von Kindern und Jugendlichen und orientiert sich stärker als bisher auch an deren Lebenssituationen.
- Kinder und Jugendliche erleben in gemeinsamen Aktionen außerhalb von Schule weitere Bildungsanregungen und werden neugierig.
- Kinder und Jugendliche können Entscheidungen an der Schule treffen und mittragen.
- Kinder und Jugendliche erleben ihre Eltern erziehungskompetenter.
- Niedrigschwellige Beratung erspart tiefgreifende Hilfeprozesse der Hilfen zur Erziehung.
- Schulmüde Jugendliche erfahren Selbstwertgefühl und sind motiviert für ihre weitere Ausbildung.
- Jugendliche erlangen eine bessere Ausbildungsreife und können eine Lehre absolvieren.
- Lokale Unternehmen gewinnen mehr Auszubildende und kompetente Mitarbeiterinnen und Mitarbeitern.

Methodisches Vorgehen

Die Realisierung eines ganzheitlichen Bildungsverständnisses am Modellstandort Kreuzmatt ist Voraussetzung für die Kooperation. Hierzu muss zunächst eine Verständigung über einen gemeinsamen Bildungsbegriff und dessen Umsetzung in die Praxis durch verschiedene Berufsfelder erfolgen. Ebenso bedarf es einer Bildungslandkarte, die die verschiedenen Lebenszeitpunkte und Lernmöglichkeiten und mögliche Brüche aufzeigt.

In verschiedenen Foren sollen sich die Kooperationspartner über gemeinsame Schwierigkeiten im Bildungsbereich austauschen und Projekte für den Alltag entwickeln sowie erproben. Die Partner werden fortgebildet und begleitet.

Es wird ein Methodenhandbuch für Bildungsprozesse erarbeitet, das auch auf andere Stadtteile und Projekte übertragen werden kann. Die Projektergebnisse werden in Form von Jahresberichten und Dokumentation gesichert.

Kooperationspartner

Kindergarten Kreuzmatt und St. Maria, Josef-Guggenmos-Grundschule, Wilhelmschule, Hebelschule, Tulla-Realschule und Einstein-Gymnasium, Berufliche Schule, BAG Stahlwerke, Riverside Kustomz, Jugendberufshilfe e. V., KSD und KOA des Landratsamtes, GWA Kreuzmatt mit Dolmetscherpool, Rucksackprojekt, Bibliothek, Frauen- und Mütterzentrum.

FrauenZeitAlter

Ein partizipatives Projekt gegen die Vereinzelung von und zur Förderung alternativer Beteiligungsformen für Frauen

In Münster (knapp 300.000 Einwohnerinnen und Einwohner) leben ca. 36.500 weibliche Personen über 60 Jahre, das sind gut 10.000 mehr als Männer dieser Altersgruppe (26.000). Von den Frauen ab 64 Jahre leben 42 % in Einpersonenhaushalten, überwiegend im Innenstadtbereich und im Stadtbezirk Mitte. Hinzu kommt:

Die jetzt alt und älter werdenden Frauen sind auch die Generation, die vielfach – besonders in Münster mit seinem seit je dienstleistungs- und damit frauenorientierten Arbeitsmarkt – langjährig berufstätig war, die über sehr breite Bildungsniveaus und Erfahrungsspektren verfügt, deren Lebensalltag deshalb im Alter viele verschiedene Formen annehmen kann, die einen wachsenden Anteil an Frauen mit Migrationsvorgeschichte aufweist, die als Alleinstehende besondere Ansprüche an eine Stadtgesellschaft und Stadtkultur hat, die gleichzeitig Angebote und Bezugspunkte braucht für eine aktive Mitwirkung, die über die traditionellen stadtteilorientierten und kirchlich organisierten Angebote hinausgeht.

Vor dem Hintergrund dieser Bestandsaufnahme, der Zahlen und Fakten, die eine große Zielgruppe mit ganz besonderen Bedarfen kennzeichnen und der Frauenorganisationen, die im Zusammenhang mit dem demografischen Wandel deutlich ihren Innovationsbedarf artikulieren, wurde vom Arbeitskreis „Frauen gestAlten" (einem Verbund von Vertreterinnen verschiedener Frauenorganisationen und der Kommunalen Seniorenvertretung), unterstützt vom städtischen Frauenbüro, das Konzept „FrauenZeitAlter" entwickelt.

2009 wurde von den Beteiligten erstmals ein Veranstaltungsprogramm erarbeitet und durchgeführt, in dessen Mittelpunkt die Begegnung älterer Frauen und das Kennenlernen der vorhandenen Frauenorganisationen, der interkulturelle Austausch und die Auseinandersetzung mit Zukunftsvorstellungen zum Älterwerden im demografischen Wandel standen.

Die Auswertung hat einen großen Bedarf an einer Fortsetzung des Projekts, seiner Verstetigung und Weiterentwicklung deutlich gemacht. Im Jahr 2010 wurde ein weiteres Jahresprogramm aktiv von den beteiligten Frauen gestaltet und fand mit insgesamt ca. 450 Teilnehmerinnen an sechs Veranstaltungen erneut sehr guten Anklang. Dem Konzept entsprechend wurden neue nicht organisierte Frauen in die aktive Arbeit einbezogen. Seit 2011 gehört das Projekt FrauenZeitalter zum festen Angebot des Arbeitskreises Frauen gestAlten in Kooperation mit dem städtischen Frauenbüro und der Kommunalen Seniorenvertretung. Die Zahl der Aktiven ist auf inzwischen ca. 50, die Zahl der Teilnehmerinnen an den Veranstaltungen auf knapp 500 angewachsen.

Zu den von den Teilnehmerinnen entwickelten und weitestgehend selbst organisierten Bausteinen des Projekts zählen:

Die Arbeitsgruppe „Femigration" – interkulturelle Erzählcafés

Zu unterschiedlichen Alltagsthemen und mit internationalen musikalischen Beiträgen werden drei Treffen angeboten, bei denen Frauen aus verschiedenen Herkunftsländern miteinander ins Gespräch kommen. Die Alltagsthemen ermöglichen dabei einen niedrigschwelligen Austausch. Die Erzählcafés finden in Kooperation mit anderen interessierten Organisationen (z. B. Kirchengemeinden, Frauenprojekte, Begegnungsstätten) statt.

Die Arbeitsgruppe Kultur und Begegnung

Diese Arbeit steht unter dem Motto „Vor allem ältere Frauen müssen sich entfalten, sich behaupten, in Bewegung kommen". Mittels kultureller Angebote (aktuell professionell unterstützte Theaterarbeit: szenische Darstellungen zum Thema Alter) sollen weitere neue, attraktive Formen der Begegnung angeboten werden, die es den Frauen ermöglichen, sich untereinander besser kennenzulernen. Die Aufführung findet jeweils im Rahmen einer Festveranstaltung (ca. 250 Teilnehmerinnen) statt.

Workshop Politik / Visionen

Diese Arbeitsgruppe setzt sich in offenen Workshops mit Zukunftsfragen auseinander, bei denen Werte und Leitvorstellungen aus Sicht der Teilnehmerinnen eine besondere Rolle auch hinsichtlich des demografischen Wandels und des Zusammenlebens in einer älteren und bunteren Stadtgesellschaft spielen.

Die Arbeitsgruppe FrauenZimmer

Im Rahmen kleiner Gesprächsgruppen tauschen sich interessierte Frauen zu persönlich

STADT MÜNSTER

Frauen BÜRO

Stadt Münster Arbeitskreis Frauen GestAlten/ c/o Frauenbüro
Klemensstraße 10
48143 Münster
www.muenster.de/frauenbuero

Ansprechpartner/-in:
Martina Arndts-Haupt
Leiterin des Frauenbüros
Tel: 0251 4921700
arndtshm@stadt-muenster.de

Münster

51°57'46" N,
7°37'43" O

gewählten Themen aus. Gegenseitiger Erfahrungsaustausch und die Schaffung neuer Kontakte sind das Ziel: So entsteht z. B. aus dem Gesprächsabend zum Thema Reiselust- und Reisefrust (bei alleinstehenden Frauen) zurzeit eine selbst organisierte Reisekontaktbörse.

Kalendarium frauenzeit

Zur Unterstützung der Arbeit der einzelnen Frauenverbände wird zweimal jährlich ein Kalender herausgegeben, der einzelne Veranstaltungsangebote der Frauenverbände zusammenstellt und über die Arbeit informiert. Auf diese Weise wird verbesserte, stadtweite Werbung für deren Angebote der Frauenverbände gemacht und die Vernetzung der Organisationen gefördert.

Jährlicher Abschluss und Neuplanung

Mit der jährlich stattfindenden Abschluss- und Planungsveranstaltung werden die Arbeiten im Rückblick zusammengeführt und gleichzeitig neue Ideen und Pläne vorgestellt sowie der Einstieg neuer Aktiver ermöglicht und gefördert. Das Gesamtkonzept beruht auf den vorhandenen Leistungen der Frauenorganisationen sowie dem freiwilligen Engagement der Mitwirkenden. Die verschiedenen Interessierten und Mitwirkenden treffen sich überwiegend selbst organisiert und erarbeiten ihre Konzepte und Programme selbstständig. In Zusammenarbeit mit dem Frauenbüro werden organisatorische und finanzielle Fragen geklärt. Das dem Konzept zu Grunde liegende Bausteinprinzip spiegelt dabei die für die unterschiedlichen Bedarfe passgenauen Veranstaltungs- und Begegnungsformen wider. Für die Wirkung des Gesamtprojekts und der einzelnen Arbeitsansätze ist die Einbindung und Rückbindung an das Gesamtprojekt wichtig, da es nicht um die Addition singulärer Aktionen, sondern die Darstellung der für eine differenzierte Zielgruppe notwendigen Vielfalt geht. Die gemeinsame Öffentlichkeitsarbeit wird deshalb konzeptionell und organisatorisch zentral im Frauenbüro begleitet.

www.muenster.de/stadt/frauenbuero/frauenzeitalter.html

Studienkompass

Arbeitswelt im Wandel: Deutschland braucht mehr Akademiker – wie Studierende der ersten Generation den Schritt an die Hochschule wagen

Eine Abiturientin / ein Abiturient des Jahres 2013 wird bis zum Jahr 2061 oder sogar länger berufstätig sein. Das sind 48 Jahre. In dieser Zeit wird sich die Arbeitswelt in kaum vorhersagbarer Weise verändern und die Abiturientin oder der Abiturient wird voraussichtlich einen Beruf ausüben, den es jetzt noch gar nicht gibt.

Zukunftsprognosen sind ein schwieriges Feld, aber eines lässt sich heute schon mit Sicherheit sagen: Wissens- und Kopfarbeit wird für unsere Gesellschaft immer wichtiger, während ungelernte und körperliche Arbeit seit Jahrzehnten rückläufig ist. Hinzu kommt, dass die Bevölkerung schrumpft und somit auch die Zahl der Fachkräfte. Damit unsere Volkswirtschaft dennoch ihre Kraft bewahren kann, wird sie in Zukunft immer mehr junge Menschen brauchen, die ihre Talente ausschöpfen und deren Bildung es ihnen ermöglicht, Innovationen hervorzubringen. Der Bildungsbericht der Bundesregierung prognostiziert bis zum Jahr 2020 einen Mehrbedarf von 500.000 Personen mit akademischem Bildungsabschluss, damit unsere Gesellschaft den heutigen Lebensstandard halten und ausbauen kann.

Bildung, Wissenschaft und Wohlstand befruchten sich gegenseitig, doch es braucht offene und gerechte Zugangschancen zu diesem Kreislauf – daran müssen wir mit Blick auf den demografischen Wandel besonders intensiv arbeiten.

Unser Lösungsansatz

2007 fanden sich die Accenture-Stiftung, die Deutsche Bank Stiftung und die Stiftung der Deutschen Wirtschaft zusammen, um die Problematik des Fachkräftemangels in Deutschland anzugehen und dabei gleichzeitig gezielt für mehr Bildungsgerechtigkeit und Durchlässigkeit einzutreten. Als erste Initiative überhaupt nahmen die drei Stiftungen die bis dato in der öffentlichen Wahrnehmung wenig präsente „akademische Familientradition" in den Fokus: Während Kinder von Akademikern sehr häufig dem Beispiel ihrer Eltern folgen und ebenfalls ein Hochschulstudium aufnehmen, finden Jugendliche aus nichtakademischen Familien noch zu selten den Weg an die Hochschule. Diese familiären Bildungstraditionen sind auch statistisch belegbar: Laut der 20. Sozialerhebung des Deutschen Studentenwerks entscheiden sich Akademikerkinder dreimal häufiger für ein Studium als ihre Altersgenossen aus Familien ohne akademische Erfahrung (77 % zu 23 %).

Die Stiftungen gründeten deshalb das Programm STUDIENKOMPASS. Es motiviert Schülerinnen und Schüler, als Erste in ihrer Familie ein Studium aufzunehmen. Junge Menschen erhalten im STUDIENKOMPASS schon während der Schulzeit eine kostenfreie, intensive und professionelle Studien- und Berufsorientierung und werden zusätzlich bei dem schwierigen Übergang von der Schule an die Hochschule begleitet. Gerade das „Übergangsmanagement" – die Förderung über das Ende der Schulzeit hinaus in den neuen Lebensabschnitt an der Hochschule hinein – ist eine innovative Neuerung, die einen guten Start in das Studium sicherstellt.

Das Grundkapital für die Förderung von 175 Schülerinnen und Schülern im ersten Jahrgang wurde durch die Initiativpartnerinnen und -partner gestellt. Durch die Gewinnung neuer Unterstützer und Partner haben seitdem immer mehr junge Menschen eine kostenfreie Studien- und Berufsorientierung erhalten. Aktuell profitieren bereits über 2000 Schüler/innen und Studierende in 28 Regionen vom STUDIENKOMPASS – fast alle von ihnen studieren im Anschluss an die Förderung, wie eine unabhängige wissenschaftliche Evaluation belegt.

Um noch größere demografische Effekte zu erzielen, hat sich das Programm weitere Ziele gesetzt. Langfristig sollen alle Schülerinnen und Schüler in Deutschland schon während der Schulzeit eine professionelle Studienorientie-

Studienkompass
Stiftung der Deutschen Wirtschaft
Breite Straße 29
10178 Berlin
www.studienkompass.de
www.sdw.org

Ansprechpartner/-in:
Dr. Ulrich Hinz
Programmleitung
Tel: 030 27890671
studienkompass@sdw.org

Berlin

53°31'07" N,
13°24'29" O

rung erhalten, damit sie unabhängig von ihrer Herkunft den für sie individuell passenden Berufsweg finden und ihre Möglichkeiten optimal nutzen. Die unabhängige wissenschaftliche Begleitung der Programmtätigkeit belegt, dass der STUDIENKOMPASS sehr zielführende Methoden und Wege erprobt hat, wie eine erfolgreiche Studienorientierung gestaltet werden kann. Dieses Know-how an eigenständige Bildungsträger zu transferieren, v. a. an Schulen oder Hochschulen, wird in Berlin und Bayern bereits umgesetzt. Seit 2011 profitieren zahlreiche Lehrerinnen und Lehrer von Qualifizierungsmaßnahmen für den schulischen Unterricht, die der STUDIENKOMPASS in Kooperation mit den Kultusbehörden anbietet.

Am Ende der STUDIENKOMPASS-Arbeit soll die Herkunft nicht mehr über die Bildungschancen junger Menschen entscheiden. Unsere Vision ist es, dass alle Schülerinnen und Schüler in Deutschland den Mut haben, ihre Potenziale und Möglichkeiten voll auszuschöpfen. Dies wird die Zahl der akademisch qualifizierten jungen Nachwuchskräfte in Deutschland deutlich erhöhen. Auf dem Weg dorthin braucht es viele Menschen, die erkennen, wie wichtig ein durchlässiger und gerechter Zugang zu Bildung für die Zukunft unserer Gesellschaft ist.

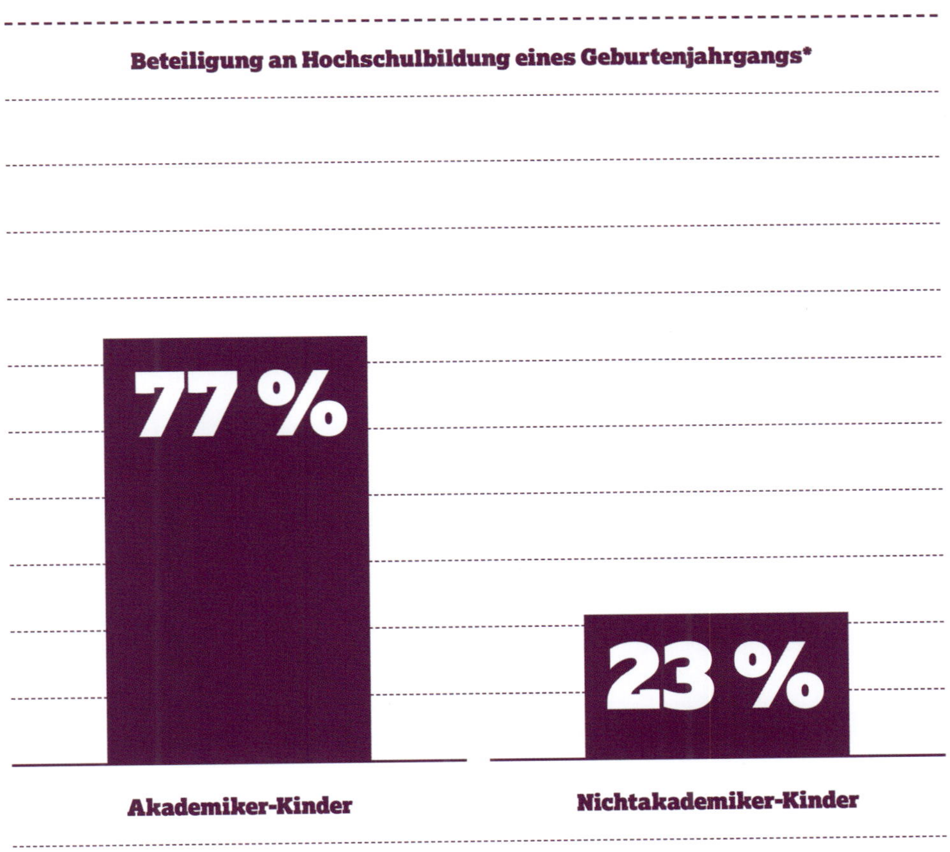

*20. Sozialerhebung des Deutschen Studentenwerks 2013

studiVergleich

Steigerung der Hochschulabsolventenquote durch studiVergleich

Projektvorstellung

Auf studiVergleich.de werden erstmalig nach dem Prinzip „von Studenten für Studenten" bedeutende Kategorien von Hochschulen, Studiengängen und Städten bewertet, von der Qualität der Bibliothek bis zum Freizeitangebot. Daneben werden auch objektive Daten dargestellt, bspw. das Betreuungsverhältnis von Professorinnen und Professoren zu Studierenden an der Hochschule. studiVergleich ist die Informationsquelle für Studienbewerber in jeder Phase ihres Entscheidungsprozesses. In Deutschland gibt es über 450 Hochschulen in 200 Städten mit rund 10.000 Studiengängen. Demgegenüber ist die Auswahl eines Studiums ohne qualitative Vergleichsmöglichkeit schwierig.

Funktionsweise

Jede Institution hat auf studivergleich.de ein eigenes Profil, das mit zusätzlichen Daten wie Bildern, Downloads, Videos, etc. aufgewertet werden kann. Die Studierenden und Alumni bewerten darauf ihren belegten Studiengang. Auch Kommentare der Nutzer sind möglich, auf die wieder geantwortet werden kann, wodurch Diskussionen ermöglicht werden. Ferner bietet studiVergleich eine personalisierte Gewichtung der Bewertungskriterien in der Suchmaske, womit sich Nutzer ein persönliches Suchergebnis generieren lassen können. Der Aufbau der Seite ist einfach und übersichtlich, außerdem sind sämtliche Inhalte open content. Durch intensive Recherche von Studien über Bewerberverhalten und mittels empirischer Voruntersuchungen mit Abiturienten und Studierenden wurden die 17 subjektiven Bewertungskriterien entwickelt.

Gesellschaftliches Problem

a. Bestandsaufnahme des Problems

Deutschland hat im OECD-Vergleich im Jahr 2010 die geringste Studienneigung. Zusätzlich ist die Abbruchquote der Studierenden mit knapp 30 % sehr hoch. Insbesondere bei Jugendlichen aus bildungsfernen Familien ist der Anteil derer, die nach dem bestandenen Abitur tatsächlich studieren, ziemlich gering und sinkt stetig. Deutschland steht gemessen am Anteil der Hochschulabsolventen unter den OECD-Ländern auf Platz 23 von insgesamt 34. Die prognostizierte Zahl der Schulabsolventinnen und Schulabsolventen mit Studienberechtigung sinkt von 370.000 auf 356.000 im Jahr 2020 ab. Für die Absolventinnen und Absolventen ist davon auszugehen, dass ihre Zahl ebenfalls absinken wird. Besonders problematisch an der Entwicklung ist, dass der Rückgang bei den Ingenieurwissenschaften etwa doppelt so hoch ist wie bei der Gesamtzahl der Studienanfängerinnen und Studienanfänger.

b. Ursachen

Die Entscheidungen für ein Studienfach beruhen häufig auf der Grundlage unzureichender Kenntnis über die Inhalte des Studiums. Speziell Jugendliche mit Migrationshintergrund haben kaum Informationsquellen oder Erfahrungsberichte über das Studieren in Deutschland. Auch fehlen die Kenntnisse über die beruflichen Chancen durch ein Studium. Die soziale Herkunft bestimmt noch immer den Bildungserfolg.

c. Demografische Auswirkungen

Im internationalen Wettbewerb werden immer mehr qualifizierte Hochschulabsolventinnen und Hochschulabsolventen benötigt. Laut der OECD liegt in der älteren Arbeitsgruppe, die jetzt oder in den nächsten Jahren aus dem Erwerbsleben ausscheidet, Deutschlands Anteil an hoch qualifizierten Arbeitskräften insgesamt bei noch 6,3 %. Bei den 25- bis 34-Jährigen, die jetzt in den Arbeitsmarkt eintreten, ist Deutschlands Anteil nur noch halb so groß – 3,1 %. Gleichzeitig ist aber die Nachfrage nach Hochschulabsolventinnen und Hochschulabsolventen auf dem Arbeitsmarkt wegen der gestiegenen Qualifikationsanforderungen in der Wirtschaft weltweit erheblich gestiegen. So liegt Deutschland schon heute mit einer Ingenieurersatzrate von 0,9 % Prozent im europäischen Vergleich im letzten Viertel. Wir finden also bereits jetzt – rein rechnerisch – nicht mehr für jeden in Rente gehenden Ingenieur einen Ersatz.

d. Lösungswege von studiVergleich

Die Empfehlung durch Freunde und Alumni wird in der Hochschulforschung als wichtigster Einflussfaktor angesehen. Durch studiVergleich findet eine Informationsbeschaffung zur gesamten Studiensituation statt. Dadurch wird die Abbruchquote auf Grund falscher Vorstellungen und Fehlinformationen der Jugendlichen gesenkt. Diese Erfahrungen motivieren darüber hinaus zur Aufnahme eines Studiums, anstatt einen anderen Bildungsweg einzuschlagen. Dadurch profitiert der Staat von höheren Steuereinnahmen und geringeren Transferleistungen in erheblichem Umfang finanziell. Insbesondere bei Jugendlichen mit einem sozial schwachen Umfeld und schwierigem Migrationshintergrund übernimmt studiVergleich die Rolle der Geschwister, Freunde und älteren Generationen.

studiVergleich UG
Heilbronner Straße 20
74223 Flein
www.studivergleich.de
Ansprechpartner/-in:
Christian Piovano
Geschäftsführer
Tel: 0179 7556654
cp@studivergleich.de

Flein

49°06'00" N,
9°13'00" O

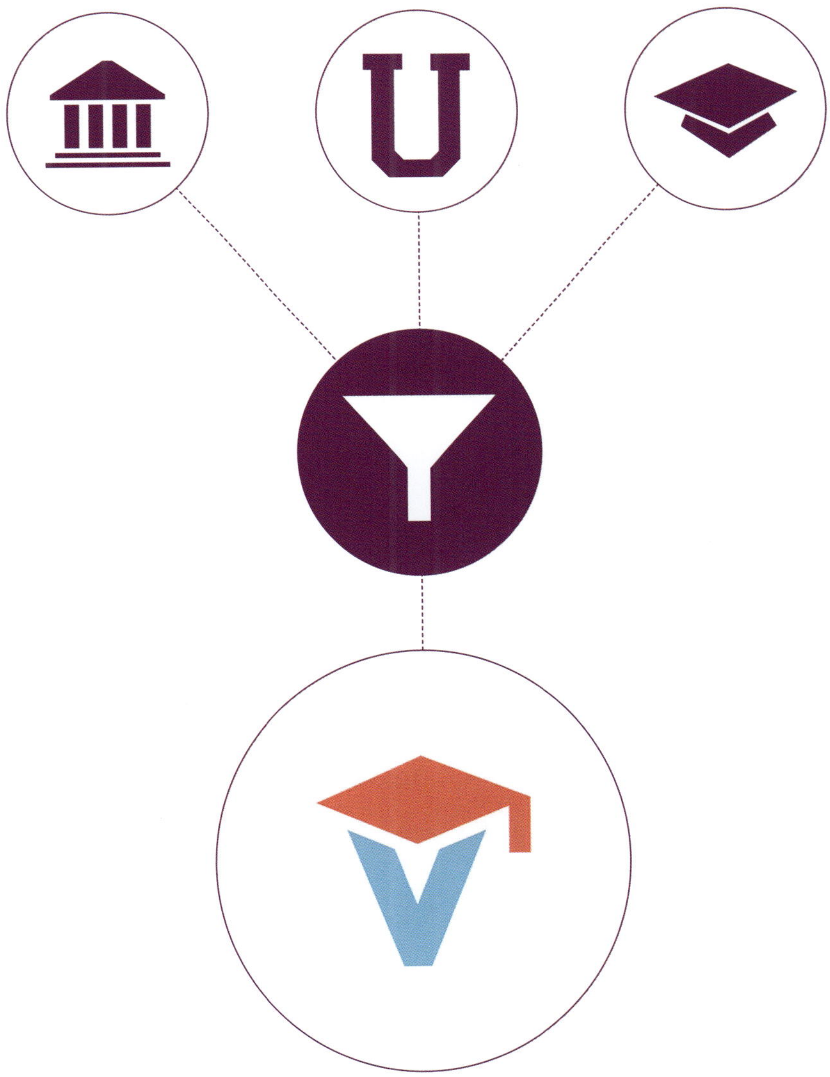

Das Unternehmen studiVergleich

a. Team und Organisation
Christian Piovano machte seinen Bachelorabschluss der Politik- und Verwaltungswissenschaften an der Universität Konstanz. Seit diesem Sommersemester studiert er in München Jura im 6. Semester weiter. Bei studiVergleich ist er für das operative Geschäft zuständig. Christof Schmutzer studierte an den Universitäten Konstanz und Heidelberg. Bei studiVergleich verantwortet er die Themen Kommunikation und PR. Sathees Sabaratnam absolviert noch bis Ende des Sommers sein Master-Studium an der Universität Hohenheim im Fachbereich BWL. Er verantwortet die Bereiche Strategie, Marketing und strategische Partnerschaften. Die Studenten Philip Alexander Günther und Maximilian Schnabel programmierten den Auftritt von studiVergleich.de und sind für den technischen Support verantwortlich.

b. Finanzierung
Das Geschäftsmodell von studiVergleich basiert auf vier Säulen: Zum einen werden Premiumprofile an Hochschulen, Städte und Fakultäten vertrieben. Hierin enthalten ist eine deutliche Aufwertung des Profils mittels Bildern, Videos, zusätzlichen Informationen und Kommunikationsmöglichkeiten. Daneben können die Institutionen auch spezifisch ihre Zielgruppen mittels Textreitern ansprechen (bspw. international Studierende). Neben den Premiumprofilen werden whitelabel-Lösungen von Drittanbietern eingebaut und Bannerwerbung vermarktet. Mit einer angemessenen Datengrundlage kann zudem ein Hochschulconsulting durch Auswertung der Bewertungsdaten in Verbindung mit den Nutzerdaten durchgeführt werden.

www.studivergleich.de
Von Studenten für Studenten

Musik & Motorik

Wie Klavierunterricht bei Kindern mit Behinderung aufgrund einer infantilen Cerebralparese, Handkoordination, Fingerbewegung und Lesefähigkeit beeinflusst und welche Veränderungen im Gehirn feststellbar sind.

Bei der infantilen Cerebralparese (CP) handelt es sich um einen Symptomenkomplex, der durch eine frühkindliche Gehirnschädigung hervorgerufen wurde. Sie tritt bei zwei bis drei von 1000 Geburten auf und kann nicht ursächlich, sondern nur symptomatisch behandelt werden. Abhängig von Ort und Ausmaß der geschädigten Hirnareale treten somit verschiedene Mehrfachbehinderungen auf. Die orthopädisch-neurologische Störung des Bewegungsapparats zeigt sich meist in einer Spastik. Ursachen für die Hirnschädigung können Sauerstoffmangel bei der Geburt, eine Infektion der Mutter während der Schwangerschaft, Hirnblutungen und Frühgeburt sein. Die fortschrittliche Medizin trägt dazu bei, dass Frühgeborene gesund weiterleben können. Extreme Frühgeburten weisen häufig schwere Mehrfachbehinderungen auf. Ihre Inzidenz wird sich nicht wesentlich verändern. Die infantile Cerebralparese wird somit auch auf lange Sicht ein gesamtgesellschaftliches Problem mit Anforderung an Medizin, Therapie und berufliche und allgemeine Integration in die Gesellschaft bleiben, im Sinne der Teilhabe der Betroffenen am sozialen Leben, wie es die WHO fordert.

Positiver Einfluss von Musik

Eine aktive Beschäftigung mit Musik hat einen positiven Effekt auf die Reifung des Gehirns. So werden beim Spielen eines Instruments nicht nur Bereiche, die für die Aufmerksamkeit und Emotionen zuständig sind, angesprochen, sondern auch Areale für die Bewegungskontrolle. Durch die komplexen Abläufe beim Musizieren können Nervenzellen angeregt werden, neue Verbindungen mit anderen Nervenzellen zu knüpfen. Es ist also durchaus denkbar, dass auch größere strukturelle und funktionelle Schäden des Gehirns überbrückt werden können.

Aus Alltagserfahrungen zeigt sich, unabhängig vom Alter der meisten Kinder und Jugendlichen ein besonderes Interesse für Musik. Aufbauend auf dieser Beobachtung und der Aussicht auf eine Verbesserung des Gehirns wurde eine Studie durchgeführt. Sollte sie zu einem positiven Ergebnis führen, kann die intensive Beschäftigung mit Musik als ernstzunehmende Therapie implementiert werden. Die Kinder sollen bei diesem Projekt bewusst an ein klassisches Instrument herangeführt werden, an dem sie später weiter musizieren und durch Unterricht begleitet werden können.

Motorik

Patientinnen und Patienten mit einer CP zeichnen sich häufig durch eine Einschränkung in der Fein- und Grobmotorik der Hände aus. Mit einer selbst entwickelten Greifkraft-Messdose wurden grundlegende Informationen über die sensomotorischen Fähigkeiten bei der Handbenutzung gewonnen. Im weiteren Verlauf der Studie wurde in regelmäßigen Abständen festgestellt, ob sich eine Verbesserung der handmotorischen Fähigkeiten einstellt. Von besonderem Interesse war, ob sich die erlernten motorischen Fertigkeiten auch auf andere alltagsrelevante Fähigkeiten übertragen.

Zu Überprüfung des Lernfortschritts kam ein elektronisches Piano zum Einsatz. Dieses erlaubt es das Anschlagstiming, die Geschwindigkeit des Spielens und die Kraft beim Tastendruck zu messen. Bei den Auswertungen zeigten sich in allen Testbereichen erhebliche Verbesserungen im Anschlagstiming und im Einsatz der einzelnen Finger.

Unter anderem wurde auch der Box-Block-Test durchgeführt. Dabei handelt es sich um eine Aufgabe, bei der die grobmotorischen Fähigkeiten des Probanden überprüft werden. Alle Probanden wiesen nach dem Klavierunterricht ein gesteigertes Bewegungsverhalten auf.

Verbesserung der Lese- und Sprachfertigkeiten

Kinder mit CP sind durch die frühkindliche Hirnschädigung in ihrem Lese-Spracherwerb eingeschränkt. Lesen ist ein sehr komplexer Vorgang, der viel Übung benötigt. Hierbei werden viele Hirnareale beansprucht, die auch beim Musizieren beteiligt sind.

Es liegt daher nahe, dass durch den Klavierunterricht auch eine Verbesserung der Lese- und Sprachfähigkeit erreicht werden kann.

In unserer Studie wurden mit Hilfe von Ergotherapeuten, Sprachtherapeuten und Psychologen Lesetestungen durchgeführt. Es konnten Verbesserungen im Wortgedächtnis und in der Silbensegmentierung festgestellt werden.

Gehirnvolumen

Die Vielfalt der zu Beginn der Studien gefundenen Anomalien des Gehirns ist breit gefächert und reichte von leichten fokalen Veränderungen bis hin zu schweren globalen Fehlbildungen. Zur Überprüfung einer Verbesserung im Gehirn wurde die funktionelle Magnetresonanztomographie (fMRT) verwendet. Dabei handelt es sich um ein bildgebendes Verfahren, das aktive Gehirnregionen während einer Tätigkeit (z. B. Tippen mit den Fingern) anzeigt. Die Probanden der Studie wurden bevor und nachdem sie den Klavierunterricht abgeschlossen hatten untersucht. Es konnte gezeigt werden, dass nach dem Training Aktivität in Arealen des Gehirns vorhanden ist, wo vorher nichts zu sehen war.

Im Vergleich zu einer gesunden Kontrollgruppe zeigte sich bei Kindern mit CP ein allgemeiner Verlust an Gehirnvolumen. Bei den Kindern, die Klavierunterricht erhielten, konnte der Volumenverlust im handmotorischen Cortex aufgehalten werden.

Der Klavierunterricht führte zu einer besseren Vernetzung der motorischen Areale und Organisation. Der Thalamus als Tor des Bewusstseins erhielt eine bessere Kontrolle über die motorischen Gehirnfunktionen.

Erfahrungen in der Praxis

Die Studie zeigt, dass Kinder und Jugendliche mit infantiler Cerebralparese durchaus in der Lage sind, neue motorische Fähigkeiten zu erlernen und zu entwickeln. Sie sind in ihrem Lerneifer, aber auch in ihrem motorischen Entwicklungspotential noch nicht an ihren Grenzen gekommen.

Bei der Erforschung wie Musik auf die Handmotorik und das Gehirn wirkt, war als Begleiteffekt besonders beeindruckend festzustellen, dass die mit dem Klavierunterricht verbundenen Konzertauftritte zu einer Stärkung des Selbst-

TU München Technische Universität München
Klinikum rechts der Isar / Orthopädie
Ismaninger Straße 22
81675 München
Ansprechpartner/-in:
Prof. Dr. med. Renée Lampe
Tel: 089 41406360
Fax: 089 41404849
renee.lampe@lrz.tu-muenchen.de

München

48°08'14" N,
11°34'32" O

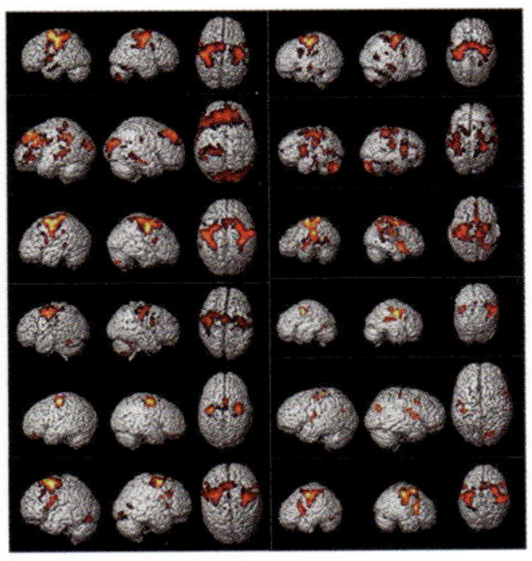

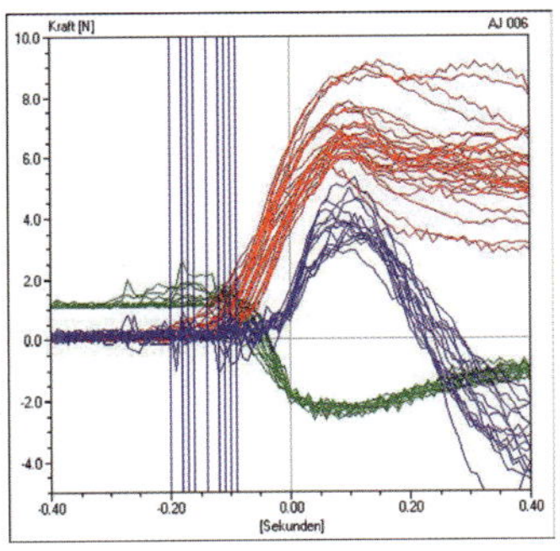

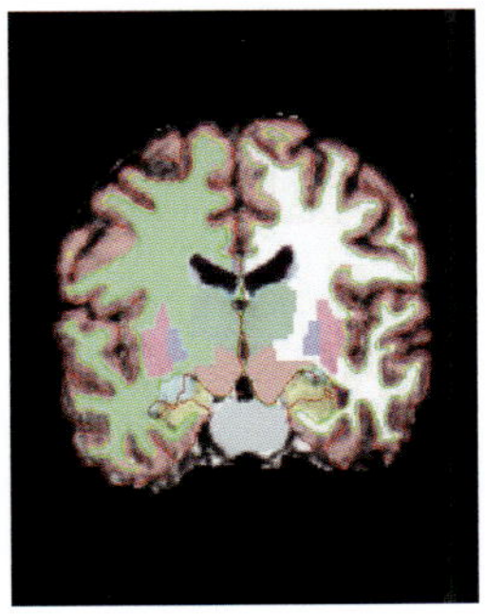

wertgefühls geführt haben. Für die Kinder war es etwas Besonderes, dass sie ihre Eltern und Verwandten zu ihren Konzerten einladen konnten und so eine besondere Zuwendung erfahren durften.

Die Eltern sowie die Lehrer der Kinder berichteten über eine gesteigerte Aufmerksamkeit sowohl im Unterricht als auch im Alltag.

Übertragbarkeit

Das Projekt, durchgeführt und begleitet durch die TU München, konnte wegen seines Erfolges auch an eine andere Körperbehindertenschule nach Baden- Württemberg transferiert werden. Als weiteres Projekt ist die Gründung eines Orchesters für Menschen mit und ohne Behinderung vorgesehen.

Bei der Erforschung, wie Musik auf die Handmotorik und das Gehirn wirkt, war als Begleiteffekt besonders beeindruckend festzustellen, dass die mit dem Klavierunterricht verbundenen Konzertauftritte zu einer Stärkung des Selbstwertgefühls geführt haben. Auch die gemeinsamen öffentlichen Konzertauftritte (Gasteig Konzertsaal, Bundesgartenschau, Steinway-Haus) und das gemeinsame Musizieren von Kindern mit und ohne Behinderung haben zu bleibenden Freundschaften geführt. Das Projekt konnte wegen seines Erfolges auch an eine andere Körperbehindertenschule nach Baden-Württemberg transferiert werden. Als weiteres Projekt ist die Gründung eines Orchesters für Menschen mit und ohne Behinderung vorgesehen.

inDAgo

Menschzentrierter Ansatz zur Unterstützung der Mobilität im Alter

Das vom Bundesministerium für Bildung und Forschung geförderte Projekt **InDAgo – Regionale Alltags- und Freizeitmobilität für Senioren am Beispiel der Stadt Darmstadt** adressiert das Thema Mobilität für die ältere Generation. Dabei wird sowohl dem demografischen Wandel als auch den Wünschen nach altersgerechten, personalisierten, zuverlässigen und vertrauenswürdigen Assistenzsystemen zur sozialen Teilhabe am gesellschaftlichen Leben Rechnung getragen.

Im Projekt wird ein flexibles, erweiterbares Mobilitätssystem (inDAgo-System) entwickelt, das die Senioren im Bereich der Alltags- und auch Freizeitmobilität unterstützt und sie personalisiert – entsprechend ihren Bedürfnissen, körperlichen und kognitiven Fähigkeiten und Einschränkungen – und stressfrei von Ort zu Ort leitet. Hierbei werden nicht nur rein technische Aspekte der Assistenzunterstützung berücksichtigt, sondern auch die (oftmals vermisste) zwischenmenschliche Kommunikation. Die Technik soll so weit als möglich verborgen bleiben, auf die notwendigsten Funktionalitäten reduziert werden und keinesfalls zu einer kognitiven Überlastung führen. Der universelle Ansatz des inDAgo-Systems wird prototypisch für die Stadt Darmstadt entwickelt und dort getestet werden.

Den Kern des inDAgo-Systems stellt ein mobiles Multifunktionsgerät (inDAgo-Assistent) dar, das die Senioren mit sich tragen. Über den inDAgo Assistenten können sie auf diverse Datenquellen, Informations- und Navigationsdienste (z. B. Geodaten, ÖPNV-Fahrpläne oder stadtbezogene Event-Informationen) zugreifen und erhalten proaktiv die gewünschte Unterstützung. Dabei wird die bestehende Infrastruktur (z. B. Info-Terminals oder WLAN-Netze) an den verschiedenen Orten und AAL-Räumen (z. B. Darmstädter Haupt-Verkehrsknotenpunkte wie im und am Hauptbahnhof, auf dem Luisenplatz als zentrale Umsteigestelle von Bussen und Bahnen oder auf der Mathildenhöhe als touristische Attraktion) genutzt und um Sensoren zur drahtlosen Kommunikation mit dem inDAgo Assistenten erweitert. Auch in den von HEAG mobilo betriebenen Darmstädter Bussen und Bahnen sollen die Senioren personalisiert mit den notwendigen Informationen versorgt zu ihren Zielorten geleitet werden.

In Ergänzung zu den „Technik-geprägten" Assistenz-Diensten enthält das inDAgo-System soziale, „Mensch-zentrierte" Elemente: Einerseits können die Senioren über den inDAgo Assistenten jederzeit ihre Vertrauensperson(en) als auch ein Call-Center kontaktieren und Hilfe anfordern bzw. aktuelle, verkehrsrelevante Informationen einholen; andererseits sieht inDAgo ein Community-basiertes Assistenz-Konzept (inDAgo Kommunikator) vor, bei dem in heiklen Situationen (z. B. beim Umstieg von einem Verkehrsmittel in ein anderes) „ad-hoc Netzwerke" mit weiteren vertrauenswürdigen Personen, d. h. „zertifizierten" inDAgo-Systemteilnehmerinnen und -teilnehmern, gebildet werden und diese vor Ort unterstützen können.

Die einfache Bedienbarkeit ist eine Grundvoraussetzung für die Akzeptanz ambienter, altersgerechter Assistenzsysteme. Das begründete Ziel von inDAgo ist, die Nutzerinnen und Nutzer mit Technologie und Funktionalität weder zu überfrachten noch kognitiv zu überlasten oder gar körperlich einzuschränken, sondern vielmehr durch den Einsatz von einfacher (auf die wesentliche Funktionalität reduzierter), intelligenter, sicherer und verlässlicher Technik „im Hintergrund" (z. B. drahtlose Sensornetzwerke) zu assistieren und auch bewusst Mensch-zentrierte Ansätze (z. B. in Form eines Call-Centers oder der Kommunikation mit vertrauenswürdigen Personen) zu nutzen.

Neben der durchgängigen Mobilitätsunterstützung spielt die Förderung der aktiven, sozialen Teilhabe am gesellschaftlichen Leben eine entscheidende Rolle. Diese wird vor allem durch das im inDAgo Kommunikator enthaltene inDAgo Community-Konzept gefördert: Abgesehen von „persönlichen Ansprechpartnerinnen und -partnern" und Helfer-Netzen können sich Senioren mit gleichen Interessen, Bedürfnissen oder Fähigkeiten / Einschränkungen vernetzen und z. B. gemeinsam eine Ausstellung oder Veranstaltung besuchen – oder auch im Verbund ihre Interessen gegenüber Verkehrsgesellschaften, Reiseanbietern oder städtischen Einrichtungen vertreten.

User Interface Design GmbH
Wilhelm-Bleyle-Straße 10-12
71636 Ludwigsburg
www.uid.com
Ansprechpartner/-in:
Dr. Peter Klein
Head of Research
Tel: 07141 377000

Fraunhofer-Institut für Graphische Datenverarbeitung IGD
Fraunhoferstr. 5
64283 Darmstadt
www.igd.fraunhofer.de
Ansprechpartner/-in:
Martin Majewski
Tel: 06151 155233

Darmstadt

49°52'00" N,
8°39'00" O

inDAgo - Infrastruktur

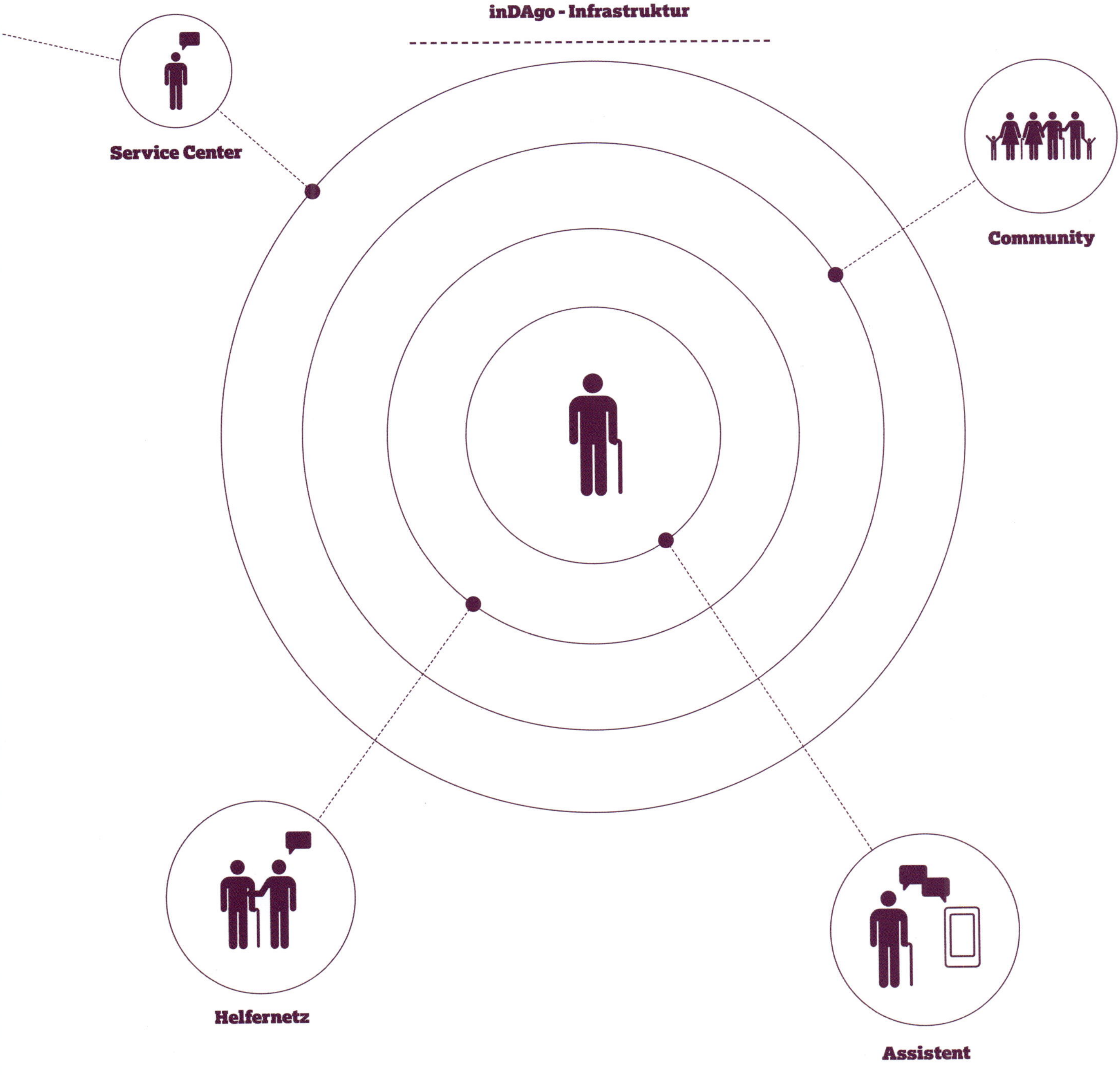

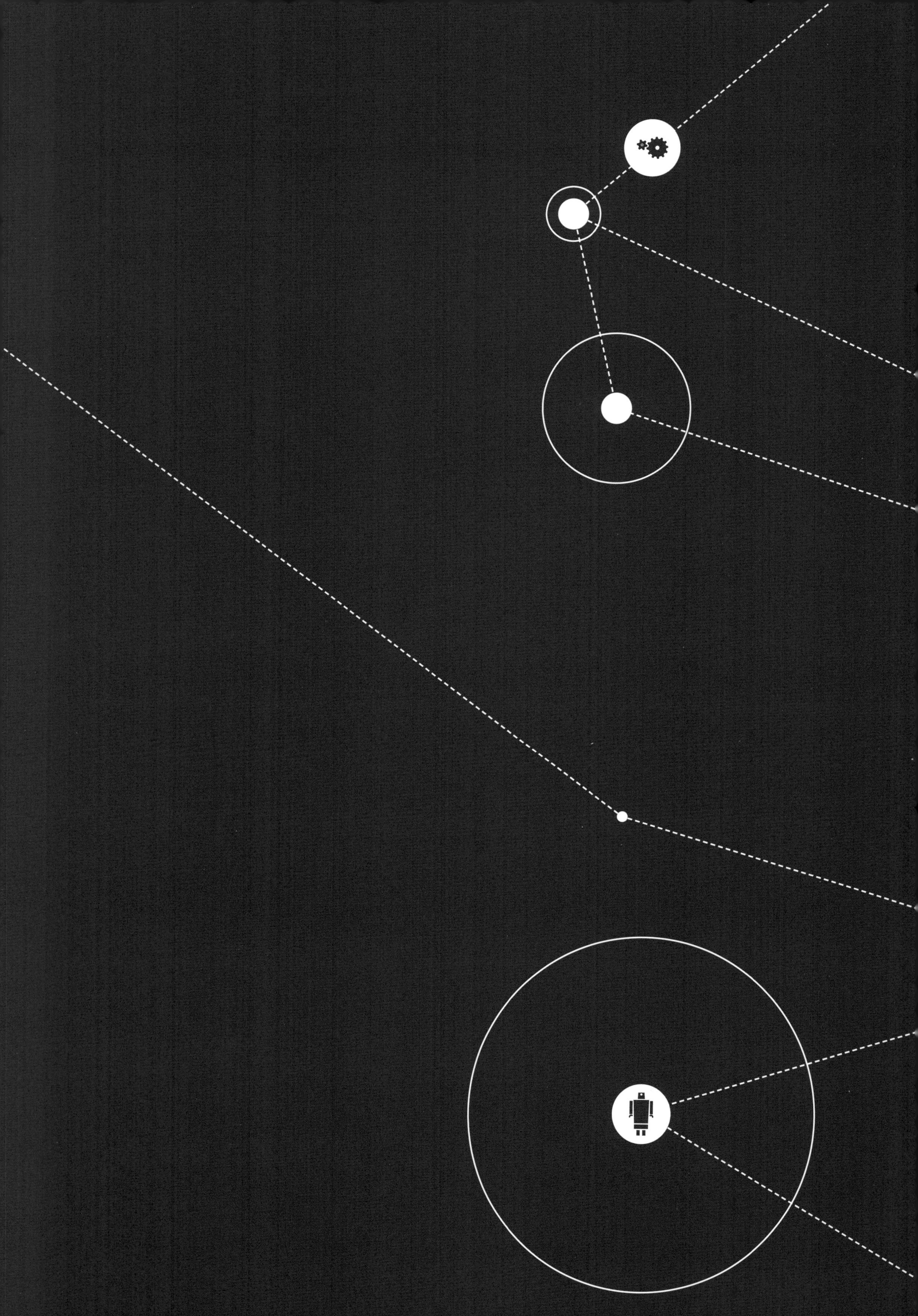

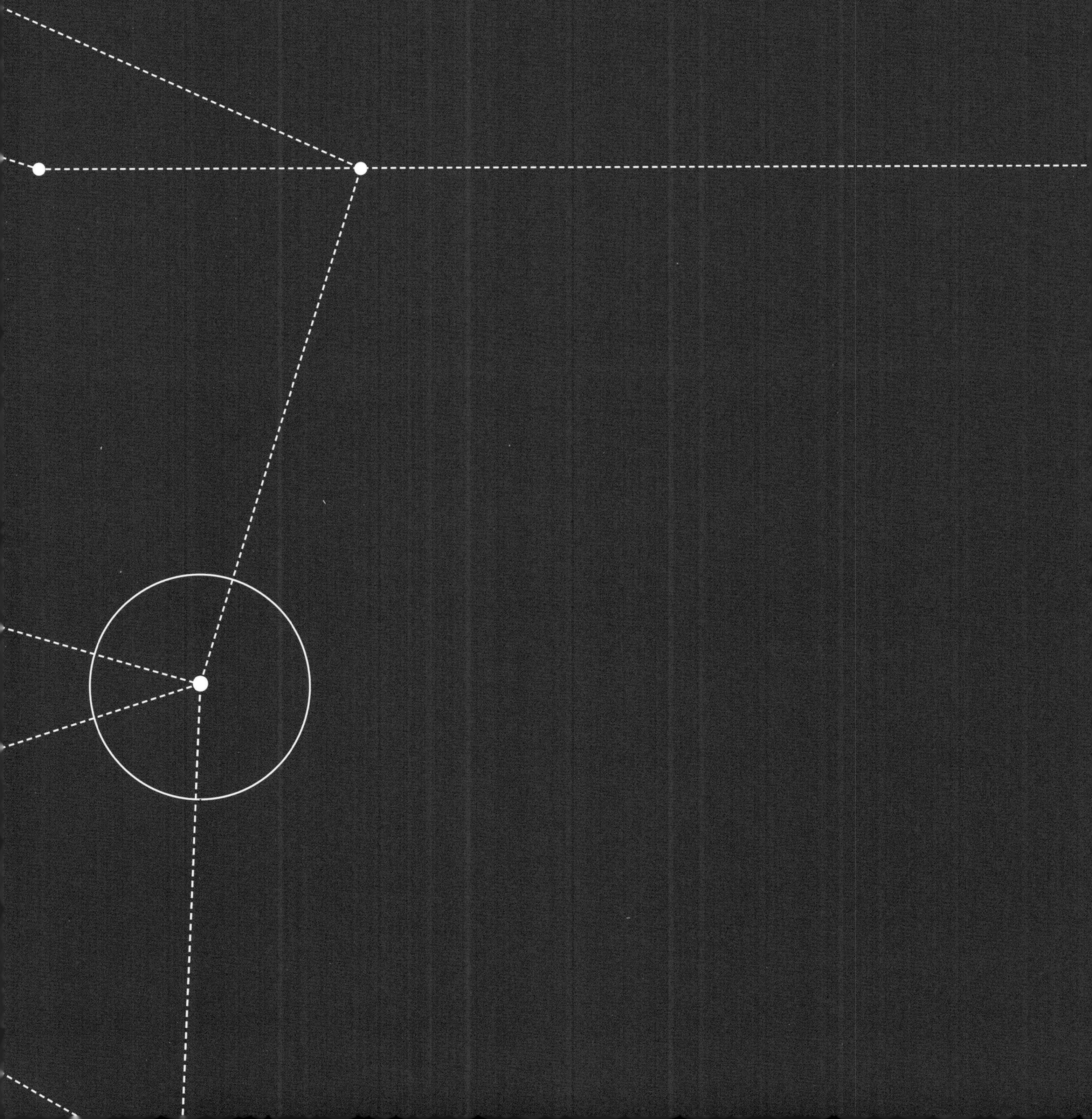

Das Team von DemoScreen

Das Team hinter „DemoScreen“ ist interdisziplinär aufgestellt und besteht aus Akteuren unterschiedlicher Disziplinen. Die Zusammenarbeit ist durch einen regen Austausch zwischen Informatikern, Soziologen, Maschinenbauern sowie Wirtschafts- und Kommunikationswissenschaftlern geprägt.

Entlang unterschiedlicher Fachrichtungsperspektiven erforschen die Akteure des Metaprojektes Kommunikations- und Kooperationswege innerhalb der Förderstrukturen und den zielgruppenadaptiven Ergebnistransfer über den geförderten Bereich hinaus. Im Einzelnen werden folgende Teilziele vom Team verfolgt:

- Ableitung von Forschungsdesideraten zur kontinuierlichen Anpassung der Aktivitäten
- Unterstützung der synergetischen Zusammenarbeit zwischen Verbundprojekten, Fokusgruppen und Förderschwerpunkten
- Bedarfsgerechte Entwicklung zur Steigerung der Innovationsfähigkeit im demografischen Wandel durch Einbindung aller Akteure
- Zielgruppenspezifische Aufbereitung der Erkenntnisse und Lösungen
- Erhöhung der Innovations-, Lern- und Transferfähigkeit des Förderschwerpunkts und des Programms.

Systematisch fördert das Team hinter „DemoScreen“ die reale und virtuelle Vernetzung der Akteure, unterstützt die transdisziplinäre Lösungsfindung und entwickelt praxisbewährte Transferstrategien. Aufbauend auf bestehenden Methoden zur Steigerung von Innovationsfähigkeit im demografischen Wandel werden die zielgruppengerechte Adressierung, die Nutzung von Synergien zwischen den Projekten sowie die Analyse und Bündelung der Erkenntnisse des Förderschwerpunktes eruiert, reflektiert und für die verschiedenen Zielgruppen sowohl innerhalb des Förderschwerpunktes, als auch in Unternehmen oder intermediären Institutionen verwertbar gemacht.

Bei der Initiierung des Demografie-Atlasses nutzt das „DemoScreen“-Team die Erkenntnisse als Forschungsprojekt und erarbeitet weitere Darstellungs- und Ergebnistransferformen, um die Innovationsfähigkeit von Unternehmen im demografischen Wandel abzubilden und der Gesellschaft zugänglich zu machen.

Unterstützend und beratend zur Seite steht Frau Dr. Edith Perlebach von der Deutschen Gesetzlichen Unfallversicherung (DGUV) als Value-Partnerin des Metaprojektes „DemoScreen“.

Dr. rer. nat. Ingo Leisten

Forschungsgruppenleiter Knowledge Engineering

PostDoc

Stefan Schröder M.Sc.

Projektmitarbeiter DemoScreen

Forschungsschwerpunkt:
Performance Measurement & Management von interdisziplinären Forschungsverbünden

Claudia Jooß M.A.

Projektleiterin DemoScreen

Forschungsschwerpunkt:
Kooperationsprozesse in inter- und transdisziplinären Forschungsverbünden

Inna Zimmer M.A.

Projektmitarbeiterin DemoScreen

Forschungsschwerpunkt:
Systematisierung und Bündelung von heterogenen Forschungs- und Projektergebnissen

Dr. Edith Perlebach

Value- und Netzwerkpartnerin in der DGUV (Deutsche Gesetzliche Unfallversicherung)

Impressum

ISBN
978-3-935989-25-1

Herausgeber
Univ.-Prof. Dr. rer. nat. Sabina Jeschke
Dr. Frank Hees, Dr. Rene Vossen, Dr. Ingo Leisten, Claudia Jooß M.A., Stefan Schröder M.Sc., Inna Zimmer M.A.

Kontakt
Zentrum für Lern- und Wissensmanagement, Institutscluster IMA/ZLW & IfU
RWTH Aachen University
Dennewartstr. 27, 52068 Aachen, Germany
Tel.: 0241/ 80 - 91199

www.ima-zlw-ifu.rwth-aachen.de

www.demoscreen.de

info@demoscreen.de

Alle in diesem Buch enthaltenen Beiträge basieren auf Forschungsvorhaben, die mit Mitteln des Bundesministeriums für Bildung und Forschung (BMBF) im Förderschwerpunkt „Innovationsfähigkeit im demografischen Wandel" des F&E-Programms „Arbeiten – Lernen – Kompetenzen entwickeln: Innovationsfähigkeit in einer modernen Arbeitswelt" durchgeführt werden. Das Metaprojekt „DemoScreen – Kommunikation, Kooperation und Innovationsfähigkeit im demografischen Wandel" (FKZ 01HH11088) wird mit Mitteln des BMBF und des Europäischen Sozialfonds gefördert.

Sofern nicht durch die Nennung sowohl der weiblichen als auch der männlichen Form gekennzeichnet, werden Frauen und Männer gleichermaßen angesprochen.

Layout / Gestaltungskonzept
wesentlich.com
Alfonsstraße 44, 52070 Aachen, Germany

Druck
Druckerei Erdtmann
Hauptstr. 107b, 52134 Herzogenrath, Germany

Fotos / Bildermaterial

Bildquellen Cover und Kapiteleinführungen: Tom Merton/getty images, Luis Alvarez/getty images, Echo/getty images Igor E./Image Source/Corbis, plainpicture/beyond, plainpicture/Millennium, plainpicture/Cultura, plainpicture/Image Source, plainpicture/ponton, plainpicture/OJO, Kirill Makarov/Veer, Rich Legg/iStockphoto, photoGartner/iStockphoto, stocknroll/iStockphoto, kupicoo/iStockphoto, endopack/iStockphoto, Simmi Simons/iStockphoto, Johnny Greig/iStockphoto, Franz-W. Franzelin/iStockphoto, Andrey Popov/iStockphoto

Die Rechte der Fotos und Abbildungen auf den Beitragsseiten liegen bei den jeweiligen Autoren bzw. Einreichern der Bilder.

September 2013